中国中部发展论坛 2013

构建促进中部地区崛起利益平衡机制的思路与对策

Ideas and Measures to Institutionalize Balance
of Interests for the Rise of Central China

主　编　范恒山

副主编　刘苏社　张银桥　张建清　朱　翔

WUHAN UNIVERSITY PRESS
武汉大学出版社

图书在版编目(CIP)数据

构建促进中部地区崛起利益平衡机制的思路与对策/范恒山主编.—武汉:武汉大学出版社,2014.10
(中国中部发展论坛.2013)
ISBN 978-7-307-14453-8

Ⅰ.构… Ⅱ.范… Ⅲ.区域经济发展—中国—文集 Ⅳ.F127–53

中国版本图书馆 CIP 数据核字(2014)第 230133 号

责任编辑:柴 艺 责任校对:鄢春梅 版式设计:马 佳

出版发行:**武汉大学出版社** (430072 武昌 珞珈山)
(电子邮件:cbs22@whu.edu.cn 网址:www.wdp.whu.edu.cn)
印刷:湖北恒泰印务有限公司
开本:787×1092 1/16 印张:23.25 字数:553 千字 插页:1
版次:2014 年 10 月第 1 版 2014 年 10 月第 1 次印刷
ISBN 978-7-307-14453-8 定价:50.00 元

目 录

构建中部地区利益平衡格局的
政策安排和制度保障

构建促进中部地区崛起利益平衡机制的若干思考
——在"中国中部发展论坛2013"上的讲话

范恒山

（国家发展和改革委员会 北京 100824）

今天是一个论坛，所以我的讲话也采取论坛的语言表达方式。这一次的论坛是以"构建促进中部地区崛起利益平衡机制的思路与对策"这一题目来展开，在我看来讨论这个题目非常有意义。因为区域的发展，包括区域的协调发展，从根本上说依赖于一套科学、规范和稳定的制度安排，而其中最为核心的内容就是建立公平而富有效率的利益平衡机制，这是我们当前促进区域协调发展、推进国民经济又好又快发展所面临的重大课题，对于我们中部地区来讲尤为重要。关于这个题目，理论界研究不多，这些年我们做了一些呼吁，也开始了一些初步研究，但总体来说研究得不多，更没有形成系统的、全面的思路。实践层面虽有所探索，个别地区也已经采取了一些改革措施，但是还没有形成行之有效的经验，在总体上还缺乏探索和实验。所以相对于其他课题而言，这个课题的理论研究和实践探索显得十分不足，而这对于我们中部地区又非常重要，因此我们觉得第四届论坛或者说"中国中部发展论坛2013"把这一话题作为主题来讨论非常有意义，不仅对于中部，也对于全国，这将对最终建立一个较为合理的利益平衡机制起到探索和示范作用。借此机会，我简要地谈以下几点看法，尽管有些看法也适用于全国，但今天我们的会议是中部论坛，所以我将基于中部的视角来谈论这个问题。大体有如下五点：

1. 区域利益平衡机制缺失是中部地区加快崛起面临的"前置性障碍"

一个地区的发展取决于很多因素，在市场经济条件下，资源要素等在区际转移中的公平定价和合理取利是一个极为重要的因素。因为某些特定因素制约而无法充分定价并且直接取利的，就应该根据一定的制度安排对低估或者受损的一方进行补偿。但当前的事实是许多资源产品的价值既没有得到公平的评价，也没有得到合理的补偿，而这些要素又往往是关系到人民生存和国家前途的一些关键性的物件或者物品。

对中部地区来说，这种状况十分明显，这使我们中部地区在区际竞争中处于非公平制度的约束之中，从而成为中部崛起的"前置性障碍"。我曾经考虑这个词语用什么好，是"前置性障碍"还是"制度性障碍"抑或是"先天性障碍"，考虑之后觉得用"前置性障碍"比较好。因为"先天性障碍"不可改变，"制度性障碍"又容易引人联想，用"前置性障碍"似乎都能交代得过去，也算是一种学习探讨，因为在座的有很多专家学者，所以提出来大家一块儿研究。我举几个例子，比如，我们常讲中部是粮食大省，也是全国重要的粮食生产基地，而且国家在若干重大文件中都明确定位要把中部建设成为"三基地、一枢纽"，首先的一个基地就是粮食生产基地。粮食基地非常重要，对于国家来说更为重要，所以任何时候我们这个粮食基地都不能放弃，而且要建设好。但问题在于，种粮的增值效应很低，相对于工业和某些高附加值的第三产业来讲，种粮的成本高、价值低，如果我们不采取有力措施来提升种粮价值，六省中有五个是以种粮为主或者是粮食基地的中部地区，在这种情况下走现代化道路、追赶东部，可能难度会很大。从各个省产粮大县的数据看，人均 GDP、人均财政支出、农民人均纯收入等主要指标与粮食产量呈明显的负相关关系，越是粮食生产大县，经济越落后，人均财政支出和农民人均纯收入越低。我们研究了一下河南省，河南作为全国最重要的产粮省之一，年产粮超过 1100 亿斤，为国家做出了重要贡献。河南省 2012 年人均财政支出 4516 元，其中 29 个产粮大县人均财政支出仅为 2183 元，不到全省平均水平的一半。因为河南本身已经是产粮大省，所以人均财政支出已经拉低了，产粮县只是跟整个河南比，还没有跟其他地区比，如果跟上海、北京比呢？差距就会更大。再比如，湖南省 2012 年亩均种粮收入大概 800 元，如果用粮食与其他经济作物相比，比如同种植棉花、烤烟相比，这 800 元仅相当于种植棉花、烤烟的 1/4，种植普通蔬菜水果的收入一般为种植粮食收入的 3 ~ 6 倍。这是农产品跟农产品比较，假如放大一点，跟非农产品比较，跟非农产品中附加值较高的产品比较，跟非农产品中不仅附加值较高而且含有许多泡沫利润和暴利的产品比，你说我们种粮损失的效益有多大？粮食不可替代，粮食是从事工业的人和第三产业的人最基本的保障，但是种粮人的收入又远远低于这些人，这是我们发展中的一个突出难题。这种状况要是持续下去，又需要我们维持粮食生产基地的话，怎样才能跟那些以工业为主体、以形成高端服务业为目标的地区同步富裕，最后实现大家都差不多的现代化，这就给我们提出了一个重要的问题。

我们已经做了很多努力。比如前不久国家出台文件支持以河南为主体建设中原经济区，其核心任务就是在不以牺牲农业和粮食、不以牺牲生态和环保前提下，实现农业现代化、工业化和城镇化的同步推进，最后同全国一样实现现代化。这个实验很有意义，我也参与了文件的起草，文件集聚了各方的智慧结晶，但是要做到非常不容易，那么大的土地上你在种粮食，人家那么大的土地上全部搞的是工业，你怎么跟人家比？所以这里面必然有一些问题要解决。如果不解决，就会成为促进中部地区加快崛起的重要障碍，或者说"前置性障碍"。

再比如说我们的生态也是这样，中部许多省在某种意义上说是资源大省，也是生态大省，很多大河流经中部，有些大河发源于中部，为东部地区承担着重要的供水任务，成为下游地区生态保护的屏障。生态要保护，但是保护应该在利益上怎样平衡？我们保护了下游地区，为东部地区供水，如何体现这种供水价值和保护收益？如果这个问题不解决好，就成了中部崛起的又一个"前置性障碍"。所有这些都表明，目前对于中部地区而言，区域利益平衡机制是缺失的，而这种缺失严重影响着中部地区加快崛起。2006 年中央出台了促进中部地区崛起的若干意见，这些年又陆续出台了促进中部地区崛起规划等许多文件，2012 年出台了新一轮大力实施促进中部地区崛起战略的若干意见，不可谓不下工夫，不可谓力度不大，但是中部崛起还很艰难。比如 GDP 产值在这五六年时间里占全国比重只提高了一个多百分点。换一种思路，如果中部不是粮食大区而是工业大区的话，恐怕情况就不一样了。这是我说的第一个问题。

2. 区域利益平衡机制的缺失给中部地区带来了一系列问题

区域利益平衡机制的缺失会给我们产生什么样的负面后果？我归纳了一下大概至少会带来以下五个方面问题：

第一个方面就是刚才反复提到的影响中部地区实现跨越式发展。其实大家都知道一句老话"无工不富"，现在东部的很多地区基本上不种粮食了，或者甚至农作物都很少了、比重很低了，基本都是工业园区和现代服务业发展区，所以每一亩土地产生的效率非常高，这种状况造成的后果也是多方面的，刚才讲的工农业的差距、第三产业和农业的差距这是一个，我就不多说了；第二个就是造成"马太效应"，一个地方发展得越好，它集聚外部资源和要素的能量就越强；第三个是影响自身的良性循环，有钱了就能干更多的事情，就可以在此基础上形成良性循环。而我们有些地区比如中部地区的有些地方，在捉襟见肘的情况下就很难施展拳脚。还有其他方面的包括先行先试权利，如果没有一定的经济基础，就不一定能落在你这儿。所有这些都会直接或间接影响中部地区实现跨越式发展。

第二个方面会加剧地区间发展的不平衡。昨天下午我给一个培训班作有关区域经济的报告，大家听了情绪都很高涨。我讲到这些年我们大力实施国家区域发展总体战略，一个重要的举措就是针对不同地区的情况，立足于发挥比较优势，制定了一些体现国家意志和地方要求的区域规划和政策文件。这个战略的实施带来了两个革命性的变化：一是扭转了长期以来东快、中西慢的增长格局，实现了中西部增长速度几年来连续超过东部的状态；二是培育了一大批支撑国民经济又好又快发展的增长点，这些增长点或者增长极有相当一部分落地在中西部。这里面为什么会有这样一个状况？就是因为这个地方的比较优势发挥出来了，而不是搞"一刀切"把你的优势切下去了，这是从正面解决区域发展不平衡问题。换个角度来讲，如果优势变成劣势，是不是会进一步加剧这个地方的不平衡发展？所以，要是长期维持我们的重要产品低端价值运行的话，必然会拉大同一些地区的差距，加剧地区间发展的不平衡。

第三个方面是造成一些重要产品的供应缺口，影响国计民生、危及国家安定。这不是危言耸听，往往这些国家有指令性控制的东西就是关键的东西，要么涉及人民生活，要么涉及国家发展大局。所以这些东西如果短缺，就会有风险，就会危及国家安定。粮食就是这类产品。所以，任何时候国家都把粮食生产放在重要位置，都强调要维护国家的粮食安全。尽管可以从国外进口，但是当中国不生产粮食、全部依赖进口的时候，国家安全就难以保障。但如果相应的利益平衡机制跟不上的话，影响到个人的发财致富，影响到地区的跨越式发展，就会最终影响到这个地区提供产品的积极性。作为一个整体来讲，国家可以给你指定中部地区必须搞粮食基地；但是作为个体来讲，有时候并不是行政命令决定得了的。特别是现在随着农村土地制度的不断改革，农民的自主权越来越高，市场的流动性越来越强，农民如果不种田了，你怎么办？你不能把他捆绑起来让他种田。所以为了鼓励农民种田，国家采取了很多办法。比如说维持农产品的基本价格，再比如国家给予农民以各种补贴，现在种田不仅不用交税而且还有补贴，所以农民感觉比以前要强一点。但是如果跟其他地区搞其他产业的比他觉得还是亏。农民的判断是直接的，尽管有反应滞后期，但是决策者和研究者不能在这些问题上也设置一个滞后期，否则就会造成不良后果。

第四个方面是会带来资源和生态风险，危及可持续发展。资源尤其是稀缺性资源的价值不能充分体现出来，就不会有人保护资源，生态环境的维护得不到一定好处，就没有人来珍惜生态。现在国外的反应很强烈，说一到中国就咳嗽、得肺病，这样还怎么生存？这里面我觉得跟我们的利益平衡机制没有建立，相应的惩戒机制没有建立密切相关。为什么我们有些省不顾严重的污染大兴钢铁和化工企业？如果不采取强力的惩戒手段，从利益上使它得不偿失，这类污染企业是很难被撤掉的。这足见利益平衡机制的重要性。待会儿我还要讲到南水北调的事情，实际上我们也是要尽量给调水区一些补偿，使作出贡献的这些地区的人心里有所平衡。

最后，我想还有一个方面，那就是不利于深化区域合作和一体化发展，影响产业结构的调整升级、发展方式的转变、公共服务均等化等重要项目的推进速度与进程。没有一个利益平衡机制，我们的产业转移承接是没有积极性的。前几年，我们根据上级指示，起草了一个推进中西部承接产业转移的文件，并由国务院颁布施行，我们希望乘着世界经济全球化、区域一体化的机会，乘着世界科技革命、产业结构调整的机会，乘着中国在应对金融危机中推进发展方式转变和结构调整升级的机会，促成我国东中西部地区的产业联动，推进产业转移和承接。但是在市场经济条件下谁都不是傻子，你不想让东部将高污染的企业转移到中西部，你想要他们来点稍微先进一点的东西，你不给人家好处是不行的。我们鼓励探索飞地经济，通过构建飞地园区和产业聚集区来构筑产业转移与承接的平台载体，但要使它运转好，必须建立利益的分享机制、转移成果的共享机制，没有这个机制，产业转移与承接的层次是不会高的，也是不会持久的。前几年，国务院专门制订了规划，在安徽打造皖江城市带承接产业转移示范区；为了有效地推进产业转移和承接，在规划中提出建立两个产业集中区作为载体和平台。关于这两个产业集中区，我们与安徽的领导和相关部门强调最多的是要建立利益共享机制，也就是说，问题的核心不在于在哪个地方、选多大块地搞集中区，而在于是否建立一个好的利益分享机制，能够让长三角与珠三角的企业转移到你这里来，并且提供先进的管理、技术和产业，这才是问题的关键。几年过去了，我们知道安徽的整体发展不错，但对这两个产业集中区的运转状况不是太清楚。但我可以说，这个机制如果不建立起来的话，是会影响这两个集中区的发展的。在整体上，就会影响产业转型升级，影响发展方式的转变，也会影响一体化的进程。而一体化的进程在很大程度上对于我们推进公共服务的均等化是起着至关重要作用的。公共服务的均等化靠两个途径：第一个是靠国家富起来之后给你提供足够的支持来实施均等化；第二个是靠我们区域间的一体化发展，通过区域间的互动来形成自动的一体、服务的一体。所以你没有这种机制，一体化的发展就会出现障碍。这就是利益平衡机制的缺失给中部地区的发展带来的一系列问题。

3. 建立中部地区区域利益平衡机制面临着一些制约

今天的论坛讨论的是比较"专"的问题，我也就这个"专"的问题谈一些初步思考。客观地分析，我们建立中部地区区域利益平衡机制面对很多制约，这些制约有的难以改变，有的虽然可以改变，但在当前是缺失的。我琢磨至少有这么五个方面的制约：

第一个方面就是基于生产力空间布局而形成的国家带有指令性质的规划安排。这个意思反过来说更清楚，如果我国中部地区的某个省提出说我不生产粮食了可不可以？很显然不可以，国家不会容许这样做。所以建立粮食基地、生产这么多的粮食是国家对你的安排。这个安排表面上是规划的安排，实际上是一种指令性的要求，这是没法改变的。而国家的这个安排，又是基于生产力的空间布局，不是随心所欲的。为什么不让上海种粮食？是因为上海没有种粮食的条件，只有我们中部的河南、湖北、湖南、安徽、江西这些地方可以种粮食。所以这个就是国家从我们的区情出发所决定的生产力空间布局，服从这个空间布局，国家就对这个地区生产这种产品做出了指令性安排，这一点是不可以改变的。

第二个方面是特殊的、天然存在的地理区位和自然环境，这也是不能改变的。你不能让长江改道，你不能让大别山、三峡库区、秦巴山、武陵山区等这些国家重点的生态功能区不搞了，都变成市区搞工厂去，你也无法改变我们南水北调的水源地和湘江赣江淮河等重要江河源头地的这种格局。这就是由天然的地理区位和自然环境所决定的，你必须承载起这样一些生态或是区位生态相应的责任。

第三个方面是普遍的，也就是以行政区为单元管制并且评价效益的运作格局。我们现在尽管搞区域合作和经济区，但它们自身主体还是行政区单元，在这种情况下，一个单元跟另外一个单元的关系是利益关系，都想把自身的利益搞得多一些。这里面就必然存在利益冲撞，同时反过来看也存在利益交换和平衡的可能性。

第四个方面是对资源要素进行准确评价、对其价值进行准确评估面临技术短缺和制度障碍，这也是我们建立和平衡区际利益关系的一些障碍。比如说我们目前在探索流域生态补偿制度，但是我们搞不清楚上游对下游会造成多大的危害、在什么时期会造成危害？工业化发展快的地方控制不好就可能危害更大。如果上游搞的是农业，当然农业的面源污染也是很厉害的，农业的面源污染现在上升到首要位置了，占到了40%，也很严重。我的意思是上游的产业结构、开发状况、开发力度不一样，对下游造成的环境破坏是不一样的，怎样进行评估我们现在缺乏技术手段，我们国家拥有许多卫星，但是真正到了一个具体的情况下就很困难。所以从表面状况看，我们国家很多东西是很厉害的，但是突然发生一个事件，就看出它的薄弱性和漏洞了，你就会觉得怎么会是这么一个状况呢？所以在这个评估方面我们缺乏网络互联互通，缺乏信息资源共享，甚至缺乏有效的手段去甄别，何况我们还有很多技术障碍和各个地区的封锁，你不可以随便到我这里来搞调查研究和测评测量，不能够随便越界。最近碰到一个事情挺有趣，国家交给我们一个任务，要搞某个地方的生态环境保护，我们说几个部门齐心协力把这个事情办好，结果面临两个问题：第一是原有的材料不能共享，你对我封锁、我对你封锁；第二是有的公开提出某个单位不能参加，你排斥我、我排斥你，搞得我们觉得怪怪的，你这么一个单位怎么有权说不让另外一个单位参加？它就反映了一个现实：对于资源要素环境等方面的一些情况来进行科学的评估从而测算补偿的依据有着严重的制度性障碍。

第五个方面是直接运作主体包括管理者、利益关联者等约束机制缺失或者说权责利益不对称，造成了管理者管理不力、利益关联者无所作为，这是我们建立利益平衡机制面临的又一个困难。没有适当的约束机制，所以你下游虽然是受害者，但是你受害了跟我没有一点关系，我就无所作为了，污染就污染吧！所以这些年为什么中部地区的生态越来越坏，在很大程度上是约束机制缺失。没有一种有效的制度让每个人都把环境保护视作比生命还重要，相反，我们是能扔就扔、能吐就吐、能污染就污染。所以我说是我们大家共同造成了今天这个格局，我们每个人都有贡献。污染到一定的程度就不可逆了，北京现在下了很大的决心要治理雾霾！上一任总书记就提到了，新一任总书记又把它作为一个很重要的任务提出来，但是治理起来谈何容易，有些东西一旦造成一定的格局就很难逆转了，这里面跟约束机制的缺失有很大关系。假如我们能够准确地估量在某一期间环境损害达到了多大的一个程度，确定一个界限，超过了这个界限你就不能升官，你看他保不保护环境？我们没有计量，不知道在某一任手上环境破坏到了多大的程度，这就造成管理者管理不力，利益相关者无所作为。

4. 当前中部地区建立健全利益平衡机制所涉及的主要领域和类型

利益平衡机制可能涉及各个方面，但是对于中部来讲最重要的是什么？在哪些方面可以探索？我琢磨至少有以下五个方面：第一个是重要资源的开发，怎样形成一个好的机制，能够反映资源的稀缺程度和资源开采的损害成本，最后达到保护资源和充分利用资源的目的，达到提供资源的人和地区不吃亏的要求；第二个是上下游流域和相邻区域生态环境的保护；第三个是重要农产品的输出；第四个是重要生产要素的流动，包括优质劳动力的流出；第五个是产业的转移与承接。我想中部地区要建立利益平衡机制，首先应该着眼于这五个方面的探索并寻求建立合理的制度体系。我想跟在座的来自大学和研究机构的专家们说，今天的这个论坛某种程度上算是关于构建区域利益平衡机制的启动会。我刚才讲了，全国包括中部地区对这个问题研究得很少，更谈不上全面深入，所以研究这个问题特别重要，我们中部地区又面临这样的特殊需要，中部地区的学者们应该奋勇争先。我个人认为可以先从这五个方面来探索，形成科学的思路，以此为基础构成中部地区利益平衡机制的初级体系。希望下次有时间我们开会的时候在这些方面能有一些真知灼见。

5. 建立健全中部地区利益平衡机制的基本思路

作为一个区域经济工作者，今天我用论坛语言所阐述的观点，要力推这些东西从理论走向实践、从构想变为政策，今天的工作就是为明天的政策出台打基础，很多东西在今后若干年逐步推行将不会是一件遥远和艰难的事情。我对于建立健全中部地区利益平衡机制的基本考虑大体包括这么四点，概括起来也叫"四分"。

第一点是先易后难，分步推进。什么叫先易后难呢？就是针对上述我谈到的五个主要领域的难易状况分步制订方案加以推进，把那些容易的先搞。现在我们已对流域生态的补偿机制开始了探索，正在进行的一个试点在新安江—千岛湖流域，上下游之间开始流域生态补偿机制的试点。这个补偿机制仍然是初步的，它甚至谈不上严格的补偿，只是一种责任和惩戒机制。具体是怎样做的呢？国家财政拿 3 亿元，安徽拿 1 亿元，浙江拿 1 亿元，共同建立补偿基金，把它作为惩戒或奖励手段。如果安徽对下游的环境状况没有达到设定的指标要求，这个钱就给浙江；反过来如果安徽达到了这个指标，这个钱就给安徽。这是初步的，甚至影响是细微的，但它毕竟是个有利的开局。现在拿出的钱比较少，也许相关地方不在乎这么几亿元，但是假如提高到 50 亿元，你还在不在乎？南水北调中线 2014 年就要调水了，丹江口库区的一湖清水将要北送到天津、北京，我们正在研究，北京、天津的同志认识也很到位，准备以对口协作的方式筹集一些资金补偿调水区。这虽然也只是一个初步尝试，但是走出了一条路径。按照领导同志要求，我不久前带了一个部委联合调研组到广东、广西做珠江—西江经济带的规划调研，也借这个机会请教了两省的领导们，他们提出了一些很重要的意见，其中有一个内容就是期望建立跨流域的生态补偿机制。广东的主要领导提出愿意对广西在调整产业结构、保护生态环境作出的贡献进行补偿，如果上游地区生态环境保护好了，产业结构是生态型的、绿色的，广东愿意掏钱支持。这就是说地方也感觉到如果生态不保护好，整个都会出问题。所以我们要先易后难，分步推进，有条件改的抓紧改，能创造条件改的抓紧创造条件，实在具有刚性约束的，我们按照经济发展和其他方面的要求，逐渐形成相关的配套条件以后再逐步改。比如说有的跟国家财力和地方财力相关，国家的财力发展到一定程度后，就有能力专门拿出一些钱搞生态补偿和专项的财政转移支付，解决这些问题就容易了。假如有一天，国家能拿出钱给中部地区一些特殊的粮食津贴，种粮吃亏的问题不就解决了吗？如果按照一个中等工业产品的利润来补助我们中部生产的每一斤粮食，中部不也就相当于在办工业了吗？大家设想过这个没有？我觉得只要我们努力，这个时候是会到来的，政策是靠我们推动的，你就先琢磨这个事。

第二点是因时制宜，分类施策。我在琢磨，围绕上面提到的五个领域，可以建立这样的一些制度或者机制：第一个要建立资源开发的利润分成、税收分享的制度。现在我们有资源税共享制度，但是力度不够，我们还要建立资源开发的利润分成、税收分享的机制。当然，如果资源价格比较公正、价格能够评估到位也可以，但是常态化的还是需要建立一种利润分成、税收分享的制度。比如说不仅仅依据一定价格把原材料卖给你，而且卖给你的原材料在你这里加工形成产品以后，原材料产地还能不能分享点销售利润？对于资源产地而言，我是这个意思，不是一般地把原材料价格提高一点卖给你，而是说这个原材料的衍生利润你还要跟我适当分成，这样也能形成对原材料的保护，视同保护自己的眼睛一样。我们专家学者思考过这些问题没有？恐怕不一定。第二个要建立流域区域重点领域生态补偿机制，这个我不展开了，刚才举了例子。第三个要建立环境污染和资源浪费的惩戒机制。既然要惩戒别人，你就必须拿出事实，就必须让别人无可辩驳。现在我们说北京的大气污染有很大一部分"功劳"是河北的，河北不一定服气，凭什么你就知道是我污染的，你根据什么计量的？你拿不出板上钉钉的东西，我就可以不认可。就像交通事故一样，即便就是我撞的人，你拿不出来证据来，官司就没法打，棒子就不知道打哪个人的屁股。所以这样弄来弄去，过50年后环境就没法治了。我们现在要求的是建立惩戒机制，这就必须精确地评估污染源来自何方，污染面有多大，给我造成了多大的损失。怎么计量就是我们面临的问题。第四个要建立重要农产品输出地补贴制度。农产品天生是一种自然垄断的产品，也是附加值不高的产品。我们现在有一些特种大米或农产品，从品牌效应讲定价比较高，比如有的大米定价100元一斤，但这是个别情况，绝大部分大米的价格不会让你定得太高，因为它既是重要的产品，又是基本的必备之物，所以如果定得太高，大家都消费不起。这个不能转嫁给消费者，应该由国家或者发达地区对输出地来给予补偿。但是我们要研究补偿到什么程度，要是补偿到和工业一样了，人家还搞什么工业啊？那就不干活了。前天我在武汉市开会，武汉市的领导提出一个问题，他说我们武汉跟重庆一比就处于劣势，人家是西部地区，税收是15%，我们的税收是25%，起点就比人家高10个百分点，投资者一看我不干活就能享受 10 个点的税收优惠，换个角度看就相当于创造了 10 个点的利润。现在除了房地产，哪一个行业能轻而易举地搞到 10 个点的利润？他坐在那里不干活就享受了 10 个点的优惠税率，就相当于创造了 10 个点的利润。他跟我们说，完善中部政策能不能研究一下这个。长沙也有这个问题。这其实是涉及区际利益平衡的合理界限问题。的确是这样，你也不能补贴到人家搞工业的那点利润都交给你了，否则还搞工业干吗？人家也就回家种粮食了。所以要有一个合理的界限，我以为这里面学问大着呢。第五个要建立重要人才区际流动制度。我们现在面临着一个情况，特别是湖南、湖北这些地方，高考人数多，所谓"唯楚有才"，但是培养了半天，家庭、教育机构和政府都付出了很多，最后一考到北京、上海，都留在那里了。这就存在一个中部对人才培养的费用无偿的支出问题。要不要建立一种人才流动的补偿机制？大家可能也没思考过。现在特别是农村，就拿我所在的那个市来看，每年少说考出一万人，这一万人有相当一部分基本就不回到那个地方了，这个地方就等于在给全国做贡献，但是最后的结果就是造成了一种恶性循环，优秀的人才全流出去了，你说这个地方怎么去发展？有没有一种补偿的机制？我们现在只是对学校、对教育机构的补偿，我觉得你们可以大胆地想一想，我们的人才选用机构是否应该对人才输出地来进行适当的补偿？这也是建立利益平衡机制的一个内容。第六个要建立产业转移承接的成果分享机制。这个就不多说了，包括 GDP、利润和税收的分享，否则像刚才说的高层次的、可持续的产业承接转移就很难展开。现在广东、广西在交界地搞了一个粤桂合作示范区，并且在管理体制和利益分享机制方面做了一些有益的思考和探索，大家如果有机会可以去参观考察一下。当然，这个地方刚刚起步，需要进一步深入探索，并不断完善。第七个要建立一体化发展的激励机制。广东实施珠三角改革发展规划纲要，搞了"三个圈"，即"深莞惠、广佛肇、珠中江"，推进一体化。我曾建议广东的同志建立一体化的基金，大家都交点钱，建立一个基金，谁破坏一体化，就把他交的钱给别人；谁要是推进一体化，这钱就奖励给谁，这样就激励他来推进一体化。区域一体化非常重要，它是我们实现全民共同富裕和享受均等化的公共服务的一个重要途径。所以大体我觉得因时制宜、分类施策至少有这么七个方面。这七个方面，在座的专家们只要在其中一个方面提出了科学的、可行的思路与方案，你们对国家的贡献就很大。

第三点叫纵横结合，分项管理。就是依据不同的情况采取不同的给付途径和方式。比如说在给付途径上，可以采取中央政府转移支付，也可以采取地方政府直接结算的形式。以粮食为例，可以收粮食税，集中到中央，中央再转移给中部地区或者是粮食主产区；也可以跟这些粮食输出地建立一种对应的关系，进行直接结算。总之，哪种方式好就用哪种方式。在给付的手段上，可以分别采取税收和付费的形式。在给付的标准上，可以分别采取宜粗的固定数额支付模式，或者宜细的按需支付的模式。比如说流域生态，有的实在计算不清楚，一草一木你怎么能搞得那么清楚？再先进的信息手段也搞不清楚。那就大致上一年你给我补偿多少是可以的，但是有些可计量的你按具体的计量来支付也是可以的。所以我觉得在这个问题上采取纵横结合，分项管理。

第四点是依法完善，分期调整。也就是建立健全相关的法律法规，同时根据经济社会发展的总体要求、国内外形势的变化和价值导向、经济实力状况等，对各项制度所涉及的内容、付费的标准或者利益分享格局进行适当的调整。比如说，我们现在提出要搞生态文明，建立美丽中国，相应就要提高生态补偿标准。可以根据环境的变化，根据价值导向的变化，根据我们拥有的相关的包括财力在内的各个方面的变化对补偿标准进行适当的调整，就像物价指标的调整、工资指标的调整一样，使这个标准符合当时的环境条件，这样这个补偿机制才会永葆活力和竞争力。除了补偿标准，对各项制度所涉及的内容等也应与时俱进地进行调整。

　　以上是我关于建立中部地区利益平衡机制的一个初步设想。前面提到，我是从中部的视角来谈这个问题，实际上这个问题对全国和其他地区来讲都是一样的。今天利用这个时间，我准备了这么一个开场发言，谈一些观点，更重要的是给大家提供一个批评和讨论的靶子。今天到会的有很多专家，相信会对这些问题有更精彩的见解，寄希望于大家。我的发言就到此结束，谢谢！

东中西区域联动发展、政策安排与制度保障

——基于上海制造类企业向外拓展转移的实证研究[*]

杨昊[1,2]　　陈之怡[3]　　杨上广[4]

(1 华东师范大学城市与区域经济系　上海　200241；2 上海市政府合作交流办公室　上海　200050；
3 赛迪顾问股份有限公司　上海　200040；4 华东理工大学经济发展研究所　上海　200237)

1. 引　　言

第二次世界大战后全球不同地区的经济发展和差异动态变化，形成跨国跨区产业转移的一次又一次浪潮。迄今为止，全球已发生过三次大规模的跨国跨区产业转移浪潮。20世纪50年代的第一轮浪潮是从欧美国家向日本实施制造业产业转移；60—70年代的第二轮浪潮是欧、美、日向亚洲四小龙实施产业转移；20世纪80年代的第三轮浪潮是欧、美、日和亚洲四小龙向中国沿海地区，主要是珠江三角洲地区、长江三角洲地区、环渤海地区的制造业产业转移。近几年来，随着中国经济持续快速发展，尤其是2008年新《劳动法》的实施，劳资纠纷和罢工的频繁发生，都反映了中国沿海地区的原来具有的劳动力成本、土地成本等相对国外已发达国家和地区的比较优势正在丧失。在综合成本增加、产业结构升级的压力下，中国沿海地区大量制造业服务业企业已经和正在向中国内地以及越南、柬埔寨等周边国家转移。这次大规模转移被学界和媒体称为全球第四次产业转移浪潮。

与此同时，中国区域差异正在不断扩大，如何缩小区域差异、统筹区域协调发展正成为中国理论界和实践界研究的重要课题。2008年金融危机之后，中国在中西部地区出台了许多区域开发开放的国家战略，希望通过中西部地区全面的开发开放，缩小中国区域差距，并为中国未来的经济发展提供新的增长极。但是，这一轮过分密集的区域开发开放战略的提出，也使得中国区域开发开放政策经过了一个普惠化时代，政策效用在不断弱化。随着改革开放中国东部沿海开发战略实施30年后，东部原本的以劳动密集型为主的经济发展模式急需转型，而中西部也迫切需要承接产业转移，发展经济从而缩小区域差异。在未来中国区域发展战略中，如何制定东中西部区域发展利益的合理分配，形成中国区域合理空间分工和区域联动发展长效机制将成为必须思考的问题。

产业转移是国内外学术界的研究热点。有关产业转移的研究较早形成理论是在20世纪30年代，日本经济学家赤松要在对日本棉纺工业发展史研究的基础上提出了雁行发展模式。小岛清（1973）运用新古典贸易理论中的比较优势理论将雁行模式和产业周期理

* 国家社会科学基金项目（11CRK005）、教育部人文社会科学基金项目（11YJA630176）、上海市科委软科学基金项目（13692105600）、华东理工大学控索性基金项目（WN1222011）资助。

论综合，提出了"追赶型产业周期理论"。同时小岛清提出边际产业扩张论，从比较优势的角度来解释产业转移，是对日本对外直接投资经验的概括和总结。弗农（1966）提出的产品生命周期论，是对美国20世纪60年代前后产业发展过程，特别是美国跨国公司的对外投资活动进行总结提出来的。英国经济学家邓宁（1988）对产业转移在发达国家企业的主导下进行的可行性作了解释，严格地说，该理论应该是一种国际直接投资理论。邓宁用O-L-I模型来说明企业对外直接投资必须同时具备所有权优势、区位特定优势和内部化特定优势。巴克莱和卡森（1976）以及拉格曼（1981）等经济学家在对传统理论批判继承的基础上，提出了内部化理论，认为对外直接投资的实质不在于资本的转移，而是基于所有权之上的企业管理与控制权的扩张，其结果是以企业管理机制替代市场来协调企业各项经营活动和进行资源配置。该理论可以用来分析企业区际产业转移的动因以及政府和企业如何在产业转移中获益。

国内的研究也有不少，张可云（2001）在《区域大战与区域经济关系》中，特别提到了"区际产业转移"的概念，认为区际产业转移的基础建立在两个重要推论之中：一是经济与技术发展的区域梯度差异是客观存在的；二是产业与技术存在着由高梯度地区向低梯度地区扩散和转移的趋势。陈建军（2002）以浙江规模以上的不同所有制企业的问卷调查为基础，研究了中国现阶段沿海发达地区企业以对外投资等为主要载体的产业区域转移的发展状况。赵奉军（2003）指出政府间竞争的激烈程度以及宏观经济市场化程度等也是影响企业迁移的重要因素。史耀媛、张秀君（2005）认为西部地区产业结构调整和升级过程同时也是其承接转移产业的过程。戴宏伟、王云平（2008）指出我国区域产业结构调整面临着诸多问题，区域经济关系应由重复竞争、投资效益低下向加强协作、求取共赢转变。面临转变的压力，我国区域产业结构调整对产业转移有着迫切的需求，产业转移对于区域产业结构调整将起到越来越重要的作用。张少军、李东方（2009）提出："经济活动在地理空间上是集聚还是转移，取决于推动地理集聚的向心力（centripetal）和促进空间扩散的离心力（centrifugal）之间的动态演变和力量权衡。任志军（2009）将上述推力和拉力具体运用到区域产业转移分析上，将发达地区产业转移推力因素概括为产业结构升级、生产要素成本上升，将欠发达地区承接产业转移拉力因素概括为市场引力、低生产要素成本、政府政策等。

国外的产业转移理论大多研究国与国之间的产业转移，很少涉及一国范围内不同地区之间的产业转移问题，而且研究侧重于经济要素，制度环境方面较少涉及。近年来已经开始有针对政府、企业的行为对产业转移影响的研究，但都停留在定性描述，对于产业转移主体的行为研究不足。因此，以实证案例研究为基础，以主动转移地与承接地国家或区域为研究对象，分析在产业转移的各种影响因素下，产业转移的模式、动力机制以及转移地和承接如何联动发展，对产业转移理论的深化有着重要的意义。

上海是中国制造业的发源地，许多上海品牌产品曾经畅销海内外，并成为中国制造高端品牌和优质品牌的象征。但是随着上海商务成本的提升，以及国家对上海新的发展战略定位，上海许多制造业企业正开始思考如何外迁。因此，从理论层面，将上海企业拓展转移的整个流程模型化，从而可以更好地分析上海企业拓展转移的过程，对国内理论界在这方面研究进行一定程度的补充，并提供新的研究方向；从实践层面上，通过实证分析，探讨上海企业转移的驱动机制、存在的问题，可以为企业跨区域合作的开展提供决策参考。本项目的研究成果，一方面可以为上海更好地围绕"创新驱动，转型发展"的主线进行产业结构调整和转型升级提供建设性的意见；另一方面为政府相关部门提供做好具体工作的理论和方法指导，使得不同区域间能加强联动发展。

2. 上海企业向外拓展转移基本特征

2.1 数据来源

在服务上海产业"走出去"的同时，也要不断关注央企和一些大型民营企业设立总部的计划，将其纳入关注范围和计划体系，为上海"四个中心"建设服务。因此，上海市政府在新一轮开发开放战略中，提出要在有序引导产业转移过程中应将"走出去"与"引进来"相结合，引导本地产业有序转移与上海产业升级、引进总部战略相结合，双向互动，不断探索并构建起为上海制造类企业服务，为产业调整服务，为上海与各兄弟省区合作服务的一系列平台和措施。为此，上海市政府服务交流处从 2012 年至今，通过对129 家上海制造类企业的座谈和面谈（如对宝钢、华谊、电气等大型集团），了解了上海制造业企业向外拓展转移的意愿等情况（见表1）。

表1　　　　　　　　　　　对上海制造类企业的调研情况一览表

调研对象	企业数	调研情况
上海市开发区协会	12	了解本市开发区的主要情况、联动发展类型等，把握开发区制造业服务化、品牌输出等趋势，为本市开发区在异地尤其长三角地区联合兴办开发区提供服务。就有关了解市内有意向向外拓展转移的企业名单事宜进行沟通磋商
市经信委、市政府发展研究中心	5	了解到上海市目前注重扶持战略型新兴产业的转型发展及落后产业的转移退出，现在则采取对行业进行整体淘汰的措施
漕河泾开发区海宁分区	2	海宁分区是本市开发区与外市开发区共建园区的代表，是漕河泾开发区实施品牌输出战略的重要举措和有益实践
上海市经济团体联合会	10	了解市经团联的主要工作职责，并沟通我办目前在服务上海产业结构转型中的有关工作，相关活动等，就双方的合作内容进行沟通
市国资委	5	根据国务院 51 号文件的精神，上海产业的转型发展的趋势是加大企业兼并重组的力度

调研对象	企业数	调研情况
外高桥保税区、张江高科技园区、金桥出口加工区、康桥工业园区	15	了解了各开发区在外拓展的具体情况，有些已经"走出去"，有些正在洽谈中，还有一些明确无向外拓展的意向
闸北区、杨浦区合作交流办；市北高新集团	5	了解闸北区、杨浦区在市外建设开发区的有关情况，并了解下一步的主要意向和工作
莘庄工业园区	5	了解莘庄工业区内有意向向外拓展转移的企业名单
嘉定区经委、国资委，宝山区经委、商务委、招商局以及两区企业	29	全面了解两区县政府引导企业向外拓展转移的做法以及企业向外拓展转移的现状、趋势、问题。座谈23家，实地考察6家
化工行业协会	5	了解化工行业的现状以及打造一个产业带、转型两大示范基地以及科技兴化的未来规划
上海电气集团及其子公司	8	听取了上海电气电站集团和上海海立（集团）股份有限公司等子公司成功"走出去"的经验介绍，了解到集团整体"走出去"的意愿不高及其原因
上海华谊集团有限公司	5	了解华谊"走出去"的主要类型以及进一步打算，以其为代表的化工行业目前正面临发展瓶颈，"走出去"是必然趋势
上海宝钢集团公司	5	了解宝钢落在长三角、珠三角和西部地区的"两角一边"产业模式、钢铁业布点依据等，重点了解宝钢的新尝试——海宝工业园的运作情况
部分行业协会负责人座谈	18	各行业协会负责人介绍了各个行业"走出去"的动因、区位选择、困难等

2.2 向外拓展转移驱动机制

通过对上海各层面的制造类企业的拓展转移意向进行了梳理分析，搭建形成意向、意向化为行动到行动产生效果的过程模型（见图1）。通过分析各个环节的具体情况，了解上海企业向外拓展转移的驱动机制、存在问题，可以为上海创新驱动、转型发展服务，为本市其他开发区的产业拓展和转移提供发展空间，获得本市发展所需的能源资源，加快上海本地产业的腾笼换鸟和产业升级步伐。同时，对上海地区企业向外转移意向进行思考和分析，能更好地了解产业转移的模式和机制，帮助政府扮演好在其中的角色。

在调研座谈和问卷调查涉及的百余家企业中，有约85%的企业有向外拓展转移的意

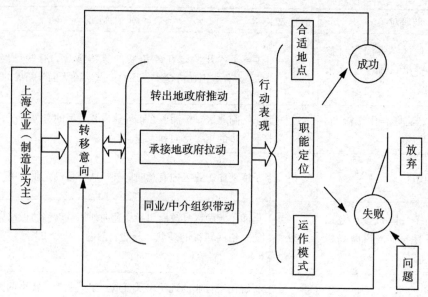

图1　企业向外拓展转移的一般流程

向，有转移意向的企业中有约90%的企业为部分产业链环节的转移。企业向外拓展转移的动因，与影响企业意向的三股力量相对应：一是推力因素，即推动企业主动进行区位调整的各种因素；二是拉力因素，即吸引企业到目标区位的各种因素；三是带动力因素，即同行业企业进入目标区位的影响。属于推力因素的，有扩大市场销售规模、多元化经营、产品结构调整等；属于拉力因素的，有外地投资条件吸引、资源导向、成本导向等；属于带动力因素的，有供应链衔接等（见表2）。

第一，资源导向型。当目标区域相对上海各类自然资源密集（各类矿产资源、粮油等农副产品资源、风能等自然资源等）时，企业出于降低运输成本等考虑转移到资源丰富的地区去，拓展发展空间。例如宝钢集团向新疆拓展转移、华谊集团向内蒙古拓展转移都是由于这些地区煤矿等资源丰富。

第二，成本导向型。企业在进行拓展转移决策时，往往要考虑转移前后土地、劳动力、资本和技术等要素的成本变化。比如上海海立集团（集团）股份有限公司拓展转移至南昌的动因之一就是降低成本。

第三，追求规模经济型。伴随着产业集群的出现，很多企业为了获得区位的聚集效应，达到共享资源的目的而迁进产业集聚区，这一点也是上海市开发区和企业建立市外产业集聚区的有力论证。

第四，市场开拓型。企业在成长过程中必须开拓新的市场以获取更多的市场份额。如上海电气电站集团就是为了获得承接地的市场份额而在当地建厂。

第五，多元化经营型。某些大企业出于战略上的考虑，会尝试多元化经营，包括市场区域多元化和经营领域多元化。如宝钢在海门的海宝工业园就是出于多元化经营的考虑。

第六，供应链衔接型。当某个产业转移到目标区位后，其产品供应链也会随其移入目标区位的一种产业转移模式。比如上海汽车集团旗下的汽车零部件厂商会跟着整车的生产基地向外拓展转移；塑料行业、电机行业等配套型行业的企业也会跟着一些相关行业向外拓展转移。

第七，产品结构调整型。企业因资源、土地等限制或产品结构不再符合市场需要而进行产品结构的调整，被迫转移到外省市。这一种类型的代表就是化工行业。

第八，政策导向型。承接地政府可以通过税收减免、土地优惠、加大投入等激励性的产业政策改变一些企业投资的区位选择，把同行业的企业聚集在同一个地方；转出地政府也可以通过一些限制性政策引导一些不符合上海产业发展目标的企业向外拓展转移。比如橡胶、印染等行业因征地规划或者政府环保政策的导向而被动向外转移。

表2　　　　　　　　　　　　　上海企业向市外拓展转移的原因

向市外拓展转移原因	占比（%）	排　名
本市政府规划和引导	55	3
降低成本	80	1
便于生产协作，靠近原材料产地	40	4
拓展市场	60	2
其他：规模经济、多元化经营、供应链衔接等	36	5

2.3　向外拓展转移区位选择

上海企业向外转移的区位选择则主要符合渐近基准、多层次基准、驱动因素三个准则，主要区位见图2。

图2　上海制造业企业转移路线图

第一，渐近基准。上海制造类企业向外拓展转移的区位选择发展的过程大多为"由近及远"、"由熟悉到陌生"。多数企业主要考虑总部公司的与市外投资企业的距离、当地劳动力素质、政府服务效率、交通便捷等因素，大部分企业向外扩展和转移的目标区域是离嘉定、宝山两区较近的太仓、启东、吴江、江阴、通州、大丰等地区。

第二，多层次或多元化的基准。各个地区的发展具有多层次性，所以企业向外拓展转移的格局也相应地具有层次性。比如随着拓展转移进程的深入，在长三角等发达地区适宜投资金融、信息等行业和高附加值的制造业，而将一些低端制造业放到相对欠发达地区。

第三，驱动因素基准。企业选址很重要的一个基准是目标区域有驱动企业向外转移的因素。正如前文所提到的，当目标区域具有成本优势、资源优势、广大市场、利好政策等驱动因素时，就会吸引企业入驻。经调研发现，意向地区集中在离上海较近的江浙皖，或者市场较大的环渤海和珠三角地区及资源丰富的西部地区，如新疆等地。

2.4 向外拓展转移运作模式

企业在跨区域发展的时候，会充分利用不同地区的区位优势和资源优势，将各功能部门或生产单位分别布局于不同地区，形成多空间的企业内部分工。企业会根据具体的情况将不同的职能部门转移出去，包括：生产基地迁移、营销部门迁移、研发机构迁移、企业总部迁移、企业整体迁移等等。但为了保持自身的核心竞争力，上海制造类企业向外转移最常采用的主要运作机制表现为：企业将总部及研发、销售等主要功能部门留在上海，而将部分产品的生产基地和营销分点转移到外省市地区，充分利用各地区的比较优势，优化企业的空间布局，提高企业的市场竞争力（见图3）。

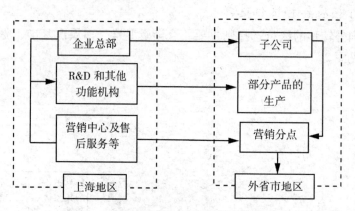

图3　上海企业向外拓展转移职能分工模式

上海制造类企业在向外拓展转移过程中，一般采取以下几种运作模式：

第一，建立子公司模式。建立分支机构，分支机构是企业的派出机构，或者建立全资子公司，是企业在市外建立具有独立法人资格的公司。比如海立在南昌建立的就是全资子公司。

第二，合作经营模式。双方协商，以设备、技术、物资、服务、厂房土地或销售等要素作为合作的内容，约定合作的条件，收益分配等事项，获取各自的利益。比如宝钢与海门市政府合作建立海宝工业园、上海漕河泾开发区在市外建立的海宁分区等。

第三，市外销售模式。在市外建立销售网点，产品直接销往外省市地区。这是一种比较普遍、风险也较小的运作模式，大多数企业均会运用到这种模式。

第四，市外建厂模式。往往是企业在外销的基础上站稳之后采取的进一步措施。这种投资方式将生产、管理、销售全面转移到市外，与当地文化融为一体，有难度也有风险。如上海粤海纺织有限公司于2003年选择湖北宜昌作扩张产能，在宜昌投资新建纺织厂，2010年缴纳税金500多万元，成为当地纳税大户，也享受了上海市政府给在市外投资企业的补助。

第五，生产外包模式。即所谓的代工生产方式，又称为制造外包，是将一些传统上由企业内部人员负责的非核心业务或加工方式外包给专业的、高效的服务提供商，以充分利用公司外部最优秀的专业化资源，从而降低成本、提高效率，增强自身的竞争力的一种管理策略。比如一些医药企业将其部分药品交由外省市企业生产。

第六，兼并收购企业模式。通过全额买断或参股、控股市外企业，实现"走出去"的目的。如上海电气集团的输配电公司就是采取这样的方式在市外发展、宝钢集团向外拓展转移主要也是通过兼并重组的方式。

3. 阻碍上海制造类企业向外转移因素

在调研中，成功"走出去"发展的上海企业并不多，比较突出的是上海电气旗下的海立公司，该公司在中国空调压缩机行业保持了十多年的龙头地位，由于其拥有自己的核心技术，已率先完成了向市外的拓展转移，而企业的成功之处是共通的。

首先，尽量作为"龙头企业"向外转移。海立在南昌的投资是作为当地的"一号项目"得到政府的保驾护航，这在很大程度上加快了拓展的进程。

其次，转移过程中要明确产品定位，把握核心技术。企业要明确核心技术不外包，在上海生产高附加值的产品，在外省市生产较为低端的产品，从而保证集团的核心竞争优势。

最后，转移过程中要与时俱进，具体问题具体分析。比如可以考虑产业链的集体转移，配套生产环节一起跟进，带动当地整个产业链的发展；再比如采用对外省市员工在上海进行培训再派回当地的"管理联动"模式。

在有尝试"走出去"的企业的经验中，不成功的居多，主要因素有：

（1）招工难问题突出。上海各类人才汇聚，劳动力素质高，尽管周边地区劳动力成本相对较低，但企业发展需要的各类人才短缺，上海本地人才不愿意到市外发展。当地工人的工作理念也与上海有很大区别，如嘉加集团反映：外地子公司就是给工人们发加班工资，他们也不愿意加班，工人们认为正常工资已满足其生活需要，不需要为钱而加班。调研中的某园林绿化公司在某地街面招工，给工人发周薪，工人拿到工资后就不来上班，待工资用完再找工作，当地没有比较规范的劳务市场，招不到合适的劳动力。

（2）"上海制造"品牌效应难维护。长期以来，上海加工生产的产品无论从技术还是品质都得到了国内外的认可，企业普遍反映，产品贴上"上海制造"的标签享誉度较高，如转移到其他省区，会丢失"上海制造"的品牌优势。在调研过程中，许多企业担心转移到外地，就会丢失"上海制造"高端品牌效应。上海某大型国有制造企业就提到，上海的制造业在全国较有知名度，一旦转移到周边地区，特别是离上海较远的中部地区，丧失了"上海制造"这一效应，会让产品在客户心目中的地位降低很多。

（3）物流成本及运输便捷度高。有些企业产品的销售网络是以上海为中心的，他们认为上海作为交通枢纽，海陆空运输便利，成本也相对较低，因此产品运输量大的企业考虑到上海物流成本的优势，不愿意到外地进一步发展。嘉定区某制造公司负责人谈到，产品装箱运输的成本在上海比较低，而且运输便捷，在外省区成本反而高很多。宝山区经委负责人也提到外拓企业产品由于目前产量低、运量小，其运输单价成本高于在上海发运的单位成本感觉不明显，但随着市外公司产能增加、其运输需要物流配套等环节的支持会导致运输成本骤增。

（4）承接地服务配套滞后。企业由于对外省市政府政治状况、投资环境、商业习惯、文化因素、法规制度不熟悉，对向市外拓展转移风险评估不足。事前没有认真评估风险，经营过程中又没有建立适当的风险防范机制，"走出去"之后陷入进退两难的局面。为了吸引上海的产业转移，不少地方政府主动对接上海，并口头或以备忘录等形式给出了优惠条件或承诺。然而一些外省市当地工业配套供应能力不足且政府办事效率较低、服务企业不够规范。甚至有的县市往往以对接上海为旗帜向省政府争取用地指标，出现产业合作为虚，争取用地指标为实的现象。因此当上海制造类企业转移到承接地后，承接地许诺的优惠条件到最后很难兑现，服务配套也跟不上，影响了企业走出去的积极性。如某制造有限公司于2008年在启东投资建厂，但通过近两年的运营，发现政府办事效率低、规范程度差等情况，公司表示企业无法适应当地投资环境；华荣集团生产高端防爆产品，其产品配套供应在外地不能得到满足。还有的企业提到，到中部地区投资，当地政府给予了高度重视和关注，但一旦项目真正引入后，随着政府负责人的更换等不同原因，之前的优惠政策有些就无法兑现。

（5）产业转移类型要求高。外省市产业发展定位不断提高，上海制造类企业在拓展转移中面临较为苛刻的资源交换条件。目前国内各省市政府都面临发展方式转变的任务，提升产业能级，调整产业结构成为地方政府追求的共同目标。在此背景下，中西部地区的产业定位加速拔高，更希望上海的优势产业加快转移。尤其是山西、内蒙古、黑龙江等资源丰富的地区，往往以资源为筹码，要求"点菜式"产业转移，即希望以资源换优势产业。对此，上海准备不足，往往难以达成共识。企业在这些地区进行产业转移过程中，也常常面临比较苛刻的交换条件，如必须在承接地设立独立法人等。

4. 上海制造类企业向外拓展转移的政府平台建设

经过上述的分析之后，对模型作了适度的引申，试图将它分为三个环节。按照企业从形成意向、意向化为行动、到行动产生效果，引入了三个平台，分别作为事前、事中、事后三个阶段的工作切入点（见图4）：事前搭建信息平台保证信息畅通，提供更多机会，鼓励企业向外拓展转移；事中搭建服务平台为向外拓展转移的上海制造类企业提供各种服务，让企业更放心地"走出去"；事后搭建协调平台，乃至一种长期的协调机制，与当地政府保持联系和沟通，吸取企业向外拓展转移的经验和教训，让企业更好地"走出去"。

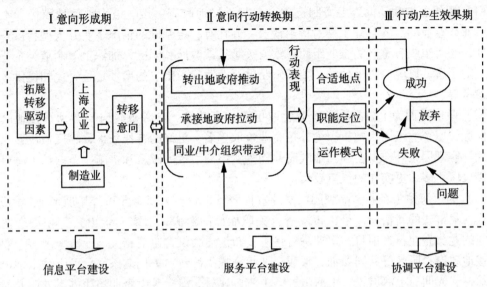

图4　政府"三个平台"建设框架

4.1　意向形成过程——信息平台建设

第一阶段是意向形成的阶段，上海制造类企业面临着各种各样的驱动因素，使得他们产生向外拓展转移的意向，但是这些意向如何固化，并进一步形成行动，信息的获得是至关重要的，政府可搭建起信息平台，为让企业获得全面及时的本市产业引导政策、各地招商政策信息、成功的典型和行业趋势等。具体为：

第一，政府网站平台的实时更新。建立企业拓展转移与区域合作信息库，进行信息筛选比对，该信息库主要由上海产业转移信息综合体系和产业转移承接地信息库组成。上海产业转移信息综合体系主体是建立上海产业市外发展项目信息库，产业转移承接地信息库则包括接受地的经济概况、资源禀赋、环保要求、开发区概况、对产业转移的需求以及优惠政策、人文环境、政府服务等内容。

第二，编制相关信息材料为企业服务。建议定期编制《上海制造类企业跨区域合作交流发展报告》，介绍上海制造类企业向外拓展转移的趋势、行业跨区域合作情况、具体案例分析、上海相关产业转移政策、外省市相关优惠政策等，用全面、真实的数据为上海制造类企业跨区域拓展转移提供信息资料和鲜活的案例分析。

第三，梳理并及时沟通外省市承接产业转移需求和意向。上海市政府可依托驻外办事处和外省市驻沪办事处，主动调研并及时反映相关省市经济、产业发展趋势和规划，通报相关省市承接产业转移的需求，反映上海制造类企业在外省市发展中面临的困难与问题。对此应形成制度，定期通报市政府各相关职能单位。

4.2　意向行动转换期——服务平台建设

在转出地政府的推动、承接地政府的拉动和同业或中介组织带动下，有拓展转移意向的企业必然会有所行动，这是项目最终落地的关键，在此阶段，政府高效服务平台的搭建和本地中介组织的带动将起到重要作用，建议可以采取以下做法：

（1）组织各种活动促进上海制造类企业与承接地政府对接。组织承接地园区、上海有关行业、企业的需要召开小型对接洽谈会，并在一定基础的情况下召开大型会议。除此以外，还可组织有意向的企业组团考察有关承接地政府和园区，加深上海制造类企业对承接地的了解，以政府对外地的一些了解帮助企业明确走出去的市场定位，比如提供一些选址参考等。

（2）政府层面为上海制造类企业争取更多优惠政策。上海市政府要调动承接地政府的积极性，以企业组团为契机，为外拓企业争取更多、更好的合作条件，除区域位置、资源禀赋等客观因素外，要会同当地政府共同落实招商引资的政策和措施，争取给上海市外产业集聚区更多、更实在的优惠政策。

（3）为上海龙头企业、品牌园区搭建宣传服务平台。为使企业市外拓展形成集团式、集聚式、集群式的新格局，可由市政府有关职能部门牵头，围绕"走出去"拓展产业发展空间的龙头企业、大项目，定期举行信息发布沟通会议，邀请相关产业链上下游企业以及承接地政府、园区等共同参加，形成企业组团式集群走出去创造条件。可围绕宝钢、华谊、纺控、光明、上海城投、上海电气、上汽、建材、海立等大企业集团的市外产业大项目，组织沟通会，邀请相关企业、承接地政府、园区共同参加。同时考虑到上海品牌园区异地建立园区的情况，可以围绕上海漕河泾、金桥、外高桥、市北工业园区品牌园区的市外异地共建园区以及长三角园区共建联盟成员，定期组织品牌园区市外拓展座谈沟通会议，或组织专题考察活动，邀请园区内有意外移的企业以及受本市品牌园区空间制约难以在本市落地的新增企业共同参加，使企业了解上海品牌园区在异地共建园区的发展状况以及异地园区的产业生态环境，搭建本市品牌园区腾笼换鸟与异地发展联动的平台。

（4）发挥中介组织的作用为企业拓展转移服务。积极发挥商会、协会等社会组织在上海制造类企业拓展转移过程中的重要作用。充分发挥社会中介机构的沟通服务职能，诸如会计师事务所、律师事务所、专利商标事务所、审计师事务所、公证和仲裁机构、信息资讯、人才交流中心、各种基金会等组织一方面同政府及其职能部门保持着密切联系，对宏观政策方针有着比较深入的了解，另一方面，它们与微观层面的不同利益主体当事人也交往甚密，对来自企业的要求也比较了解。因此，应该发挥社会中介组织沟通协调政府与企业之间关系的作用，发挥其直接招商、联系外界、服务企业等各方面的作用。请它们及时了解跟进企业走出去的情况，提供所需的帮助，并指导企业选择适当的途径和形式走出去。

4.3 行动产生效果——协调平台建设

第三阶段行动产生效果阶段，也是新意向产生或者拓展转移行动终止的阶段，企业肯定会遇到各种问题。当然很多客观问题也不是政府就能解决的，但是两地政府通过建立协调机制、签订政府间协议和一些相关机构的协调，可以解决部分问题，并让上海拓展转移企业感到有政府的支持，更有信心产生新的拓展转移意向。具体做法建议为：

第一，考虑建立政府间协调委员会协调相关问题。条件允许的情况下，与承接地有一定合作基础的园区建立联合领导协调机制。可由相关部门牵头，相关职能委办参与，与外省市相应部门、机构共同组成协调委员会，负责协调和推进相关产业或企业合作，具体包括负责协调和制定相关合作政策，共同制定合作规划、明确合作目标和推进时间表等。其次，可考虑建立各层次的跨部门、跨区域行政部门联席会议协调机制，通过各层次联席会议机制，明确相关部门工作目标和任务，制定工作计划和推进措施。

第二，以政府间合作框架协议降低企业拓展转移的风险。形成政府间合作框架协议，强化政府间合作机制，是降低上海产业转移和企业"走出去"风险的有力保障。一是可以在市政府层面，探索由上海市政府产业主管部门、管理机构及重要的行业协会与当地政府，以意向书、框架协议、工作备忘录等形式，签署共建产业紧密合作示范区专项合作协议（或产业紧密合作示范区上海投资企业保护协定等），以政府行政签约方式，确立省市层面上的战略合作框架，明确未来产业紧密合作示范区统计、税收等共享机制，并规范政府服务和管理行为。二是在区县层面上，在本市部分区县与各地建立友好城区基础上，进一步签署建立产业紧密合作示范区的政府性框架协议，支持上海制造类企业向对方承接地集群式转移。三是在行业层面，两地行业协会签署战略合作协议，相互支持、服务于行业内企业到示范区投资。四是在企业层面，由已经拓展转移的龙头企业或大企业牵头，组织相关企业与当地政府或开发区管理机构签署企业自律、承担社会责任和政府规范管理、服务的协议书。通过这些政府间具有法律意义的战略合作框架协议的签署，明确相关合作机制、确定合作模式、协调机制、为上海制造类企业拓展转移解除相关顾虑。

第三，发挥两外办事处和中介组织的协调作用。市政府驻外办事处在服务上海制造类企业在外省区发展、协调有关问题中有着自己的优势和重要的牵线搭桥和沟通协调作用；而各地驻沪办也承担着本地政府的招商引资工作，它们对承接地政策熟悉，在协调关系方面有着重要作用；中介组织如商户、行业协会等也在与外省区政府、园区谈判的过程中有一定的经验和优势。因此，要充分发挥两外办事处和中介组织在上海制造类企业拓展转移过程中遇到问题的协调作用，政府也可对有特别贡献的两外办事处和中介组织给予一定的物质或精神奖励。

5. 区域联动与利益共享合作模式

5.1 区际联动发展模式

目前，上海主要采取开发区合作的联动发展形式。开发区联动发展大多聚焦在市内，主要类型有：一是区镇联动发展，如金桥出口加工区与金桥镇联动发展生产性服务业；二是区内联动发展，张江高科技园区与合庆工业区联合建设张江高科技东区；三是跨区漕河泾开发区与松江九亭、新桥镇合作建设松江国际光仪电产业园；四是品牌连锁，漕河泾开发区与康桥工业区合作成立开发公司，在康桥工业区内建设"科技绿洲"园中园；五是区企联动发展，上海医药集团与浦东康桥工业区进行合作，建设生物医药产业园。

上海开发区跨省市联动发展主要类型有：（1）市属企业与外地开发区共建园区，如宝钢与南通市合作建设宝钢产业园、上海纺织集团与盐城大丰市合作建设纺织产业园等，带动周边产业的开发，企业和当地政府利益共享。（2）本市开发区与外地开发区共建园区，如上海漕河泾开发区与嘉兴合作建设漕河泾开发区海宁分区等，采用品牌输出的形式，收取管理费用。（3）本市区县政府在市外合作建设园区，如杨浦区在盐城合作建设开发区，政府间采取税收分享等利益共享机制。（4）本市开发区与外地开发区缔结友好园区，如漕河泾开发区先后与武汉经济技术开发、合肥经济技术开发区等14家开发区缔结友好开发区。

5.2 区际合作利益共享模式

从一些已有的区际园区合作成功的案例来看，利益共享是成功的主要原因。利益共享的主要模式有：

（1）提供优惠政策。如海宝工业园，它是宝钢的一次重要尝试，它力争将其打造成一个典范，在获得成功之后进行不断复制。2010年5月，宝钢与江苏海门市政府正式签订《宝钢海门合作开发协议》，合作开发宝钢海宝工业园，现已落户磁性材料项目、金属钢构项目和精密钢丝项目。海宝工业园占地2.5平方公里，产业定位为钢材延伸工业、循环经济产业、物流产业等。根据协议，双方将组建联合工作组，负责园区的项目开发。宝钢将依照工业园的战略定位，编制《工业园的土地开发综合策划方案》。海门市负责具体项目的审批手续和相关配套等。目前来说，入园企业以集团子公司为主，企业直接享受海门政府土地和税收优惠。园区规划由集团统一控制，入园企业根据功能分区，选择合适地块落户园区，地方政府基本不做实质性审批。这是一个大胆的尝试，利用了海门良好的区位优势、丰富的人力资源和当地政府积极招商引资的热情，虽然没有成熟的经验，但发展空间巨大，政府也"大有可为"。还有如东莞石龙（始兴）产业转移园区规定对纳税50万以上的企业，前三年给以其中属于地方财政50%的返还；在土地政策方面，园区土地使用费可以3年内分期付款；在其他费用方面，实现零规费，对服务性收费按最低标准50%征收。

（2）返税支持，如为了调动苏南对苏北援建的积极性，江苏省政府特别规定，对宿迁工业园、苏通科技园等共建园区的新增增值税、所得税省、市、县留成部分，全部由省、市、县财政补贴给共建园区，用于滚动发展；省财政对用于园内的基础上设施建设的贷款进行贴息等。为了保证园区健康发展，工业园合作期限内前10年产生的所有收益，合作双方都不进行分配，全部用于园内滚动发展，这在跨省市合作的园区中也非常普遍。

（3）税收分成，政府之间的园区合作很重要的内容就是税收分成，如"杨浦异地工业园"实行利益共享，协议约定，当地政府全额减免园区建设涉及的地方行政规费，园区前5年产生的地方税收，全部用于园区建设以后产生的地方税收按比例分成。连云港（上海）工业园在进区企业的税收上，灌南县和奉城镇之间实行对半分成，具体项目具体确定。嘉定（建湖）工业园合作双方共同投资设立开发公司作为运作主体，并明确园区5000亩规划面积完成开发前，所有赢利一分不取，用于园区滚动发展，既高效又符合双方利益。

6. 结语与讨论

在现实中，转出地为了避免经济利益的减少、产业的空心化，承接地为降低承担的风险，都寻求着利益分享、风险共担。政府层面上大家的总体需求是一致的，当前合作共建产业集聚区、飞地经济等产业转移模式也已经在探索建立利益分享机制的经验。特别是有着良好的区位、经济基础的长三角区域，"三省一市"也已在各重点领域展开很多合作，应该成为上海与外省市建立利益分享机制的试验田，从而将利益共享扩展到中西部区域，加强联动发展，各地政府应该以双方互利为前提竞争，加强合作，市场调节和政府调控两手抓，推动产业转移的顺利进行。为了保证利益分享机制的顺利进行，一要建立一个全面综合、客观公正的利益评价考核制度和测度指标体系，二可设立如长三角利益分歧仲裁所之类的利益协调和争端解决机构，三可尝试扶持共建、合作共建、托管建设、产业招商和股份合作等多种可实现利益分享的模式。以开发区合作的形式，进一步推进东中西部区域联动发展的利益共享机制。

从东中西部区域联动发展层面来看，还有很多问题需要思考和研究：从区域不同的资源禀赋、产业发展阶段、发展规划等方面来看，很多区域都存在产业同构现象，由此可能产生恶性竞争，发展规划也十分雷同，同时，很多区域的产业发展阶段不同步，使得区域无法在同一平台实现对接合作，如何找到区域合作的合适切入点，是各区域需要首先考虑的问题；从各区域政府层面来看，寻找合理的区际合作方式、合作内容是首先要考虑的问题，其次，从全国发展的高度来看待区际联动发展，这就需要各地区政府不仅考虑自身发展，还要考虑自身在全国发展中的定位，真正按照科学发展观的要求，制订发展规划，设计合理的政策措施；从国家层面来看，如何设计出合理的总体规划和协调机制，保证各区域之间的利益和发展也是值得思考的问题。

◎参考文献

[1] 小岛清. 对外贸易论［M］. 天津：南开大学出版社，1987.

[2] Vernon，R. . International investment and international trade in the product cycle ［J］. Quarterly Journal of Economics，1966（80）：190-207.

[3] Bunning，J. H. . Explaining international production ［M］. London：Unain Hyman，1988.

[4] 张可云. 区域大战与区域经济关系［M］. 北京：民主与建设出版社，2001.

[5] 陈建军. 中国现阶段产业区域转移的实证研究——结合浙江105家企业的问卷调查报告的分析［J］. 管理世界，2002（6）：64-74.

[6] 赵奉军，木巳. 民营企业"大迁移"的经济学［J］. 科技信息，2003（8）：13- 15.

[7] 史耀媛，张有君产业转移：西部地区产业结构调整与升级的新思考［J］. 西北工业大学学报，2005，25（1）：34-36.

[8] 戴宏伟，王云平. 产业转移与区域产业结构调整的关系分析［J］. 当代财经，2008（2）：93-98.

[9] 张少军，李东方. 全球价值链模式的产业转移：商务成本与学习曲线的视角［J］. 经济评论，2009（2）：23-30.

[10] 任志军. 区域间产业转移及承接研究［J］. 商业研究，2009（12）：45-48.

[11] 魏玮，毕超. 区际产业转移中企业区位决策实证分析——以食品制造业为例［J］. 产业经济研究，2010（2）：48-53.

"中四角"①产业合作与竞争策略研究*

——基于合肥的视角

胡 艳

（安徽大学经济学院 合肥 230601）

城市竞争，究其根源是产业之争；城市合作，归根结底也是产业合作。

1. 产业同构与同质化竞争是"中四角"低水平竞争阶段的常态

表现之一：产业结构"大雷同"（同构），呈现"二三一"特征；二产内部主导产业重合度较高。

"中四角"工业化中后期阶段特征显著，主导产业以资金和技术密集型为主，第二产业在三次产业中比重最高，第三产业次之，但发展势头强劲。合肥、长沙、武汉、南昌所在省份均为国家商品粮基地，第一产业比重较大，四市所在省会经济圈生态农业或都市型农业占有极其重要的地位。

由表1可知，2009—2012年合肥、长沙、南昌的第一产业占比基本上在5%左右，第二产业均为55%左右，第三产业占比约40%。武汉产业结构呈现高度化倾向，第三产业发展相对较快，2009—2011年，第三产业在三次产业中比重超出第二产业，接近或达到50%，但优势微弱且地位不稳，2012年又回落为"二三一"结构。

表1　　　　　　　　　　　　　　"中四角"三次产业结构情况

年份	合 肥	长 沙	武 汉	南 昌
2009	5.2：52.6：42.2	4.8：50.6：44.6	3.2：47.0：49.8	6.0：55.4：38.6
2010	4.9：53.9：41.2	4.4：53.6：42.0	3.1：45.9：51.0	5.5：56.7：37.8
2011	5.7：55.1：39.2	4.3：56.1：39.6	2.9：48.2：48.9	5：58.7：36.3
2012	5.5：55.3：39.2	4.3：56.1：39.6	3.8：48.3：47.9	4.9：57.9：37.2

资料来源：合肥、长沙、武汉、南昌2009—2012年国民经济和社会发展统计公报。

---

* 本文根据合肥市政府委托课题《合肥市在"中四角"的战略地位及作用研究报告》部分内容修改而成，执笔人：胡艳，安徽大学经济学院教授、博导，安徽大学长三角经济社会发展研究中心执行主任，其他参与者为：博士研究生丁玉敏和硕士研究生徐婷婷、严清清、李凌妹。

① 中四角指湘鄂皖赣四省省会城市长沙、武汉、合肥、南昌。

2012 年合肥、长沙、武汉、南昌四市规模以上工业增加值增长率超过 15%（除南昌 14.8% 外）。2010—2012 年名义 GDP 年均增速，合肥为 24.13%，武汉为 20.46%，长沙为 18.64%，南昌为 16.60%；按可比价格计算，2013 上半年 GDP 同比增长：长沙 11.6%，合肥 11.3%，南昌 10.7%，武汉 9.6%（见附录）。从第二产业内部来看，主导产业重合度高，主要有汽车及零部件、装备制造和食品及农副产品加工等；战略新兴产业都以发展光伏光电、新材料新能源以及生物医药等行业为主。

表现之二：趋同的产业结构导致承接产业转移的同质化竞争日趋激烈。

产业同构意味着中四角大体一致的产业发展梯度。积极承接产业转移，加快经济发展，促进产业结构升级，顺应我国区域经济发展战略的基本要求，是中四角的共同追求。同处长江中下游地带的"中四角"在区域优势、资源禀赋、人文环境、发展基础等方面的相似性以及与东部发达地区几乎相同的梯度差，使得相互之间在承接长三角、珠三角和京津冀等发达地区产业转移过程中同质化竞争日趋激烈，招商引资大战狼烟四起。2012 年全年合肥、长沙、武汉、南昌实际利用外资均以两位数增长。目前全国 8 个承接产业转移示范区，中四角所在省有 3 个，还有 1 个即将获批，分别是皖江示范区（2009 年 1 月）、湖北荆州（2011 年 10 月）和湖南湘南产业转移示范区（2011 年 12 月），江西赣州市三南示范区正待国家批准。江西近日出台文件将建 6 个省级产业转移示范区，南昌市重点建设"上海产业园"。

2. 产业"大结构"下的"小差异"应是"中四角"大力拓展的错位发展空间

"中四角"产业发展的基本格局是"大同构"与"小差异"并存。在"大同构"（"大雷同"）下寻找"小差异"，就是寻找商机与合作的时机。换一种思路看，"中四角"产业同构并不一定是坏事，通过联合或兼并，"抱团发展"，反而有利于形成产业规模经济，发挥"中四角"同一产业的竞争优势，打造产业技术和信息一体化服务平台，同时，又不失各自的差异化特色，有利于错位发展。因此，既要规模性，又要差异性是中四角产业合作的原则和指导思想。

产业同构难免同质竞争，但深化产业内分工，突出产品差异化与市场细分化，就能拓展中四角产业合作空间，在共享利益的基础上，做到错位竞争。合肥在其中不仅应占有一席之地，而且要达到"抱团进位，抢占高端"的战略目的。

中四角产业结构总体上呈现出"二三一"同构现象，但在相似的产业结构中各次产业又存在很多差异，例如，武汉第三产业发展显著优于其他三市，2012 年武汉的第三产业占 GDP 比重为 48.94%，而合肥、南昌、长沙分别为 39.2%、37.2%、39.6%。另外，2012 年合肥第一产业占 GDP 比重为 6.5%，明显高于其他市，而南昌市第二产业占 GDP 比重高达 57.9%，又远超武汉、长沙、合肥三市。① "大同构"下的"小差异"，一定程度体现了各市产业发展的比较优势，从而为四市在深化产业内分工的基础上实现合作提供了契机。合肥可以利用自身产业结构与其他三市的差异，加强与其他三市的合作，扬长

---

① 数据分别来自 2012 年合肥、南昌、长沙市国民经济和社会发展统计公报及 2012 年《武汉市统计年鉴》。

避短。

四市在主导产业及其结构方面也有明显差异。合肥六大主导产业分别为汽车、装备制造、家用电器、食品及农副产品加工、新型平板显示和新能源及光伏。2012年，除汽车制造业之外，其他主导产业同比上年增长速度都超过了10%，新型平板显示和新能源及光伏的增长更是超过了40%。① 合肥作为我国三大家电生产基地之首，汇集了大批知名家电企业，具有完备的白色家电制造配套设施、产品研发、原材料和零部件采购、物流配送、人才储备等条件。2012年合肥家电产量达到5456万台（套），连续两年居全国第一，电视机、冰箱、空调、洗衣机"四大件"占全国25%的市场份额，已超过广东顺德、山东青岛。此外，合肥市战略性新兴产业发展迅速。在推动传统支柱产业的同时，合肥积极探索电子信息、新材料、住宅产业化和生物医药等战略性新兴产业。2012年战略性新兴产业完成产值1598.74亿元，比上年增长24.6%。②

武汉、长沙、南昌三市依托自身优势，也已形成各具特色的支柱产业。武汉"光谷"享誉世界，光纤光缆生产规模全球第一，已经占到全国市场的66%、全球市场的25%；③ 武汉的黑色金属冶炼及加工业、交通设备制造业、通信设备、电子设备制造业以及石油化工等产业作为武汉的主导产业与其他市比较也具有绝对优势。长沙则聚集了三一重工、中联重科等行业龙头企业，其工程机械产业规模和效益在全国名列前茅，独领风骚；在文化产业方面，湖南卫视成为中国大陆年收入和收视率最高的地方电视台。南昌航空工业一直走在全国前列，发展前景非常广阔；光电光伏、服务外包等四大低碳优势产业发展迅速；农副食品加工业具有比较优势。

另外，同样都是主导产业的汽车和装备制造业在四市的发展各有千秋。以汽车制造业为例，合肥的江淮，武汉的通用和东风，长沙的比亚迪汽车有限公司和南昌的小蓝汽车及零部件产业基地，它们的发展规模、产品系列及品牌都不尽相同，因而市场定位和顾客群也不尽相同。据估算，丰田汽车公司每年生产的全部汽车中最多只有5辆具备相同的产品特性，也就是说，2010年丰田生产的860万辆各类汽车中包含170万种细分车型，这就是丰田的产品多样化战略。④

可见，错位发展空间巨大，商机无限。合肥可以通过与武汉、长沙、南昌的汽车产业合作，走出去、引进来，合力招商引资，做大做强汽车制造业及零部件产业集群。

差异化就是特色化，各市可以利用差异化战略错位发展自己的特色优势产业和拳头产品，在差异化竞争中承接产业转移，实现质量与速度的共同增长。例如，合肥作为长三角城市协调会成员，其在承接长三角的产业转移方面具有天时、地利、人和的特殊优势。南昌作为与珠三角、长三角和闽东南三角都毗邻的城市，在承接产业转移方面也有明显的距离邻近效应。武汉和长沙与上述两市相比虽然没有地理上的优势，但是其九省通衢的全国交通枢纽地位、发达的商贸流通和先进制造业基础对外资具有强大的吸引力。2012年，

---

① 数据来自2012年合肥市国民经济和社会发展统计公报。
② 合肥市2012年国民经济和社会发展统计公报，［EB/OL］www.hefei.gov.cn.
③ 湖北省科技技术厅文件，http://www.hbstd.gov.cn/info_ kjt.jsp? id=61508.
④ 彼得·马什. 新工业革命［M］. 北京：中信出版社，2013：70.

武汉实际利用外资分别是合肥的 2.7 倍、长沙的 1.5 倍、南昌的 1.7 倍就是明证。

总之,中四角的这些差异都可以为四市在承接沿海地区产业转移的过程中通过细分市场将竞争转化为合作提供机遇。

"错位"并不等于"让位",产业"错位"是指各省市立足自身资源禀赋,在不影响自身产业结构优化的基础上,尽可能避免产业重叠现象,打造自身特色产业,实现优势互补。因此,中四角四市应坚持竞争与合作并存的关系,在提升自身实力,增强产业竞争力的同时要实现城市群内产业共兴的新格局,共同促进产业升级。

合肥市应借助中四角合作之机,借鉴其他省市先进经验,做到资源共享,抱团发展。在积极承接长三角产业转移的同时,通过与其他三市的合作分工,全方位、多层次、多领域承接产业转移,提升产业竞争力。

3. 在中四角产业合作与竞争中转型升级、抢占高端的策略

3.1 特色优势产业集群化承接

承接地产业和企业应逐步实现本地化、簇群化、园区化、生态化的集约发展,使转移企业落地生根可持续发展。

特色产业集群也就是地方产业集群,其形成往往是以某地自发形成的"扎堆经济"或者说"块状经济"为基础,在当地政府扶持下不断发展壮大,成为带动区域经济发展的引擎(如浙江等地),这种内生驱动的集群一般称为原发型产业集群。另外还有一种是地方政府招商引资来的企业聚集形态,即与当地原有经济形态没有非常明显关系的外来资本嵌入当地发展,称之为嵌入型集群,与前者相比,缺乏本地文化根植性,如果丧失竞争优势,可再迁移。对于中西部而言,内源性资本严重缺乏,地方政府在市场建设、园区建设、基地建设、项目申报、企业用工、人才引进、税费减免、资金扶持、投融资等方面制定招商引资优惠政策,因势利导,推动形成彰显本地要素和资源特色的产业集群就十分必要。

长株潭城市群、合肥经济圈、环鄱阳湖城市群和武汉城市圈在建设与发展中要坚持错位发展,发挥各自地缘优势和人文优势,着重以工业园区为支撑,把产业园区作为承接产业转移的重要载体和平台,因地制宜发展诸如"飞地经济"等各类特色产业园区模式,大力推进毗邻地区之间合作共建产业园区,创新管理体制和运行机制,实现资源整合、联动发展。鼓励企业跨市域参与异地工业园区和特色产业园区的开发,相互在用地、用工和其他要素配置上提供支持和便利。优化投资环境,减少审批环节,鼓励企业间跨区域投资和联合发展,在资源、项目、要素、市场等方面开展多种形式的合作,形成一批以大企业集团为首的集群式承接产业转移模式。在承接产业转移过程中,应根据各自的比较优势,加强产业分工,推动与长三角、珠三角、环渤海湾产业链有序对接,"链式招商",结合本地特色发展块状经济,强化优势传统产业竞争力。

合肥市产业竞争力的提升目标将围绕把合肥建设成区域性新兴中心城市、国家科技创新型城市为核心展开,在工业立市、工业强市的前提下,大力发展包括生产性服务业和现代服务业在内的第三产业,提升城市服务功能。因此,目前合肥应借"大湖名城,创新高地"建设之机,引进各类银行、非银行金融机构,突出科技创新在产业发展中的作用,

承接发达地区的符合合肥产业布局和构造现代产业体系要求的产业，政策支持各种文化创意产业，提升第三产业的竞争力，逐步将产业结构调整为"三二一"的顺序。

3.2 高新技术产业集成化发展

《全国主体功能区规划》分别给中四角所在的"四圈"进行了功能定位，给长江中游地区（包括湖北武汉城市圈、湖南环长株潭城市群、江西鄱阳湖生态经济区）的功能定位是：全国重要的高新技术产业、先进制造业和现代服务业基地，全国重要的综合交通枢纽，区域性科技创新基地，长江中游地区人口和经济密集区。对安徽省合肥及沿江的部分地区的功能定位是：承接产业转移的示范区，全国重要的科研教育基地，能源原材料、先进制造业和科技创新基地，区域性的高新技术产业基地。

从以上定位看，中四角及其经济圈的确既是合作伙伴，又旗鼓相当、棋逢对手。而且就目前经济实力而言，合肥并不占优（见附录）。因此，合肥要想借助于"长江中游城市集群"合作平台脱颖而出，抢占先机，仅仅致力于打造"特色优势产业集群"还远远不够，必须紧抓合肥国家级承接产业转移示范区、国家级科技创新试点市、合芜蚌自主创新试验区建设之机以及国家打造中四角城市集群的政策机遇，依托合肥科教基地资源，既要强化优势，增强竞争力，又要通过创新驱动产业转型升级，占据发展制高点，成为创新引领者。因此，要把产业集群推向更高阶段，由产业集群化向产业集成化迈进。

产业集成化是信息时代产业组织形式，它不仅仅局限于特定地理空间上的产业集群，而是基于信息技术资源及应用聚集成的一个协同运作的产业集合体，旨在通过信息化，即功能交互、信息共享以及数据通信三个方面的管理与控制，将各种知识、技能与各类信息、数据以及其他资源有机结合起来，实现技术创新、产品创新和市场创新等方面的多种系统集成，打破时空概念，跨越行业界限，开放式地解决复杂系统问题。因为未来产业竞争不再仅仅局限于技术创新和资本运作，而转为更多地关注产品标准、客户群、要素市场和资源渠道等。因此，产业集成化在某种程度上可以看做产业集群化的高级阶段。

从中四角产业合作竞争的角度看，利用四个中心城市在科技、人才和产业方面的优势，集中建设一批具有国内领先水平的开放式、流动性和虚拟化技术创新战略联盟，实施高新技术产业集成创新战略。在高端装备制造、新一代信息技术、生物医药、新能源、新材料、航空航天等战略性新兴产业领域联合攻关，共同推动自主创新、转型发展合作。积极开展绿色食品、绿色建筑、绿色照明、绿色公交以及江河、湖泊水污染治理、工业脱硫脱硝等技术的联合攻关与协作。围绕沿长江、环洞庭湖、环鄱阳湖、环巢湖等重点区域的农业和资源环境，共同开展以资源节约、环境友好为主题的区域可持续发展战略研究。

合肥市发改委正在编制大生物产业发展规划，力争使集成电路、智能制造、大生物产业、节能环保等新兴产业成为合肥产业转型升级新的突破口。对于这些产业的商业化和市场化前景及其应用，需要从产业组织结构和信息时代商业运作新模式、商业游戏新规则等方面进行深入研究，以有效整合和利用资源，规避高新技术产业投资风险，获得更高的投资回报。

为了在中四角产业合作与竞争中转型升级、抢占高端，合肥应以高技术产业和战略性新兴产业为重点，大力发展总部经济和研发中心，集成化发展高新技术产业和战略性新兴产业。应借上海发展国际金融中心之机，率先与其他三市实行错位发展，在金融领域形成将长三角与中四角进行连接的区域金融中心，肩负起区域中小企业融资中心、农村金融发展中心、金融风险监测中心、金融教育科研中心的职能。同时，紧密结合实体经济发展需求，大力发展产业金融。充分发挥合肥在汽车制造产业优势，完善汽车金融服务产业链，推进汽车金融产品和服务方式创新，多方面拓宽汽车产业发展融资渠道。积极引入、设立新型产业投资基金和股权投资基金，创业、创新投资基金，给力高新技术产业发展。构建以股权、物权、债权、知识产权、碳排放权交易为核心的产权交易市场，打造区域性产权交易中心，吸引外地成果到合肥转化。以中科大为载体，在国内乃至全球范围整合科技资源，吸引国内外顶尖科学家交流、互访，进行多学科渗透、整合、联合攻关，使不同创新主题、知识背景、研究方式、创新思想交融，将合肥建设成知识密集、人才密集、学科密集、项目密集、成果密集的区域创新集群。

4. 构建共建共享的高水平服务平台是中四角高起点产业合作的支撑

中四角产业同构与差异并存的特点为四市及其引领的"四圈"合作奠定了基础，为构建一体化的现代产业体系准备了条件。一方面，产业趋同中的差异是各地发展特色产业的结果，有利于产业互补，抱团发展；另一方面，产业同构反而有助于共建共享各类产业合作平台，诸如战略性新兴产业协作发展平台、产业技术开发平台、产业发展要素流动平台、产权和商品交易平台、信息和市场服务平台、零部件配套和物流配送服务平台等。平台共建共享是构筑中四角高起点产业合作的突破口，也是未来实现长江中游城市群产业整合、构建一体化的现代产业体系的重要支撑。应充分认识以平台共建为纽带整合资源，合力发展，对于实现中四角之间从低水平同质竞争向高水平合作竞争转化的重要意义。

当前，为促进先进制造业加快发展，迫切需要构建四市战略性新兴产业协作发展平台，以加强四省会城市节能与新能源汽车整车与零部件制造企业的合作，支持示范推广工作，在同等条件下优先采用四省会城市生产的电池、电机、电控等关键零部件或整车产品；建立四省会城市节能与新能源汽车示范推广交流平台，加强四省会城市在示范运营、充电设施、政策补贴、运行机制、安全管理等方面的合作与交流，相互借鉴，共同提高。联合推动节能环保、新一代信息技术、光电子、航空航天、生物医药、高端装备制造、新能源、新材料、新能源汽车、公共安全等战略性新兴产业的发展，共同抵御和承担新兴产业在技术、市场等方面的风险。

合肥应有战略眼光，结合自身优势产业，主动出面牵头构建最有利于自身产业做大做强的共享平台，抢占先机，在其中发挥主导作用。

◎参考文献

[1] 国务院关于印发全国主体功能区规划的通知，国发〔2010〕46号.
[2] 彼得·马什. 新工业革命 [M]. 北京：中信出版社，2013.
[3] 唐丽艳，张静，王国红. 基于虚拟孵化网络的高技术产业集成化——以大连电子信息产业为例 [J]. 管理案例研究与评论，2010，3.
[4] 张贵，周立群. 产业集成化：产业组织结构演进新趋势 [J]. 中国工业经济，

2005, 7.

[5] 克里斯·安德森. 创客——新工业革命 [M]. 北京: 中信出版社, 2012.

附录

中四角经济实力对比

就 2012 年全国省会城市 GDP 而言, 武汉位列第 3, 长沙位列第 7, 合肥位列第 15, 南昌位列第 17。

就 2013 年上半年全国省会城市 GDP 而言, 武汉位列第 3, 长沙位列第 7, 合肥位列第 14, 南昌位列第 17。

2010—2012 年名义 GDP 年均增速, 合肥为 24.13%, 武汉为 20.46%, 长沙为 18.64%, 南昌为 16.60%。

按可比价格计算, 2013 年上半年 GDP 同比增长, 长沙为 11.6%, 合肥为 11.3%, 南昌为 10.7%, 武汉为 9.6%。

省会	2012 年 GDP (亿元)	2013 年上半年 GDP (亿元)	2010 年 GDP (亿元)	2013 年上半年 GDP 同比增长 (%)	2010—2012 年 平均增长率 (%)
广州	13551.21	7052.42			
成都	8138.9	4408.5			
武汉	8003.82 (第3)	4204.96 (第3)	5515.76	9.6	20.46
南京	7201.57	3788.32			
杭州	7803.98	3632.47			
沈阳	6606.8	3523			
长沙	6399.91 (第7)	3235.97 (第7)	4547.06	11.6	18.64
郑州	5547	2895.8			
济南	4812.68	2390.6			
石家庄	4500.2	2180.7			
长春	4456.6	2046.1			
西安	4369.37	2033.25			
哈尔滨	4550.1	1975.6			
合肥	4164.34 (第15)	1952.1 (第14)	2702.5	11.3	24.13
福州	4218.29	1836.71			
昆明	3011.14	1520.49			
南昌	3000.52 (第17)	1447 (第17)	2207.11	10.7	16.60
南宁	2503.55	1237.2			

省会	2012 年 GDP（亿元）	2013 年上半年 GDP（亿元）	2010 年 GDP（亿元）	2013 年上半年 GDP 同比增长（％）	2010—2012 年平均增长率（％）
呼和浩特	2475.57	1168.22			
太原	2311.43	1138.08			
乌鲁木齐	2060	891.56			
贵阳	1700.30	840.91			
兰州	1564.41	809.3			
银川	1140.83	512.4			
海口	820.58	443.17			
西宁	851.09	433.22			
拉萨	260.04				

中部六省扩大开放与合作法律保障机制研究

张　彪[1]　周叶中[2]

（1，2　武汉大学中国中部发展研究院　武汉　430072）

1. 中部六省扩大开放与合作的重要性和紧迫性

促进中部地区崛起战略实施以来，中部地区在发展上取得了长足进步，各项经济社会发展指标稳步提升。但中部六省作为一个整体，在开放与合作上仍然存在着诸多不足，这在相当程度上影响了中部崛起战略的深入推进。就中部崛起战略的实施而言，尽快扩大中部六省之间的开放与合作，必要而紧迫。

1.1　扩大开放与合作，形成统一市场

从理论上来说，统一开放的市场对于区域的整体发展极为重要。生产要素的有限性与生产需求的多样性，决定了"大到一个国家，小到一个单位，都不可能拥有自身发展所需要的全部资源与要素"。① 各地区要想获得充分的发展资源和发展要素，必须要善于开放，善于合作，通过开放与合作，让生产资源和生产要素在统一开放的市场内自由流动，自由交换，最终实现资源和要素的最优配置。换言之，要通过统一的市场，向其他地区借人才、借资源，消除发展短板，扩大发展空间，增强发展能力。中部崛起是一个整体概念，并非单指中部某一个省或某几个省的发展，而是指中部六省的整体协调发展。因此，必须建立起统一的区域市场。

但是，统一的区域市场的形成并非易事。尤其是地方保护主义的长期存在更使统一市场的形成和建立举步维艰。在行政主导的发展模式下，地方政府更多地倾向于采用行政手段，人为制造门槛，抑制本地生产资源外流，控制外地商品进入本地市场。虽然经过多年治理，地方保护主义得到一定的遏制，但并没有消失。尤其是近些年，受国际金融危机影响，我国对外贸易出口严重受挫。在此形势下，中央政府和地方政府都面临严峻的经济下行压力，急需开发国内市场和本地市场，扩大内需。地方保护主义由此再次抬头并且表现形式更加隐蔽，从传统的行政保护转向法律保护。不少地方政府在立法环节通过地方性法规和地方政府规章对外地企业设置更高的准入门槛，在执法环节区分本地企业和外地企业进行选择性执法，在司法环节倾向于作出有利于本地企业的裁定和判决。这种人为设置的地区壁垒，导致统一区域市场迟迟难以建立。

贸易保护主义并非我国所独有，它在世界范围内普遍存在。2005 年，法国拒绝《欧盟宪法条约》，其原因就是担心工资水平仅为其 20% 的波兰水管工大量涌入进而抢占其国内市场。贸易保护主义或地方保护主义虽然有助于在短期内保护本地市场，但也意味着必

---

① 范恒山．全方位深化中部地区对外开放与区域合作［J］．经济研究参考，2013（19）．

将失去国外市场或外地市场。正因为如此，法国政府于 2008 年向波兰开放本国市场，允许波兰人无须申请劳动许可即可在法国工作。从长期的发展来看，开放统一的市场是未来的发展趋势，中部六省应当立足长远，扩大彼此之间的开放与合作，尽快建立统一的中部区域市场。

1.2 扩大开放与合作，增强对外竞争力

建立中部六省统一的区域市场，是中部崛起战略的第一步。最终，中部六省一定要作为一个整体参与外部竞争，只有在外部竞争中取胜，中部崛起战略才算成功。兄弟齐心，其利断金。开放才能合作，合作才能分工，分工才能实现优势互补。如果说统一区域市场的建立，要求政府摒弃地方保护主义，要求地方政府有所不为，那么区域分工与合作的实现，则必须有赖于地方政府的积极作为。因此，中部六省要想在外部竞争中取胜，同样需要进一步扩大开放与合作，增强对外竞争力。

由于各地区之间开放与合作严重滞后，重复建设和产业结构同化等问题在我国长期存在。据不完全统计，改革开放至今，在生产领域，我国已经先后出现三次大规模的重复建设高峰。从 1980 年前后的轻纺产品、缝纫机、手表等基本生活消费产品生产，到 1988 年前后的洗衣机、电视机等生活耐用消费产品生产，再到 2000 年前后的电子、石化、钢铁、汽车等大宗商品生产，重复建设屡禁不止。[①] 如此众多的重复建设，导致各地区形成"小而全、大而全"的发展格局，产业同构问题严重。各地区之间被迫在生产资源要素、产品价格和产品市场上展开恶性竞争。本地经济和国民经济都在这种恶性竞争中遭到严重破坏，区域竞争力的提升更是无从谈起。

目前中部六省彼此间的分工与合作存在明显不足。从发展态势上来看，湖北争当中部崛起战略支点，湖南则以本省内部长株潭一体化为主要抓手，河南着力发展中原经济区，安徽向长三角靠拢，山西向环渤海经济圈看齐，江西则主要依托海峡西岸经济区。中部六省的发展要么做内功，要么向中部六省之外的地区发散，六省之间的实质性分工合作，甚为少见。在此发展格局下，也许某些省份可以凭借自身汲取的政治资源和政策优势，获得发展上的成功。但是，这种成功并不是中部崛起战略的成功，中部地区整体的对外竞争力更是无从谈起。

2. 制约中部六省扩大开放与合作的主要因素

推动中部六省进一步扩大开放与合作目前仍然面临很多困难。归纳起来看，这些困难主要体现为主观与客观两个方面。尤其是客观上的一些制度安排，对中部六省开放与合作的深入推进，造成了很大的困难。

2.1 开放与合作的思想认识不足

行动源于认识。中部六省之间开放与合作的滞后，很大一部分原因在于中部六省对开放与合作的重要性与紧迫性缺乏深刻认识，简单地把开放等同于竞争，把合作等同于让利。在这种思维逻辑下，六省彼此间设置市场门槛，拒绝合作，也就不足为奇。

---

① 参见魏后凯. 从重复建设走向有序竞争［M］. 北京：人民出版社，2001：1-3.

开放市场一定会带来外部竞争，但外部竞争并非本地发展的负面因素。相反，充分的外部竞争可以发挥"鲶鱼效应"，刺激本地企业发展。利用行政手段或法律手段，为本地企业"保驾护航"，短期内也许有效，但最终一定无法抵抗市场力量的冲击。同时，在生产资源要素有限的情况下，把自己的发展设定在特定范围之内，很难突破资源要素的局限，更无法借助外部的优势资源推动本地发展。同样，合作当然意味着让利，如果合作不能实现双方获益，那么这种合作关系很难维持下去。但是，中部六省必须加强合作，只有在合作的前提下才能实现分工，而只有充分细致的分工，才能带来自身产业发展的飞跃。国际产业发展的历程已经表明，分工与合作，是不可逆的主流趋势。仅仅以合作会使对方受益而拒绝合作，凡事追求"自成体系、自成一体"，着实是一种发展短视。

当然，中部六省并非全无合作。近些年，湖北联合湖南、江西，极力打造"中三角"的概念，这似乎是中部六省扩大开放与合作的一个起点。但是，"中三角"概念的提出，政治战略意义远大于经济发展意义，它更多是湖北为了实现和巩固武汉"国家中心城市"地位而做出的政治联合，而非发展意义上的区域合作。从全国范围来看，长三角、珠三角、环渤海和成渝经济区都有国家中心城市的布局，所以，一旦"中三角"的概念得到中央认可，那么武汉势必会成为长江中游城市群的发展中心，其国家中心城市的地位将得到进一步巩固和加强。因此，在"中三角"概念的操作和运行过程中，湖北的积极性、主动性明显高于湖南与江西两省。新近，一直游离于中部地区而"一路向东"的安徽省宣布加入"中三角"，"中三角"也由此扩容为"中四角"。认真审视安徽加入的背景可以发现，其中，高层政治安排的因素远远多于地方自我发展的考量。因此，中部六省必须转变观念，要从为了合作而合作，转向为了发展而合作。

2.2 制度性安排障碍

如果仅仅是部分省份开放与合作的积极性不高，那么我们可以认为是其思想认识不足。但是，如果绝大部分省份是如此，那么在思想认识背后，一定存在更深层次的制度性障碍。从目前的体制安排来看，政府绩效考核机制和财税体制安排，是制约中部六省扩大开放与合作的主要制度障碍。

就政府绩效考核而言，中央对地方政府党政领导干部采用的是"单一相对绩效考核机制"。所谓"单一"是指考核指标以经济发展为中心；所谓"相对"是指绩效评定并不依据地方政府自身的经济发展状况，而是通过将它和其他地方政府在经济发展方式、发展速度、经济总量等方面做横向比较，来确定其发展绩效。在单一相对绩效考核机制之下，地方政府及其官员扮演着经济人与政治人的双重角色。作为经济人，它要大力发展本地区经济；作为政治人，它要极力追求政治晋升，地方经济发展水平的高低，成为决定地方政府官员能否获得仕途升迁最为重要的依据之一。谁在经济指标上取得领先地位，谁就在政治晋升中处于优势地位。而政治晋升资源的有限性，决定了他人政治晋升几率的增加必然会降低自己的政治晋升几率。因此，地方政府最为关心的不是本地的绝对发展水平，而是和其他地区对比，本地发展的相对水平。这就使地方政府及其官员不仅会大力发展自己所辖区域的经济，而且在某些情况下甚至会采取非合作乃至破坏的方式，破坏其他地区的经济发展。同时，由于地方政府之间的合作是以分工为前提，而只要存在分工，就意味着地方政府在合作中扮演的角色不同、作用不同，这就很难去衡量每个政府在合作中的价值贡献。由于无法衡量其贡献值，这就意味着政府间的合作在绩效考核上属于无用功，地方政府自然不会倾向于区域合作。所以我们可以很明显地看到，我国各地方的产业结构基本都属于结构类似、门类齐全的"小而全、大而全"类型，表现为不考虑自身的资源禀赋优势，片面追求完整的工业体系的现象。

我国财税体制的安排对区域开放与合作产生的负面影响同样不可小视。首先，分税制改革没有理顺中央与地方的财权与事权。1994 年实施的分税制改革，总体朝向是强化中央政府的财政实力。虽然在改革中，本着财权与事权相结合的原则，依照事权划分，设定了中央与地方的财政支出。但是，由于中央政府与地方政府的事权并没有清晰的法律界定，在实际运行过程中，地方政府所承担的公共事务不断增加，地方财政收入与公共支出之间的鸿沟也在逐步扩大。地方政府在财政支出压力之下，更加倾向于封闭本地市场，保护本地税源。其次，"汇总纳税"的收税征管体制，削减了地方政府开放合作的动力。2003 年，财政部、国家税务总局和中国人民银行出台了《跨地区经营集中缴库企业所得税地区间分配办法》（财预［2003］452 号），确立了对跨区经营的总分支机构施行"汇总纳税"，将总公司所属分公司的应税所得全部汇总到总公司，由总公司在其所在地就全体应税所得统一计算纳税。这一规定直接导致税收产出地与税收收益地相分离。在汇总纳税模式下，假设总部在湖北的企业在安徽设立分公司，该分公司的税收收益将归为湖北。如此一来，安徽自然缺乏与湖北合作的动力。虽然 2008 年新出台了《跨省市总分机构企业所得税分配及预算管理办法》（财预［2008］10 号）和《跨地区经营汇总纳税企业所得税征收管理暂行办法》（国税发［2008］28 号），规定跨区经营汇总纳税"25% 由总机构所在地分享，50% 由各分支机构所在地分享，25% 按照一定比例在有关区域之间分配"，但这种分配方案"不仅复杂，且限定只有 50% 的地方分享部分在各分支机构所在地之间采用因素分配，其余两部分不采用因素分配方法"①，依然难以激发地方政府区域合作的积极性。

3. 加快构建中部开放与合作的法律保障机制

由以上分析可以看出，中部六省扩大开放与合作势在必行，但同时也面临诸多障碍。尤其是一些制度性障碍，使中部六省之间的开放与合作难以深入推进。我们有理由寄希望于即将召开的十八届三中全会对绩效考核机制和财税体制做出调整。但即便如此，这种调整仍然需要相当长的一段时间。换言之，我们必须在现有制度基础之上，探索扩大中部六省开放与合作的新路径。对此，我们认为，应当透过区域法制建设，以区域关系为核心，构建促进中部六省扩大开放与合作的法律保障机制。

3.1 制定《区域合作法》，夯实区域开放与合作的合法性基础

我们在呼吁中部六省加强开放与合作的同时，必须慎重考虑其合法性问题。当然，从目前的政策走向来看，中央对各地区之间的开放与合作秉持积极支持态度。但从长远发展来看，区域之间的开放与合作势必会对我国现有中央与地方关系产生冲击。

---

① 浙江省国家税务局课题组.汇总纳税新模式存在的问题及完善建议［J］.财税研究，2009 (9)．

区域开放与合作是区域协调发展的应有之义。这是由不同地区资源禀赋差异所决定的。如果我们将视野进一步扩大可以发现，区域合作在域外发达国家已经较为普遍，如美国州政府之间的合作、日本都府县之间的合作等。但是，这并不意味着我们可以直接借鉴其合作模式，而忽略区域合作对我国中央与地方关系可能造成的不利影响。原因在于，美国和日本在中央与地方关系的处理上，与我国有着截然不同的制度安排。美国采用的是联邦制结构，联邦各州分别有自己的宪法和法律。日本虽然与我国同样采用单一制结构，但是按其宪法规定，其在地方实施自治，中央政府并不能直接干涉地方事务。我国采用的是中央集权的单一制模式，这种模式是由我国的民族、地理、历史、经济等多种因素共同决定的，同时也是维护我国国家独立和统一的重要制度保障。① 在中央集权的模式安排下，地方政府之间的横向联合一直是较为敏感的话题。当然，这并不是说地方政府之间不能进行合作。按照我国体制安排，中央与地方的关系是"遵循在中央的统一领导下，充分发挥地方的主动性、积极性的原则"。② 也就是说，地方政府之间可以进行积极的横向合作，但是，这种合作必须在中央政府的统一领导之下进行。事实上，即使是在联邦制的美国和地方自治的日本，联邦各州和地方政府的横向合作，也要受到相应的限制：

美国联邦政府对于州际合作的限制：美国联邦宪法第一条第十项第三款规定，无论何州，未经国会核准，不得征收船舶吨税，不得于平时设立军队或战舰，不得与他州或外国缔结任何协定或契约。③

日本中央政府对都府县合作的限制：日本《国土综合开发法》规定，都府县在制定"地方综合开发计划"（亦即设计两个以上都府县的综合开发计划，类似于我国两个以上的省签订的合作协议）后，必须将该计划通过国土厅（现国土交通省）长官报告给内阁总理大臣，总理大臣接到计划之后，必须咨询国土审议会的意见，同时将该计划送交各行政机关的负责人。在各行政机关负责人对此计划提出意见之后，国土厅（现国土交通省）长官必须将此计划提交国土审议会。④

在美国，随着经济发展的深入，各州之间的交流日益紧密，上述条款也有所松动。1962 年，美国联邦上诉法院作出裁决：除非得到国会的批准，政治性的州际协定不能生效，但是不涉及政治的州际协定不必得到国会的同意。⑤ 但是，即使这样，是否需要国会的同意依然存在相当大的争议。因此，很多州采取了保守的方法：如果州际协定涉及联邦政府的关注焦点或敏感领域，比如交通、空气和水污染等等，它们都事先请求国会的同意。但是，有一点是肯定的，那就是，国会的批准权是绝对的，它有权决定一个州际协定

---

① 参见周叶中. 宪法［M］. 北京：高等教育出版社、北京大学出版社，2005：238-240.

② 《中华人民共和国宪法（1982）》第三条。

③ U. S. CONST. art. I，§10.，cl. 3.

④ 参见日本《国土総合開発法》第七条、第八条，昭和二十五年五月二十六日法律第二百五号。

⑤ 需要说明的是，虽然美国联邦政府和各州政府的立法权由国会行使，但由于美国属于英美法系，采用"判例法"制度，因此其联邦法院和州法院的判决在实际中具有立法的性质。尤其是联邦最高法院（Federal Supreme Court）的判决，对其联邦宪法有着极其重大的影响。当然，也正因如此，其联邦最高法院在司法实践中往往秉持"自我抑制"的审判原则，以求尽量减少对国会立法的干预。

是否涉及政治，也有权决定什么时候以及如何准予同意。①

由此可以看出，无论是在何种国家结构形式之下，地方性的横向联合都必须受到中央（或联邦）的限制。如果不能对地方性的横向联合加以有效规范，那么势必会影响国家的独立和统一。目前我国并没有具体的法律法规对地方政府的区域开放与合作加以规范。换言之，地方政府进行横向开放与合作的合法性，一直没有得到法律的确认，区域开放与合作也因此一直处于一种高度的不稳定状态。因此，必须加紧制定《区域合作法》，对区域开放与合作的合法性作出确认和规范。

3.2　设立区域开放与合作的批准或备案制度

区域开放与合作是区域协调发展无法回避的问题。就其对中央与地方关系可能产生的冲击来说，解决路径不在于如何禁止，而在于如何规范。我们认为，在具体的制度构建上，可以选择在中央区域协调发展管理组织内部，设置对区域开放与合作的批准生效或备案生效两种制度。

第一，区域开放与合作的批准生效制度。区域开放与合作的批准生效制度是指，在两个以上的省级政府进行开放与合作时，必须将其开放、合作的范围、形式、内容、组织等，以协议文本的形式报送中央区域协调发展管理机构。中央区域协调发展管理机构应当对报送的协议文本进行实质性审查，经中央区域协调发展管理机构批准，该协议方能生效。

第二，区域开放与合作的备案生效制度。区域开放与合作的备案生效制度是指，两个以上的省级政府在进行开放与合作时，必须将其开放、合作的范围、形式、内容、组织等，以协议文本的形式报送中央区域协调发展管理机构。中央区域协调发展管理机构应当对报送的协议文本进行形式性审查，并加以备案，经中央区域协调发展管理机构备案，该协议方能生效。

两种制度设计的核心区别在于，是否对区域开放与合作进行实质性审查。在批准生效制下，要审查协议文本的实质性内容，只有审查批准后，协议方能生效。在备案生效制下，中央区域协调发展机构仅对协议文本进行形式性审查，只要符合形式规范，即可经备案生效。批准生效和备案生效体现了中央政府对地方政府不同的控制力度，具体采用何种制度，仍需要进一步加以研究。就中部六省开放与合作的发展来看，我们建议，先行采用较为严格的批准生效制度，待到六省开放与合作较为成熟，中央与地方关系进一步理顺时，可以适时调整为备案生效制度。

3.3　构建区域开放与合作的实施保障机制

在区域开放与合作的合法性问题解决之后，同时还必须解决其实施问题。目前，中部六省之间的开放与合作表面热闹、实际冷清，表面原因在于各地方政府并不把区域合作视为目的，而仅将其视为提升政绩的手段。从更深层次的角度来看，其中的关键在于区域开放与合作法律规范的缺失。目前我国并没有调整区域间政府开放与合作的相关法律法规，区域间政府合作处于一种自发的状态。虽然各区域联合体创新出了各种合作方式，但这些

---

①　转引自何渊.州际协定——美国的政府间协调机制［J］.国家行政学院学报，2006（2）.

合作方式并没有在法律上得到任何确认。以当前运用较多的区域政府行政协议为例。由于缺乏相关法律法规的支持，行政协议在签订主体、效力、执行、争端解决等各环节，都难以得到法律法规的保障，这就意味着各行政协议主体在法律上不存在违约成本。对于遵守行政协议约定的政府而言，不但要付出相应的守约成本，还要随时面临其他协议主体的违约风险。在守约、违约付出的成本与获得的利益博弈过程中，行政协议主体很容易选择违约的行为路径。

针对目前的区域开放与合作现状，有必要加紧通过法律手段对其进行引导、调整。《区域合作法》的制定，将有助于实现这一目标。具体而言，应当通过《区域合作法》对区域开放与合作的原则、形式、机制、区域行政协议框架的性质、实施、执行等各方面内容加以规定，对各区域主体之间的开放合作行为进行确认、调整与规制，创设出各区域开放与合作主体在法律上的权利义务关系，从而提高区域开放与合作中的违约成本，进而引导各合作主体选择守约的行为路径。《区域合作法》是区域开放与合作良性发展的重要保障，可以有效促进区域主体之间的交流与合作，使区域开放与合作不再流于形式，转而取得实质性进展。

3.4 区域开放与合作的纠纷解决机制

有合作，必然就有纠纷。因此，扩大中部六省的开放与合作，还必须加紧构建区域开放与合作的纠纷解决机制。否则无论是"武汉共识"，还是"咸宁共识"，最终都有可能流于形式。纠纷解决机制如何设置，我们认为应当从如下三个方面予以考量。

第一，明确区域开放与合作协议的性质。目前在对区域开放与合作协议的认识上，有很多声音认为，区域开放与合作协议就是政府间的一种立法，其本身即具有法律约束力与强制力。对于这种观点，我们认为有失偏颇。区域开放与合作协议是两个以上的地方政府（这里我们仅指省级政府）之间，为推进彼此合作，而就合作范围、形式、内容、组织等签订的合作协议。作为区域开放与合作协议的主体，各地方政府在法律上地位平等，也即区域开放与合作协议是平等主体之间签订的合作协议，具有明显的平等性和自愿性，它与法律存在根本性差别。如果我们将区域开放与合作协议与民事领域的合同相对比，区域开放与合作协议的性质就会更加明了。在民事领域，平等的自然人、法人和其他组织为实现某种民事目的，可以相互签订协议，这个协议我们称之为合同。在合同之外，有合同法对合同的签订、效力、履行、违约等内容作出规范。合同与合同法是两个截然不同的事务，前者是平等民事主体之间的一种"意思表示"，后者是国家为规范这种"意思表示"而出台的法律规范。尽管区域开放与合作协议在性质上与合同类似，但由于其实现的并非民事目的，因此应当属于公法上的"行政契约"。

第二，区域纠纷能否通过司法路径加以解决。既然区域开放与合作协议只是地方政府之间的行政契约，那么在该契约产生纠纷时，能否通过司法途径加以解决呢？我们认为，司法路径并不可行。首先，从理论上而言，区域开放与合作协议虽然是一种平等的契约，但其涉及的却是政府事务，因此区域开放与合作协议纠纷实质上是政府纠纷。如果将政府纠纷交由法院加以处理，那么势必会破坏我国现有司法权、行政权的配置框架。其次，从法院的组织构架来看，其民事审判庭处理民事纠纷，行政审判庭处理公民与行政机关的纠纷，并没有解决政府纠纷的庭审设置。最后，从法院的组织层级来看，我国没有跨区法院设置，如果将政府（省级）纠纷交由法院处理，势必会集中到最高人民法院，由最高人民法院进行一审。而当前我国最高人民法院的核心职能仍然是审判监督，其难以承受如此众多的一审需求。而如果设置跨区法院，又会与我国"人民代表大会——人民法院"的宪政构建相冲突。综合来看，将区域开放与合作协议纠纷交由司法裁决，在理论上和实践上都无可能，因此必须构建其他的纠纷解决路径。

第三，构建区域纠纷的行政解决路径。从上述分析来看，区域开放与合作协议纠纷并不能通过司法路径加以解决，其唯一可行的路径在于，通过行政机关的内部纠纷解决机制加以解决。具体模式设计如下：首先，通过《区域合作法》，赋予中央层级的区域协调发展管理机构以纠纷解决职能。其次，通过《区域合作法》，构建"区域开放与合作协议"批准或备案制度。最后，在中央层级的区域协调发展管理机构内设相应的纠纷解决委员会，由该委员会依据批准或备案的"区域开放与合作协议"，对区域开放与合作纠纷进行裁决。

借梯登高　跨越发展
——安徽省开展园区合作共建的实践与探索

刘　健[1]　高家国[2]　胡再生[3]

(1，2，3　安徽省发展和改革委员会　合肥　230001)

开展园区合作共建一般是发达地区的政府、园区以及企业、商会、协会等与欠发达地区政府及开发园区之间开展的一种区域合作模式，并通过合作开发、共建共享，实现互惠互利、共同发展。这种合作，可以是跨境、跨省，也可以是省内、市内不同主体之间的合作。皖江示范区规划实施以来，我省开展了形式多样的园区合作共建，取得了显著成效。

1. 合作共建园区的基本情况

我省园区合作共建方式多样，合作水平不断提高。从数量上看，目前全省已有各类合作共建园区 111 家。其中，已建成 67 个，已签约 44 个。从合作地域看，跨境（包括台湾）5 个，跨省 43 个（其中来自长三角 26 个，珠三角 6 个，其他区域 11 个），省内合作园区 63 个。从合作主体看，政府间合作 28 个，政府与企业合作 71 个，政府与商会（协会）合作 12 个。从合作成效看，截至 2012 年底，合作共建园区规划面积 542 平方公里，已建成 134 平方公里，占全省开发区建成区面积的 9.3%；已入驻企业 1880 家（其中规模以上企业 415 家），2012 年实现工业总产值 1003 亿元、招商引资到位资金 616 亿元、财政收入 53 亿元，分别占全省开发区的 5.6%，10.7% 和 5.3%。

合作共建园区已成为我省承接产业转移的重要途径，实现跨越发展和转型发展的重要动力。一是发挥了强基固本的"平台"作用。我省开发区在建设发展过程中，一般受资金、项目、技术以及人才等要素制约。通过合作共建，借用外部力量，借梯上楼，借力打力，较好地解决了要素瓶颈束缚。如滁州市与苏州市中新集团合作成立的中新苏滁现代产业园，基础设施投资 300 亿元，中新集团按照 56% 的股权，出资比例占了大头，较好地解决了建设资金不足的难题。二是集群式承接的"纽带"作用。通过合作共建，开发区的招商方式发生重大变化，开始由单个企业、单个项目向集群式、产业链式招商转变。如郎溪无锡工业园，从无锡市集中引进了几十家压力容器制造企业，出现了"扎堆效应"，形成了产业集群，同时围绕压力容器的上下游配套，延伸了产业链，实现了产业结构的优化升级。三是全方位开放的"桥头堡"作用。"近水楼台先得月"，通过合作共建，我省的开发区学习引进了发达地区的先进思想、理念和做法，使得我省开发区在规划理念、建设品质、管理水平、体制机制等方面都发生了显著变化，开始与发达地区实现等高对接、无缝对接，逐渐成为我省对外开放的"桥头堡"。

目前，虽然我省园区合作共建呈现出加快发展的态势，但由于刚刚起步，在发展进程中还存在一些矛盾和问题，需要在发展中加以化解。一是合作园区数量虽多，但总体规模不大、水平不高、质量参差不齐。二是绝大部分合作园区以帮助招商引资的名义出现，属于松散型、半紧密型，缺少以资本、市场为支撑的紧密型合作园区。三是跨省分配 GDP 和税收留成等深层次问题没有得到很好解决，利益补偿机制尚不健全，导致迁出地政府的积极性不高。四是有些省内合作共建园区，特别是南北对口帮扶共建园区，多由政府主导，还没有完全引入市场化利益分配机制和竞争机制。

2. 园区合作共建主要模式及典型园区

共建园区在合作建设过程中，需要合作双方根据各自诉求，寻找双赢的发展模式。经过积极探索，我省主要形成了以下几种发展模式及典型园区。

（1）股份公司整体开发模式。合作双方或者多方，共同成立股份公司作为开发主体，负责合作共建园区的规划建设、招商引资和经营管理，合作各方按照股本比例进行投资和收益分成。例如，中新苏滁现代产业园，由滁州市政府和中新集团分别出资 44% 和 56%，成立中新苏滁（滁州）开发有限公司，全面负责合作共建园区的规划建设和招商工作。该公司将按照合作协议，在 36 平方公里的共建区域内，用 8 至 10 年时间完成基础设施投资 300 亿元，带动区域投资 1300 亿元，实现地区生产总值 700 亿~1000 亿元，集聚人口 25 万，建设一个"产城一体、功能复合、宜居宜业"的低碳新城，成为苏州工业园区的升级版、长三角区域合作发展的典范。

（2）政园企合作共建模式。由迁入地政府、迁出地政府（园区）以及实体企业等，采取"多方合作、分工明确、多元投资"的模式进行合作共建园区建设。例如，总投资 554 亿元的郎溪（中国）经都产业园，由郎溪县人民政府、浙江海宁经编产业园区管委会、鸿翔控股集团有限公司三方合作共建。郎溪县政府负责行政管理及审批，浙江海宁经编产业园负责产业转移、服务平台支持以及产业链拓展，鸿翔控股集团负责园区的土地平整、规划设计、基础设施建设以及招商引资等。实践表明，浙江海宁经编产业园以"总部经济、异地生产、统一经营"的方式，有效解决发展空间不足的问题；郎溪（中国）经都产业园以 4.5 倍于海宁经编产业园的土地面积，实现了产业的集群式承接。目前，正式签约项目 45 个，在建项目 18 个，投产企业 29 户，建成面积达 3 平方公里的合作园区，已成为皖、浙两省跨区域合作共建的典范。

（3）协助招商模式。商会、协会作为行业自律组织，其会员单位多为所在地同行业知名企业，对同行业具有很强的影响力和号召力。通过委托商会、协会协助招商，对入驻合作共建园区的项目，按实施进度给予奖励。例如，宿州市与中国轻工业联合会、中国皮革协会合作共建宿州市中国中部（宿州）鞋业基地，成功引进了百丽鞋业、东艺鞋业、康奈鞋业等国内知名的制鞋企业，谱写出"无中生有"的好文章，探索出一条中部地区承接转移劳动密集型产业的新模式和成功样板。截至目前，鞋业基地已累计签约项目 97 个，协议总投资达 317 亿元。其中，已经投产的项目 16 家，总投资 36.48 亿元，预计 2013 年全年可实现产值近 60 亿元，税收近 6 亿元。

（4）结对援建模式。安徽省政府从促进全省区域协调发展的战略需要，主导推进了合肥、芜湖、马鞍山等省内较发达地区与阜阳、亳州、宿州等欠发达地区之间建设了 8 家南北合作现代产业园。通过南北合作共建，有效拓展了皖江等省内较发达地区的经济腹地，促进了资源和要素在更大范围内优化配置，增强了皖北地区自我发展能力和管理水平，引导了外出务工人员回乡创业和农业人口就地市民化，为加快皖北地区工业化和城镇化进程，实现全省区域协调发展发挥了积极作用。

此外，全省还有许多围绕大企业招商的"园中园"模式，对土地进行托管的"飞地经济"模式以及以项目合作、交流合作、贸易合作等为重点的合作共建园区。

3. 合作共建园区的基本经验和启示

从我省的实践来看，合作共建园区成功的核心是充分调动迁出地政府、迁入地政府和企业的积极性，反映合作各方的利益诉求，实现合作各方的共赢。

（1）迁出地政府积极参与是重要前提。产业迁出地一般是经济发达地区，如苏浙沪等沿海地区。一方面，由于受要素成本上升和转型发展的压力，部分产业存在着外迁的现实需求；另一方面，由于近年来沿海发达地区经济发展放缓，迁出地政府担心产业空心化，出现税收减少、产业竞争力下降、就业不足等问题，对产业转移持"两难"态度，参与跨省市合作共建园区热度有所下降。因此，合作共建的关键是能保证迁出地产业的"长"大于"消"。为此，在今后的合作共建工作中，中部地区可以考虑将合作共建园区定位在产业链条中的制造环节，只收取部分生产环节的增值税，总部依然留在迁出地，打消迁出地政府的顾虑。

（2）迁入地政府主动作为是成功关键。目前，成功推进的合作共建园区中，迁入地政府"主动出击"的身影几乎无处不在。合作共建中新苏滁现代产业园，被纳入2011年长三角地区主要领导座谈会推进事项，得到了江苏和安徽两省主要领导的关注和支持。滁州市建立了高位调度机制和全程帮办机制，市政务服务中心设立专项绿色通道，做到项目审批"只进一个门、只找一个人、办成所有事"。郎溪（中国）经都产业园、泗海产业园（泗县和海盐县合作共建园区）的建立，都是郎溪县政府、泗县政府主动作为、强力推进的结果。

（3）高效务实诚信是坚实基础。产业转移具有周期性，机遇稍纵即逝。通过合作共建园区营造优良的服务环境、经营环境、市场环境和创业环境，按照产业集群、产业链发展的要求，跟随一个或多个牵动性企业或品牌，实现园区抱团转移，往往是跨省市合作共建园区招商引资有效做法。郎溪县在推进合作共建园区时，紧盯长三角、紧盯产业集群、紧盯500强企业招商引资，以空间换投入，以要素换产业，实现了特种装备制造、经编产业的集群式承接。

（4）市场化运作是最佳途径。无论采取何种合作共建模式，采取市场化的运作方式是实现合作共建园区可持续发展的最佳途径。滁州市政府与中新集团签订商务总协议以及《土地出让及分成支付办法》、《规划编制及调整办法》、《基础设施工程建设管理办法》和《招商管理办法》等四项子合同，形成"市场主导、政府支持"的合作机制。苏滁现代产业园建设过程中，始终发挥中新苏滁（滁州）开发有限公司的开发建设主体作用，放手让企业自主决策、自由合作，在合作中形成利益共同体。郎溪（中国）经都产业园、泗海产业园等园区在"政府主导、企业主体"的合作框架内，组建专业化管理服务团队，成立市场化投资开发公司，遵循市场经济规律的客观要求，建立利益共享等合作机制，充分调动各方参与的积极性。

（5）要素瓶颈突破是重要保障。要素供给紧张是各地在合作共建园区过程中普遍遇到的问题，这已经成为制约合作共建园区发展的重要因素。我省较为成功的合作共建园区，都是充分利用省、市、县多层面的支持和协调配合，突破了各类要素瓶颈制约，为转移企业提供良好的基础设施和配套设施、高效的行政管理和公共服务，解决了迁入企业的后顾之忧。

4. 开展园区合作共建的对策和建议

园区合作共建工作尚处在探索阶段，其内在发展规律需进一步研究，仍需要我们在实践过程中进一步探索发现和总结。为此，提出以下对策和建议。

（1）深化园区合作共建方面的专题研究。加强对各地园区合作共建的合作模式、组织体制、利益分配、长效机制的研究分析，全面总结园区合作共建的经验和教训，梳理近年来合作共建和"飞地经济"等相关研究成果，为各地有针对性地开展园区合作共建提供思路和参考。

（2）发挥大企业和商会协会在园区共建的主导作用。近年来的实践表明，中央企业、各省区的大企业以及行业协会、企业商会、大院大所等拥有很强的对外投资能力、要素资源配置能力，同时还拥有强烈的发展愿望、区域化生产力布局愿望，对合作共建产业园区具有积极性和主动性。因此，要充分发挥央企、知名民企、商会、协会的作用，推进政府与大企业、商会、协会之间开展园区合作共建。

（3）建立多层次的合作框架体系。注重发挥各类跨省合作对话平台的作用，将合作共建园区建设作为区域合作的重要内容，协商解决合作共建的利益机制、组织机制、工作推进机制等重大问题。逐步建立省、市、县多层次的合作体系，有效搭建对接合作平台，建立协调推进工作体系，推动跨省市合作共建园区有序、快速、健康发展。

（4）探索合作共建园区的政策支持。建议研究制定支持跨行政区域间产业发展政策，对列入产业转移的项目，建立 GDP 统计数据在转出地和转入地之间分解机制；研究跨区域经济发展的政府考核办法，将促进异地经济、社会发展纳入本地政府考核指标之中，鼓励发达地区政府加强与落后地区的共建；研究项目合作中的税收指标分解办法，明确和规范转出地和转入地双方的义务和权利。

中部六省学科集群产业集群协同包容性创新机理与作用路径的实证研究[*]

周阳敏

（郑州大学商学院　郑州　450001）

1. 引　言

2013 年 3 月 27 日，国家主席习近平在南非德班出席金砖国家领导人第五次会晤时指出，金砖国家要加强团结合作，发挥互补优势，相互提供更多贸易和投融资机会，共同应对各种风险和挑战，努力保持经济包容性增长，拉动世界经济强劲、可持续、平衡增长。包容性增长的目标就是让更多的人享受到全球化成果，并从经济的增长中受益，尤其是贫困人口，而包容性创新正是实现包容性增长的最佳途径。包容性创新是在有限资源的条件下开发出更多的产品和服务，然后以低廉的价格销售出去，让更多的人能够享受到这些产品和服务。包容性创新把低价格作为目标，追求新的组织形式和新的商业模式，来使消费者可负担，且产品具有可持续性，使社会不同层次人群享受创新成果的机会均等，从而实现社会的包容性增长。

当今的世界正处于一个变革的时代。全球市场竞争不断加剧，消费者需求日益多元化和个性化，新产品、新技术不断涌现，技术研发周期和产品生产周期越来越短，企业必须在瞬息万变的市场中不断创新，并持续提升自身的竞争能力，创新日益成为企业生存和发展的重要手段。与此同时，科技和信息化的发展使企业面临越来越大的冲击和竞争压力，传统的依靠企业自身单打独斗的竞争方式受到了越来越严峻的考验，企业研发成本迅速上升，企业对稀缺资源的需求越来越迫切，创新面临越来越大的风险。产学研协同创新就是在这种背景下产生的。产学研协同创新不仅是当前企业降低风险和缩减成本的重要战略，更是企业获取外部知识、资源和能力的重要途径，包容性背景下的产学研创新管理问题已经吸引了越来越多的学者们的关注和兴趣。

2. 文献综述

徐静、冯锋等（2012）认为动力机制在很大程度上影响产学研合作的效果，通过分析影响企业、高等院校和科研院所合作的动力因素和阻力因素，提出了一种产学研合作的帆船动力机制模型，并运用该模型深入研究了我国产学研合作的动力机制。付群英、刘志迎等（2013）创新性地提出企业创新行为多元动力模型，并运用结构方程对企业创新行

* 国家软科学重大课题基金项目"中部六省学科集群与产业集群协同创新研究"（2009GX S1D022）资助。

为模型进行实证研究。结果表明，企业创新行为不受市场中标杆效应的影响，而主要受企业内需求和企业内部控制条件的影响。杨凤（2011）指出合作动力与合作模式是产学研合作一系列制约因素的关键。由此可以得到：

假设 H1：产学研合作的动力与创新绩效密切相关，合作动力越强，产学研协同创新的绩效越好。

黄凡和郝维（2007）指出技术创新在给企业带来可观的经济社会效益的同时，也蕴含着潜在的风险。覃浩高和崔剑（2002）认为技术创新是企业寻求自我发展的探索过程，政策、市场、技术以及其他企业外部环境和内部管理中的因素对技术创新不确定性的影响都可能导致技术创新风险的发生。一旦发生，将可能在技术、经济、组织、心理等方面带来严重的直接或间接的负面影响。苏越良（2005）指出网络环境下合作技术创新蕴含着诸多风险，并且非常复杂，可能导致合作技术创新中途失败，给企业带来无可挽回的损失，因而不容忽视。谢磊和土建东（2008）认为战略联盟在合作创新的过程中同样面临一些不可回避的风险。由此可以提出：

假设 H2：产学研合作的创新风险与创新绩效密切相关，创新风险越小，产学研协同创新的绩效越好。

有效的合作模式能够减少协同创新过程中的风险和不确定性，提高产学研协同创新的效果。通过分析产学研合作模式选择的影响因素，高宏伟（2011）应用博弈论的方法构建了产学研合作模式的选择模型，并分析了现实中常见的两种产学研合作模式，即技术协作和合作研发。刘和东（2007）指出企业、高校和科研机构、政府三方面必须相互协调，实现技术、人才、资金等要素的最佳组合，以提高企业的技术创新能力和核心竞争力。田华杰等（2011）认为产学研合作模式的发展对发挥高校、科研结构和企业的资源优势互补，实现科技成果的产业化，促进科研活动的不断深入等都起着积极的推动作用。他们简要分析了产学研合作模式对我国技术创新带来的作用。由此可以得出：

假设 H3：产学研合作的方式与创新绩效密切相关，合作方式越紧密，产学研协同创新的绩效越好。

为获取公平合理的利益分配方案，田帅辉、王旭等（2013）提出了基于物流资源稀缺性和任务绩效的物流资源整合系统两阶段利益分配模型，然后以商品车配送任务为例进行验证，结果表明该利益分配模型不仅有助于实现物流资源的优化配置，而且激励物流资源提供商提高物流任务绩效水平。周强（2010）指出行业协会是促进集体成员利益的组织，它在弥补市场和政府双失灵、优化资源配置等方面，起了不可替代的作用。因此，其分析了行业协会在经济中的作用、不同行业结构下成员间利益分配以及由此产生的行业协会的绩效问题。孙东川和叶飞（2001）认为合作伙伴参与动态联盟的一个重要的目的就是获得更多的经济利益。因此，利益分配是否合理将直接关系到动态联盟的绩效发挥。由此可以提出：

假设 H4：产学研合作的利益分配方式与创新绩效密切相关，利益分配方式越合理，产学研协同创新的绩效越好。

张光跃（2007）通过分析"校企合作"互利性的内涵和动力机制，提出了共建校内校外实习、实训基地，共建经济实体、校企文化对接、依托行业背景等新的互利合作模式。周志强、谷洪波等（2010）通过分析产学合作教育动力机制，结合湖南科技大学产学合作教育的实践，以人力资源管理专业为例，提出了可操作性强的高校产学合作教育的人才培养模式。由此可以得出：

假设 H5：产学研合作的动力与合作方式密切相关，合作动力越强，产学研合作的方式越合理。

协同创新利益分配问题是保持协同创新关系持续稳定发展的关键。目前国内外对利益分配的研究多是在不考虑协同各方所承担的风险基础上进行的，针对此问题，李霞和宋素玲（2008）对"Shapley 值"进行修正，在此基础上提出新的利益分配方法，实例证明此方法克服了 Shapley 值法的不足，使利益分配的结果更具合理性和可行性。王莺、贺盛瑜等（2007）也是在 Shapley 值法的基础上考虑了供应链企业合作的风险，采用改进的 Shapley 值法来分配供应链企业的合作利益。邢乐斌、王旭等（2010）根据 Nash 谈判定理得出多人利益分配模型，并通过引入风险调节系数，建立了风险补偿值表达式，修正了分配模型，得出基于风险补偿的联盟利益分配模型，使实际承担风险高于平均风险水平的成员得到补偿。实例分析表明该模型更能体现风险与收益相平衡的原则。胡耀辉和刘一宁（2007）指出技术创新联盟不断涌现但难以持续发展的关键的原因在于联盟利益分配机制不能适应技术创新联盟的持续发展。由此可以提出：

假设 H6：产学研合作的创新风险与利益分配方式相关，产学研合作的创新风险越小，则利益分配方式越合理。

针对以上提出的研究假设，本研究得到概念模型如图 1 所示。

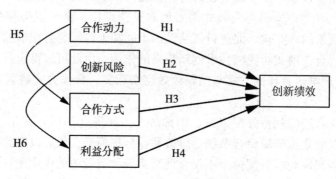

图 1　产学研协同创新机理的概念模型

3. 包容性创新的特征

包容性创新的特征主要表现在以下几个方面：

（1）能够以低成本的方式普惠广大消费者。传统式创新由于层次和价格较高，很大一部分低收入人群享受不到创新带来的福利，缺失接触创新成果的机会，从而形成社会的非包容性。包容性创新则尽量实现低价格的创新，通过创新组织模式和商业模式来实现长期收益，这一过程具有可持续性。创新成本并不急于一时回收，产品不会由于创新的研发费用而价格过高，这与其"低成本"的要求相符合。采用这种低成本方法也可能产生大量的突破性创新。这种方法并不算真正意义上的创新，而是利用低成本技术对现有解决方案的改进。不过，这种方法正越来越多地出现在巴西、俄罗斯、印度、印度尼西亚、中国等新兴市场。低成本创新的例子不胜枚举，包括印度高德瑞治集团（Godrej）3500 印度卢比的电冰箱以及印度塔塔集团的 Nano 汽车（世界上最便宜的汽车，其价格仅为 2500 美元）等。越来越多的创新是人们可以负担得起的创新。这些创新分布在医药和保健、饮用水净化、汽车、信息技术服务、手机服务、教育和电子政务等众多领域，并且正在扩大到教育和技能领域。从一开始就注重创新成本是这些领域创新成功的关键要素。

（2）能够更多地照顾弱势群体，特别是在协同创新中不具备谈判地位的主体。通过知识共享从而能够提高企业参与协同创新的积极性。

（3）创新具有可持续性。传统式创新的投入较高，收益也较高，但其中存在着很大的风险，对于大多数企业来说，一旦创新试验失败，其打击很有可能是毁灭性的。"包容性创新"的科研投入比传统式创新低很多，这也意味着"包容性创新"的风险相对较小，对经济的平稳发展更加有利，与包容性增长的要求是一致的。

包容性创新与协同创新有所交叉，同时又与传统式创新有所区别，如表 1 所示。

表1 "传统式创新"与"包容性创新"的对比

衡量指标	传统式创新	包容性创新
创新动力	追求产品的高收益和多功能	消费者可负担和产品可持续
创新核心	提供功能更多、复杂度更高的产品	低价格、新组织模式和商业模式
创新产品价格	高	低
创新风险	大	小
创新成本回收时间	短	长
绩效衡量指标	利润、经营利润率、基于知识产权的利润、盈利所需时间、制造效率、所有权和控制权等	盈亏、资产负债状况、现金流量、占用资本回报率、资本密集度、创新效率、渠道和影响力、销量和成本
对包容性增长促进程度	低	高

从"传统式创新"与"包容性创新"的对比中，我们可以看出进行包容性创新的企业更加专注于开拓新的市场，而不仅仅是盯住金钱利益，更多地考虑怎样实现社会责任，让更多的消费者能够负担得起自己的产品，并实现产品的可持续性销售。

4. 研究与设计方法

4.1 问卷设计

4.1.1 问卷的基本内容
本研究的问卷设计主要是为对产学研协同创新的运行机制进行深入探讨而展开，要求问卷内容能为各部分研究内容提供所需的有效数据。运用描述性统计分析、结构方程模型分析等方法对这些数据进行统计分析，分析企业进行产学研协同创新的动机、产学研协同创新成功的影响因素等，围绕各部分的研究目的和研究内容，所设计的调查问卷包括了三大方面的基本内容。

（1）企业的基本情况。

（2）产学研协同创新过程中关键环节的调查，包括企业参与产学研协同创新的动力、方式及创新绩效的影响因素等内容。

（3）协同创新的绩效的调查也即企业对创新绩效的评价。

4.1.2　问卷设计的可靠性

问卷设计的可靠性也即问卷设计的合理性和科学性。对于有关学者提及的问卷设计需要注意的问题，本研究在问卷设计中都进行了考虑和处理。关于问卷中问题的表述方式，本研究是在借鉴相关文献原有表述基础上，通过两轮的项目访谈，反复征询被访谈者的意见后修正的。修正后的问题表述方式同时考虑了问题表述的明确性、客观性、容易理解和能体现产学研协同创新的特点及问题。

4.2　数据收集过程

2012 年 5 月，在河南省科技厅软科学项目"学科集群与产业集群协同创新"的支持下，课题组到新乡、洛阳、鹤壁等地的企业进行了参观和访谈，共发放问卷 38 份。然后对回收回来的问卷进行统计，对问卷进行了微调，在 2012 年 10—12 月，针对郑州大学 MBA 的学生采用直接发放及邮件发放的形式共发放问卷 300 份，回收问卷 223 份，问卷回收率为 74.3%，通过对 223 份问卷的检查，发现共有 23 份不合格问卷。不合格原因主要如下：一是问卷填写不完整，出现较多空白；二是问卷中不同指标的选择答案几乎没有差异。剔除不合格问卷后，得到实际有效样本 200 份，有效问卷回收率为 66.7%。

5. 实证分析结果

信度和效度检验是实证研究过程中的一个重要环节。只有满足信度和效度要求的实证研究，其分析与结果才具有说服力。对于本研究而言，不仅需要研究模型的构建和数据收集等是否符合信度和效度要求，还要分析论文研究所涉及的变量内部测试题项是否也达到信度和效度的要求。

5.1　变量定义与分类

结构方程模型研究所涉及的变量，从可测性的角度可分为两类：显变量和潜变量。显变量是指可直接观察并测量的变量，又称观测变量。潜变量则是指不能直接观察的变量，它可以通过显变量测度表征出来，潜变量在因子分析中同因子等术语的含义一样。

本研究的潜变量包括合作动力、合作方式、利益分配、合作风险及创新绩效 5 项，显变量共 24 项，变量分类如表 2 所示。

表2 产学研协同创新关键因素

潜变量	显变量符号	显变量
合作动力	x_1	技术发展
	x_2	同业竞争
	x_3	利用人才或设备
	x_4	开拓市场
	x_5	培养人才
	x_6	申请经费
合作方式	x_7	引进技术
	x_8	委托开发
	x_9	设立研发机构
	x_{10}	建立培训基地
	x_{11}	聘请专家
	x_{12}	一次总付
利益分配	x_{13}	分期支付
	x_{14}	提成支付
	x_{15}	按股分红
	x_{16}	技术风险
	x_{17}	市场风险
创新风险	x_{18}	合作风险
	x_{19}	财务风险
	x_{20}	政策风险
	x_{21}	新产品研发成本
创新绩效	x_{22}	新产品销售率
	x_{23}	协同创新项目成功率
	x_{24}	申请专利和参与行业标准数

5.2 信度检验

信度可以测量效果的一致性和稳定性，一般是利用克隆巴赫系数（Cronbach α）来衡量，只有较高的一致性才能保证变量的测度符合研究的信度要求。一般来说，测度变量的 Cronbach α 值应该大于0.70才能满足量表的信度要求。本研究采取 Cronbach α 一致性系数来进行信度检验，这个系数决定了变量测度的各题项间多高频率保持得分的相同。对于问卷中量表部分的测量题项进行信度检验，结果如表3所示。

表3 产学研协同创新影响因素量表的信度检验

潜变量	显变量	校正的项总计相关性	已删除的 α 值	Cronbach α 值
合作动力	x_1	0.378	0.710	0.723
	x_2	0.535	0.661	
	x_3	0.604	0.639	
	x_4	0.465	0.683	
	x_5	0.547	0.658	
	x_6	0.254	0.747	
合作方式	x_7	0.620	0.693	0.766
	x_8	0.537	0.723	
	x_9	0.563	0.714	
	x_{10}	0.488	0.740	
	x_{11}	0.472	0.746	
利益分配	x_{12}	0.561	0.610	0.712
	x_{13}	0.478	0.662	
	x_{14}	0.487	0.656	
	x_{15}	0.469	0.667	
创新风险	x_{16}	0.654	0.752	0.808
	x_{17}	0.695	0.741	
	x_{18}	0.649	0.756	
	x_{19}	0.468	0.807	
	x_{20}	0.524	0.796	
创新绩效	x_{21}	0.567	0.659	0.739
	x_{22}	0.609	0.673	
	x_{23}	0.612	0.675	
	x_{24}	0.203	0.845	

  保留在变量测度题项中的题项对所有题项（item-total）的相关系数大于0.4，各潜变量的测度变量量表的 Cronbach α 值都达到了0.7以上，符合 item-total 相关系数应大于0.35，各潜变量的测度变量量表的 Cronbach α 值大多达到了0.7上，符合 Cronbach α 值最好在0.7以上的判断标准，更符合 Cronbach α 值最小为0.6的评判标准，检验结果表明各量表的信度较高，变量之间具有较高的内部结构一致性。

5.3 效度检验

  问卷的效度分析主要是揭示测量正确性，包括内容效度、建构效度和准则相关效度。

内容效度是指测量内容能够涵盖研究主题的程度，即检验问卷中的测量题项是否能够代表所要测量的内容或主题。内容效度的关键是开发衡量工具时是否能够遵守适当的程序。本研究中问卷的设计在借鉴、总结已有研究成果的基础上，与相关研究专家和企业中高层领导进行充分沟通和交流之后，补充和增加了部分测量指标。最后通过小范围预调查，根据相关的统计和检验结果对问卷中的部分测量题项再次进行了删减和修改，至此整理为最终的问卷调查表，因此问卷具有较高的内容效度。

对合作动力、合作方式、利益分配和创新风险四个潜变量做 KMO 和 Bartlett 的检验，结果如表 4 所示。

表 4   **KMO 和 Bartlett 的检验**

取样足够度的 Kaiser-Meyer-Olkin 度量		0.865
Bartlett 的球形度检验	近似卡方	1418.246
	df	190
	Sig.	0.000

其中 KMO 值为 0.865，根据统计学家 Kaiser 给出的标准，KMO 取值大于 0.6，符合效度要求。Bartlett 球形检验给出的相伴概率为 0.00，小于显著性水平 0.05，因此拒绝 Bartlett 球形检验的零假设，认为变量达到效度要求。

5.4 初始 SEM 模型的建立

本研究应用结构方程（SEM）来验证产学研协同创新的机理模型。SEM 是一种综合运用多元回归分析、路径分析和验证性因子分析而形成的一种数据分析工具。SEM 可以对每个估计的参数值的适合程度进行显著性检验以及如果该参数在自由估计的情况下所导致的显著性改变和模型整体适合度变化，其中包括对能够解释若干组观测变量协方差的潜变量的检验。在目前的管理研究中，尤其是采用问卷法收集数据的情况下，SEM 是针对传统回归分析的弱点（变量观测性、多重共线性）而开发出来的并已得到承认的数据分析方法。本研究设定了针对 AMOS 17.0 软件的初始结构方程模型，图 2 为该模型的路径图。

初始模型中共有 5 个潜变量和 24 个显变量。除了潜变量和显变量外，模型中还存在着 1 ~ 24 共 24 个显变量的残余变量（residual variance）和 5 个潜变量的残差变量，它们的路径系数默认值为 1，设置残余变量是为了保证模型的验证过程能够成立，因为从问卷得出的指标值难免会存在一定的误差，要使得指标值与模型完全地匹配几乎是不可能的，为了验证路径，证明概念模型，必须引入残余变量。

5.5 初始 SEM 检验与修正

模型评价的核心内容是模型拟合性，即模型输出的各种拟合指标是否满足要求。模型拟合的内容主要包括研究者所提出的变量间的关联模式是否与实际数据拟合以及拟合的程度如何。模型整体拟合优度指标主要有四类：绝对拟合优度指标（x^2、x^2/df、AGFI、

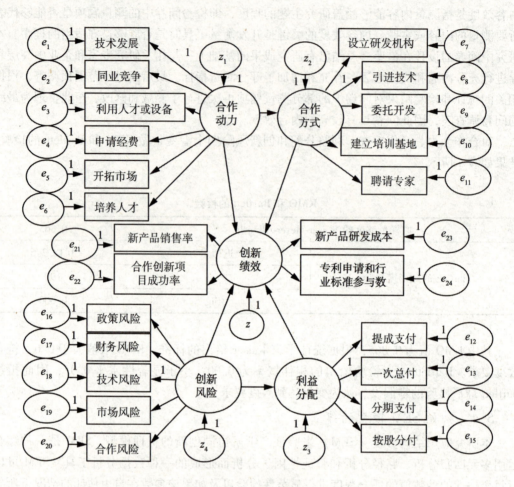

图 2　初始 SEM 模型路径图

GFI)、增量拟合优度指标（NFI、IFI、TLI、CFI）、简约拟合优度指标（PNPI）和近似误差指数（RMR 和 RMSEA）。经过 Amos Graphics 的第一次计算，得到 SEM 模型估计的各个指标，表 5 列出了初始 SEM 模型的拟合检验结果。

表5　　　　　　　　　　　　　初始 SEM 拟合检验结果

模型拟合统计值	测量模型	参考值
卡方检验值 x^2	520.874	靠近自由度
自由度（df）	246	越大越好
$x^2/\mathrm{d}f$	2.117	$\leqslant 2$
P 值	0.000	$\geqslant 0.05$

续表

模型拟合统计值	测量模型	参考值
拟合优度指数（GFI）	0.831	≥0.9
调整拟合优度指数（AGFI）	0.793	≥0.8
比较拟合优度指数（CFI）	0.840	≥0.9
Tucker-Lewis 指数（TLI）	0.821	≥0.9
均方根残差（RMR）	0.483	≤0.08
近似误差均方根估计（RMSEA）	0.075	≤0.1

从表 5 的检验结果来看，在自由度为 246 时，x^2 值在 0.05 水平上显著；x^2/df 为 2.117，不符合小于 2 的标准；GFI（拟合优度指数）、CFI（比较拟合优度指数）、IFI（增值拟合优度指数）等的值都小于推荐的标准值 0.9；表明初始模型与数据拟合结果尚需作进一步改进，以使之更符合数据所反映的模型。正如 Hatcher（1994）所说，很少有模型只经过一次运算就能够成功的，其原因一方面包括建立的初始模型本身可能的确存在问题，另一方面可能是问卷收集的数据所造成的偏差。因此随后所要进行的工作就是通过微调初始模型，以使之各项指标都符合标准。

AMOS 17.0 软件不仅给出了模型的检验结果，同时还给出了修改指标（modification indices），若干变量的修改指标比较大，这说明原来的假设模型没有考虑到这几个变量的强相关关系，因而无法达到路径分析的条件，需要对模型做出修改，以承认这些变量之间的关系，主要是增加残差间的协方差关系。AMOS 的模型调整并不是一两次就能够完全实现的，每次经过 AMOS 计算之后的模型，AMOS 在其计算结果中都会给出相应的调整参考，根据 AMOS 的这种功能，通过建立变量之间的相关关系来消除路径的偏差，最终得到能够与数据拟合的模型。根据 AMOS 残差间的协方差关系和变量间的路径关系，以及给出的修正指数对模型进行修正，添加了"产学研合作动力—产学研合作创新风险"、"产学研合作风险—产学研合作市场风险"两条新路径，并根据相关关系不显著删除"产学研合作动力—产学研合作创新绩效"、"产学研合作利益分配—产学研合作创新绩效"两条路径，然后重新进行运行估计。

5.6 修正 SEM 评估

在图 2 初始 SEM 模型的基础上，根据修改模型中增加的残差间协方差关系和变量间的路径关系，构建了修正的 SEM 模型并再次运行，标准化结果如图 3 所示。

结构方程模型的拟合效果评估标准很多，较完整的评估一般需要将三方面的评估内容包括在内：模型总体拟合（overall model fit）情况、基本拟合标准（preliminary fit criteria）、模型内在结构拟合（fit of internal structure of model）情况。表 6 和表 7 显示的结果可以说明修正模型的拟合效果。

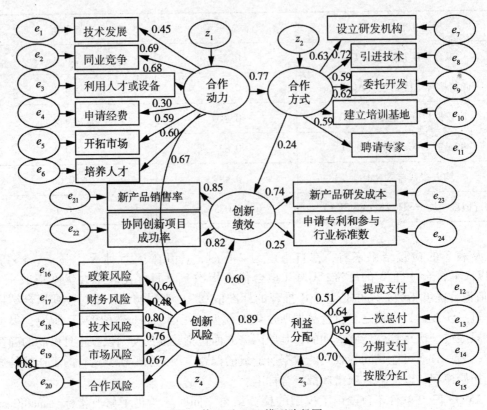

图 3　修正后 SEM 模型路径图

表6 　　　　　　　　　　　　　修正 SEM 拟合检验结果

模型拟合统计值	测量模型	参考值
卡方检验值 x^2	454.047	靠近自由度
自由度（df）	246	越大越好
x^2/df	1.846	≤2
P 值	0.000	≥0.05
拟合优度指数（GFI）	0.846	≥0.9
调整拟合优度指数（AGFI）	0.812	≥0.8
比较拟合优度指数（CFI）	0.879	≥0.9
Tucker-Lewis 指数（TLI）	0.864	≥0.9
均方根残差（RMR）	0.216	≤0.08
近似误差均方根估计（RMSEA）	0.065	≤0.1

（1）模型的整体拟合情况。模型的整体拟合情况显示模型结构与样本数据的拟合程

度。模型整体拟合优度指标主要包括四类：绝对拟合优度指标（x^2、x^2/df、GPI、AGFI）、增量拟合优度指标（NFI、TLI、CFI、IFI）、简约拟合优度指标（PNFI）和近似误差指数（RMR 和 RMSEA）。

绝对拟合优度指标是指通过将设定模型与饱和模型比较来反映模型拟合效果的指标。如表6所示，当自由度为246时，修正 SEM 的 x^2 值在 0.05 水平上显著；x^2/df 值为 1.846，小于2；GFI 为 0.846，接近推荐标准值 0.90；AGFI 为 0.812，大于推荐标准值 0.80，表明模型的绝对拟合效果符合标准。CFI 为 0.879，接近推荐标准值 0.90；TLI 为 0.864，接近推荐标准值 0.90，表明修正 SEM 的增量拟合优度良好。

从表6的检验结果来看，修正 SEM 的 RMR（残差平方根）为 0.216，大于推荐标准值 0.05；但 RMSEA（近似误差平方根）为 0.065，小于推荐标准值 0.1，表明修正 SEM 模型的近似误差指数拟合情况良好。

表7　　　　　　　　　　　　　　　　修正 SEM 中测度模型的参数估计

			Estimate	S. E.	C. R.	P	Label
申请专利和参与行业标准数	<---	创新绩效	0.300	0.088	3.410	* * *	par_1
新产品研发成本	<---	创新绩效	0.941	0.084	11.235	* * *	par_2
协同创新项目成功率	<---	创新绩效	0.951	0.075	12.690	* * *	par_3
新产品销售率	<---	创新绩效	1.000				
提成支付	<---	利益分配	0.770	0.128	5.994	* * *	par_4
一次总付	<---	利益分配	1.000				
分期支付	<---	利益分配	0.934	0.138	6.781	* * *	par_5
按股分红	<---	利益分配	1.088	0.141	7.710	* * *	par_6
政策风险	<---	创新风险	0.835	0.093	9.002	* * *	par_7
财务风险	<---	创新风险	0.549	0.084	6.519	* * *	par_8
市场风险	<---	创新风险	0.897	0.082	10.958	* * *	par_9
合作风险	<---	创新风险	0.761	0.081	9.377	* * *	par_10
同业竞争	<---	合作动力	1.362	0.242	5.617	* * *	par_11
利用人才或设备	<---	合作动力	1.357	0.243	5.579	* * *	par_12
申请经费	<---	合作动力	0.788	0.203	3.889	* * *	par_13
开拓市场	<---	合作动力	1.102	0.209	5.272	* * *	par_14
培养人才	<---	合作动力	1.181	0.222	5.309	* * *	par_15
设立研发机构	<---	合作方式	0.867	0.112	7.715	* * *	par_16
引进技术	<---	合作方式	1.000				
委托开发	<---	合作方式	0.793	0.109	7.280	* * *	par_17

续表

			Estimate	S. E.	C. R.	P	Label
建立培训基地	<---	合作方式	0.769	0.101	7.612	＊＊＊	par_18
聘请专家	<---	合作方式	0.808	0.111	7.265	＊＊＊	par_19
技术发展	<---	合作动力	1.000				
技术风险	<---	创新风险	1.000				

注：＊＊＊表示 $P<0.001$，后同。

（2）模型的基本拟合标准。模型的基本拟合标准包括测量误差不能有负值和因子载荷适中且达到显著性水平两方面。从表 5 修正 SEM 测度模型的参数估计可以看出，所有参数的 C. R. 检验值都大于 1.96，P 值在 0.01 的水平上显著，表明模型满足基本拟合标准。

（3）模型内在结构拟合检验。模型内在结构拟合检验主要考察模型中显变量是否能恰当地反映对应的潜变量以及理论模型的因果关系是否成立。通过前面的信度和效度检验，已证明模型的内在结构拟合优度良好。

5.7　假设检验

表 8 给出了修正 SEM 模型中各潜变量之间路径关系系数的标准化估计值、临界比（C. R.）以及路径关系系数的显著性检验结果，从而可以判断研究假设的真伪性。

表 8　　　　　　　　　　　　**修正 SEM 结构模型的参数估计**

			Estimate	S. E.	C. R.	P	Label
合作方式	<---	合作动力	1.098	0.210	5.238	＊＊＊	par_21
创新风险	<---	合作动力	0.941	0.187	5.018	＊＊＊	par_24
创新绩效	<---	合作方式	0.256	0.086	2.988	0.003	par_20
利益分配	<---	创新风险	0.694	0.086	8.062	＊＊＊	par_22
创新绩效	<---	创新风险	0.594	0.085	6.991	＊＊＊	par_23

假设 H1 验证：产学研合作的动力与创新绩效之间的关系并不显著，因而它们之间的路径被删除，即假设 H1 不成立。但产学研合作的动力到创新风险之间路径系数的标准化估计值 par_ 24 = 0.187，临界比（C. R.）为 5.018，大于推荐的标准值 1.96，路径系数在 0.05 水平上显著，这说明产学研合作的动力与创新风险密切相关，合作动力越强则所面临的创新风险越小。为此，我们得到本文第一个命题。

命题 1：产学研合作的动力并非直接对创新绩效产生影响，而是通过合作方式及创新风险间接对创新绩效产生影响，而且合作动力越强则创新风险越小，合作动力越具有包容性，其创新风险下降的趋势就越明显。

该命题的前半部分很容易从假设 H1 的验证中得到证明，而后半部分则从表 3 与表 7

中得到验证，很显然，从表3可以看出，x_3（利用人才或设备）与x_5（培养人才）的校正的项总计相关性分别排在了第一位和第二位（其值分别是0.604和0.547）等，对于人才培养与利用是包容性创新的重要内容，也是合作动力是否具有包容性的重要特征，这更是创新绩效的最直接原动力。

假设H2验证：如表8所示，产学研合作的创新风险到创新绩效之间路径系数的标准化估计值par_ 23 = 0.085，临界比（C. R. ）为6.991，大于推荐的标准值1.96，路径系数在0.05水平上显著，这说明产学研协同创新的风险与创新绩效密切相关，创新风险越小越有助于提高合作项目的创新绩效，即假设H2成立。于是，得到：

命题2：产学研协同创新风险越小，则创新绩效越高。

很显然，结合命题1和命题2，我们得到一个重要推论，即：

推论1：产学研合作动力越强，产学研协同创新风险越小，而创新绩效则越高。

该推论说明产学研协同创新中，"产学研协同创新风险"这个中间载体非常关键，它传递了合作动力对创新绩效影响的机制，同时，本身也在降低产学研协同创新风险过程中，降低了创新成本、创新负担以及人们的心理预期成本等，从而提升了创新绩效。

假设H3验证：如表8所示，产学研合作的方式到创新绩效之间路径系数的标准化估计值par_ 20 = 0.086，临界比（C. R. ）为2.988，大于推荐的标准值1.96，路径系数在0.05水平上显著，这说明产学研合作的方式与创新绩效密切相关，合作方式越牢固越有助于提高合作项目的创新绩效，即假设H3成立。

假设H4验证：产学研合作的利益分配方式与创新绩效之间的关系也不显著，因而它们之间的路径也被删除，即假设H4不成立。

假设H5验证：产学研合作的动力到合作方式之间路径系数的标准化估计值par_ 21 = 0.210，临界比（C. R. ）为5.238，大于推荐的标准值1.96，路径系数在0.05水平上显著，这说明产学研合作的动力与合作方式密切相关，合作动力不同所采用的合作方式也不相同，即假设H5成立。为此，我们得到：

命题3：产学研协同创新合作动力的包容性越强，其合作方式的包容性也越强，则其创新绩效就越高。

该命题是很显然的，这说明，作为包容性增长最佳途径的包容性创新不只是概念上的翻新，或者在语言学上具有价值，而且在产学研协同创新中能直接产生创新绩效，并直接影响创新收益，这也是笔者撰写此文的宗旨所在。

假设H6验证：产学研协同的创新风险到利益分配方式之间路径系数的标准化估计值par_ 22 = 0.086，临界比（C. R. ）为8.062，大于推荐的标准值1.96，路径系数在0.05水平上显著，这说明产学研合作的创新风险与利益分配方式密切相关，面临的创新风险不同则所选择的利益分配方式也不相同，即假设H6成立，则可得到：

命题4：产学研协同创新风险决定了创新利益分配方式，其创新风险越低，创新利益分配方式的包容性越强。

事实上，笔者长期研究发现，一直影响产学研合作与发展的最大困境就是创新利益的分配方式，很显然，创新分配方式是否更加关注创新者，是否更加兼顾创新各方的利益，分配方式是否具有可持续性以及分配制度是否合理等包容性创新问题直接影响了创新绩效。

通过运用结构方程建模（SEM）方法对协同创新的关键因素与产学研协同创新项目创新绩效之间相互作用的路径关系分析表明产学研合作的方式和创新风险对创新绩效影响较大；产学研合作的动力通过对合作方式产生影响间接地影响创新绩效；产学研合作的利益分配方式通过影响创新风险间接地影响创新绩效。此外，产学研合作的动力对其利益分配方式也有影响。其作用路径如图4所示。

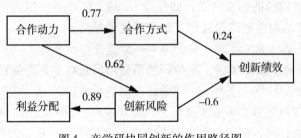

图4　产学研协同创新的作用路径图

从图4可以看出，产学研协同创新因素对项目创新绩效的作用路径有：

合作方式→创新绩效；创新风险→创新绩效；合作动力→合作方式→创新绩效；合作动力→创新风险→创新绩效。通过机理分析发现的主要路径对于改善产学研协同创新提供了方向，企业可以通过改变合作方式，降低创新风险来改善协同创新绩效，如"合作方式"潜变量每改善一个单位，"创新绩效"潜变量将提升0.24个单位，"创新风险"潜变量每降低一个单位，"创新绩效"潜变量将提升0.60个单位。而合作方式受到合作动力的影响，例如为了培养人才一般会建立培训基地，为了技术发展则会引进技术或委托高校和科研机构开发，为了利用人才或设备则会聘请专家后设立研发机构"合作动力"每提升一个单位，"合作方式"将得到0.77单位的改善。创新风险受到合作动力的影响，增强合作动力有助于降低创新风险，"合作动力"每提升一个单位，"创新风险"将降低0.62个单位。此外，创新风险会对利益分配方式产生影响，创新风险越小，越有可能采取一次总付或分期支付的方式"创新风险"每降低1个单位，"利益分配"方式将得到0.89个单位的改善。此外，创新风险中的市场风险越大，所面临的合作风险也越大。

5.8　协同包容性创新及其讨论

首先，在低层面的合作模式（技术转让、委托开发、重大技术引进）中，学研两方和企业在不同的阶段介入开发过程，属于接力式开发。这种低层次的合作模式能够把技术成果快速地转化为产品，从表面上来看合作效果非常明显，但在开发的过程中，企业仅是根据自己掌握的市场信息提出创新需求，把技术开发委托给有实力的研发机构进行。在这种合作模式下，企业并未进一步地学习和消化新的技术，自身的技术能力也未提高，无法进行二次开发，因而创新不具可持续性，也不具包容性。而高层面的合作模式主要是共建经济实体和研发机构，是企业、高校与科研机构共同研制、开发、生产、销售，形成研产销一条龙的合作模式。这种合作模式能够高效地实现技术创新、新产品输出、人才培养等各方面目的。以日本筑波科技城和美国硅谷为例，其"科研-经济-市场"一体化结合的程度较高，抗风险的能力也较强，是目前最理想、最成熟的合作模式。而且，高层面的合作模式增加了创新项目的成功率，从而使双方更多的共享创新成果，因而合作更具可持续性，更加符合包容性的要求。

其次，在利益分配方式中，一次总付和分期支付这两种方式比较简单，容易操作，但企业很难较为准确地估计新的技术成果所带来的收益，因而不能体现"风险分担、利益共享"的原则。如果合作成功，企业将获得较大收益，但学研方获得的收益较少；如果合作失败，学研方的收益有了保证，企业却损失较大。在这种利益分配方式下，学研方一次收取固定报酬，就完成交易，一次性的合作关系也宣告结束，学研方不必对产方的技术开发及市场开发负责，不能体现风险共担、利益共享的原则，也不能进一步地激励和约束大学和科研院所，不利于企业掌握和改进技术，必然增大创新风险，使协同创新不具可持续性，因而也不具包容性。

提成支付模式，也叫利益共享模式，是指合作各方按照一定的比例系数从创新总收益中分得自己应得的份额。这种分配模式能够体现风险分担、利益共享的原则。目前，利益共享的做法已经得到广泛认可。研究结果显示，成功的利益共享方案能够提高工作效率促使合作各方采取良好的工作态度等。利益共享模式通过利益驱动将合作各方有机地联系起来，对于技术的产品化非常有利，也有利于按照市场需求不断改进技术，使风险有所降低并促进了技术的"二次研发"。此外，企业一次性投入的减少能够减轻企业的资金压力，使企业有更多的机会吸纳成果。但这种分配模式需要合作各方共享较多的关于技术和市场等方面的信息，操作比较复杂，对学研方而言先期投入的回收速度相对较慢。按照产品或技术的销售额的一定比例来支付企业与大学、科研院所的收益，这种分配方式是在成果产品化后，由利益驱动将合作各方捆绑起来，实现风险分担、利益共享、互惠互利、共同发展，对产学研合作的持续发展非常有利，因而具有包容性。

按股分红是指产学研合作各方按照投资的比例进行利益分配，这种投资可以是实物投入如机器设备、厂房、资金等，也可以是无形投入如商标权、专利权、先进的技术成果等。按股分红能较好地体现风险共担、利益共享的原则。在这种分配方式下，企业一般以机器设备、厂房、资金等实物资产入股，学研方不仅直接参与研发工作，而且还以仪器设备、技术和资金入股。因此，合作的成败与各成员自身的利益紧紧地联系在一起，当产学研合作经济效益较好时，就能按比例分享较高的利润，而当发生亏损时，各方均要承担一定的风险，因而具有包容性。

在合作动力中，很多企业在参与产学研合作时对人才培养不够重视，甚至很多拥有强大资金和技术条件的大型企业也未对其足够重视。而在技术的创新过程中，显性知识和隐性知识往往紧密地结合在一起，其中传播显性知识比较容易，而隐性知识的积累则更多的需要企业自主的实践和学习。如果对人才的培养不够重视，在创新过程中就会缺乏强有力的人才队伍，那么也就难以积累起技术研发所必需的隐性知识，企业的长远发展就会受到阻碍。因而，企业应着眼于技术发展和培养人才，更多地互相利用设备和人才实现资源共享，而非仅仅为了申请政府的经费，这样才更有助于包容性创新目标的实现，正如命题1所述。

在创新风险中，政策风险和市场风险属于影响包容性创新的外生变量。政策和市场越提倡平等和公平，则越有利于实现包容性创新。而创新绩效指标中的新产品研发成本也能在一定程度上反映创新是否具有包容性，研发成本越低则新产品的销售价格越低，从而有更多的消费者能够享受创新成果，这又反过来刺激产学研各方进一步进行协同创新。这样的创新既具备低成本性，又具有可持续性，因而属于包容性创新。为此，我们得到本文最后一个命题，也是最核心的一个命题。

命题 5：产学研协同包容性创新是提升创新绩效的关键，具有 **4** 个层次，即合作动力的包容性、合作方式的包容性、利益分配的包容性与创新风险的包容性等。

6. 主要结论与政策建议

6.1 本文的主要结论

本论文针对影响产学研协同创新过程中普遍存在的企业创新动力不足、产学研各方的组织目标不同、利益分配机制不健全、合作机制单一等实际问题，借鉴产学研协同创新理论的研究成果，在对新乡、洛阳、鹤壁等地多家企业实地调研的基础上，结合产学研协同创新的管理实际，构建了产学研协同创新机理研究框架。针对所提出的研究框架，采用现场发放与邮件方式共发放 300 份问卷，通过对回收的 200 份有效问卷调查所获得的数据进行统计分析和结构方程建模，分析了产学研协同创新的关键因素及机理和途径，研究结果表明：产学研合作方式和创新风险对于创新绩效存在不同的影响效果，而产学研合作动力和利益分配方式对于创新成功的作用不显著，正好印证了目前产学研协同创新实际中存在的问题。产学研协同创新因素对项目创新绩效的作用路径有：合作方式→创新绩效；创新风险→创新绩效；合作动力→合作方式→创新绩效；合作动力→创新风险→创新绩效。此外，通过分析发现产学研协同创新中有些实践具有包容性，即能够持续发展并共享创新成果，有些实践并不具有包容性，因而为了包容性增长目标的实现，有必要在将来的实践中多进行一些具有包容性的合作项目。

这一研究结论，为产学研协同创新的治理提供了如下启示：（1）为产学研合作各方的合作实践提供了依据。鉴于合作动力仍然是合作创新成功的关键，因而有必要加强产学研各方的合作意识，对于合作的必要性和重要性进行普及宣传。（2）鉴于合作方式是现阶段合作创新成功的关键因素之一，所以合作各方必须高度重视合作方式的选择，并根据外部和内部环境的动态变化不断调整合作方式以适应发展的需要。（3）为了实现创新产品的低成本性，使更多的人共享创新成果，产学研各方在合作的过程中应注意增加包容性的合作项目。

6.2 对策与建议

（1）增强合作各方参与产学研协同创新的积极性。合作是双方的事情，单靠一方的积极性是难以维持的，只有使双方各尽其力，才能保证产学研协同创新的顺利、健康、持续发展。一方面，要强化企业在产学研协同创新中的主体地位，将科研成果转化为现实生产力，为市场提供新产品、新服务，进而也为企业带来利润。另一方面，要充分发挥高校的积极性。高校应积极利用自身的资源优势和条件，开展产学研协同创新，寻找合作伙伴，将先进的、成熟的科研成果积极地推向企业，实现科研成果的产业化。从包容性的角度来说，在产学研协同创新中要更加重视人才的培养，将合作长久地进行下去。

（2）选择最合适的产学研协同创新合作模式，使合作各方都能充分发挥自身的优势和潜力，实现科研成果的转化。要根据协同创新的目的和内容的实际需求以及合作主体的实际情况来选择合作模式。同时，在合作的过程中，要注重长期合作。此外，要强化政府在产学研协同创新中的支持和引导作用。政府要制订相关计划，引导产学研协同创新的发展；制定政策和法规，保障产学研协同创新的顺利进行；为产学研协同创新搭建平台，促进产学研各方之间的信息交流；设立专项基金来支持产学研协同创新的发展。有实力的公司应和高校及科研机构设立研发机构，并建立培训基地，这样合作才能更加长久，才能实现包容性创新。

（3）建立公平合理的利益分配机制。产学研协同创新是为了获得比单独创新更多的利益，所以利益分配是产学研协同创新的起点，也可以看做协同创新的成果表现。因而，应明确界定合作各方的投入、承担的任务和风险，并据此明确利益分配的额度或比例。可以采用纳什谈判法、改进的 Shapley 值法等科学的利益分配方法，通过平等协商，建立各成员都能认同的公平合理的利益分配机制。同时，应对知识产权的所有权和使用权做出明确规定。在利益分配方式中，按股分红最能体现包容性创新的要求。

（4）建立信息共享激励机制和风险分担机制。信息共享和风险分担是产学研协同创新的基础和前提。而信息孤岛则增加了产学研各方之间的信息壁垒和沟通的障碍，提高了合作的风险。为了提高整个协同创新系统需求信息的一致性和稳定性，应通过信息共享激励措施，使各成员之间及时、有效地进行信息交流。在信息时代，信息对企业意味着生存与发展，企业获得更多的信息意味着企业可以拥有更多的机会、更多的资源。对于协同创新系统，通过建立信息共享的激励机制，合作成员之间能快捷便利地获得彼此需要的信息，提高协同创新的效率；另外，通过建立风险分担机制，在一定程度上消除个体理性和信息不对称导致各成员间相互猜忌的弊端，达到风险分担的目的。这些都是达到包容性创新所应做到的。

刚刚落下帷幕的 2013 年 APEC 会议上，习近平主席再次提出中国改革必须坚持的两个关键词"open"和"inclusive"，表明包容性创新将成为中国未来的重点研究领域之一，希望本文能起到抛砖引玉的作用，希望更多的读者能够展开深入研究。

◎参考文献

[1] 徐静，冯锋，张雷勇，杜宇能．我国产学研合作动力机制研究 [J]．中国科技论坛，2012（7）：74-80．

[2] 付群英，刘志迎，刘和福．企业创新行为多元动力机制实证研究 [J]．科技进步与对策，2013（3）：1-6．

[3] 杨凤．广东省部产学研合作动力与合作模式分析 [J]．科技管理研究，2011（2）：92-95．

[4] 黄凡，郝维．基于技术创新视角的产业集群风险分析 [J]．科学管理研究，2007（6）：15-18．

［5］覃浩高，崔剑．企业技术创新风险的类型、成因及对策［J］．商业研究，2002
　　（6）：19-22.

［6］苏越良．网络环境下合作技术创新风险［J］．系统工程，2005（4）：7-14.

［7］谢磊，土建东．战略联盟合作创新的风险及其防范［J］．商场现代化，2008
　　（29）：51.

［8］高宏伟．产学研合作模式选择的博弈分析［J］．沈阳工业大学学报（社会科学版），
　　2011（2）：141-146.

［9］刘和东．构建以企业为主导的产学研合作模式［J］．南京工业大学学报（社会科学
　　版），2007（3）：53-56.

［10］田华杰，孙静，王换娥．产学研合作模式的效果与问题思考［J］．生产力研究，
　　　2011（1）：93-94.

［11］田帅辉，王旭，常兰．物流资源整合系统的两阶段利益分配策略研究［J］．计算机
　　　工程与应用，2013（2）：15.

［12］周强．论行业协会成员间的利益分配及绩效问题——以"中钢协"铁矿石谈判为
　　　例［J］．网络财富，2010（16）：62-63.

［13］孙东川，叶飞．动态联盟利益分配的谈判模型研究［J］．科研管理，2001（2）：
　　　91-95.

［14］张光跃．校企合作互利性的动力机制与合作模式［J］．机械职业教育，2007（3）：
　　　16-17.

［15］周志强，谷洪波，袁玉明．高等教育产学合作动力机制与模式研究［J］．教育与教
　　　学研究，2010（4）：60-62.

［16］李霞，宋素玲，穆喜产．协同创新的风险分摊与利益分配问题研究［J］．科技进步
　　　与对策，2008（12）：15-17.

［17］王莺，贺盛瑜，刘小艳．考虑风险的供应链合作利益分配问题研究［J］．商场现代
　　　化，2007（4）：65-66.

［18］邢乐斌，王旭，徐洪斌．产业技术创新战略联盟利益分配风险补偿研究［J］．统计
　　　与决策，2010（14）：63-64.

［19］胡耀辉，刘一宁．技术创新联盟中联盟利益分配机制的研究［J］．江苏商论，2007
　　　（2）：135-136.

［20］周阳敏，谢俊俏．印度"甘地式创新"与中国企业的包容性增长研究［J］．科技
　　　进步与对策，2012，29（3）：84-89.

［21］胡炜，周阳敏等．学科集群与产业集群协同创新［M］．郑州：河南科学技术出版
　　　社，2012.

　　【致谢】本文作者所带的研究生宋利真同学根据笔者的思想设计问卷、发放问卷、收集问卷，并根据笔者的思想撰写硕士论文等，对本文做出了重大贡献，但文责自负！

国外流域开发模式与我国中部流域发展的对比分析

王立彦[1]　韦小泉[2]

（1　北京大学光华管理学院　北京　100871；2　湘潭大学商学院　湘潭　411105）

1. 我国中部流域发展的现状

伴随着一系列刺激经济增长的政策的出台与实施，为真正实现我国整体的区域协调发展，中部沿江地带对中部经济发展的联动效应逐渐得到经济政策部门的重视。目前中部地区初步形成了大产业靠江发展的格局，沿江地区利用靠近江河的区位优势，城市群的规模效应越来越突出，充分利用沿江丰富的劳动力资源及沿江发展大运量、高耗水的优越条件，吸引了大量工业企业和工程项目，中部省份在长江、黄河沿江地带的联动效应的推动下，加快了外向型经济的发展，建立起一大批国有大中型企业，形成束状沿江工业带及城市带；其次沿江港口对这一地带的推动作用是明显的，沿江大城市均建有吞吐量超5000吨的大港口，成为沿江城市发展和开发的重要枢纽，为各大城市打开了一扇引进沿海城市和发达国家的资金和技术的大门；此外沿江城镇开发区建设对当地经济的刺激作用也日趋明显，国家和省级高新技术开发区、工业产业园、各种服务性项目相继在中部省份沿江地带落户，成为加速沿江开发的重要经济支点，为沿江产业向规模化、档次化发展开辟了渠道；中部省份通过合理利用江河水资源开张农田水利建设，防洪护岸，发展沿江的现代化农业。在我国"十二五"规划之际，在发展战略、规划布局、设施建设、城市景观、政策引导、环境保护及管理体制等大问题上面临更大挑战。

长期以来，中部省份对沿江地区的综合优势和沿江经济发展方向的重要性认识不够，虽然提出诸多令人振奋的战略目标，但缺少具体措施，造成规划没有落实或不能完全落实的局面。中部地区沿江地带作为中部地区的重点战略区域的方针没有始终如一的坚持和落实，致使中部大部分地区沿江地带的经济规模停滞不前，当地政府对地方沿江地带进一步发展缺少更长远的认识，不能对出现的问题作出反应，政策已逐渐落后于当地经济发展，环境问题、民生保障问题严重突出，成为城市发展的一大薄弱环节，基础设施及政策不能适应经济发展的要求，一系列的"城市病"阻碍着当地经济向更科学、健康的方向发展。

表1整理了我国2007—2011年在一般公共服务业的财政支出，如山西在2011年的一般公共服务支出为251.58亿元，仅占当年GDP的比例为2.24%，湖北为2.01%，湖南为2.37%。为了促进中部沿江地区的健康快速发展，保证水、电、交通等基础设施以及军队、消防等公共安全设施的配套建设是非常重要的。因此加大对公共服务的财政支出比例对于中部沿江发展战略的制定具有重大的指导意义。

表1 　　　　　　　　　　　**2007—2011 年一般公共服务业的财政支出**　　　　　　　单位：亿元

年份	山西	吉林	黑龙江	安徽	江西	河南	湖北	湖南
2007	210.07	141.65	167.95	195.94	146.68	355.71	221.26	256.59
2008	223.48	174.25	240.45	234.15	180.66	406.59	265.8	301.06
2009	247.94	182.67	229.31	267.5	193.42	459.01	308.4	336.07
2010	215.83	198.04	222.57	273.72	218.75	478.69	314.93	367.2
2011	251.58	231.4	256.37	345.34	258	559.02	394.95	466.74

资料来源：中国统计年鉴.

　　从目前中部沿江地带规划布局来看，中部地区有关部门虽做过相关研究，但至今总体规划尚未形成，缺少前瞻性和适应当地沿江地带发展的总体构思，已有规划存在诸多不合理，这与当地政府过于重视土地收入、盲目开发有关。规划落后于建设，建设不符合规划，各单位、各系统、各地区各自为政，各辖一块，缺少协调配合，阻碍了中部地区沿江经济的进一步提升。在产业布局上分析，对沿江产业结构的转化、提高、重组和流域内经济组合尚缺乏明确构想，没有把调整产业结构与发展流域经济结合起来。还有中部地区岸线利用率过低，利用方式和结构不合理，绝大多数是港口和重工业码头，利用结构不合理突出表现为江河面貌、环境保护等设施建设滞后，深水浅用，小码头占用较好水域，油品码头分散，工业污水处理设施滞后，工矿企业码头占用岸线过多，污染水面大，严重影响水质，一系列不合理的规划管理，造成严重的岸线浪费。表2为我国对中部六省近五年治理环境的财政支出，虽然每年均有一定程度的增加，但对于工业化进程不断加快的中部地区所造成的环境破坏来讲，其财政支出份额是远远不够的。

表2 　　　　　　　　　　　**2007—2011 年环境保护方面的财政支出**　　　　　　　单位：亿元

年份	山西	吉林	黑龙江	安徽	江西	河南	湖北	湖南
2007	44.97	30.45	44.34	37.65	13.88	60.92	28.05	29.84
2008	64.28	45.6	48.51	54.73	31.84	75.85	40.92	41.7
2009	70.61	49.48	59.07	59.27	43.14	92.98	74.15	73.63
2010	82.37	71.55	89	64.72	49.14	96.38	96.31	90.82
2011	82.18	102.42	92.27	81.96	43.76	95.6	101.11	85.26

资料来源：中国统计年鉴.

　　中部地区沿江地带的过江基础设施在近 10 年有显著增加，相比当前城市人口规模、车辆的增加，过江基础设施投入仍显不足，尤其是过江通道严重不足，突出表现为过江大桥和过江汽渡、货运渡轮通过能力与现有交通量的矛盾成为高效物流的障碍，过江交通问题已成为影响沿江城市经济的瓶颈（特别是沿江小城镇），沿江地带的综合高效交通体系尚未形成，束状交通仍需强化。中部地区江河防洪能力差别很大，经历了 1998 年特大洪水后，长江流域的防洪能力已经大幅提高，但是支流沿江区域的防洪能力是较低的，沿江大城市的防洪能力达到百年一遇，而部分城市的防洪能力才十年一遇。港口设施建设相对缓慢，有些仅有运输的单一功能，与现代多功能化港口相距甚远。供电、供水、环保等设施也存在许多缺陷。对于沿江发展起来的城市而言，加快设施建设和及时更新是跟上经济发展步伐的必要性要求。表 3 为我国对中部六省近五年来交通运输的财政支出，交通运输是国民经济的重点战略产业，是国民经济的重要基础设施，是制约经济与社会发展的一个重要因素。自改革开放以来，各地政府和人民都认识到"要想富，先修路"。因此，加大对交通运输业的财政投入是关乎国计民生的重大问题。

表 3 　　　　　　　　　　　**2007—2011 年交通运输的财政支出**　　　　　　　单位：亿元

年份	山西	吉林	黑龙江	安徽	江西	河南	湖北	湖南
2007	28.15	23.49	42.56	49.5	30.99	40.29	30.21	48.72
2008	33.6	29.3	52.33	51.82	37.6	43.17	38.3	56.96
2009	93.68	57.66	103.78	142.73	112.96	177.62	84.92	117.24
2010	131.65	89.78	147.72	124.86	107.31	173.84	124.03	153.03
2011	178.93	149.79	249.88	219.59	218.05	281.21	255.18	301.31

资料来源：中国统计年鉴.

中部沿江地区的经济在过去 10 年发展很快，目前经济发展的速度已快于政策的变更，沿江地区建设没有得到足够的政策支持。由于中部沿江地带跨度几个省份，沿江地区的综合开发和管理缺乏体制、机构和立法上的保证。

2. 国外流域经济发展分析

2.1　北美五大湖区梯度开发模式

北美五大湖都市圈分布于五大湖沿岸，包括芝加哥、底特律、克利夫兰、匹兹堡、多伦多和蒙特利尔等 35 个大中城市。它与美国东北部大西洋沿岸都市圈共同构成北美制造业带，其中底特律是全球著名的汽车城。

2.1.1　生态环境治理过程

20 世纪初期开始，依托得天独厚的水运和矿藏优势，五大湖城市群逐步形成了以汽车制造、钢铁冶炼等为主的重工业体系。在给当地带来了巨大的经济收益的同时，也给湖区生态系统带来了致命的冲击。

（1）国际合作。到 20 世纪 60 年代末，面对五大湖水环境恶化问题日益严重的现实。美国、加拿大两国政府开始联手推进湖区污染共同治理。1972 年，美、加两国签订了五大湖水质协议；同年，美国通过了清洁水法，并制定污染物排放标准，建立城市污水处理厂；1978 年，五大湖水质协议进行第二次修改和补充，着重强调控制有毒污染物对生态环境的影响；1991 年，签署了旨在削减酸雨的美、加空气质量协定；1995 年，美国国家环境保护局颁布了被称为五大湖水质保护规范的五大湖水质规则。

（2）国内携手。2002年，美国通过"五大湖地区发展战略"的区域发展计划，对水环境问题优先制定一套共同的行动纲领。2004年，联邦政府内阁成员、资深人士、国会议员、流域管理者、部落代表以及地方政府相关代表，共同签署了"五大湖宣言"，以恢复和保护五大湖的生态系统。

2.1.2 湖区产业结构调整过程

（1）1850—1865年的初始发展阶段。湖区农业经济占主体，城镇化进程缓慢。到1865年，城镇化率达到了22%。本阶段城市发展的特点是数量少、规模小，空间表现形态为沿河流分布，构成所谓"沿河城镇化时代"。

（2）1865—1920年的快速发展阶段。这一时期工业化进程加快，城镇化快速发展。1890年，该地区成为一个体系完整的重工业区，称为美国"制造业带"。当时美国全国10个大城市中，有4座位于五大湖工业区。20世纪初，苏必利尔湖区的铁矿资源大规模开发，并利用阿巴拉契亚山地的煤炭及五大湖的水运条件，形成了美国工业基地，特别是汽车、钢铁等重工业发展最为繁荣。到1920年，湖区大城市数量已占全国10大城市的一半，城镇化率达75.7%。

（3）1920—1945年的都市区形成阶段。1920年后，大湖地区的城镇化水平已经落后于美国西部和南部的新兴地区，城市发展开始显露衰退的迹象。在当时全国25座增长最快的大都市中，五大湖工业区仅有3座。

（4）1945—1985年的巨型城市带形成阶段。第二次世界大战以后，作为老工业基地的五大湖工业区经济增长乏力，一度被称为"冰雪带"。制造业衰退，出现逆城镇化的现象，富人加速迁往郊区，穷人多半留在市中心。

（5）1985年至今的复兴阶段产业结构的"去工业化、再城镇化"出现。1985年后，五大湖工业区在制造业和农业的带动下，产业结构发生了转变，经济也开始复兴。中心城市成功地由制造业中心转变为管理咨询、商务、法律、贸易、旅游等服务业中心。

2.1.3 湖区经济发展的主要经验

（1）交通基础设施的支撑。1825年，通过哈得孙河将纽约和五大湖地区连接起来，从而促进了人口迁移，纽约成为商业中心。1850年，美国开始建设第一条州际铁路系统，五大湖工业区的城市人口占总人口的比例从约9%增加到20%左右。19世纪后期，五大湖工业区铁路网完善，芝加哥成为美国最大的铁路枢纽。

（2）城市和区域规划的引导。19世纪末，美国经济快速发展和城市建设迫切要求完善城市设计，建造漂亮房屋，保护私有财产，实行功能分区，这些要求催生出所谓的"城市美化"运动。以1893年芝加哥世界博览会和1907年芝加哥伯纳姆规划为标志，美国现代城市规划自此开始。城市呈多中心发展，用地沿交通线向外延伸，城市与区域规划促进了城镇化进程。

（3）高新技术产业的提升。五大湖工业区的大多数传统制造业城市在20世纪70年代中一度不景气。80年代以来，纽约、波士顿、费城开始发展金融业、高科技等产业，并迅速成为美国经济新的增长点。

2.2 芬兰产业集群结合模式

芬兰素有"千湖之国"之称，面积大于 10 平方公里的湖泊有 309 个，其中面积大于 1000 平方公里的湖泊有 3 个。湖泊多与狭窄的水道、短河、急流相连，从而形成相互沟通的水路交通。

2.2.1 湖区产业状况

芬兰境内拥有极其丰富的森林资源，森林覆盖率达到 76%，居欧洲第一位，世界第二位。因湖泊区域内森林资源丰富，芬兰发展了采伐、制材、造纸等产业组成的林产综合利用型产业群，并实行了集约化生产方式，获得了较高的经济效益。森林工业是湖区的主要产业，也是芬兰的三大工业支柱之一。

2.2.2 湖区开发与保护的主要经验

（1）行政严格管制。环境部、地区环境中心和市县环境委员会三位一体的管理和监督机制分工明确，各司其职，使芬兰水资源的利用和保护长期以来处于良性有序的状态。任何需要利用水资源的单位和个人，都需要与区域的环境中心联系，以确定其规划的活动是否受环境许可部门的许可管理。

（2）政策目标明确。芬兰供水和污水处理的政策目标是保证提供高水质的饮用水，同时保证废污水的有效收集和处理。水利工程必须保证其范围内的所有用户都被覆盖。芬兰建立了严密的管理体制，有 13 个环境部门参与该项工作。

（3）法律体系严格。依法用水、管水和治水是芬兰法律体系中最根本的法律准则。1962 年，芬兰第一部水法诞生，据此成立了专门处理水资源使用方面纠纷问题的 3 个水法院和实施水资源管理的 13 个地区环境中心。水法规定，保护和合理使用水资源是每个芬兰公民义不容辞的责任。之后又出台环境保护法、公民健康法、化学物品法、建筑设计法、污水处理法和原油事故处罚条例等有关法规。这些法规形成了用水监管的法律体系。

（4）具体项目支撑。1970 年以来，芬兰先后制定和实施了三个水资源保护项目；2002 年制定了波罗的海保护项目；2004 年通过了进行流域规划的法案，目标是在 2015 年实现良好的地表和地下水状况；2006 年又制定了一个水资源保护政策大纲，提出了到 2025 年减少引起富营养化的营养物排放、降低有毒物风险、保护地下水、保护水生生物多样性、修复生态破坏的水体等五大水资源保护目标。

2.3 日本琵琶湖先污染后治理的开发模式

2.3.1 琵琶湖开发利用的历史过程

琵琶湖开发利用的历史可以说是一个由"生命之源"到"排水沟"再到其"价值回归"的过程。工业化之前，琵琶湖是周边地区的生命之源，不仅是饮用水源，也是渔业和水运发达地区。工业化过程中，日本经济腾飞，片面强调对水资源的开发利用，缺乏对琵琶湖的保护，因而出现许多的生态环境问题。琵琶湖污染负荷量大大增加，湖内自净能力下降，水质恶化，生态破坏。

从 20 世纪 70 年代开始，日本对琵琶湖进行长达 25 年的综合治理。通过对琵琶湖水资源的开发和周边地区水设施的建设，充分发挥湖区在工农业用水、航运、灌溉、发电等各方面的效益。1998 年又制订了长达 22 年（1998—2020 年）的琵琶湖保护战略规划——

《母亲湖 21 世纪计划》，目标是在 2020 年前后使琵琶湖的水质恢复到 20 世纪 60 年代前期的水平，修复琵琶湖生态系统。现在琵琶湖已成为国家公园，著名的游览胜地，同时也被列入国际湿地公约重要湿地名录中。

2.3.2 琵琶湖环保的主要经验

（1）控制污染—截污。为控制工业污染，琵琶湖所在的滋贺县实行了比国家排放标准更严格的工业污水排放标准，主要城区污水由 4 个污水处理厂处理。对农业社区的污染也严格控制，居民家中厨房里洗碗池的下水道口用塑料网兜扎起来；农户安装小型的污水处理装置；农田灌溉采取浸润灌溉、喷灌、滴灌等节水措施，合理施用化肥、农药，采取一些绿色覆盖、免耕种植等措施，从源头上控制了农业生产对琵琶湖的污染。

（2）治山养水。琵琶湖周边属于丘陵地形，目前湖泊周围每一座山的植被覆盖率几乎达到 100%，除了有建筑物的地方外，基本没有裸露的地面。原来琵琶湖周围山上多是针叶林，后经人工改造成为常绿阔叶林。常绿阔叶林能起到很好的蓄水保土作用，雨季避免了山地的水土流失，旱季又将蓄积在地下的水分释放出来。

（3）多主体参与。琵琶湖流域探索出了以流域为单元、政府主导与全民参与综合管理模式。以流域为单元，是将琵琶湖作为琵琶湖流域的一个组成部分，从琵琶湖流域的整体性及水系的全局性考虑开发利用和保护管理。政府主导方面，除了完善法律法规、推进管理体制与机制的建设、开展湖泊科研与技术开发、加强控制污染的基础设施建设外，政府制定了琵琶湖的总体战略规划以及年度实施计划，负责监督、检查规划的实施情况。

（4）采用技术手段。为减少进入水中的污染物，日本和世界其他国家都在进行各种科学研究。为了防止生活废弃油直接流入地下，日本研究出了一种废油固定剂。只要将其投入废弃的食用油，废油就会变成固体，然后收集到专门的容器里，集中处理。此外日本还在研究如何将污水中的磷通过处理予以回收，使之成为一种可再利用的物质。

2.3.3 琵琶湖开发利用具体措施

（1）详尽的法律法规。除《河川法》作为基本法外，有《滋贺县公害防止条例》、《琵琶湖综合开发特别措施法》、《琵琶湖富营养化防止条例》、《湖沼水质保护特别措施法》等法律法规来保护它。其目的在于调整与琵琶湖有关的人与人、人与湖之间的关系，对琵琶湖的开发、利用、保护、管理等各种行为进行规范，最终实现琵琶湖的可持续利用，促进琵琶湖流域及其下游流域的经济、社会和环境协调发展。

（2）倾斜的财政政策。日本各级政府按照中央和地方分担的原则各自提供财力，支持琵琶湖的保护与开发管理。此外又专门设立了琵琶湖治理基金、国家政府基金、下游地方市政支持资金、琵琶湖研究基金等，从多方面筹措琵琶湖保护治理所需的资金。日本还建立了对水源区综合利益进行补偿的机制，1972 年制定的《琵琶湖综合开发特别措施法》规定，下游受益地区需要负担上游琵琶湖水源区的部分项目经费，进行利益补偿；1973 年制定的《水源地区对策特别措施法》则进一步把这种补偿机制固定为一项普遍制度。

（3）注重基础设施建设。通过加强基础设施建设来控制污染，削减污染负荷。其中包括：普及下水道、污水管网，兴建污水处理厂；建设农业用水循环利用设施、市区的雨水渗透与存贮设施，减轻农业及城市面源污染负荷；通过住宅与建筑物的节水型设施、中水利用设施、家庭节水设施等，节水减污、减少污染。

（4）培育特色产业。以生物技术为核心，通过官、产、学联合研究开发，琵琶湖区形成了环境、农业、食品、医药等生态关联产业的集群发展。滋贺县自 2001 年设立了"滋贺生物技术论坛"和"琵琶湖生态产业财团"，为官、产、学的充分合作提供平台。在产业选择上，滋贺县制定了"选择和集中"战略，以"人才、自然和文化、区域经济发展"作为《滋贺县产业振兴新规划》的出发点，侧重于环境、食品、农业、医药方面四大产业发展，形成琵琶湖流域特色的产业开发。

2.4 日内瓦湖以水为主体的旅游产业模式

2.4.1 湖区概况

日内瓦湖位于法国和瑞士的交界处，全湖总面积 582 平方公里，总蓄水量 890 亿立方米，流域集水区总面积 7975 平方公里。以水为主体，湖区航运、休闲、旅游、渔业发达。同时，湖区还有化工、香水制造、水力发电、手表制造和食品工业等产业。湖区从事农业生产的人口只占总人口的 7.2%，但农业生产极富多样化，主要包括粮食生产、水果种植、禽畜养殖等。

2.4.2 日内瓦湖环保经验

1940 年以前，湖水水质良好，可以不经任何处理而直接饮用。然而，随着生活污水、水土流失、工农业废弃物的大量增加，湖中营养物质注入量不断增加，尤其是磷的浓度不断增加，导致湖泊的富营养化。为保护日内瓦湖水的水质，当地采取了一系列措施，其具体经验包括：

（1）国际合作。日内瓦湖有欧盟、法国和瑞士 3 个合法管理主体。为了协调其行为，三个主体进行了广泛的合作。首先是在防治湖水污染方面进行合作，之后合作范围逐渐拓宽，延伸至洪涝防治、水质净化等领域。其次，进行了跨界流域水资源立法，包括许多当前仍在实施的法律、法规和政令。

（2）多主体参与。由于湖区治理涉及不同国家、区域和地方层面的众多公共和私人利益相关者，利益的冲突常使湖区管理缺乏有效的合作。为了解决这些问题，就需要多主体参与和信息共享，为此湖区各方建立了日内瓦湖湖水保护国际联合会。

2.4.3 日内瓦湖产业发展经验

（1）抓住产业特点。日内瓦因湖而得名，因湖而出名。瑞士官方将旅游产业定位成日内瓦的首要产业，提出了"山水相约的阿尔卑斯"，除了保持优美的自然风光，瑞士政府还注重挖掘湖区丰厚的文化底蕴，从 2008 年起推出"瑞士世界自然遗产之旅"等路线。正是这种风光与文化的融合，才使得日内瓦成为世界性旅游城市。

（2）延伸旅游产业链。以日内瓦湖区自然资源为依托，瑞士政府在延伸旅游产业链上下工夫，将产业延伸至国际会展、度假休闲、美食和餐厅体验等各个环节。目前日内瓦是国际上最为著名的会展中心。借助得天独厚的自然条件，瑞士又大打健康牌，迎合世人对健康的关注。目前，高端医疗、高端保健已成为瑞士新的经济增长点。

3. 国外流域经济发展模式对我国中部流域经济发展的启示

（1）生态保护是发展的根基。先污染后治理是国外湖区发展的普遍模式，事实证明代价巨大。琵琶湖被污染后，日本政府投入 3750 多亿美元，每平方公里约耗资 5.6 亿美元，花费 35 年时间才将其水质恢复成四类水。五大湖区治理也是历经 40 多年，花费上千亿美元才达到目前状态。这就说明在湖区的发展过程中，搞好生态保护是首位的任务。

（2）生态保护措施应系统综合。要充分认识湖泊与流域的关系，从流域全局出发考虑上下游、左右岸、干支流、地表水与地下水的关系。要从水质、水量和水生态系统三个方面来寻求解决湖泊问题的对策，将水质保护、水源涵养与自然环境保护结合起来。要实行功能分区，建立生态涵养区、过渡区，降低污染物对湖泊的直接影响。

（3）应有长期规划为指导。湖区发展规划应具有前瞻性，要明确湖区功能定位，明确未来产业重点，为湖区发展指明未来的方向。规划要宏观与微观结合，既要立足当前，又要着眼长远。规划内容要有层级，既要总体规划，又要有单项规划，包括产业发展规划、城市与区域规划、森林规划、水土保持规划等。

（4）政府主导多主体参与。湖泊的发展需要政策、法律、技术、基础设施等多方面支撑，还需制定规划和监督规划的实施，这就需要政府主导。政府主导首要的职责是制定详尽的法律法规，明确利益相关方的职责、权限与义务，对湖区开发、利用、保护、管理等各种行为进行规范，最终实现对湖区的可持续利用，促进经济、社会和环境协调发展。而湖泊污染治理、湖区经济发展单纯依靠政府并不能有效解决，它要求生产企业、家庭、居民个人和研究机构等多主体参与其中。

（5）充足的资金保障。要按照中央和地方分担的原则，为湖区发展提供财政支持。要运用市场化的力量，通过政府引导，调动社会闲散资金参与湖区的治理与发展，如成立专门的湖区治理基金、研究基金等。要建立农业补偿机制和生态补偿机制，并将之固定化。还要建立区域内下游对上游水源涵养区的综合利益补偿机制。

（6）注重交通支撑系统建设。交通基础设施对于加快湖区发展具有重要作用。五大湖区的崛起，最初正是由于修筑了各类联通运河，形成密集水网。之后是由于修建铁路，连接起生产与消费，促进生产要素的流动。建设交通设施，不仅加速了湖区经济发展，而且加速了其与周边区域的融合。

（7）推进湖区大城市建设。湖区发展的历史表明，大城市对周边区域的带动作用明显。要推进湖区大城市建设，合理布局湖区城市功能，构建核心区、边缘区和吸引区相结合的产业与空间结构体系。核心区以商贸等现代第三产业为主，边缘区以现代制造业、居住、教育等为主要职能，吸引区以农副产品加工业、传统工业、旅游业等为主要功能。

（8）大力进行经济结构调整。由于资源条件、区位条件、市场需求等因素的影响，产业趋向于向某一区域集中，从而降低成本，获得规模经济效益。在湖区开发建设的过程中，要充分利用湖区的各种资源、交通、区位等优势条件（如利用湖区水资源、生物资源、优越的水运条件等因素），在湖区开发主导产品，培育核心企业，并辅以各项政策支持，形成规模经济效益，使湖区发展成为经济发展水平高、科学技术水平发达的产业带。

（9）培育特色产业并延伸产业链。湖区产业的发展要依托自然资源，挖掘本地特色，形成特色鲜明的产业体系，特别是要综合考虑产业基础、环境容量等因素，推动与生态关联产业的集群发展。可优先选择环境、食品、农业、医药等产业进行培育。同时，要注重延长产业链，提高产业附加值。

长江中游城市群经济联系强度分析
——兼论中部崛起利益平衡组织架构的构建

颜姜慧

（江苏师范大学商学院 徐州 221116）

1. 引 言

中部地区包括山西、安徽、江西、河南、湖北、湖南六个省，总人口 3.61 亿，约占全国人口的 28%，总面积约 102.82 万平方公里，占全国面积 1/10 以上。受多方因素影响，这一人口众多，地域辽阔的地区在"十一五"以前，经历了在东部大开放和西部大开发的夹缝中生存的命运。2006 年，《中共中央、国务院关于促进中部地区崛起的若干意见》的出台将中部崛起提到了国家发展战略高度，中部地区盼来了改变"洼地"状况的契机。近年来，中部六省经济快速发展，2011 年，六省 GDP 均超万亿元，并肩进入万亿俱乐部；2012 年，六省生产总值累计 116487.9 亿元，占全国比重由 2011 年的 22.1% 提高到 22.4%，且增速均快于全国平均水平。经济的快速发展带来了利益如何分配的问题，这一问题若得不到妥善解决将成为阻碍经济进一步发展的障碍。

城市群是在经济发展过程中形成的由若干个密集分布的不同等级的城市及其腹地通过空间相互作用而形成的城市–区域系统。城市群的出现意味着生产力的发展、生产要素的优化组合，发展城市群可在较大范围内实现资源的优化配置，促进城市群内部各城市自身的发展，协调城市群内部成员之间的利益分配。故笔者认为城市群形态既是促进区域经济发展的良好载体，也是平衡利益分配的良好架构。中部地区已经初步形成了六个城市群，分别是山西省的太原经济圈、安徽的皖江经济带、湖北的武汉城市圈、湖南的长株潭城市群、江西的环鄱阳湖生态经济区、河南的中原城市群，其中长江中游地区三省城市群，即武汉城市圈、长株潭城市群、环鄱阳湖生态经济区有望整合成继长三角、京津唐、珠三角之后的中国第四大城市群。长江中游城市群的整合不仅有利于区域经济的发展，也为这一地区经济快速发展过程中各方利益的平衡搭建了很好的平台。本文以长江中游城市群为研究对象，分析其经济联系，讨论其发展与扩容问题。

2. 长江中游城市群经济联系强度测算与分析

长江中游地区是国家"两横三纵"城镇化战略布局的重要区域，也是国土开发主体功能区划分中的重点开发区域。湖北、湖南、江西三省一直致力于城市群建设，已经形成了以武汉为核心，包括武汉、黄石、鄂州、孝感、黄冈、咸宁、仙桃、潜江、天门等城市的武汉"1+8"城市圈；以长沙、株洲、湘潭为核心，包括长沙、株洲、湘潭、益阳、娄底、岳阳、常德、衡阳等城市的长株潭"3+5"城市群；以昌九工业走廊为基础，包括南昌、景德镇、鹰潭以及九江、新余、抚州、宜春、上饶、吉安的部分县（市、区）的环鄱阳湖生态经济区。2007年，武汉城市圈、长株潭城市群同时获批国家"两型社会"综合配套改革试验区；2009年，环鄱阳湖地区获批国家"生态经济区"，长江中游地区的发展逐步进入了国家视野，提升到了国家战略发展的层面。早在20世纪90年代长江中游城市群的研究就进入了学者的视野，吕桦（1995）等学者从沪宁杭城市群的发展得到启示，提出了建设以武汉为一级核心、长沙、南昌为二级核心的长江中游城市群。秦尊文（2007）对长江中游城市群进行了多方面的研究，并从城市首位度分析入手，说明了将武汉放到长江中游城市群中去考察，其首位度将更加符合捷夫法则所表述的一般规律，根据捷夫法则，现有的武汉城市圈、长株潭城市群、环鄱阳湖经济区结构均不尽合理，据此他提出了"三圈合一"的构想。魏后凯（2012）从当前区域竞争中群体竞争越来越优于个体竞争的大趋势入手，呼吁加快推进长江中游城市群建设的步伐。学者们从政策机遇、地理优势、经济基础等诸多角度论述了长江中游城市群的整合以及武汉作为核心城市的可行性。虽然论证的角度和侧重点各有不同，但学者们普遍认为，长江中游三省应抓住国家实施中部崛起战略的机遇，以现有的城市群为依托，整合资源、消除贸易壁垒、建设统一市场、拉动中小城市发展，将现在城市群合理整合，建设以武汉为核心的长江中游城市群，并不断吸纳长江中游地区更多的城市进入城市群整体发展框架。笔者借助引力模型，从测算城市经济联系强度入手，分析长江中游城市群的整合扩容问题，为长江中游地区经济发展利益平衡组织架构的建立进行一些探讨。

2.1 经济联系强度测算模型简介

引力模型是研究城市经济联系强度时普遍采用的方法。尽管有些学者认为，引力模型借助城市总人口、GDP及距离等参数测算出的经济联系强度只能反映城市经济联系强度的一个侧面，并不能全面地反映出两个城市之间真正的经济联系情况，且引力系数 k 的确定问题也尚需进一步探讨，但无可否认的是，引力模型被普遍应用在城市经济联系强度的测算中，在分析城市经济联系状况时具有一定的解释力。还有一些学者认为，经济联系强度具有不能反映两个城市之间经济联系的绝对值，只能反映其相对值的缺陷，但这个相对值的概念恰恰能反映出城市群各城市之间的相对优势，并从中选择相对优势最强的城市作为城市群的核心。故本文将借助引力模型测算经济联系强度。

引力模型来源于牛顿的万有引力定律，从某种意义上来说，各种经济活动集聚中心的城市之间也存在着类似与物体之间吸引力的经济联系。这给了研究城市经济联系强度的学者们很好的启示，学者们可以借用物理学上的万有引力定律来测度城市之间的经济联系强度。这便是引力模型在研究城市经济联系强度中的应用，即城市之间的经济联系强度与两个城市的社会经济规模成正比，与两城市之间距离的平方成反比。如公式（1）所示，F_{ij} 类似万有引力公式中两物体之间的引力 F，表示城市 i、j 之间的经济联系强度；$p_i v_i$ 和 $p_j v_j$ 类似万有引力公式中两物体的质量 M_1、M_2，描述两个城市 i 和 j 的经济规模，其中，p_i、

p_j 分别表示 i 城市和 j 城市的总人口，v_i、v_j 分别 i 城市和 j 城市的 GDP；d_{ij} 类似于万有引力公式中两个物体之间的距离 R；k 是引力系数或介质系数，表示城市 i 和城市 j 之间的交通便捷程度。

$$F_{ij} = k \frac{\sqrt{p_i v_i} \sqrt{p_j v_j}}{d_{ij}^2} \tag{1}$$

在利用引力模型计算经济联系强度时，其参数的选择需要进一步说明。

第一，不同的学者对距离的选取有所不同，有的学者选择两城市之间的直线距离，有的学者选择两城市之间的公路里程、铁路里程、水运里程等交通距离，还有的学者用时间来替代距离。早期的研究中经常直接以两城市间的直线距离进行计算，但随着交通的发展，直线距离显然已经失去了其解释力，城市之间的经济联系更多地取决于通达性因素，故本文计算中选取两城市之间的交通距离作为计算依据。

第二，"城市质量"的描述方法也有很多，有的学者直接选择人口数量或者经济总量，还有一些学者选择了其他指标进行描述，笔者认为人口数的多寡决定市场的大小从而影响整个的经济规模，同时，GDP 是公认的衡量一个国家或地区经济发展状况的最佳指标，故本文选取人口数量和 GDP 指标共同描述"城市质量"。

第三，介质系数 k 表示两城市之间的交通便捷程度，公路密度可以很好地反映交通便捷程度，而交通状况的改善必然伴随着城镇化进程的推进和非农产业的发展，故本文在选择公路密度描述交通便捷程度的同时，还选择了市区人口占城市总人口的比重和第二、第三产业产值占 GDP 的比重辅助描述交通便捷程度。

2.2 经济联系强度测算结果

借助引力模型公式，对长江中游地区所有城市之间的经济联系强度进行计算，测算结果如表 1 所示（根据研究的需要，表中仅列出了武汉城市圈、长株潭城市群和环鄱阳湖生态经济区现有城市与核心城市武汉、长沙、株洲、湘潭、南昌、九江之间的经济联系强度）。

表 1　　　　　　　　　　**长江中游城市群城市经济联系强度（2011）**

所属城市群	城市	与武汉经济联系强度	与长沙经济联系强度	与株洲经济联系强度	与湘潭经济联系强度	与南昌经济联系强度	与九江经济联系强度
武汉城市圈	武汉市	—	14.49	2.33	4.12	13.60	12.01
	黄石市	125.88	2.35	0.90	0.66	5.13	6.64
	鄂州市	124.98	1.25	0.40	0.34	2.94	2.24
	孝感市	298.90	3.64	0.90	1.02	2.35	1.78
	黄冈市	123.14	5.92	1.42	1.35	5.85	7.72
	咸宁市	49.64	5.77	1.27	1.22	0.58	1.16

所属城市群	城市	与武汉经济联系强度	与长沙经济联系强度	与株洲经济联系强度	与湘潭经济联系强度	与南昌经济联系强度	与九江经济联系强度
长株潭城市群	长沙市	21.86	—	228.89	165.54	7.15	1.83
	株洲市	4.64	302.45	—	312.84	3.80	0.91
	湘潭市	7.14	190.39	272.29	—	2.73	0.67
	衡阳市	6.36	35.51	21.09	14.90	3.06	0.85
	岳阳市	14.51	50.29	8.46	7.62	2.12	1.39
	常德市	6.08	28.38	3.00	6.40	1.83	0.55
	益阳市	2.70	72.25	3.73	11.81	1.60	0.45
	娄底市	2.22	20.27	12.53	11.40	1.64	0.45
环鄱阳湖生态经济区	南昌市	19.92	6.94	2.79	2.30	—	18.71
	景德镇市	1.45	0.73	0.26	0.24	2.18	0.47
	九江市	26.78	2.71	1.02	0.86	28.48	—
	新余市	2.39	4.79	2.32	1.54	7.69	1.02
	鹰潭市	1.92	0.94	27.22	19.68	0.85	0.22
	吉安市	4.07	2.00	0.74	1.76	8.49	1.49
	宜春市	4.89	20.63	11.66	6.74	10.55	1.81
	抚州市	4.92	2.83	1.11	0.82	44.61	2.91
	上饶市	5.14	2.48	0.91	0.79	8.82	1.71
与城市群城市经济联系强度合计		859.54	777.01	605.23	573.85	166.03	66.99
与三省所有城市经济联系强度合计		971.44	846.60	640.37	598.45	183.46	73.45
与三省城市群外城市经济联系强度合计		111.90	69.59	35.14	24.60	17.42	6.46
与三省城市群外城市合计值占总值比例		11.52%	8.22%	5.49%	4.11%	9.50%	8.80%

注：根据《湖北统计年鉴（2012）》、《湖南统计年鉴（2012）》、《江西统计年鉴（2012）》、《中国城市统计年鉴（2012）》的数据计算整理得到。

表1清晰地展示了现有三个城市群所属城市与武汉、长沙、株洲、湘潭、南昌、九江等城市群核心城市之间的经济联系强度以及核心城市分别与现有三个城市群城市、长江中游三省所有城市、现有城市群以外城市之间的经济联系强度汇总值。有几点需要说明是：

第一，现有三个城市群指武汉城市圈、长株潭城市群、环鄱阳湖生态经济区，具体的包括武汉、黄石、鄂州、孝感、黄冈、咸宁、长沙、株洲、湘潭、益阳、娄底、岳阳、常德、衡阳、南昌、景德镇、鹰潭、九江、新余、抚州、宜春、上饶、吉安。第二，吉安市并非所有市域范围均属于环鄱阳湖生态经济区，由于数据的可获取性原因，计算过程中仍采用了吉安整个市域的数据，这样的选择虽然不尽准确，但吉安市本身规模较小，所占份额也非常小，故不会对整个计算结果产生较大影响。第三，武汉城市群中的仙桃、潜江、天门三市不属于地级城市，考虑到计算的一致性也未加考虑，但由于这三个城市隶属于武汉城市圈，与武汉的经济联系强度应该远大于与其他城市、包括其他两个城市群的核心城市之间的经济联系强度，故对问题的整体把握也不会造成本质的影响。

2.3 测算结果简析

通过经济联系强度的计算，得到了一些简单的结果，据此可以得到一些初步结论。

第一，武汉在长江中游城市群中具有绝对优势，是长江中游城市群的核心。表1所示的信息有力地支撑了这一观点。首先，由表1可知，武汉与长江中游现有三个城市群各城市之间的经济联系强度之和达到859.54、与长江中游地区三省所有城市之间经济联系强度之和达到971.44，均排在首位。经济联系强度反映的是城市之间经济联系的相对值，可见在该地区，武汉相对于其他城市而言具有绝对优势，其核心地位可见一斑（如图1所示）。此外，由表1可知，长沙、株洲、湘潭三市的经济联系强度总值分别排在第二位、第三位和第四位，同时注意到，长沙、株洲、湘潭三市之间的经济联系强度值非常高，这个数值在其汇总值中占很大的比例，若将长、株、潭三市看做一个集合体，剔除三市之间经济联系强度较强导致三市与其他城市经济联系强度汇总值较大的因素，武汉在长江中游地区当处于绝对核心地位。从另一个角度来看长株潭城市群核心城市之间较强的经济联系，可知其一体化程度非常高，三城市的集合体可成为长江中游城市群的次级中心。相比较而言，环鄱阳湖生态经济区核心城市之间的经济联系强度虽然也比较强，但优势并不明显，这也在一定程度上说明了环鄱阳湖生态经济区尚有较长的发展之路要走。

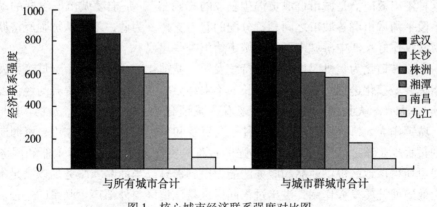

图1 核心城市经济联系强度对比图

第二，现有的武汉城市圈、长株潭城市群、环鄱阳湖生态经济区发展状况良好，为长江中游城市群的整合打下了坚实的基础。由表1可知，现有三个城市群内部各城市之间的经济联系强度较强，尤其是与各自核心城市之间的联系强度特别强，这说明城市群内部已经形成了良好的互动连接渠道，"小城市群"，即各省自有的武汉城市圈、长株潭城市群、环鄱阳湖生态经济区内部的经济联系比较紧密。如武汉城市群的黄石、鄂州、孝感、黄冈、咸宁等市与武汉之间的经济联系强度分别达到了125.88、124.98、298.90、123.14、49.64，长株潭城市群三个核心城市之间的经济联系强度也均超过了160，这些都为城市群的进一步整合打下了很好的基础。

第三，城市群以外的城市与核心城市之间的经济联系强度较弱，应适时进行城市群的扩容。由表1可知，各城市之间经济联系强度差距很大，尤其是各省内没有入围"小城市群"的城市与核心城市之间的经济联系特别弱，武汉、长沙、株洲、湘潭、南昌、九江等城市与城市群以外城市之间的经济联系强度汇总值分别为111.90、69.59、35.14、24.60、17.42、6.46，仅占其与所有城市之间经济联系强度汇总值的11.52%、8.22%、5.49%、4.11%、9.50%、8.80%。以武汉城市圈为例，城市群外部的十堰、宜昌、襄阳、荆门、荆州、随州等城市与武汉之间的经济联系强度较弱，仅分别为3.96、11.56、18.25、13.80、31.33、18.34，与城市群内部城市相比差距非常明显。诚然，与核心城市之间经济联系的强弱并不能反映一个城市经济发展的全部，但是核心城市在经济发展中对周边城市的辐射作用是不容小视的。从长三角、珠三角、京津唐三个成熟城市群的发展历程来看，谁更早、更好地融入城市群、接受核心城市的辐射，谁就在发展中抢占了先手，在利益分配中占据优势。长江中游城市群的发展也必将遵循城市群整合发展能量优于单个城市个体发展的规律。可见，适时扩容城市群、使更多的城市找到自己的"集合"对于提升长江中游地区的整体经济实力、平衡成员之间的利益分配具有重要意义。

3. 对策与建议

核心城市武汉在长江中游城市群的形成与扩容的过程中具有至关重要的作用，其极化力的强弱不仅决定了其自身吸引优质资源的能力，也决定了溢出效应的大小及溢出时间的早晚，这种溢出效应恰是城市群成员渴望获取的"雨露"，是推动城市群发展的动力，是用市场手段平衡城市群各城市之间利益分配的有力支持。为此，笔者从加强经济联系强度的角度对武汉作好长江中游城市群核心城市给出一些建议。

第一，以城镇化为契机，推动经济持续发展。城镇化率是衡量城市、城市群发展水平的重要指标，城镇化进程是推动经济增长的不竭动力。有关城镇化率提升与经济发展水平之间的研究显示，从我国目前的情况来看，城镇化率每提高1%，人均GDP将提升2.25%。城镇作为人口的聚集地，对各种社会资源和自然资源有吸引作用，资源向某一地区集聚的过程也是该地区与外部联系加强的过程。资源的聚集带来了工业和服务业的发展，同时也使得该地区提供商品和服务的能力得到提升，当商品和服务足以满足本地区消费时溢出效应便开始发挥作用，溢出过程同样也是该地区与外部产生联系的过程。当然溢出效应并不仅限于商品和服务，还包括过剩的资源以及知识等。极化和溢出不仅带来了本地区的繁荣，也将惠及与其联系紧密的其他地区，这是利用市场手段协调成员之间利益分配的优化选择。

目前，武汉下辖 7 个中心城区 6 个远城区和 3 个开发区，2011 年常住人口约为 1002 万，其中非农业人口约为 546.59 万人，城镇化率约为 54.5%。这一城镇化率虽然略高于全国的平均水平，但不及长三角城市群、珠三角城市群及京津唐城市群的城镇化水平，更远低于三大城市群核心城市。这样的城镇化率，意味着约有 45.5% 的人口分布在广袤的农村，这对于资源集聚中心的形成十分不利，必然削弱武汉与其他城市的经济联系，进而影响武汉极化作用及溢出作用的发挥，以至于影响整个长江中游城市群的发展与发展过程中利益平衡问题的协调解决。

第二，以经济平稳发展为基石，不断扩大经济规模。如同万有引力定律所揭示的那样，一个城市对其他城市产生的作用力取决于其自身的"质量"。强大的经济规模恰是这种"城市质量"的表现形式。如图 2 所示，2011 年武汉 GDP 总值仅为 6756 亿元，而长三角城市群的核心城市上海为 19196 亿元，珠三角城市群的核心城市广州、深圳、香港分别为 12303 亿元、11502 亿元、15436 亿元，京津唐城市群的核心城市北京、天津、唐山分别为 16000 亿元、11191 亿元、5442 亿元。当前武汉的经济总值仅略高于京津唐城市群三个核心城市中规模最小的唐山市，远不及其他城市，仅为上海的 35.19%、广州的 54.91%、深圳的 58.74%、香港的 43.77%、北京的 42.23%、天津的 60.37%。虽然 GDP 指标不能反映经济发展的全貌，但其却是描述经济总量和经济发展水平普遍使用的具有说服力的指标，GDP 总值较低势必影响武汉对于长江中游城市群其他城市的影响力。因此，进一步扩大经济规模是武汉作为长江中游城市群核心城市义不容辞的任务。

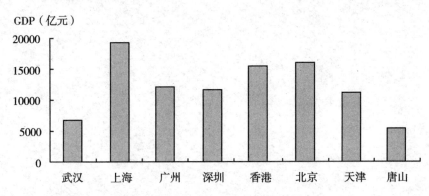

图 2　武汉与三大城市群核心城市 GDP 对照表（2011）

资料来源：中国城市统计年鉴（2012）.

第三，完善基础设施建设，提升交通便捷程度、缩小城市空间距离。从公式（1）可知，城市之间的距离以及交通便捷程度对经济联系强度影响非常直接。武汉素有"九省通衢"的美誉，坐拥水、陆、空立体交通网。但从水路来看，受到长江枯水期水位较低及江上大桥的限制，无法承载万吨货轮，严重影响了黄金水道作用的发挥，因此长江航道的整治任务迫在眉睫；从陆路来看，与西北方向和东南方向的交通状况仍有很大的改善空间；从空路来看，天河机场承担了过重的货运任务，严重影响了其客运服务质量，以至于中部地区第一机场的名号落入长沙黄花机场之手，因此建设主要承担航空快递和航空货运业务的第二机场、将天河机场解放出来致力于提升客运服务水平的呼声越来越高。随着长江黄金水道深挖工程，西北、东南方向的动车项目以及第二机场的建设，武汉在进一步巩固其"九省通衢"美誉的同时，也将为其加强与长江中游城市群其他城市之间的联系扫清障碍，为城市群的发展提供良好的交通保障。

◎参考文献

[1] 秦尊文. 捷夫法则与长江中游城市群的整合 [J]. 城市，2007 (11)：4.

[2] 朱舜，高丽娜. 泛长三角经济区空间结构研究 [M]. 成都：西南财经大学出版社，2006.

基于区域价值链的欠发达地区产业升级路径研究

王海杰

（郑州大学商学院 郑州大学中国中部发展研究院 郑州 450001）

1. 问题提出

目前有关产业升级的研究总体上有"结构调整"和"价值链"两种思路，理论界较为一致的看法是"价值链思路"涵盖的内容比"结构调整思路"更加全面，更加接近产业升级的本质，将是未来产业升级研究的主要方向。① 全球价值链理论的发展中国家产业升级观点认为，在全球化条件下发展中国家应该通过嵌入全球价值链（Global Value Chain，GVC），进而通过价值链攀升实现产业升级。在此理论指导下，我国通过嵌入全球价值链，一方面传统产业国际竞争力增强，产业升级步伐加快，成为世界制造中心；另一方面，我国处在全球价值链的加工制造环节，而设计、研发、品牌、营销等核心环节缺失，产业升级处于被"俘获"境地，向"微笑曲线"两端攀升的阻力较大。如果未来我国的产业升级不能突破 GVC 的"低端锁定"状态，一方面会遭受来自发达国家的全球价值链治理者的进一步控制和俘获，另一方面也会与其他发展中国家陷入低成本的恶性竞争之中。在这种背景下，刘志彪等提出通过构建国家价值链（National Value Chain，NVC），实现由俘获式全球价值链向均衡式全球价值链的转变，以此提升在全球价值链中的地位。② 值得注意的是，目前我国产业不仅整体上陷入"低端锁定"状态，而且东部地区又对产业水平更低的中西部地区产生巨大的"挤出效应"。中西部地区产业结构单一，产业基础薄弱，在全球价值链和国家价值链上仅是资源与初级产品的输出地，在传统产业上承接了全国的过剩产能，处于双重受控的低端地位。在本轮经济增长中，中西部地区产业的"低端锁定"状态又被进一步强化，区域产业升级步履维艰。

因此，本文将区域特点和产业升级的阶段性因素纳入价值链的理论分析框，并在价值链构建和产业升级两个维度中融入并突出时间维度，将区域价值链（Regional Value Chain，RVC）、国家价值链和全球价值链依次作为产业升级不同阶段的载体形态，试图通过构建区域价值链，使欠发达地区在顺应全球价值链和国家价值链的潮流下，寻求当前阶段适宜的产业升级路径。

2. 区域价值链：一个产业升级的理论框架

---

① 陈羽，邝国良．"产业升级"的理论内核及研究思路述评［J］．产业经济，2009（10）．

② 刘志彪，张杰．从融入全球价值链到构建国家价值链：中国产业升级的战略思考［J］．学术月刊，2009（9）．

2.1 区域价值链与产业升级载体的演进

实践表明，单纯融入国家价值链或全球价值链时，欠发达地区只从事低附加值的加工制造环节，而少量涉足高附加值的设计、研发、营销、品牌等环节，国内大型企业或跨国公司是价值链的控制者，欠发达地区的产业升级受到阶段性的限制；若欠发达地区在初创期构建以区内企业为"链主"的区域价值链时，区内企业占据较高的资源位，将会拥有设计、研发、营销等附加值高的关键节点，并完善区域内的产业链条，提高对区内经济发展的贡献度。只有当区域内的企业占据了高附加值的战略环节，才能由区域向全国向全球延伸，实现链条对链条的竞争，网络对网络的竞争。区域价值链理论有助于为欠发达区域产业升级提供新的理论指导。

区域价值链立足区域本地的关键资源能力与市场需求，发掘并整合区域价值链内部的创新资源，并通过区域价值链中核心企业的桥梁和纽带作用，有效开发和利用关键资源，强化设计、研发、营销、品牌等高附加值环节，构建相对完整的区域内循环型价值链。区域的关键资源和关键能力影响其在价值链中的地位，二者在产业价值链发展的不同时期，作用不同。产业价值链的初始阶段对自然资源的依赖程度较高，受知识和资本等资源的约束相对有限，但随着产业价值链向高级阶段的演进，对自然资源的依赖程度逐渐降低，对知识和资本等资源的依赖程度逐渐提升（见图1）。

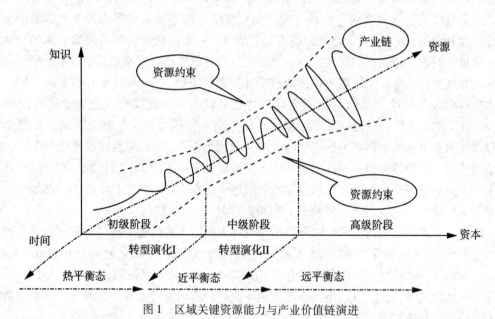

图1　区域关键资源能力与产业价值链演进

资料来源：程宏伟等. 资本与知识驱动的产业链整合研究——以攀钢钒钛产业链为例 [J]. 中国工业经济，2008 (3).

区域价值链是对全球价值链与国家价值链的完善和补充，它将价值链与产业升级问题与区域的产业基础和资源特点相结合，并且在价值链构建和产业升级的两个维度中融入并突出时间维度，将区域价值链、国家价值链和全球价值链依次作为产业升级不同阶段的载体形态，将区域特点和产业升级的阶段性因素纳入价值链的理论分析框架区域价值链、国家价值链和全球价值链是产业升级不同阶段的载体形态（见图2）。

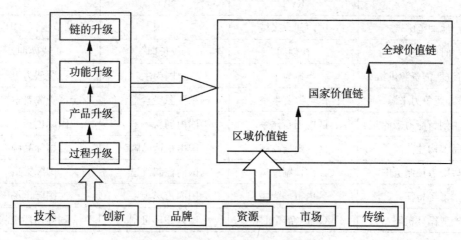

图2　区域价值链与产业升级载体的演进

　　欠发达地区往往具有资源优势和能力劣势，在经济发展起步阶段只能处于产业价值链低端环节。因此，欠发达地区只有通过构建区域价值链，充分整合区域内的资源，并将关键资源为本地资产专用性高的核心企业所调用，培育基于资源的竞争优势，同时，注重资本与知识的积累，逐渐构建基于资本与知识的具有持续竞争优势的关键能力。如此，欠发达地区才能实现区域价值链的整体升级，逐步以高层次的均衡状态嵌入国家价值链和全球价值链，摆脱受控制、被俘获的状态。

　　区域价值链立足区域本地的核心资源与市场需求，发掘并整合区域价值链内部的创新资源，提升核心企业的资产专用性，由本地企业掌握产业价值链的核心环节，并通过区域价值链中核心企业的桥梁和纽带作用，有效开发和利用高端要素条件，强化设计、研发、营销、品牌等高附加值环节，构建相对完整的区域内循环型价值链。我们可以具体地把在GVC、NVC与RVC条件下产业升级的差异概括见表1。

　　区域在价值链中的地位决定其所能在价值链中得到的份额，区域竞争力在很大程度上取决于区域对资源的控制能力，只有占据高资源位，掌握并利用关键资源能力的企业，才能在价值链中获得较高附加值。产业升级的根本是关键资源能力重新组合配置的过程。一般来说，地区经济发展水平与当地资源相匹配，而地区经济发展水平又与当地所能承载的产业高度一致。在初创期，欠发达地区立足当地资源、当地市场、当地技术，构建区域价值链。区域内的核心企业是区域价值链上的关键节点，通过建立战略联盟，实现对某种关键资源的控制和共享，对其他节点企业和配套企业形成强大的吸引，构建从开发到粗加工再到深加工的完善价值链；同时核心企业在利用关键资源的环节强化自主创新能力、品牌构建能力等，通过占据区域价值链的高端环节，成为主宰区域价值链运行的"链主"。基于此，区域价值链内的资源配置优化，创新能力、品牌构建能力增强，内部产业结构合理，产业高度与区域经济发展水平相一致。

表1 　　　　　　　　　　**GVC、NVC 与 RVC 条件下产业升级的比较**

	RVC	NVC	GVC
地理范围	国内某一区域	一国	全球范围，多国之间
时间维度	初创期	成长期	成熟期
价值链所需资源供给	当地为主	全国为主	全球为主
核心竞争力来源	区内资源要素整合	国家资源要素整合	全球资源要素整合
自主创新能力来源	区内创新体系	国内创新体系	国际创新体系
品牌构建范围	区内塑造品牌	国内塑造品牌	国际品牌
销售渠道控制范围	区内控制渠道	国内控制渠道	国际渠道
市场特征	区内市场为主	国内市场为主	国际市场
产业循环机制	区域内循环机制	国内循环机制	国际循环机制

2.2 区域价值链下产业升级的机理

RVC 下的产业升级是当地产业通过创新、技术、品牌等能力构建与提升，培育开发当地资源、区内市场和产业传统，沿着工艺升级、产品升级、功能升级的路径，最终实现区域价值链升级，使产业从价值链低端的制造环节向高端的设计、研发、营销、品牌及服务等环节的延伸，实现从低水平价值链向高层级价值链跨越。

在 GVC、NVC 和 RVC 下，创新、技术、品牌等因素共同影响并决定了产业升级的基本机理。创新是产业升级的基础和动力，贯穿了产业升级的始终，技术直接决定了产业的制造能力及其在价值链上的地位，二者共同推动产业向"微笑曲线"左上端攀升，而品牌和营销能力的提升则可推动产业实现向"微笑曲线"右上端攀升。

RVC 下产业升级机理既具有价值链升级的共性，也具有其特殊性。资源、市场和传统等因素构成 RVC 下产业升级的特殊决定因素。特定的资源和能力是内陆欠发达地区产业升级的动力来源。欠发达地区既可通过整合区域内现有资源，参与到更多的价值创造环节中去，谋求产业升级，也可通过培育新资源，以特色产业为依托推进产业升级。欠发达地区主导企业对关键资源能力的共享构成了区域价值链形成的主渠道，企业在此基础上通过纵向联合形成产业价值链，进而在价值链的外围以产业聚集区的形式形成价值链的横向渗透和扩展，当产业在此过程中达到较高层次的均衡时，当地的产业价值网络将向区域外部侧向渗透和扩展，逐步在高位嵌入国家价值链和全球价值链。具体说，在成长期，区域内的企业掌控关键资源能力，竞争力和竞争优势不断积聚，现有的产业高度与区域经济发展水平及当地资源禀赋达到非均衡状态。区域价值链内的企业进一步控制链外资源，与链外企业进行合作。此时，区域价值链以一个均衡的价值链体系嵌入国家价值链，区域内的企业立足国内要素资源，资源吸附能力渐强，在其周围出现大量配套企业，集中度高、关联性强、集群效应显著的产业集群开始凸显。在成熟期，区域内的企业对国内资源进行了整合，产品链高端竞争力日益增强，达到一定高度的产业与国内经济发展水平及资源禀赋处于非均衡状态。此时，具备产品链高端竞争力的国家价值链以一个更加均衡的体系进一步嵌入全球价值链中，区域内的企业可以控制更多的异地异质资源，积极参与全球价值链的产品内分工过程，最终实现向 GVC 高附加值环节的攀升，成为高水平的产业主导性区域（见图3）。

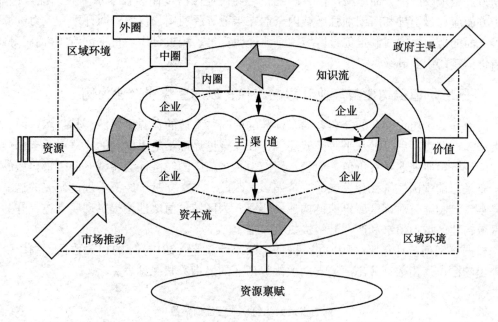

图3　区域价值链的构建与升级机理

资料来源：程宏伟等．资本与知识驱动的产业链整合研究——以攀钢钒钛产业链为例［J］．中国工业经济，2008（3）．

理论分析表明，区域价值链下的产业升级是在一定的区域环境中，以核心企业为主导、节点企业为主体，企业间相互竞争相互合作，实现对关键资源能力的重组与配置。在RVC中，主导企业与被主导企业间存在权利的不均衡，继而导致价值链内经济租金分配的不均衡，处在价值链控制地位的主导企业可以获得高额的价值链经济租金。权力的不均衡主要来自对关键资源的控制和关键能力的掌握程度不同。企业从外部获取资源的能力及其内部整合利用资源的能力反映了企业的竞争优势。① 在区域价值链内，某些掌握着核心资源、技术研发能力、品牌构建能力和营销能力的核心企业，位于区域价值链中的高位次，能够获得高附加值的经济租金，并且拥有对其他配套企业的领导权。基于此，区域内的微观企业为追逐价值链租金成为主导企业，将竞相提升自身的比较优势，试图通过控制区内的关键资源，立足当地市场和传统，努力提升与产品设计、研发相关的技术创新能力和与品牌构建、营销相关的市场势力的构建能力。区域内微观主导企业综合竞争能力的提升将促使单个核心产业的形成并实现价值链升级，通过产业间前向关联、后向关联和双向

---

① 蔡宁，吴结兵．企业集群的竞争优势：资源的结构性整合［J］．中国工业经济，2002（7）．

关联的作用，推动整个区域的产业升级。由此可知，区域内的微观企业争夺价值链上的控制权、获得高附加值的经济租金、竞相成为核心领导企业是当地产业升级的内在驱动力。而当地的区域性制度，如政府旨在平衡区域内企业的竞争合作及租金分配，优化区域内产业结构，提升区域整体竞争优势等方面积极引导并出台相关政策是区域内产业升级的外在驱动力。当地政府一方面应淘汰落后产能，培养产业关联度高、技术水平高的优势产业；另一方面应通过引导和培训加强区域内企业在当地资源利用、技术资源开发和人力资源培养等方面的能力，同时制定促进区域内企业透明竞争、积极合作、自主创新的机制，推动区域价值链的产业升级。

3. 区域价值链构建与产业升级的路径：以河南煤炭产业为例

河南是一个历史悠久的、典型的、标准的内陆欠发达的资源型区域，其自然资源、地理类型、产业类型、发展水平等区域经济特征在全世界都是绝无仅有的，这对于全球做标准化的经济学研究非常有价值。而且，河南也是当前中国经济社会转型发展中最典型的区域，它是当前中国经济社会发展的一个缩影。因此，本文立基于经济学理论研究的这一鲜活样本，试图通过对该区域价值链构建的研究，为区域价值链理论提供现实支撑，并为同类区域构建区域价值链和产业升级提供直接借鉴。

根据《河南统计年鉴（2012）》和《中国统计年鉴（2012）》的相关数据，利用哈盖特提出的区位熵指数计算出河南省六大优势产业的熵指数状况见表2。

表2　　　　　　　　　　河南省六大优势产业区位熵指数

行业	食品	有色金属	化工	汽车及零部件	装配制造业	纺织服装
熵指数	1.137	0.394	0.134	与装配制造业一同计量	0.128	0.104

资料来源：河南统计年鉴（2012），中国统计年鉴（2012）.

由表2可知，河南省食品产业的经济区位熵大于1，说明在全国处于较发达行列，其余五大产业的经济区位熵均低于1，说明在全国处于不利地位。由此，这五大产业无论是嵌入"全球价值链"还是嵌入"国家价值链"，都只能是被挤压在"微笑曲线"的低端，将会造成本区域的福利损失。同时，河南的六大优势产业总体上属于资源型产业，其价值链具有明显的生产者驱动特征，鉴于此，可通过以下路径构建区域价值链进而实现产业升级。

第一，价值链延伸。产业升级的一个重要路径是产业价值链的延伸。以具有代表性的河南省的资源密集型产业——煤炭产业为例，在区域价值链的初创期，区域内企业立足当地丰富的资源优势，生产以煤为主体的产品，并注重煤炭生产规模的扩大。随着煤炭资源的日益消耗，区域内的企业为了获得高附加值，将以煤炭资源为基础，采用洁净煤新技术，进行煤炭深加工，发展以煤为主体的煤炭下游产品，如对煤炭液化、气化后生产甲醇等化工产品；用煤洗选后的煤泥及煤矸石发电；用炼焦煤、精煤生产粗笨、焦油等化工产品；用煤炭开发过程中的衍生品生产水泥等建筑材料。通过发展煤炭—气化、液化—煤化工，煤炭—洗选—电，煤炭—炼焦—焦油加工—煤化工，煤炭—衍生产品—建筑材料等高附加值产业，区域内的核心企业构建了从粗加工到精深加工的产业体系，延长了煤炭产业链，形成了新的产业布局，实现了产业升级。

第二，价值链深化。产业价值链深化的核心是根据自身所拥有的核心能力和关键资源专注于价值链上的一个或多个特定环节，剥离一部分非核心环节，获得更高的附加值，增强竞争能力。生产者驱动为主的价值链，应以特、专、精为目标，强化技术创新，通过掌握价值链上一个或几个环节的关键核心技术，以低成本或差异化的竞争优势实现产业价值链的深化。河南省的煤炭产业在实现产业链的延伸后，一方面对内蒙、新疆、青海等异地的煤炭资源进行整合，同时将附加值低的煤炭开发环节剥离出去；另一方面对区域内的创新资源进行整合，联动大专院校和科研院所，壮大深加工、精加工企业，加快高新技术能源产品和精细化工产品的开发。区域内的核心企业通过充分利用区域内的科技力量，大力发展甲醇、芳香烃等精细化工产品的研发，通过核心技术的获得、核心产品的开发促使核心产业的形成，构建具有核心竞争力的煤炭价值链，实现产业升级。

第三，价值链重构。价值链重构是在现有产业价值链无法找到创新的空间时，通过重组价值链的结构来创造竞争优势。价值链重构可通过消灭若干价值环节实现低成本，同时通过增加若干价值链环节实现差异化服务，增强竞争优势。当河南省的煤炭产业在实现价值链延伸和价值链深化后，应试图通过价值链重构推动产业升级。煤炭企业不仅从事煤炭生产经营，而且从事与煤炭产品关联度高的非煤产品经营。区域内的核心企业将煤炭开采剥离出去，不仅从事实行煤炭加工、发电生产、铁路运输等业务，同时涉足煤化工、物资贸易供应、运输销售、铁合金生产、热力供应相关等行业，扩张市场势力，形成"煤电—铁路运输—煤化工"一体化循环经济发展的格局。重构以煤为主体的多元化产业链是煤炭产业得以进一步实现升级的关键。

河南省构建区域价值链并不意味着价值链的延伸、深化和重构要局限于区域内，区域价值链构建应与承接东部地区和国际产业转移相结合，在发挥自身比较优势的同时注重利用其他区域的比较优势，加强与其他区域及全球的经济联系，促进产业升级，提升产业竞争力。

4. 结　语

欠发达地区的产业升级，要在战略层面上充分重视在国家价值链和全球价值链上被双重"俘获"与"压榨"的问题，加快构建以区域本土核心资源和市场需求为基础的区域价值链，区域中具备高端竞争力的核心企业应充分发挥领头羊的作用，不断增强区域竞争力，在实现区域价值链整体攀升的基础上，引领区域价值链以一个均衡的价值链体系嵌入国家价值链，随着时间的推移，具备产品链高端竞争力的国家价值链以一个更加均衡的价值链体系进一步嵌入全球价值链中，积极参与全球价值链的产品内分工过程，实现向高附加值环节的攀升，占据产业制高点。

◎**参考文献**

［1］ 陈羽，邝国良．"产业升级"的理论内核及研究思路述评［J］．产业经济，2009
（10）．

［2］ 刘志彪，张杰．从融入全球价值链到构建国家价值链：中国产业升级的战略思
考［J］．学术月刊，2009（9）．

［3］ 蔡宁，吴结兵．企业集群的竞争优势：资源的结构性整合［J］．中国工业经济，
2002（7）．

［4］ 程宏伟等．资本与知识驱动的产业链整合研究——以攀钢钒钛产业链为例［J］．中
国工业经济，2008（3）．

创新驱动安徽经济转型升级发展研究

陈 来

（安徽大学商学院 合肥 230601）

2013 年 8 月 15 日，安徽省长王学军在省政府第 10 次常务会议上指出，当前改革已经进入攻坚期和深水区，必须以更大的政治勇气和智慧，不失时机深化重要领域和关键环节改革，破除制约发展的体制机制障碍，增强发展的内生动力。各级各部门要进一步划清政府与市场边界，注重发挥好市场配置资源的基础性作用，立足产业结构调整和转型升级，坚定不移深化国有企业改革，完善法人治理结构，加快聚集发展要素，激发企业主体的发展活力，推动国有企业做大做强，促进经济社会更好更快发展。

就打造中国经济升级版而言，全国人大常委、财经委副主任辜胜阻教授认为，如果说 1978—1992 年是经济 1.0 版，1992—2012 年十八大召开是经济的 2.0 版，那么未来十年是打造经济 3.0 版的十年。就安徽而言，情况更为特殊，打造经济升级版情况更复杂。因而需要我们不断创造条件促进安徽经济全面升级、区域均衡发展。首先是理论研究要超前，为释放改革红利做好系统的理论准备；其次是加快理念创新、制度创新、技术创新、管理创新的步伐，努力实现创新驱动发展；最后是强化人力资本意识、生态资本意识，充分实现人力资本与生态资本要素的价值。

1. 安徽经济转型升级的宏观环境

1.1 就我国经济发展的整体情况而言，需要全面转型升级

一是低成本的低价工业化模式难以为继。我国工业化发展主要依靠廉价的劳动力成本、廉价的环保成本，廉价的资源成本，特别是土地资源的低成本。低价工业化模式的特点是"五低四高"，即低成本、低技术、低价格、低利润、低端市场；高能耗、高物耗、高污染、高排放，经济发展大而不强，快而不优，核心技术受制于人，全球价值链受制于人。iPhone 手机的利润链，美国苹果公司占据 58.5% 的利润，韩日等国家占据 10% 的利润，而中国只赚 2% 的利润。

二是"半城镇化"或没有市民化的城镇化发展模式不可持续。诺贝尔经济学奖得主斯蒂格利茨指出，"中国的城镇化与美国的高科技发展将是影响 21 世纪人类社会发展进程的两件大事"。而当前中国大量的农民工实现了地域转移和职业转换，但身份和地位没有转变。中国有 2 亿多生活在城镇里的农民工没有城镇户口，不能完全享受城镇居民待遇，出现了"就业在城市，户籍在农村；工作在城市，家属在农村；收入在城市，积累在农村；生活在城市，根基在农村"的"半城镇化"现象。"半城镇化"背后的代价是大量的"三留人口"及农村空心化问题。

三是传统的"要素驱动"和"投资驱动"发展模式必须改变。哈佛大学教授迈克

尔·波特曾经把国家竞争优势的发展分为四个阶段——"要素驱动"阶段、"投资驱动"阶段、"创新驱动"阶段、"财富驱动"阶段。"要素驱动"发展模式主要依靠廉价劳动力形成的人口数量红利和城镇化进程中的土地红利等。克鲁格曼认为中国的劳动力成本只相当于美国的4%。而现在中国劳动力成本不断提高,企业面临很高的用工成本。从"投资驱动"来看,为应对金融危机而实施的财政刺激政策,力挽狂澜,成功实现了保增长目标。但这种"投资驱动"也带来了诸多负面效应,如严重的产能过剩、房市泡沫、政府债务风险、低效投资、过高环境成本和大量货币投放。

1.2 从安徽经济发展的实际来看,必须打造经济升级版

一是安徽人均收入与全国平均水平的差距大。安徽省经济总体上已进入工业化中期阶段,但与全国平均水平相比还有较大差距。如2012年人均地区生产总值28744元,只相当于全国平均水平的74.9%。省第九次党代会提出建设"三个强省"的战略目标,核心是人均收入达到全国平均水平。

二是安徽经济结构不优与发展方式相对落后。由于结构调整和发展方式转变的任务艰巨,安徽省经济存在八个突出问题:一是效益低的农业,安徽省粮食尽管连年增产,但粮食单产却长期低于全国平均水平;二是耗能高的工业,万元地区生产总值能耗2011年比全国平均水平高2.3个百分点;三是环保标准低的重化工业,局部性污染事故常有发生;四是附加值低的加工贸易,不少出口企业效益不好;五是层次低的服务业,现代服务业占比较低;六是模仿型的科学技术,具有知识产权的产品很少;七是水平扩张式的城镇化,有些城镇的空间效率很低;八是杠杆率高的土地财政,一些市县政府的债务较重,财政负担增大。

三是安徽经济应变能力与抗风险能力亟待增强。自2008年世界金融危机以来,世界经济演变的不确定因素和风险增多,必然会影响我国及安徽省经济的发展,而安徽省经济的应变和抗风险能力却不强。从2013年上半年情况看,安徽省经济增速为10.9%,虽处于中高区间,但经济下行压力增大,煤炭、钢铁、建材、化工、家电等主导产业受产能过剩影响面临较大困难,高端制造、生物、新能源、新材料、新一代信息技术、节能环保等战略性新兴产业受市场影响与技术约束增长放缓,投资动力趋于弱化,承接产业转移势头趋减。

2. 安徽经济转型升级的政策效应初步显现

2013年上半年,安徽全省GDP同比增长10.9%,增幅高于全国3.3个百分点,居中部第一。主要特征表现在三个方面,即稳增长"政策落地、"调结构"成效显现、"促改革"稳步推进。

2.1 "稳增长"政策落地,主要经济指标保持两位数增长

2013年上半年,安徽省工业、投资、消费、出口等主要指标呈现出好于全国、领先中部的增长特征。全省生产总值8591.3亿元,按可比价格计算,比上年同期增长10.9%,增幅高于全国3.3个百分点,居中部第一;全省规模以上工业增加值4096.3亿元,增长14.5%,增幅比上年同期回落2个百分点,比全国高5.2个百分点,增速连续4

个月居全国第二位；40 个工业行业中，有 38 个行业增加值同比增长，其中 9 个行业增幅超过 20%。

就其主要原因，应归功于省委省政府及时实施的一系列促进经济平稳较快增长政策措施，这些措施主要包括促进经济持续健康较快发展的"30 条意见"和扶持民营经济发展的"20 条意见"。"30 条意见"着力解决制约经济持续健康较快发展的突出问题，"20 条意见"将大力发展民营经济作为我省与全国同步全面建成小康社会的重大战略举措，从激发市场主体活力、拓宽创业创新和经营发展空间、加大要素支持保障等。

2.2 "调结构"成效显现，经济增长的内生动力不断增强

在经济运行总体平稳的同时，全省各地、各行业结构调整稳中有进。从工业来看，结构继续优化。2013 年上半年规模以上工业中，高新技术产业增加值增长 17.7%，比一季度、上年同期分别高 0.7 个和 0.8 个百分点，比全部规模以上工业高 3.2 个百分点；装备制造业增加值增长 18.5%，比一季度、上年同期均高 0.2 个百分点，比全部规模以上工业高 4 个百分点；战略性新兴产业产值增长 27.2%，比全部规模以上工业高 9.9 个百分点。

从投资来看，2013 年上半年，全省技术改造投资增长 23.9%，比全部投资高 2.3 个百分点；装备制造业投资增长 21.9%，高 0.3 个百分点；全省一产、三产、基础设施投资分别增长 25.1%、22.6% 和 23.9%，比全部投资高 3.5 个、1 个和 2.3 个百分点。不断优化的投资结构，增强了经济发展活力和后劲。

从衡量创新能力的重要指标发明专利来看，2013 年上半年，全省申请发明专利数增长 61.2%，比全国高 34 个百分点，居全国第四位；发明专利授权数增长 50.9%，比全国高 46 个百分点，居全国第一位，进一步体现了我省实施创新驱动战略、推动经济转型升级的成效。

2.3 "促改革"稳步推进，拓展经济持续健康发展新空间

省政府推进重点领域改革，坚持以改革破解发展中的难题，激发市场主体的动力和活力。通过改革破除体制机制障碍，用好改革红利，为稳增长、调结构注入新的动力。《关于大力发展民营经济的意见》让企业拥有更宽松的发展环境，进一步激发和释放了创业兴业的"草根活力"；"营业税改征增值税"改革，已发挥出促进企业调结构、促转型、强管理的作用。截至 2013 年 5 月底，为我省营改增企业减轻税负 21.03 亿元。一大批企业通过营改增，强化了自身的经营管理和经济核算，增强了市场竞争力；不断优化的政务环境，方便了广大群众和企业办事，有助于让市场在资源配置中发挥更大作用；在金融支持实施创新驱动发展战略、促进产业结构调整和消费升级等方面寻求突破，着力培育新的经济增长点，加强"三农"和"小微企业"的金融服务，创新服务方式，降低融资成本，引导金融资源支持实体经济发展的薄弱环节。

3. 转型升级的资源基础与设施

安徽居中靠东，沿江通海，与长三角无缝对接，随着国家促进中部崛起战略的深入实施，高速公路和铁路的加快建设，区位优势、资源优势、科教优势日益凸显，在区域经济

发展格局中的地位进一步提升，经济转型升级的基础与条件进一步夯实。

改革开放以来，安徽经济发展快，以经济结构调整为重点，积极推进经济发展方式的转变，实现了经济社会、城乡、区域、资源、环境的统筹协调发展。安徽综合实力跃上新台阶，经济发展的稳定性、协调性和可持续性显著增强，投资支撑力明显提升，发展条件大幅改善。安徽经济建设呈现出全面加速的态势，并有多项指标跻身全国前列，为安徽省经济转型升级奠定了良好的基础。

3.1　区位优势明显，资源禀赋好

从区位上看，安徽位于长江三角洲的腹地，东邻江苏、浙江，北接山东，是中部地区与长三角地区接壤最多，距离最近的省份，是全国重要的综合交通枢纽和物流中心。目前，安徽省以高速公路、高速铁路、内河航道和国际空港为主体的快速交通体系基本建成，新桥机场的启用使安徽"承东启西"的区位优势更加凸显，合肥一个多小时到南京、两个多小时到武汉、三个多小时到上海、四个多小时到北京已不再是梦想。

安徽自然资源丰富，铜、铁、硫、水泥石灰岩、煤炭储量位居全国前列，是我国重要的能源基地和粮食基地；劳动力资源得天独厚，4000万劳动大军，成本仅相当于沿海的40%～60%，"十一五"期间高校、中职毕业人数达100万人；产业集群优势强大，已经形成了农副产品深加工、能源、材料、汽车及工程机械工业、家电工业五大支柱产业。因此相对于东部地区，安徽省劳动力成本便宜，土地资源相对宽松，综合商务成本较低。

安徽创新资源丰富，拥有中科院合肥物质科学研究院等省级以上科研机构158家、中国科技大学等各类高校101所，国家大科学工程4个，省部级重点实验室43个，省会合肥科技创新型试点市建设已取得突破性进展。与此同时，高新技术产业成为极具潜力的新的经济增长点，合肥、芜湖、蚌埠三个高新区以及铜陵电子材料、芜湖医药等一批特色高新技术产业基地，正在使科技资源转化为产业创新体系。而且，自主创新亮点纷呈，以奇瑞、江汽为代表的汽车工业，成为我国民族汽车自主知识产权和自主品牌的象征。

3.2　经济持续健康发展，综合实力快速提升

统计资料显示，安徽生产总值由2007年的7360.9亿元增加到2012年的17212.1亿元，总量增加近1万亿元，占全国的比重由2.8%提高到3.3%（见表1）。2009年，安徽提前一年进入生产总值"万亿俱乐部"。GDP五年平均增长13.2%，增幅高于全国平均水平3.9个百分点，居全国、中部位次由2007年第21位、第5位跃升至2012年的第9位和第1位，经济总量快速扩大。人均生产总值由2007年1.2万元增加到2012年的28792元（约合4561美元）。财政收入由2007年的1034.7亿元快速增加到2012年的3026亿元，增长1.9倍，年均增长23.9%。

3.3　经济发展方式转变步伐加快，结构调整成效渐显

第一，农业生产能力明显提高。截至2012年，安徽粮食产量连续7年增产，粮食生产实现9年丰收，2012年总产量达3289.1万吨，比2007年增长13.4%，年均增长2.5%，总量占全国的5.6%，居全国第7位。油料、肉类等生产能力进一步增强，分别比2007年增长了14.3%、22.9%，产量均稳居全国前列（见表2）。

表1   安徽省 2007—2012 年生产总值、人均生产总值及财政收入状况

年份	生产总值 （亿元）	增长比例 （未考虑物 价因素）（%）	人均生产 总值（元）	增长比例 （%）	财政收入 （亿元）	增长比例 （%）
2007	7360.9		12039		1034.7	
2008	8851.7	20.3	14448	20.0	1326.0	28.2
2009	10062.8	13.7	16408	13.6	1551.3	17.0
2010	12359.3	22.8	20888	27.3	2063.8	33.0
2011	15300.6	23.8	25659	22.8	2633.0	27.6
2012	17212.1	12.5	28792	12.2	3026.0	14.9

资料来源：据 2013 年安徽省统计局《近五年安徽经济社会发展成就显著》整理得到。

表2   安徽省 2007—2012 年主要农产品产量

年份	粮食 （万吨）	增长比例 （%）	油料 （万吨）	增长比例 （%）	肉类 （万吨）	增长比例 （%）
2007	2901.4		199.2		323.6	
2008	3023.3	4.2	228.0	14.5	343.9	6.3
2009	3069.9	1.5	240.3	5.4	362.6	5.4
2010	3080.5	0.35	227.6	-5.3	376.9	3.9
2011	3135.5	1.8	213.8	-6.1	375.5	-0.37
2012	3289.1	4.9	227.7	6.5	397.7	5.9

资料来源：据 2013 年安徽省统计局《近五年安徽经济社会发展成就显著》整理得到。

第二，工业主导作用增强，内部结构日趋优化。2012 年，规模以上工业企业达 12970 户，实现工业增加值 7550.5 亿元，比 2007 年增长 2.2 倍，年均增长 21.1%，增速为改革开放以来最快的时期之一，增幅居全国、中部位次由 2007 年的第 7 位、第 2 位跃升至 2012 年的第 3 位和第 1 位。全部工业对经济增长的贡献超过 55%。冰箱、空调、彩电、洗衣机、水泥、汽车等优势产品产量稳居全国前列（见表 3）。

第三，三产协同发展，产业结构日趋合理。2012 年，安徽生产总值 17212.1 亿元，比上年增长 12.1%，人均 GDP 达 28792 元。其中，第一产业生产总值 2178.7 亿元，第二产业生产总值 9404 亿元，第三产业生产总值 5629.4 亿元。从生产总值的构成来看，三个产业占当年生产总值的比例分别为 12.66%、54.64%、32.7%，第二产业在安徽省经济总量中占主导地位。从经济增长速度来看，与 2011 年相比，按可比价格计算的安徽省生产总值指数，第一、二、三产业分别增长 5.5%、14.4%、11%。

表3 安徽省2007—2012年主要工业产品产量

年份	煤炭 （万吨）	发电量 （亿千瓦时）	成品钢材 （万吨）	汽车 （万辆）	彩电 （万部）	家用冰箱 （万台）
2007	9112.0	847.6	1769.6	65.9	361.1	901.4
2008	11913.0	1093.4	1906.6	61.6	229.7	1130.5
2009	12849.0	1320.2	2112.0	91.6	389.9	1565.8
2010	13030.0	1443.9	2446.4	124.5	395.3	2078.9
2011	14080.0	1632.8	2743.2	117.0	550.5	3114.0
2012	16297.8	1767.5	2765.4	108.5	610.5	2589.1

资料来源：据2013年安徽省统计局《近五年安徽经济社会发展成就显著》整理得到。

3.4 发展的动力机制日益健全，发展动力日益增强

近5年来，安徽着力消费、投资、出口协调发展。安徽省固定资产投资由2007年的5093.7亿元增加到2012年的15055亿元，2012年比2011年增长23.9%，5年累计投资5.5万亿元以上，年均增长24.2%，基础设施明显改善。社会消费品零售总额由2007年的2451.9亿元增加到2012年的5685.6亿元，2012年比2011年增长16%，年均增长18.32%，增幅居全国、中部位次由第9位、第3位提高到第2位和第1位，消费市场繁荣活跃。对外经济较快发展，进出口总额由2007年的159.3亿元增加到2012年的393.3亿美元，创历史新高，增幅列全国第7位，2012年比2011年增长25.6%，5年年均增长19.8%。其中，出口由88.2亿美元增加到267.5亿美元，年均增长24.8%，增幅居全国、中部位次由第14位、第4位上升至第5位和第1位，见表4。一批颇具影响力的国外和省外大企业纷纷来皖投资兴业，到2012年末在皖落户的境外世界500强企业达63家，安徽经济发展动力明显增强。

表4 安徽省2007—2012年投资、消费、进出口状况

年份	固定资产		社会消费品零售		进出口		出　口	
	投资额 （亿元）	增长比例 （%）	总额 （亿元）	增长比例 （%）	总额 （亿美元）	增长比例 （%）	总额 （亿美元）	增长比例 （%）
2007	5093.7		2451.9		159.3		88.2	
2008	6800	33.5	3054.2	24.2	204.4	28.3	113.5	28.7
2009	9263.2	36.2	3481.6	14.3	156.4	-23.5	88.9	-21.7
2010	11849.4	27.9	4151.5	19.2	242.2	55.2	124.1	39.6
2011	12147.8	2.5	4900.6	18.0	313.4	29.1	170.8	37.6
2012	15055.0	23.9	5685.6	16.0	393.3	25.5	267.5	56.6

资料来源：据2013年安徽省统计局《近五年安徽经济社会发展成就显著》整理得到。

3.5　民生投入持续加大，居民收入较快增长

随着安徽经济的不断发展，可用财力明显增长，近5年，安徽用于民生工程的财政投入总规模超过1300亿元。如果说经济总量基本能反映一个地区的经济整体实力，那么人均收入则反映老百姓富裕程度。

安徽城镇居民人均可支配收入由2007年的11473.6元增加到2012年的21024.2元，年均增长12.9%，扣除价格因素，实际增长10.6%。农民人均纯收入由3556.3元增加到7160.5元，年均增长15%，扣除价格因素，实际增长12.2%，见表5。5年城乡居民收入年均增幅分别高于全国0.7个和1.2个百分点，增长速度较快。

表5　　　　　　　　　　**安徽省2007—2012年城乡居民人均收入**

年份	城镇居民人均收入（元）	增长比例（%）	农民人均纯收入（元）	增长比例（%）
2007	11473.6		3556.3	
2008	12990.4	13.2	4202.5	18.2
2009	14085.7	8.4	4504.3	7.2
2010	15788.2	12.1	5285.2	17.3
2011	18606.1	17.8	6232.2	17.9
2012	21024.2	13.0	7160.5	14.9

资料来源：据2013年安徽省统计局《近五年安徽经济社会发展成就显著》整理得到。

4. 安徽经济转型升级中存在的若干问题

4.1　经济发展基础仍然薄弱，经济下行压力增大

2012年，安徽省生产总值为17212.1亿元，虽然增长率为12.1%，在8省中排名第一，但数量仅为江苏生产总值的1/3、不到浙江生产总值的1/2，与中部地区其他省份相比，只比第21位的山西和第19位的江西稍高，其排名在全国31个内地省份中位于第14位。安徽省人均生产总值只有28792元，在全国排名第26位，在中部6个省份中居倒数第一，更比东部的江苏和浙江两省分别落后了22名和20名，数据显示安徽与江苏、浙江的生产总值和人均GDP差别很大，见表6。

2013年以来，安徽省经济运行仍处于高位运行，但下行压力仍较大。（1）农业生产稳定，夏粮有望"十连丰"；（2）工业增加值增幅继续保持全国领先、中部第一，但呈幅度逐步收窄的回落态势；（3）固定资产投资回落态势明显，但房地产和制造业投资回暖；（4）市场销售回暖，但仍未达到往年水平。

表6   **2012 年省份之间生产总值与人均生产总值比较**

区域	省份	生产总值 （亿元）	全国排名	增长率 （%）	人均生产 总值（元）	全国排名	增长率 （%）
周边	江苏	54058.22	2	10.0	68438.52	4	10.76
	浙江	34606.30	4	8.0	63346.70	6	7.74
中部	河南	29810.14	5	10.1	31753.45	23	10.6
	湖北	22250.16	9	11.3	38642.17	13	12.88
	湖南	22154.20	10	11.3	33589.41	20	12.36
	山西	12112.80	21	10.1	33709.62	19	9.40
	江西	12948.50	19	10.7	28848.51	25	11.00
	安徽	17212.10	14	12.1	28840.57	26	13.60
	全国	519322			38543.96		

资料来源：据国家统计局 2013 年 1 月 18 日发布的相关数据计算得到。

4.2 经济外向度较低，工业化与城镇化水平不高

安徽属内陆省份，其经济活动与国际经济联系的程度较少，对外开放程度及外向型经济发展水平较低。表7 的统计资料显示：2012 年安徽省进出口总额 393.3 亿美元在全国排第 14 位，比上年增长 25.6%，创历史新高，增幅列全国第 7 位，但还远低于全国69.6% 的水平，与周边江苏的 3056.9 亿美元和浙江的 3122.3 亿美元相比，更是有着巨大的差距。

表7   **2012 年省份之间出口总额与工业化水平、城镇化水平比较**

区域	省份	进出口总额 （亿美元）	全国排名	同期增长 （%）	工业增加值 （亿元）	城镇化率 （%）
周边	江苏	3056.9	4	1.6	24213.4	55.2
	浙江	3122.3	5	0.9	35200	59.3
中部	河南	517.5	12	58.6	34398	42.2
	湖北	319.6	20	-4.2	9552	53.5
	湖南	219.4	21	15.8	10506.4	45.1
	山西	150.4	23	2.0	6652.1	51.0
	江西	334.1	19	6.2	4850	47.5
	安徽	393.3	14	25.6	7550.5	46.3

资料来源：据国家统计局 2013 年 1 月 18 日发布的相关数据计算得到。

2012 年安徽省工业增加值为 7550.5 亿元，在中部 6 省排第四，与中部排名第一的河南相差 26847.5 亿元，是江苏的 1/3、浙江的 1/5。这组数据充分体现安徽工业基础薄弱，难以为农村人口大规模城镇化提供支持，已成为第一产业、第三产业崛起的瓶颈。

城镇化作为一种文明社会的标志，作为经济发展的一种共生现象，受到全社会高度关注。经济学家认为，城镇化率每提高 1 个百分点可拉动 GDP 增长 1.5 个百分点，能为安徽新增 50 亿元的消费规模。截至 2012 年，安徽的城镇化率为 46.3%，在中部 6 省中排名第三，离全国 51% 的城镇化水平还有 4.7% 的差距，对吸纳农村人口、集聚产业、为现代化农业发展提供多方面服务和支持的作用难以得到有效的发挥。

4.3 教育经费投入不足，人力资本积累不够

安徽省人口众多，人力资源丰富，但人力资源只有通过教育的开发才能转化为人力资本，即受过教育和职业培训的高质量的人才才是推动社会经济发展的主要资源和根本动力。从表 8 可以看出，安徽省 2011 年的教育经费投入 599.09 亿元，在中部 6 省中排名第三，比排名第一的河南少 312.03 亿元，是江苏的 45.6%、浙江的 56.4%。生均教育经费 5900 元，是江苏的 38.6%、浙江的 27.7%，在中部 6 省中排名第三。教育经费投入不足，使得安徽每 10 万人口平均在校人数只有 1961 人，在中部 6 省排名最后，比排名第一的江西少 1300 人，比周边的江苏少 803 人，比浙江少 1475 人。在校学生中大专以上学生占 9.76%，在中部 6 省排名第三。可见，安徽省人口受教育水平不容乐观，高等教育发展的落后，导致劳动力水平低下，企业缺乏系统的劳动力培训，导致工业水平落后、生产效率低下，大量低素质人口会造成就业压力大、劳动者收入低，使得安徽人力资源的优势变弱势，进而影响安徽经济的进一步发展。

表8　　　　　　　　　　　省份之间教育经费投入及受教育水平比较

省份	教育经费投入（亿元）	每 10 万人口平均在校人数（人）	生均教育经费（元）	各省 6 岁及以上人口受教育情况						
				在校总人数	初中、小学		高中、中专		大专及以上	
					人数（人）	比例（%）	人数（人）	比例（%）	人数（人）	比例（%）
江苏	1314.62	2764	15300	10080594	6207244	61.6	2213935	22.0	1659415	16.5
浙江	1062.56	3436	21300	7445136	4986637	67	1551017	20.8	907482	12.19
河南	911.12	3001	4400	20571720	15608740	75.9	3462838	16.8	1500142	7.3
湖北	586.91	2313	6500	9043058	5814148	64.3	1888612	20.9	1340298	14.8
湖南	649.76	2496	6540	9926913	7066497	71.18	1792564	18.06	1067852	10.76
山西	450.82	2296	7080	6370720	4415033	69.3	1361218	21.4	594469	9.33
江西	449.46	3261	5260	8549309	6349896	74.3	1370814	16.03	828599	9.69
安徽	599.09	1961	5900	10152758	6934604	68.3	2226887	21.9	991267	9.76

资料来源：据国家统计局 2013 年 1 月 18 日发布的相关数据计算得到。

5. 安徽经济转型升级的基本路径

安徽经济发展整体特征是资源丰富，但基础薄弱；发展速度不断加快，但经济规模仍然不大；改革与发展的意识强，但缺乏持续跟进与不断创新精神；人口规模大，但人力资本积累基础不好；整体发展态势很好，但部分地区长期发展滞后；产业发展优势明显，但产业同构化现象比较明显；整体发展目标清晰，但区域性发展战略不清晰，发展特色不明显。因此，安徽经济转型升级，首先要高度重视理论研究的突破，强化理论的超前引导功能；要高度重视整体战略的优化与局部发展的特色化，强化顶层设计，注重制度创新与管理创新；要高度注重区域文化建设，有效地将改革精神与创新精神紧密结合起来。

5.1 高度重视培育改革精神，以改革促发展

通过改革使制度得以调整，从而推动经济社会健康持续发展，这是改革红利的本质特征。改革红利的释放要依靠创新体制、建立机制。结构性改革的制度设计核心是坚持深化和完善"以市场为基础配置资源"的体制机制。

安徽是人力资源大省，要重视释放"改革红利"，以"新人口红利"来替代逐渐弱化的"旧人口红利"，保障经济社会的可持续增长，实现全面建成小康社会的目标。"新人口红利"源自劳动力素质的提高、技能水平的增强和创造能力的提升。在改革策略选择上，要立足于安徽实际。

第一，创造条件延长人口红利期。通过户籍制度改革进一步清除劳动力流动的制度性障碍，通过实施更加积极的就业政策进一步扩大就业，通过基本公共服务均等化扩大居民消费需求。让城镇化的潜力充分释放出来，推进收入分配改革、户籍制度改革，让进城的农民真正成为有消费能力的市民。

第二，创造条件挖掘第二次人口红利。通过发展教育和培训提高劳动者素质，提高就业质量，保持产品的比较优势和竞争力。在各项政策中要树立就业优先原则，防范和治理各种类型的失业。

第三，探索农村土地确权与流转的新模式。加快推进土地制度改革，提高土地利用的市场化方式，加快推进城乡土地使用制度的统筹衔接，让农民分享土地增值收益，落实城乡要素平等交换和公共资源均衡配制。土地流转的更深层意义是发展新型农业，创新农业专业大户和家庭农场，让农村富余劳动力从农业进入非农产业、从农村进入城市，释放人力资源潜力，成为新的经济增长点，这是农村改革的最大红利。

第四，创新适应城镇化趋势的农村工作机制。把"改变城乡二元结构"放到重要的政策指导地位，在"美好乡村建设"等重大农村改革设计中，应加入适应城镇化趋势的体制机制创新内容。在制订农村发展政策与规划时，要突出城镇化趋势中的管理创新内容，创新适应城镇化趋势的农村工作机制。

第五，推进落实促进民营经济发展的政策措施。与沿海发达省份相比，安徽省发展最大的差距在民营经济，最大的潜力和希望也在民营经济。推进落实各项促进民营经济发展的有关政策措施，对于一些民营企业能够进入但"不敢进、进不得"的行业和领域，如基础产业、市政公用事业、社会事业、金融服务、医疗保健、教育培训等领域，研究出台具体支持政策措施，有效破解"弹簧门"和"玻璃门"，切实改善和提高民营企业"破

门"、"进门"的环境及能力。

5.2 大力弘扬徽商文化，重振企业家精神

安徽省正处于转变经济增长模式、打造经济升级版的关键时期，鼓励和促进创新是转变增长模式的根本性措施。而企业家的使命和工作就是创新，重振企业家精神尤为重要。

第一，积极发掘徽商文化精髓，大力培养新徽商。历史上徽商文化源远流长，提到徽商，人们会想到贾而好儒、重义轻利、诚信等特征。弘扬徽商精神，使徽商精神在安徽现代企业家身上发扬光大十分重要。发挥联合合作的精神，既要善于联合同行业、同区域的企业，形成产业集群优势，也要善于同外地企业联合，发挥优势互补。在当前，尤其要兼容并蓄，勇于走出去，向浙商、苏商、粤商学习，融合不同文化。特别是要学习现代西方经济理论和企业管理经验。

第二，坚持人本理念，尊重企业家的劳动创造和价值选择。虽然国家的方针政策对民营经济的地位给予充分肯定，但现实中，歧视、排挤、误解民营企业家的情况还很多。建议党委政府要进一步提升民营企业家的社会地位，充分理解民营企业家的艰苦付出和创造性劳动，充分肯定民营企业家对社会主义市场经济的贡献，真正认识到民营企业家是社会主义事业的建设者，在营造公平公正环境中，在做好社会管理服务中，让民营企业家自强、自立、自尊、自为。

第三，坚持公平公正，为企业发展提供良好的发展环境。当前企业发展环境中仍有诸多不和谐因素，概括起来是三个环境的问题：准入环境、融资环境和行政环境。在准入环境方面，各级政府与部门都出台了一系列的促进公平发展的政策措施，但隐性壁垒仍然在一定范围内存在；在融资环境方面，符合中小型企业、小微企业融资选择的金融产品和融资渠道非常有限；在行政环境方面，在某些行业和某些地方，仍然存在着行政透明度低、行政效率不高、行政制度不健全等问题。因此，重振企业家精神要求政府有进有退，强化市场功能，让市场发挥配置资源的基础性作用，形成透明、规范、法治、公平的商业环境。

第四，坚持自立自强，激活企业家的创新精神。创新精神是企业家精神的核心，企业的长足发展需要社会鼓励、支持创新的文化氛围。美国经济具有强大的竞争力，与美国文化中对创新的开放态度是分不开的。营造宽容的、开放的文化氛围是形成和弘扬企业家创新精神的必需，也是培养企业家精神的必要前提。对此，政府要创造条件，积极引导企业家树立创新意识，激发创新热情，发挥创新潜能，建立创新激励机制，加大科技研发投入，加快创新成果的转化速度，大力开发具有自主知识产权的产品和技术，提高企业原始创新、集成创新和引进消化吸收再创新能力。

第五，坚持勤俭节约，培养企业家高尚的道德人格。政府通过有效途径和方式，引导企业家在确立企业经济效益目标的同时兼顾社会效益和生态效益，为建设资源节约型、环境友好型社会做出努力。同时，帮助企业家认清社会发展现状和改革发展面临的严峻挑战，引导企业家抵御拜金主义、享乐主义等不良思潮的影响和腐蚀，发扬勤俭节约传统，秉承艰苦奋斗本色，大力倡导公平正义、诚实守信、开拓进取的道德风尚。

5.3 高度注重创新驱动，不断优化产业结构

依靠创新驱动，安徽在全国创造了多个第一，如奇瑞成为全国企业自主创新第一面旗

帜；合肥成为全国第一个科技创新型试点市；合芜蚌成为全国第一个自主创新综合试验区；安徽成为全国第一批技术创新工程试点省。安徽省实现了从企业创新、到产业创新、再到区域创新的跨越。

一是转变发展理念，建立健全促进创新的体制与机制。

（1）促进经济增长由主要依靠投资、出口拉动向依靠消费、投资、出口协调拉动转变；（2）由主要依靠第二产业带动向依靠第一产业、第二产业、第三产业协同带动转变；（3）由主要依靠增加物质资源消耗向主要依靠科技进步、劳动者素质提高、管理创新转变。大力发展绿色经济、低碳经济与循环经济，以最少的资源消耗获得最大的经济效益。加快调整经济结构，以改善需求结构、优化产业结构、促进安徽不同区域协调发展为重点，着力解决制约安徽经济持续健康发展的重大结构性问题。坚持质量优先，由追求经济的数量型扩张转变为追求经济的质量型增长。

经济体制改革的核心问题是处理好政府和市场的关系。转变经济发展方式的关键在于政府转型。各级政府在经济的发展过程中要扮演好投资的引导者、经济秩序的维护者、经济法规的制定者的角色，积极推进全能政府、管制型政府向有限型政府、服务型政府、法治型政府转变，完善调控与监督机制，形成充满活力的市场竞争机制。各级政府应结合本地经济发展的特点，因地制宜，找出特色，实行差异化发展，鼓励各级地方政府根据本地特色构建一套适合地方经济发展的有效率的制度体系与发展模式，利用制度创新促进本地经济持续发展，分享制度红利。

安徽要把提升自主创新能力作为打造经济升级版的重要支撑，大力推动经济增长从要素驱动转向创新驱动。通过提高政府对自主创新的投入力度，通过完善企业自主创新激励机制，推动企业自发创新，使企业成为自主创新的主体；通过推动安徽省国家和省级高新区"二次创业"，使之成为自主创新的重要载体；通过推广深圳模式，加快在全省创建多个创新型城市，使创新型城市成为自主创新的典范；通过推进省部、省院产学研合作、银政企合作、中介合作，打造"产学研资介"创新平台，使之成为自主创新的加速器。最终提升安徽的创新能力，实现各类产品从"安徽制造"向"安徽创造"的转变。

二是建立健全产业生态系统，持续优化产业结构。

（1）以存量调整和增量优化为抓手。调整存量，就是要继续加大淘汰落后产能力度，通过技术创新和技术改造提升传统产业。优化增量，就是要大力培育发展战略性新兴产业，把技术含量高、市场前景好、带动能力强的企业引进来。一手抓存量，一手抓增量，尽快培育壮大一批能够带动转型升级的重点产业，打造安徽省经济升级版。

（2）以化解部分行业产能过剩为重点。安徽省原材料工业和传统产业钢铁、水泥、煤炭占有较大比重，部分行业增产不增收，企业经营效益低下。对此，要坚决贯彻国家化解产能过剩的总体方案，消化一批、转移一批、整合一批、淘汰一批，鼓励有条件的企业跨行业、跨区域兼并重组，鼓励企业积极"走出去"建设生产基地和资源基地，充分利用两个市场、两种资源，推进产业结构优化，实现更高水平、更有质量的发展。

（3）以发展现代服务业和现代农业为方向。安徽省服务业占 GDP 比重较小，还有很大发展空间和潜力。2012 年，安徽省服务业附加值占生产总值的比重为 32.7%，与世界发达国家 70%的比例相比，发展潜力和提升空间巨大。安徽要积极推进服务业综合改革试点，建设一批特色鲜明的服务业集聚区，促进安徽经济自主协调发展，提升服务业整体竞争力。要把握消费升级和"营改增"扩围等机遇，大力发展信息产业以及现代物流、电子商务、健康和养老服务等新型业态。要把握制造业和现代服务业融合发展的趋势，积极推动大中型企业主辅分离，拓展服务业发展空间。要推进农业产业化，扶持龙头企业，利用市场机制加速农业产业化步伐。

中部地区市场化生态补偿机制探索

洞庭湖湿地生态补偿机制的市场化研究

谢 谦[1] 何 甜[2] 贺清云[3]

（1，2，3 湖南师范大学资源与环境科学学院 长沙 410081）

1. 引 言

生态补偿是以保护生态环境为主要目标，协调相关人员利益关系的制度安排。建立完善的生态补偿机制，有助于保证洞庭湖区人们的环境与经济利益，从而调动广大群众的生态保护积极性，推动湿地保护与恢复工程的实施。本文以洞庭湖湿地生态补偿机制的市场化研究为重点，借鉴国内外生态补偿的成功经验，力求将市场机制引入洞庭湖湿地的生态补偿机制之中，真正实现环境公平与共同富裕。

2. 国内外生态补偿研究理论与现状

2.1 国外生态补偿研究理论及现状

国外生态补偿研究最早起源于 Cuperus 等（1999）提出的高速公路生态补偿指导方针。此后，Landell-Mills、Ferraro、Munoz-Pina 等人从森林环境服务市场、生物多样性保护、水文生态补偿等方面进行了相关研究。其中，Landell-Mills 等（2002）提出，世界上现有的 287 例森林环境服务交易分别涉及生物多样性、碳汇、森林水文服务、景观美化、综合服务五种类型。Ferraro 等（2002）的研究认为应该采用直接支付费用的方式来保护生物多样性。Munoz-Pina（2008）在对墨西哥水文生态补偿项目的政策设计过程中提出，应根据项目的进展情况不断调整选择补偿标准。国外生态补偿案例见表 1。

表 1　　　　　　　　　　　　　　国外生态补偿案例

补偿案例	主要目标	补偿模式	实 施 方 案
墨西哥森林保护补偿	保持土壤、固碳释氧、净化大气、生物保护等	相关者直接补偿	墨西哥政府于 2003 年开始，按照重要生态区 40 美元/hm^2，一般生态区 30 美元/hm^2 的标准对森林保护进行补偿
欧盟碳税政策	控制温室气体排放	征收生态补偿税	根据能源消费和二氧化碳排放征收碳税
德国州际横向转移支付制度	地区间生态利益均衡	区域转移支付	财政资金公平的核算与到位的转移

续表

补偿案例	主要目标	补偿模式	实施方案
哥斯达黎加Sarapiqui流域生态补偿	水资源调节,保护生物多样性	直接购买或补偿	水电公司每年提供18美元/hm² 给国家森林基金,再由国家森林基金增加30美元/hm²,以现金形式支付给上游的私有土地主
圣约瑟上游森林资源保护补偿	改善水流量、净化河流水质	水费附加	采用水费附加方式,每年向圣约瑟用水户筹集资金,支付上游同意保护森林资源的农民
英国加的夫港拦河坝项目	野生物种保护	兴建替代工程	通过在英国威尔士南部的夫港湾建造拦河坝,打造新的湿地环境,以补偿损失的野生动物栖息地

2.2 国内生态补偿研究理论及现状

国内对生态补偿的研究主要集中在生态补偿的框架、标准、途径等领域,见表2。生态补偿的框架体系方面,任勇提出应建立以重点生态功能区、七大流域、中小流域、661个城市饮用水源保护区为主体的生态补偿体系;补偿标准方面,吴晓青等(2002)建议将受益者所得利益与保护者经济损失的差额进行平均,以平均后的结果作为受益者应支付的补偿标准;补偿途径方面,刘桂环等(2006)认为应探索流域水质水量协议补偿模式,建立流域综合补偿机制。

表2 国内生态补偿案例

补偿案例	主要目标	补偿模式	实施方案
福建省公益林补偿	公益林的保护、管理与建设	相关者直接补偿	从旅游经营收入中提取资金,直接用于生态公益林所有者的补偿
中央与地方财政转移支付	地区间生态利益均衡	区域转移支付	财政资金纵向与横向转移支付
北京企业购买碳减排指标	赔偿公众环境利益的损害	直接购买或补偿	2009年北京天平汽车股份有限公司购买奥运期间北京产生的8026吨碳减排指标
绍兴水源生态保护	净化水质	水费附加	绍兴县每年从自来水费中提取200万元用于水源地生态保护

3. 洞庭湖湿地生态补偿机制的现状

洞庭湖是我国第二大淡水湖,位于湖南省北部,长江荆江河段以南,面积2820平方千米（见图1）。洞庭湖湿地作为全球200个重要生态区之一，在洞庭湖区以及长江流域的生态保护中扮演着至关重要的角色。

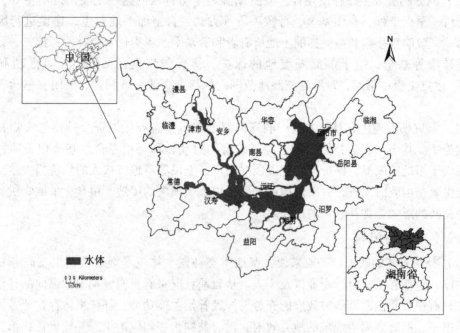

图1　洞庭湖区位图

近年来，受人类活动的影响，洞庭湖湿地面临着湖容缩小、景观破碎、污染加剧、种群衰退等一系列问题。为了避免洞庭湖湿地生态服务功能的进一步丧失，政府采取了退田还湖、限制捕捞、污染治理等一系列措施来推进洞庭湖湿地的保护与恢复，并建立了相应的机制为利益受损的群众提供生态补偿。

然而，我国以政府为主体的生态补偿机制，存在着奖惩制度不明、投融资渠道单一、后续补偿缺失等诸多缺陷，无法保障洞庭湖当地居民的直接利益，严重降低了人们配合、参与洞庭湖湿地保护工程的积极性。

3.1　现状特征

（1）洞庭湖湿地生态补偿主体分析。生态补偿主体应遵从破坏者付费、使用者付费、受益者付费三大原则，并根据利益相关者在生态环境的保护或破坏行为中的责任与地位来确定。

洞庭湖湿地生态保护的受益范围十分广泛，小至洞庭湖流域，大至国家层面均是重要的受益者。因此，政府作为公民利益的重要代表，一直以来都是洞庭湖湿地生态补偿的核心主体。企业作为洞庭湖湿地生态环境的破坏者与资源的使用者，也是洞庭湖湿地生态补偿的主体之一。

（2）洞庭湖湿地生态补偿客体分析。目前，洞庭湖湿地生态补偿的客体主要是指因洞庭湖湿地保护与恢复工程的实施，经济利益与发展机会受到影响的个人。例如，澧南垸退田还湖工程的实施，不可避免的需要搬迁部分地区的居民、毁掉现有的部分农田，政府应向这些利益受损的居民发放补偿金，弥补他们的损失。

（3）洞庭湖湿地生态补偿途径。洞庭湖湿地生态补偿的途径主要由政府主导，通过财政支付、重点工程、专项基金、行政手段等方式，自上而下地对生态建设进行纵向补偿。第一，政府直接向利益受损的土地所有者和劳动生产者提供资金补偿；第二，设立生态效益补偿等基金，用于洞庭湖湿地的保护、管理与恢复；第三，大力推动洞庭湖"4350"重点工程；第四，对洞庭湖湿地范围内的污染企业采取罚款、关闭、整治等相关措施。

（4）洞庭湖湿地生态补偿方式。洞庭湖湿地现行生态补偿以资金补偿与实物补偿两种方式为主。其中，资金补偿主要来源于政府的财政转移与世界自然基金相关项目的赞助，并用于湿地的恢复、保护与管理以及对农户、渔民等湿地产权人的经济损失赔偿；实物赔偿主要是由政府出资，针对退田还湖范围内农民损失的田地、粮食，采取农机、粮食等实物兑换的形式，弥补农户的损失。

3.2　存在的问题

（1）补偿主体的缺失。一般来说，湿地生态补偿主体应是湿地消费生态服务功能的行为主体，包括各级政府、企业以及个人。从目前状况来看，洞庭湖湿地纵向的补偿机制决定了只有中央及洞庭湖地方政府能充分发挥其补偿主体功能，补偿主体存在严重缺失的情况。第一，洞庭湖周边地域的地方政府，没有共同承担相应的生态补偿责任；第二，洞庭湖湿地上下游广大的受益民众，未向洞庭湖湿地生态服务的提供者支付费用；第三，企业只能通过罚款等少量方式支付少量的补偿资金，无法充分发挥补偿主体的作用。

（2）生态补偿范围狭隘。湿地生态补偿的范围应该包括以下三个方面：第一，奖励补偿，即对在湿地保护工作中作出了重大贡献的单位或个人，通过物质、资金或政策等形式，颁发奖励补偿；第二，损害补偿，即对湿地范围内，因湿地保护（污染），经济利益受到损害的地方与个人提供补偿；第三，机会补偿，即对因湿地生态保护而丧失发展机会的地方与个人，提供经济、政策等方面的补偿。① 然而，从洞庭湖湿地现行补偿方案来看，补偿范围只覆盖了地方和人民的直接利益损失和部分生态恢复成本，忽视了因环境保护的开展而丧失的发展机会，直接导致生态补偿出现了后续补偿不足、部分居民生计难以维持等诸多问题，严重影响了当地人民参与湿地保护的积极性。

（3）补偿机制的单一性。洞庭湖湿地的生态补偿是以政府为主导推动实施的，尚未建立成熟的市场化补偿机制，一元结构的补偿机制直接导致生态补偿的实施在很多方面存在着不足。第一，生态补偿的流程较为繁琐，财产的登记、损失的量化等补偿依据均需由政府逐一确定，极大地降低了补偿的效率；第二，生态补偿资金主要由中央和当地政府下发，给财政状况带来巨大的压力；第三，当政府决策出现失误、部门协调出现问题时，极易导致生态补偿机制的运转失灵。

（4）补偿方式的不可持续性。目前，洞庭湖湿地生态补偿的方式主要是以资金和实

---

① 曾祥华，孙慧. 太湖流域生态补偿机制研究［J］. 江南论坛，2012（7）：28-29.

物的形式，向保护地区和居民提供最直接的经济补偿。然而，这种"输血型"补偿注定只能是一种短期的行为，无法从根本上解决湿地的保护与恢复问题。① 第一，"输血型"补偿会对中央与地方财政造成巨大的压力，极易造成补偿资金的断流；第二，"输血型"补偿忽视了对地区与民众发展机会的补偿，直接导致了生态补偿后续措施的不足；第三，"输血型"补偿无法为地区发展提供有效的引导，不利于当地经济的发展。

（5）补偿标准偏低。长期以来，补偿标准偏低是洞庭湖湿地生态补偿机制的重要问题之一。由于缺乏完善的计算生态服务价值的方法，政府对湿地范围内地方与民众损失的补偿仅仅是依据直接经济损失的核算结果来发放，忽略了对地方与个人发展机会损失的评估，无法真实反映出湿地范围内居民与政府因保护湿地所承受的损失。另外，补偿资金以中央财政为主的单一来源，也严重限制了补偿标准的提高。

4. 洞庭湖湿地生态补偿机制市场化建设的建议

根据上文对国内外生态补偿机制理论与实践的研究，可以看出，生态补偿机制的市场化建设，能进一步地优化洞庭湖湿地现行的生态补偿机制，有效地解决补偿标准偏低、补偿客体发展机会丧失等问题，实现人与自然的和谐发展。

4.1 加大法律法规的建设力度

洞庭湖湿地市场化的生态补偿机制建设涉及不同层面、广大范围内的多个主客体之间的利益与责任关系，单靠过渡性的政策措施和行政手段开展生态补偿工作，无法形成长效的保障机制。因此，我们必须立足洞庭湖湿地的实际状况，从以下几个方面加大洞庭湖湿地生态补偿法律法规的建设力度，为洞庭湖湿地生态补偿机制的市场化运行提供重要保障：第一，湿地保护法律法规的建立，必须要以生态利益为主、经济利益为辅，将生态环境保护作为主要目标；第二，法规的制定应以收费与补偿并重为原则，将生态破坏的收费与生态保护的补偿同时纳入法规规范之中；第三，扩大湿地保护法所涵盖的保护对象，对水土保持、生物多样性保护等内容都应做出详细规定；第四，法规应对湿地保护相关利益者的权利与义务、补偿内容、方式与标准做出明确规定；第五，应将破坏湿地资源的严重行为纳入我国刑法之中，提高处罚规定的威慑力。

4.2 加强湿地生态补偿的宣传

加强对湿地范围内广大民众的生态补偿宣传教育力度，有助于提高人们的环保意识，自觉保护生态环境，并主动配合湿地生态保护工程的实施。另外，通过对国外生态环境服务付费机制的研究，我们知道市场化的生态补偿机制应该建立在双方平等自愿的基础之上。只有人们培养出了强烈的环保意识，才会对生态服务产生广泛且明确的需求，为生态补偿市场机制的建立创造前提条件。第一，充分运用广播、电视、宣传册等形式，宣传湿地补偿的政策和规章；第二，将在生态补偿工作中做出重大贡献的集体与个人作为示范榜样，宣传推广生态补偿的重要意义和成功经验；第三，以社区为基本单元，采取边学边做

---

① 孟浩，白杨，黄宇驰，王敏，鄢忠纯，石登荣，黄沈发，王璐．水源地生态补偿机制研究进展［J］．中国人口、资源与环境，2012（10）：86-93.

的方法，鼓励社区公众参与生态补偿工作；第四，公开洞庭湖湿地生态保护、管理、补偿等相关工作，建立公众监督机制。

4.3 确定洞庭湖湿地生态资源产权

在国外 PES 项目机制中，生态服务的提供者，拥有着其所在地生态资源的所有权，并运用市场交易手段，将资源的使用权出售给购买者，从而实现了所有权与使用权的分离。因此，湿地生态资源产权的确定是洞庭湖湿地建立市场化生态补偿机制的重要基础。① 洞庭湖湿地生态资源产权的确定应该从以下几方面入手：第一，将洞庭湖湿地的土地资源、水资源、动植物资源等，依靠法律途径，完成生态资源的产权确定；第二，洞庭湖湿地的防洪减灾、调节气候、净化水质等生态服务功能，也应作为湿地产权的重要组成部分予以界定；第三，通过协会、企业或政府代表等形式，对资源的产权进行合理的分割与整合，提高产权的交易效率；第四，对于难以界定产权的湿地资源，应以政府为主导，通过统一的管理、分配与使用，保障公众的整体利益。

4.4 完善生态资本评估机制

生态资本评估机制是指运用科学的市场评估技术与方法，对生态资源、服务功能等资本，进行经济价值的评定和估算。完善洞庭湖生态资本评估机制，一方面可以提高生态资本所有者，即洞庭湖当地居民、企业、政府的成本意识，促进湿地生态环境的保护；另一方面，能为湿地生态服务的交易、生态破坏的收费以及生态保护的补偿提供重要的依据。

建立科学公正的生态资本评估机制，是洞庭湖湿地生态补偿机制市场化建设的必要条件。第一，洞庭湖湿地生态资本价值评估，主要是依据生态资本的利用价值，进行评估与计算。利用价值包括直接利用价值，即直接实物价值与直接服务价值，以及间接利用价值，即生态功能价值。第二，依据湿地生态补偿的不同形式，应采用相对应的市场评估技术，科学计算补偿价值。例如，政府对因湿地保护而遭受损失的地方和民众，应主要采取机会成本法来估算补偿额度；地区之间生态服务的交易可采取模拟市场评估技术来确定交易价格等。第三，可尝试由政府出资，邀请法律、经济、环保等领域的精英，建立专业的洞庭湖湿地生态价值评估机构。

4.5 构建多元的生态环境服务支付与补偿模式

构建多元化的生态环境服务支付与补偿模式，有助于打破洞庭湖湿地以政府购买为主导的单一模式，通过市场手段的运用，弥补政府政策在生态补偿方面的失灵。第一，构建一对一交易模式。以洞庭湖湿地下游的城市和政府企业为主要服务对象，提供水质净化等生态服务，并通过直接谈判或中介服务来确定双方交易的条件与金额。第二，构建市场贸易支付模式。以众多私人企业为服务对象，将生态环境服务的标准定量化之后作为商品进行市场销售，如"碳基金"等。第三，构建生态标记的支付模式。生态标记是指市场消费者在购买商品时，愿意以较高的价格来购买经过生态友好认证的商品，从而支付了伴随商品生产所提供的生态环境服务。洞庭湖湿地的农林牧渔等一次产业，应充分利用当地优良的生态环境基础，建立具有洞庭湖湿地生态标记的地方产品认证，通过对生态标记商品

---

① 常修泽. 资源环境产权制度及其在我国的切入点［J］. 宏观经济管理，2008（9）：47-48.

的出售，实现生态环境服务的间接支付。①

4.6　促进生态补偿形式的多样化发展

洞庭湖湿地以货币和实物为主的补偿形式，无法从根本上解决地区经济的可持续发展问题，必须拓宽现有补偿形式，促进生态补偿的"造血型"转变。第一，智力补偿，通过提供信息咨询、生产技术等手段，提高地区生产的现代化、生态化水平；第二，项目补偿，采取项目支持的方式，将补偿资金转化为产业项目，帮助洞庭湖地区发展生态友好的替代产业；第三，推动环保事业向私人企业的开放，加强政府与私企在环保事业方面的协作，推动环保债券与股票的上市发行，开拓环保领域的新兴市场。②

4.7　完善环境税费制度

环境税费制度是利用市场特性来完善生态补偿机制的长效手段，通过扩大征收范围、建立专项税费等措施，能有效地改变洞庭湖湿地现行税制中生态补偿措施过于单一的情况。③ 第一，扩大资源税的征收范围，使资源税征收范围全面覆盖湿地范围内水资源、土地资源、生物资源、矿产资源等众多资源；第二，针对湿地范围内的水污染、大气污染、噪音污染等，建立完整独立的专项生态税，并课以重税；第三，制定税收优惠政策，鼓励企业生态技术的创新和环境保护的投入，完善环保产业发展的激励机制。

4.8　建立生态补偿市场化交易平台

构建洞庭湖区生态补偿的市场化交易平台，以生态交易平台为基础，促进生态服务交易主体多元化，吸引更多社会力量参与。对于政府财政支持的生态建设项目，应把中央的转移支付、地方生态税费收入和专项基金等补偿资金统一注入生态服务交易平台，以政府购买的方式进行生态补偿；对于环保 NGO、企业和个人捐款等社会公益组织主导的生态建设项目，也鼓励其利用生态服务交易平台，通过市场交易的形式，选择专业的生态制造企业实施具体的生态建设，以便生态公益组织利用有限的人力物力，更好地筹措生态建设资金和监督企业生态建设的过程。同时，加强交易平台的信息网络建设，完善与国际接轨的交易平台体系。积极培育有专家技术的中介机构，为私人企业经营者提供市场化方案、拟定合同和资金的使用指导；积极组织包括水文专家、农业专家、经济学家等多学科背景的团队，建立中介机构，为洞庭湖区生态服务市场化提供咨询指导，为尽快建设生态服务市场的提供技术支撑体系和综合技术平台。

5.　结　　语

生态补偿机制的市场化建设是转变洞庭湖湿地以政府补偿为主导的单一模式的重要手段。借鉴国外生态环境服务付费的经验，推动洞庭湖生态补偿机制的市场化建设，能有效

---

① 靳乐山，李小云，左停. 支付流域生态环境服务：市场的作用［M］. 北京：中国环境科学出版社，2006：171-183.

② 闫伟. 生态补偿的市场机制初步研究［D］. 吉林大学，2009：33-34.

③ 李玉兰. 完善我国现行税制中与生态环境相关的税收措施的思考［J］. 生态经济，2007（5）：58-60.

地弥补现行机制存在的诸多问题：补偿主体缺失、补偿手段单一、补偿标准偏低等。从法律规范、资源产权、评估机制、支付模式等方面入手，促进政府补偿与市场购买的相互协调、共同运作，有助于进一步的完善洞庭湖湿地生态补偿机制，更好地实现洞庭湖湿地生态环境的保护以及人与自然的和谐发展。

◎参考文献

［1］Cuperus, R., Canters, K. J., et al.. Guidelines for ecological compensation associated with highways ［J］. Biological Conservation, 1999, 90 (1): 41-51.

［2］Landell-Mills, N., Porras, I. T.. Silver bullet or fools gold: A global review of markets for forest environmental services and their impact on the poor ［R］. Instruments for Sustainable Private Sector Forestry Series, 2002: 111-152.

［3］Ferraro, P. J., Kiss, A.. Ecological-direct payments to conserve biodiversity ［J］. Science, 2002, 298 (5599): 1718-1719.

［4］Munoz-Pina, C., Guevara, A., Torres, J. M., et al.. Paying for the hydrological services of Mexico's forests: Analysis, negotiations and results ［J］. Ecological Economics, 2008, 65 (4): 725-736.

［5］黄婧. 全国性生态补偿——浙江标本 ［N］. 国际金融报, 2006-3-31.

［6］吴晓青, 驼正阳, 杨春明等. 我国保护区生态补偿机制的探讨 ［J］. 国土资源科技管理, 2002 (2): 18-21.

［7］刘桂环, 张慧远, 万军等. 京津冀北流域生态补偿机制初探 ［J］. 中国人口、资源与环境, 2006, 16 (4): 120-124.

［8］曾祥华, 孙慧. 太湖流域生态补偿机制研究 ［J］. 江南论坛, 2012 (7): 28-29.

［9］孟浩, 白杨, 黄宇驰, 王敏, 鄢忠纯, 石登荣, 黄沈发, 王璐. 水源地生态补偿机制研究进展 ［J］. 中国人口、资源与环境, 2012 (10): 86-93.

［10］常修泽. 资源环境产权制度及其在我国的切入点 ［J］. 宏观经济管理, 2008 (9): 47-48.

［11］靳乐山, 李小云, 左停. 支付流域生态环境服务：市场的作用 ［M］. 北京：中国环境科学出版社, 2006: 171-183.

［12］闫伟. 生态补偿的市场机制初步研究 ［D］. 吉林大学, 2009: 33-34.

［13］李玉兰. 完善我国现行税制中与生态环境相关的税收措施的思考 ［J］. 生态经济, 2007 (5): 58-60.

中国中部地区市场化生态补偿机制与政策研究

贺清云[1] 朱翔[2] 何甜[3] 汤礼莎[4] 谢谦[5] 杨静[6]

(1，2，3，4，5，6 湖南师范大学资源与环境科学学院 长沙 410081)

1. 市场化生态补偿机制概述

1.1 生态补偿的概念

目前学术界对生态补偿的概念并无统一的结论。1993 年荷兰在修建高速公路时，把生态补偿原则作为一项重要因素考虑。这里的生态补偿被认为是对因修建高速公路而受损的生态系统进行修复或者进行异地重建以弥补生态服务功能损失的做法。[①] 因此，当时的生态补偿主要是指生态恢复、重建或建设，而生态补偿中的费用支付仅仅是环境保护和生态建设的一种辅助手段。随着生态补偿理论的进一步发展，国际上所说的生态补偿（ecological/environmental compensation）主要是指通过改善被破坏地区的生态系统状况或建立新的具有相当的生态功能或质量的栖息地，来补偿由于经济开发或经济建设而导致的现有生态系统质量或功能的下降与破坏，从而保持生态系统的稳定性。[②]

在国内，根据研究的不同角度，学者们对生态补偿的含义有不同的见解。叶文虎等（1998）认为，生态补偿是自然生态系统对生态环境破坏所起的缓和补偿作用。毛显强（2002）将生态补偿定义为对破坏（或保护）生态资源环境的行为进行收费（或补偿），提高这种行为的成本（或收益），激励破坏（或保护）行为的主体减少（或增加）因其行为造成的外部不经济性（或外部经济性），从而达到保护资源的目的。毛锋等（2006）强调生态补偿是对失去自我反馈与恢复能力的生态系统进行物质能量的反哺和调节功能的修复。曹明德（2004）从法学角度出发，认为所谓自然资源有偿使用制度，是指自然资源使用人或生态受益人在合法利用自然资源过程中，对自然资源所有权人或对生态保护付出代价者支付相应费用的法律制度。

综合国内外学者的研究并结合我国的实际情况，我们认为：生态补偿是以保护和可持续利用生态系统服务为目的，以经济手段为主调节相关者利益关系的制度安排。

1.2 生态补偿机制的概念

"机制"这个概念目前被广泛运用于自然、社会、经济各个领域，诸如灾害机制、市场机制、竞争机制、激励机制、约束机制等。机制具有如下一些特征：机制是由多个要素

---

① Cuperus，R．，K. J. Canters，A. G. Annette，et al.．Ecological com-pensation of the impacts of a road：Preliminary method for the A50 road link ［J］. Ecological Engineering，1996，7.

② Moreno，P. J.，Raj，B.，Stern，R. M.，Data-driven environmental compensation for speech recognition：Unified approach［J］. Speech Communication，1998，24.

构成的，各构成要素之间有着内在的相互依存、相互作用的有机联系；机制的各构成要素间相互依存、相互作用的关系及各要素相互作用的运行过程是有规律的，这些规律，即是各要素之间内在的、本质的、必然的、稳定的、普遍的联系；自然领域的机制完全是客观的，而社会领域的机制在具有客观性的同时，还具有一定的主观性，这是因为社会领域的机制在其形成过程中有人为的因素，有人的主观能动性的发挥；机制是一种物质运动的过程，是动态的。综上所述，可以总结所谓机制，是指一个客观系统内部各要素的组织结构及各要素和各子系统间相互作用的具有规律性的运行过程、运行方式。

将"生态补偿"与"机制"结合起来时，就形成了为解决现实存在的实际问题而赋予的制度学概念——生态补偿机制，见图1。所谓生态补偿机制就是研究生态补偿各组成主体和部门之间相互影响、相互作用的规律以及它们之间的协调关系，通过一定的运行方式和途径，把各构成要素有机地联系在一起，以达到生态补偿顺利实施的目的。本研究认为，较科学规范的和较符合政策性要求的生态补偿机制内涵可以表述为：（1）生态补偿机制是以维护、恢复和改善生态系统服务功能为目的，以内化相关活动产生的外部成本为原则，以调整相关利益者（保护者、破坏者、受害者和受益者）因保护或破坏生态环境活动产生的环境利益及其经济利益分配关系为对象的，具有经济激励作用的一种制度安排；（2）生态补偿机制对保护行为的补偿依据是保护者为改善生态服务功能所付出的额外的保护与相关建设成本和为此而牺牲的发展机会成本，对破坏行为的求偿依据是恢复生态服务功能的成本和因破坏行为造成的被补偿者发展机会成本的损失；（3）实现生态补偿机制的政策途径有公共政策和市场手段两大类；（4）生态补偿机制是一种有效保护生态环境的环境经济手段，有利于促进社会公平与和谐发展。更详细地说，生态补偿机制是以保护生态环境，促进人与自然和谐发展为目的，根据生态系统服务价值、生态保护成本、发展机会成本，运用政府和市场手段，调节生态保护利益相关者之间利益关系的公共制度。

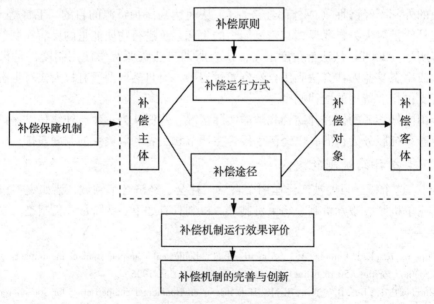

图1 生态补偿机制的要素结构

1.3 生态补偿的市场机制

有关生态补偿市场机制方面的研究工作也陆续展开。国际上生态服务市场最早起源于流域管理和规划，例如，美国田纳西河流域管理最大的成功之处就是通过其电力的盈利为流域的综合开发和管理提供资金支持，从而形成良性循环。① 1986 年美国开始的土地休耕计划对流域周围实施"土地休耕"的耕地和草地拥有者进行补偿。② 比较典型的流域生态服务补偿模式是哥斯达黎加水电公司对上游植树造林的资助。从 2000 年 4 月到 2003年 10 月森林保护组织和专门从事森林生态服务市场化方面的研究机构——Katoomba 工作组认为森林的碳汇服务、水文服务、生物多样性服务以及森林景观服务存在较大的市场化潜力，并对森林生态服务市场开发与建立所需的法律与制度环境、开发这一市场面临的关键问题与步骤等进行了深入研究。Gouyon（2003）在世界农林中心对发达国家高山贫困地区环境服务补偿行动的研究中认为，市场机制是实现社会环境成本或效益内部化最有效的手段；Kumar（2005）在对生态系统服务市场的研究中认为，政府作为许多生态服务的主要购买者和许多私营支付计划的催化剂，在生态服务市场过程中发挥着重要的作用。

2. 中部地区生态补偿机制的现状特征及市场化问题分析

2.1 中部地区生态补偿机制的现状特征

生态补偿机制是为了保护和恢复生态环境，由中央、地方、企业等生态服务受益者，向因提供生态服务而经济利益、发展机会受到损失的地区，进行政策、资金、技术等补偿的利益均衡机制。中部地区位于我国内陆腹地，有着广阔的江河流域、森林面积以及丰富的自然资源，在社会发展与经济建设中发挥着重要的生态服务作用。近年来，中部地区不断提高生态环境的保护力度，以流域、森林、矿产资源、自然保护区为重点领域，探索建立了生态补偿机制，力求实现相关利益者的和谐发展。

2.1.1 流域的生态补偿机制

流域生态补偿机制实质是流域上中下游利益再分配的过程，能有效地解决流域生态环境保护与开发的矛盾。为了实现流域整体效益的最优化，中部各省以省域范围内重点流域为对象，积极开展生态补偿机制的探索与构建，见表1。

河南省省辖有长江、淮河、黄河、海河四大流域，但地表水资源的匮乏，经常导致流域上下游之间的利益冲突。近年来，河南省相继出台了数部水环境生态补偿的相关政策与法规，逐步完善全省流域的生态补偿制度。2009 年 6—8 月，河南省分别出台了《河南省沙颍河流域水环境生态补偿暂行办法》和《河南省实施海河流域水环境生态补偿实施办法》，提出将通过扣缴生态补偿金的方式，减少沙颍河、海河流域的污染排放。2010 年 2月，河南省颁布《河南省水环境生态补偿暂行办法》，于 18 个省辖市开始全面实行地表水水环境生态补偿机制。

---

① 何俊仕. 流域与区域相结合水资源管理理论与实践 [M]. 北京：中国水利水电出版社，2006.

② Heimlich, R. E.. The U. S. experience with land retirement for natural resource conservation [R]. Beijing: Forest Trends-China Workshop on "Forests and Ecosystem Services in China", 2002.

表1   中部地区流域的生态补偿机制分析

中部各省	目标流域	资金来源	补偿对象
河南	长江、黄河、海河、淮河四大流域	向水质超标地区扣缴生态补偿金为补充、省级环保专项资金为补充	上下游生态补偿、水污染防治和水环境水质、水量监测监控能力建设以及奖励任务完成良好的省辖市
山西	黄河、海河流域	向水质超标各设区市政府扣缴生态补偿金	奖励跨界断面水质明显改善、实现考核目标地市
湖北	汉江流域（干流）	向水质超标的城市人民政府扣缴生态补偿金，各市政府建立本级财政生态补偿资金专户	上下游生态补偿、流域水污染防治和生态修复
安徽	新安江流域	中央财政专项转移支付资金以及浙江省补偿资金	流域保护和发展规划编制、环境保护能力建设、农村面源污染防治、城镇污水及垃圾处理设施、点源污染治理项目、生态修复工程
湖南	湘江流域	地方财政转移支付或政府协商支付、生态补偿基金	上下游生态补偿、补偿因湘江生态改善直接利益受损的单位与个人
江西	"五河"和东江源头	省财政安排专项资金	对"五河"和东江源头保护区给予生态补偿

山西省海河、黄河流域面积占全省总面积的99%以上，生态环境相对脆弱。为了加快改善全省水环境质量，山西省于2009年颁布实施了《关于实行地表水跨界断面水质考核生态补偿机制的通知》。2011年初，山西省环保厅和财政厅联合下发《关于完善地表水跨界断面水质考核生态补偿机制的通知》，进一步完善了断面调整、监测要求、考核指标等内容。同年底，山西省环保厅起草了《跨界断面水质考核生态补偿金使用办法》，以规范生态补偿金的使用，提高资金使用效率。

湖北省汉江流域面积广阔，自然资源丰富，是连接鄂西北与江汉平原的重要纽带。2008年，湖北省响应十七大"建立健全资源有偿使用制度和生态环境补偿机制"的号召，制定了《湖北省流域环境保护生态补偿办法（试行）》及《湖北省汉江流域（干流）环境保护生态补偿试点方案》，以推动汉江流域水环境综合整治，改善汉江水质。2010年，湖北省提出构建南水北调生态补偿机制，促进调水区与受水区经济、社会和生态的协调发展。

安徽省省辖淮河、巢湖、长江三大流域，其中淮河流域最为广阔，占安徽省总面的47.99%。近年来，为了摆脱上游排污、下游遭殃的水环境保护困境，安徽省在流域生态补偿机制方面开展了相关实践与探索。2008年，安徽省颁布了《安徽省新安江流域生态环境补偿资金管理（暂行）办法》，尝试开展新安江生态补偿机制试点工作。2012年3

月，安徽省与浙江省合作启动了两省跨流域生态补偿机制，明确两省对新安江上下游保护和治理的相关责任，优化流域淡水资源。2013 年 6 月，安徽省将以大别山区、浍河和青弋江为试点，在三大流域开展生态补偿工作。

湘江是湖南省的母亲河，流域面积 92300 平方公里，一直以来存在着重金属超标等污染问题。为了探索多样化生态补偿方式，湖南省于 2012 年启动了湘江流域生态补偿试点工作，依据断面水质监测实施生态补偿。2013 年 3 月，《湖南省湘江保护条例》正式实施，建立湘江上下游水体行政区域交界断面水质交接责任和补偿机制。

江西省境内水系发达，赣江、抚河、信江、饶河、修河五大河流构成了鄱阳湖水系，东江则是珠江流域三大河流之一。作为生态补偿机制建设的先行者，江西省于 2008 年制定了《江西省"五河"和东江源头保护区生态环境保护奖励资金管理办法》，以安排专项资金为主要途径，建立了流域水环境保护生态补偿机制。2013 年，江西人大代表邓辉更提出与广东、深圳、香港等地合作，建立跨省流域生态补偿机制。

2.1.2 森林的生态补偿机制

森林生态的维持能提供重要的生态服务功能，以生态服务的受益者为主体，对因保护森林生态环境而放弃发展机会、经济利益受到直接损害的客体提供补偿的机制，即森林生态补偿机制。我国中部地区有着丰富的森林资源，江西、湖南两省的森林覆盖率均超过50%。为了加大森林生态系统保护力度，充分发挥森林资源的生态效益，中部六省正在积极探索森林生态补偿机制，见表 2。

表 2 中部地区森林的生态补偿机制分析

补偿主体	补偿形式	补偿对象	资金用途
中央与省级财政	森林生态效益补偿基金	公益林的所有者或经营者	重点是省级公益林的营造、抚育、保护和管理
中央与省级财政	林木综合保险补贴金	公益林森林保险试点范围内的林农	公益林灾害保险补贴
中央财政	森林抚育补贴试点资金	试点范围内的国有林场和集体林	中幼林抚育
占用或征用林地的单位与个人	森林恢复补偿金	林权所有者	森林植被恢复

近年来，河南省不断巩固林改成果、推进生态环保，逐步建立起了全省范围的森林生态效益补偿机制，取得了显著的经济和生态效益。2004 年，河南省启动森林生态效益补偿制度，支持公益林建设。2005 年，河南省发布《关于修订〈河南省国家建设征用土地上经济林补偿标准〉的通知》，提高了经济林土地征用的补偿标准，以更好地保护林权所有者的实际利益。2007 年 6 月，河南省制定了新的《河南省森林生态效益补偿基金管理办法》，以提高资金使用效益。2012 年 8 月，河南省相继印发了《河南省中央财政公益林

森林保险保费补贴试点实施办法》与《河南省生态公益林管理办法》，进一步规范了生态公益林的管理与补偿。

山西省将森林生态效益经济补偿机制作为推进林业向纵深发展的关键措施，积极推动相关项目与制度的实施。2005年6月，山西省以公益林为补偿对象，启动森林生态效益补偿基金项目。7月，山西省颁布《山西省森林生态效益补偿基金管理办法》，规范补偿基金的管理。2009年1月，山西省开始执行《山西省征用、占用林地补偿费收取和使用办法》，对林地征用、占用行为征收补偿金与恢复金。2011年，山西省对2942万亩公益林实行森林生态效益补偿机制。2013年，山西省公益林保险可接受中央与地方的共同补贴。

为了促进林业向生态建设为主的转变，湖北省逐步推动补偿基金与保险试点工作，以建立完善、严格的森林生态补偿机制。1997年8月，湖北省颁布《湖北省林地管理条例》，加强林地的管理和保护。2005年，湖北省开始实施森林生态效益补偿制度，并公布了《湖北省森林生态效益补偿基金管理办法（暂行）》。2008年10月，湖北省实施了《湖北省生态公益林管理办法（试行）》，进一步完善了公益林生态补偿机制。2012年11月，湖北省正式启动森林保险试点工作，以拓展森林生态补偿的新途径。

近年来，安徽省实施了多项生态补偿政策，并率先开展公益林区划界定工作，生态补偿机制的建设工作取得了一定的成果。2006年，安徽省依据《安徽省省级公益林区划界定实施方案》划定省级公益林地。2009年，安徽省制定了《中央财政森林生态效益补偿基金管理办法》，提高补偿金使用效益。

湖南省以森林生态补偿为重点，逐步提高生态补偿标准，并制定了相关政策与措施，推进生态补偿机制的建立。2002年，湖南省印发了《关于开展森林生态效益补助资金试点工作的意见》，正式开展森林生态效益补助资金试点工作。2007年5月，湖南省公布《湖南省财政森林生态效益补偿基金管理实施细则》，以加强森林生态效益补偿基金的使用和管理。2010年，湖南省提出《关于开展2010年森林抚育补贴试点工作的实施意见》，推动全省2010年森林抚育补贴试点工作。2011年，湖南省进一步提高森林生态效益补偿标准，补偿资金直接发给管护主体。

自2004年以来，江西省以森林保护为优先，逐步完善森林生态效益补偿制度。2006年，江西省提出以生态效益的直接受益单位为对象，从其经营收入中按比例提取补偿资金。2007年11月，江西省出台了《江西省生态公益林补偿资金管理办法》，对中央和省级补偿资金进行了整合，统一管理。2009年，江西省颁布《江西省森林条例》，提出建立以政府投入为主、直接受益单位补偿为辅的公益林补偿机制。2011年，江西省启动过森林抚育补贴试点工作，探索森林经营新路径。2013年9月，江西省公布了《关于开展林业民生资金自查自纠工作的通知》，对中央财政造林补贴、森林抚育补贴、生态公益林补偿资金的管理情况，进行自查自纠，以保证补偿资金资金的使用效益。

2.1.3 矿产资源的生态补偿机制

矿产资源的生态补偿是指针对矿产资源开发过程中造成的生态环境破坏，由企业和政府出资赔偿和治理恢复。中部地区有着丰富的矿产资源，煤炭、铝土矿、磷矿、稀土矿等矿产资源的储量占全国的半数或更多。一直以来，矿产资源的开发利用有力地推动了中部地区经济的发展，但同时也造成了相当严重的生态环境破坏。为了治理和恢复中部地区矿山的生态环境，中部各省一直在探索矿产资源开发的生态补偿机制，见表3。

表3　　　　　　　　　　中部地区矿产资源的生态补偿机制分析

中部各省	资金来源	补偿方式	补偿对象
河南	（1）省级财政 （2）向矿山生产企业征收保证金	（1）直接补偿 （2）环境验收不合格的企业抽取保证金进行补偿	矿山地质环境恢复治理工程项目
山西	（1）企业采矿权的有偿出让 （2）从销售收入中提取育林基金 （3）征收保证金	（1）直接补偿 （2）环境验收不合格的企业抽取保证金进行补偿	矿山地质环境恢复治理工程项目、公益事业、农村原有办矿利益、合法矿井的关闭补偿
湖北	（1）政府与企业的投资 （2）向采矿权人征收备用金	（1）直接补偿 （2）环境验收不合格的企业抽取保证金进行补偿	矿山地质环境恢复治理工程项目
安徽、湖南、江西三省	向采矿权人征收保证金、备用金	环境验收不合格的企业抽取保证金、备用金进行补偿	矿山地质环境恢复治理工程项目

河南省是全国矿产资源大省之一，矿产资源的开发利用引发了土地资源破坏和占用、水资源和大气污染等环境问题。随着河南省各级政府对生态环境重视的提高，河南省在矿山环境恢复与补偿方面取得了一定的成果。2004年起，河南省政府从"探矿权采矿权使用费和价款"中安排矿山地质环境恢复治理项目240多个，用以支持地方对因矿区生态破坏的综合治理。2007年8月，河南省政府制定并颁布了《河南省矿山环境治理恢复保证金管理（暂行）办法》，希望通过河南省矿产资源有偿使用制度改革试点工作，建立矿山环境治理和生态恢复责任机制。2009年，河南省政府与矿山企业集资建立专项资金用于矿山环境恢复。

山西省作为中国产煤大省，煤炭开采导致地下水资源破坏、地质灾害以及生态退化等环境问题。为了改善矿山生态环境，山西省以煤炭开采为主要对象，建立了相关的矿产资源补偿机制。2005年，山西省颁布了《山西省人民政府关于推进煤炭企业资源整合和有偿使用的意见（试行）》，提出煤炭企业将现有采矿权有偿出让给省、市、县政府，由地方政府将分成与收益用于生态环境的治理。2006年，山西省从每吨煤的销售收入中提取0.15元育林基金进行生态补偿。2007年，山西省制定了《山西省矿山环境恢复治理保证金提取使用管理办法（试行）》，从每吨原煤产量提取10元矿山环境恢复治理保证金，用于污染治理、生态保护以及地质灾害的预防。2013年，山西省提出尽快制定《山西省生态环境补偿条例》，构建全省生态环境补偿基本框架。

近年来，湖北省以生态恢复工程重点，建立了相应的补偿机制。2011年，湖北省提出由中央、地方与企业共同投资，推动矿区植被保护与生态恢复工程的实施，建立矿区生态治理的长效机制。2007年5月，湖北省开始施行《湖北省矿山地质环境恢复治理备用金管理办法》，向采矿权人征收备用金，用于保护矿山地质环境，促进生态环境恢复治理。

安徽省是我国重要的煤炭和有色金属生产基地，2007年12月，安徽省公布《安徽省矿山地质环境治理恢复保证金管理办法》，规范矿山地质环境治理恢复保证金缴存、使用和管理，保证矿山地质环境治理恢复。2011年8月，安徽省进一步制定了《安徽省矿山地质环境治理恢复保证金缴存使用补充规定》，以更好地发挥保证金在矿山地质环境保护和治理中的作用。

一直以来，湖南省以有色金属与非金属矿产资源为主的开发，给生态环境造成了严重的破坏。为了推动矿山生态环境的治理与恢复，湖南省开始建立并完善全省范围内的矿产资源生态补偿机制。2004年8月，湖南省与全省范围内实施《湖南省矿山地质环境治理备用金管理暂行办法》，通过向采矿权人征收备用金，为矿产开发引发的地质灾害预防、矿山地质环境的恢复提供补偿资金。2012年6月，湖南省提出全面落实矿山环境治理和生态恢复责任划分，进一步完善矿产资源生态补偿机制。

近年来，江西省以矿山环境治理和生态恢复为重点领域，探索矿山生态环境保护长效机制的建立。2009年12月，江西省政府公布了《江西省矿山环境治理和生态恢复保证金管理暂行办法》，规定矿山企业预提保证金，并存储于财政部门指定的银行，以保证企业履行其矿山环境治理和生态恢复义务的暂存资金。2010年，江西省于全省范围开展《矿山地质环境保护与恢复治理方案》的编制工作，以推进矿山环境治理和生态恢复保证金制度的实施。

2.1.4 自然保护区的生态补偿机制

自然保护区的生态补偿机制是指为了推动保护区的生态项目建设、限制人类生产和生活行为，而建立起来的以生态项目和利益受损者为主要对象的生态补偿机制，实质上就是利益相关者之间的利益均衡机制。根据我国最新公布的各省自然保护区名录，河南、山西、湖北、安徽、湖南、江西六省分别有国家级、省级、县级自然保护区34个、46个、65个、104个、129个、200个。尽管中部各省早已针对各个保护区制定了管理与保护条例，并提出要建立自然保护区的生态补偿机制。但目前生态补偿机制的建立尚处于起步阶段，中部各省自然保护区的补偿资金主要来源于中央与地方财政，且均未出台统一的自然保护区生态补偿专项规章。只有湖北省于2013年8月通过了专项补偿法规——《武汉市湿地自然保护区生态补偿暂行办法》，明确提出由市、区两级政府出资补偿因自然保护区建设而利益受损的农民。

2.1.5 中部地区生态补偿的市场化措施与特征

近年来，中部地区为了进一步推动生态补偿的市场化建设，积极采取相关措施，将市场机制引入到生态补偿之中，并取得了一定成就。（1）2001年，山西、河南、河北三省通过协商，达成跨省购水合同以解决河南、河北耕地灌溉与用水困难；（2）以湖北省为出售方，河南省为购买方，通过水权交易的形式，促进"南水北调"向"南水北买"的转变；（3）为了控制化学需氧量、二氧化硫、氨氮和氮氧化物等主要污染物的排放，中部地区近年来以水污染、大气污染防治为重点，大力推动污染权交易机制的建立；（4）2009年，山西省以购买碳汇，开展碳汇造林为主要途径，依托国家、民众、市场的共同支持，推动森林碳汇市场的发展；（5）2012年，安徽省开始启动林业碳汇计量监测体系建设，以测准、算清林业碳汇现状及其变化，为安徽省碳汇市场的建设奠定基础；（6）近年来，湖北省积极推动碳汇造林和企业的碳交易项目，并于2012年完成了"森林碳汇发展规划"、"湖北省土地利用变化与林业2005年、2011年温室气体清单报告"，为开展全省林业碳汇工作奠定了基础；（7）"十二五"时期，湖南省提出将建设5个碳汇林业示范点，构建碳汇交易市场体系；（8）江西省早已开始实施林业碳汇项目，并将启动林业碳汇计量监测调查，为碳汇市场的建立提供依据。

中部地区生态补偿的市场化特征是：（1）中部地区生态补偿的市场化领域主要集中在水权交易、污染权交易和碳汇交易三个方面；（2）在生态补偿的市场化过程中，政府仍然发挥着重要的引导、规范和监督作用；（3）市场化生态补偿的资金来源于政府、企业、个人等多个方面；（4）中部地区生态补偿的市场化建设是建立在公平、自愿和有偿的基础之上的；（5）由于市场机制的参与，市场化生态补偿能有效地避免补偿过多或不足等情况的出现；（6）水权交易是以流域为单元形成的相对封闭的市场，主要涉及流域上下游省份和城市；（7）水权交易是由供给方主导，具有垄断性特征；（8）中部地区的污染权交易主要是为了实现水环境和大气环境的保护而建立的复合性交易体系，包括买卖行为、中介行为和行政行为；（9）中部地区的碳汇交易与产业发展有着紧密联系，目前碳汇交易主要发生在企业之间，具有稀缺性和竞争性等特点。

2.2 中部地区生态补偿机制的市场化问题分析

随着中部地区经济的迅速发展，人们生产、生活已对生态环境造成了严重的破坏与污染，极大地威胁着中部地区社会经济的可持续发展。受人类活动影响，中部地区的流域、森林、自然保护区等重要生态环境都面临着生境缩小、污染加剧、种群衰退等众多问题。近年来，按照"谁开发谁保护，谁受益谁补偿"的原则，中部各省逐步推进生态补偿机制的建设，并取得了一定成果。然而，中部地区以政府为主体的现行生态补偿机制，存在着权责不明、方式单一、标准偏低等诸多缺陷，亟待建立市场化的生态补偿机制，实现中部地区社会、经济、生态的可持续发展。

2.2.1 补偿机制的市场化范围过窄，程度过低

从市场化领域来看，中部地区现行的市场化生态补偿机制仅涉及流域、森林两大领域，对矿产资源、自然保护区等领域生态补偿的市场化推进存在着明显的忽视，无法有效地解决中部地区在矿山环境恢复、自然保护区建设等各领域生态补偿过程中所遇到的困境；从市场化程度方式来看，中部地区生态补偿机制的市场化建设尚处于起步阶段，无论是交易平台、交易方式，抑或是交易意识，都存在着极大的不足，仅仅能在较小范围、少数领域开展以试点和示范为主的生态补偿市场化建设，中部地区现行生态补偿机制的市场程度过低。

2.2.2 企业与个人无法充分发挥补偿市场主体功能

一般来说，生态补偿主体应是消费生态环境服务功能的行为主体，包括政府、企业以

及个人。市场化的生态补偿机制则更应该重视发挥企业与个人在市场交易中的主体作用，通过市场手段来实现生态服务的购买与出售。然而，一方面，生态产品作为公共产品，生态受益者普遍存在着免费消费心理，缺乏履行补偿义务的意识。① 另一方面，政府作为广大人民群众利益的代表，长期以来都是生态补偿的重要主体，中部地区生态补偿机制的市场化过程中，政府一直仍扮演着极为重要的角色，一定程度上弱化了企业与个人的市场主体地位。因此，在中部地区生态补偿机制的市场化进程中，经常出现免费享受生态服务的现象，企业与个人无法充分发挥补偿市场的主体功能，见表4。

表4　　　　　　　　　　中部地区生态补偿的主体问题分析

补偿领域	现有补偿主体	所在省份	缺失补偿主体
流域	中央与当地政府	河南、山西、湖北、江西	上下游地方政府，下游市民、农户和渔民，供水公司，污染企业等
	中央与当地政府，上下游地方政府	安徽、湖南	下游市民、农户和渔民，供水公司，污染企业等
森林	中央与当地政府，征用或占用林地的单位与个人	中部六省	享受森林生态服务的企业、法人、其他组织和个人，森林公园，风景名胜区等
	地方政府、采矿企业	中部六省	自然保护区、游客、旅游企业、享受生态服务的受益者
矿产资源	中央与地方政府	中部六省	矿产资源加工、分销和消费链上的各个主体，环境受益者

2.2.3　补偿客体的市场划分存在遗漏

生态补偿的客体主要是指提供生态服务功能的环境系统以及对生态环境保护做出贡献或因环境保护自身利益和发展机会受损的组织与个人。通过对补偿客体进行全面准确的划分，有助于补偿客体积极主动的提供更好生态服务功能，消除地区间利益不均产生的矛盾，建立平等自愿、互惠互利的市场化生态补偿机制。一方面，中部各省在流域、森林、矿产、自然保护区等领域对补偿客体的界定与落实都存在着严重的片面性，许多对生态环境保护做出重大贡献或付出的组织与个人，没有得到公正合理的补偿，极大地降低了补偿客体参与生态补偿市场交易的积极性，不利于建立覆盖全面的市场化生态补偿机制。另一方面，由于中部地区的水资源、森林资源等生态环境资源产权界定不明，经常会出现即使购买主体有意购买生态服务，也无法明确找到服务出售者的情况，严重妨碍了生态补偿市场交易体系的建立，见表5。

---

① 张建伟. 转型期中国生态补偿机制研究：一个多中心自主补偿的分析框架［D］. 西南财经大学，2009.

表5　　　　　　　　　　　中部地区生态补偿客体现存问题分析

补偿领域	补偿客体界定现存问题
流域	（1）补偿流域不够全面，仅将各省主要干流纳入补偿范围 （2）未将流域上游省份纳入补偿范围 （3）忽视了对补偿客体发展机会受损的补偿
森林	（1）未将林木周边生态环境纳入补偿范围 （2）仅将防护林和特种用途林纳入公益林补偿范围 （3）未将因森林保护利益受损的组织与个人纳入补偿范围
矿产资源	未将因矿产开发生态、经济利益受损的周边组织与个人纳入补偿客体
自然保护区	（1）未将对保护区做出重大贡献的组织或个人纳入补偿范围 （2）尚未对因保护区建设而利益受损的组织与个人做出明确界定

2.2.4　中部地区现行交易机制存在缺陷

水权交易、污染权交易以及碳汇交易是中部各省已开始逐步推广和完善的市场化生态补偿方式，通过运用市场手段，以弥补中部地区以政府补偿为主的生态补偿机制中存在的缺陷。然而，这三项交易在中部地区尚处于起步阶段，交易机制的不完善，对中部地区生态补偿机制的市场化发展造成了诸多障碍。

（1）水权交易机制。第一，水资源所有权、使用权、管理权等权属界定不明，易导致各地区在水资源开发利用中产生冲突，不利于水权的交易与转让；第二，尚未建立正式的水权交易市场，缺乏相应的交易规范，极大地降低了水权交易的效率，不利于水权市场的发育；第三，缺乏科学合理的水价体系，不利于水资源的优化配置。

（2）污染权交易机制。第一，排污权交易缺乏相应政策法规的规范；第二，如何测算中部各省不同区域污染物排放的最大允许量，是建立污染权交易机制面临的核心问题；第三，中部各省尚未建立科学合理的污染权初始分配制度，降低了交易的公平性和参与的积极性；第四，地方政府对本地企业的保护主义措施，严重妨碍了污染权的自由交易。

（3）碳汇交易机制。第一，中部各省尚未建立有统一规范的碳汇交易市场体系；第二，中部各省的参与碳汇交易的人数较少，交易形式以单独的项目交易为主；第三，缺乏提供碳汇数量与信息的服务平台，极大地影响了碳汇交易的效率；第四，由于缺乏规范的交易平台，林权经营者的利益得不到保障，极大地降低了林权经营者提供"碳信用"的积极性，不利于碳汇市场的多元化发展。

2.2.5　补偿标准缺乏科学性

生态补偿标准的核算是中部地区建立市场化生态补偿机制所面临的重要问题。一般来说，生态补偿标准的确定需要参考以下几个方面：生态保护者的投入和机会成本的损失、生态受益者的获利、生态破坏的恢复成本、生态系统服务的价值。目前，中部六省在流域、森林、矿产资源等领域均已建立了相关补偿标准，然而，现行生态补偿标准经常存在过度补偿和补偿不足等问题，缺乏科学的核算方法。一方面，由于缺乏对区域差异的考虑和市场化的资源定价，无法反映真实的生态成本；另一方面，补偿标准经常忽略了对地方与个人发展机会损失的评估，无法真实反映出湿地范围内居民与政府因保护湿地所承受的损失。而且，以中央与地方财政为主体的补偿资金，也严重限制了补偿标准的提高，见表6。

表6 　　　　　　　　　　　　中部地区生态补偿标准的问题分析

补偿领域	补偿标准的考虑依据	存在的问题
流域	化学需氧量、氨氮、高锰酸盐指数等水质监测	(1) 补偿资金的统一管理与各流域的不同考核要求 (2) 水质考核目标相对宽松，缺乏即时性 (3) 补偿标准缺少进一步细化，存在"一刀切"的问题 (4) 缺少对保护投入、生态获益、服务价值等方面的考虑
森林	公益林的管护与基本防护	(1) 补偿标准偏低，每亩森林生态补偿资金仅为15元 (2) 没有根据各省经济状况、不同树种确定合理的补偿标准体系和价值核算体系
矿产资源	资源产量、采矿权出让价格	(1) 没有将环境恢复费用与生态功能损害作为补偿标准 (2) 未将环境破坏对后代和周边居民权利的损害考虑其中
自然保护区	保护区建设与管理费用	(1) 未充分考虑地区经济发展差异 (2) 未将保护区建设造成的组织与个人的损失作为补偿标准

2.2.6　尚未建立完善的市场化生态补偿政策法规体系

完善的生态补偿政策法规体系，有助于规范生态补偿过程中的交易行为，使市场交易有法可依、有理可循，是推动市场化生态补偿机制建设的重要保障。然而，目前中部地区尚未出台任何一部关于市场化生态补偿机制的专项法律法规。对于交易对象——生态环境资源的权属划分，多分散于我国水资源法、森林法等多部法律之中，使得市场交易缺乏系统性和可操作性；中部地区针对各省的政府补偿方式与资金已出台了多项政府文件和管理办法，对于生态补偿的市场交易程序和交易标准却从未做出明文规定，生态补偿的市场运作只能通过交易双方的协商、谈判等方式来进行，缺乏强有力的法规保障；另外，生态补偿市场法规的缺乏，导致地方政策在约束性方面稍显不足，市场交易中极易出现有法不依等现象，严重妨碍了生态补偿市场交易的正常运行，见表7。

表7 　　　　　　　　　　　　中部地区生态补偿法规体系的问题分析

补偿领域	政策法规现有的问题
流域	(1) 仅制定了以流域水环境补偿为主的相关法规 (2) 缺乏针对补偿主客体界定的专项法规 (3) 没有对面向企业与个人的生态补偿做出规定 (4) 没有建立针对政府财政以外的市场化补偿资金的监督与管理规定

补偿领域	政策法规现有的问题
森林	（1）缺乏指导性的统一法规 （2）缺乏针对补偿主客体界定的专项法规 （3）没有对森林生态补偿实施具体程序的规范性文件 （4）缺乏结合各省实际的配套政府规章
矿产资源	（1）现行税种不具备生态补偿性质 （2）缺乏针对矿山环境保护特点的法律法规和技术标准 （3）未对资金的生态补偿用途做出严格的规定 （4）未建立通过市场手段征收补偿金的相关规范
自然保护区	（1）未建立自然保护区生态补偿专项法规 （2）保护区法定补偿办法和程序空缺 （3）缺少对补偿资金用途的明文规范

3. 中部地区市场化生态补偿机制的建设体系和市场的作用机制

3.1 中部地区市场化生态补偿机制的建设体系

（1）生态补偿制度保障机制。生态补偿制度保障机制，是指为了保证生态补偿的实施，应建立相关的法律法规、条令条理和政策措施等不同层次的制度安排，以法律法规的方式保证生态补偿机制的有效运行，其主要作用在于解决"如何保证补偿"的问题。

中部地区建立市场化的补偿机制首先要解决制度保障的问题。应根据国家宏观法律法规指导，制定中部地区市场化生态补偿补偿法律和法规，通过法律法规建立严格的生态补偿标准，形成能够应对中部地区生态环境损害的生态环境补偿政策法规体系。具体来说，完善或重新设立生态补偿的相关法律，明确各利益相关者权利义务责任界定，规定补偿内容、方式与标准；对新的生态问题和生态保护方式进行有效的法律支持；进一步完善生态环境资源产权制度，实施自然生态资源产权的初始分配并完善许可证制度，运用生态资源的自然资产权安排确定各利益相关者应负担的生态补偿责任和应得到的生态补偿权利。

（2）环境资源产权界定机制。进一步运用法律依据来明确环境资源的责任主体，对诸如土地资源、森林资源、水资源、矿产资源、草原资源、环境容量及其净化能力资源等稀缺资源进行权能的界定，分配收益、使用、占有等权能。对有关资源和环境产权进行分解，并将分解的产权在市场主体间分配。对难以界定产权的自然资源，通过强有力的管理措施来进行监督管理，对于那些他人无法使用、消费或排他费用很高的生态环境，由中部六省政府统一管理和分配使用，确保公众利益不受损害。

通过自然资源产权交易实现所有权主体的多元化，通过租赁、参股等形式实现资源所有权与使用权的分离，提高资源的使用效率，最终做到资源利用公开化、透明化、法制化，建立起中部六省"统一监管、分类指导、分层管理、流转有序、运营科学"的资源资产管理体系。

（3）生态补偿责任机制。按照"谁开发谁保护、谁破坏谁恢复、谁受益谁补偿、谁污染谁付费"的原则，建立生态补偿责任机制，完善生态补偿政策体系。

一是污染者付费原则，即污染者必须承担控制污染的费用。强调环境污染所造成的损失以及防治污染的费用不应该由政府和社会来承担，而是应该由排污者自己承担。污染者不仅应该承担治理污染的责任，也应该承担起防治区域污染的责任，承担起控制区域污染和相关费用的责任。环境责任的主体不仅限于污染物排放者，还包括污染物的产生者；治理污染的责任范围不仅包括主体自身，还包括区域内的环境保护。

二是使用者付费原则，即占用在生态恢复能力和环境自净能力范围内的自然资源时，应该按照使用者付费原则，由生态资源使用者向国家和社会提供补偿。因为生态资源属于一种稀缺资源，使用者付费原则主要应用于环境设施的建设和运营领域。中部地区可以借鉴国内外先进经验，建立起包括生活污水处理收费制度、排污权有偿转让制度和排污收费制度、危险废物处理收费制度、垃圾处理收费制度等。

三是受益者付费原则，即资源和环境的受益者需要对环境服务功能提供者支付相应的费用。对于典型的公共物品，由政府承担生态补偿的主要责任，例如对国家生态安全具有重要意义的国家级自然保护区、江河水域、防风固沙区、洪水调蓄区等。在区域内的公共资源，应该由公共资源的全体受益者来按照特定的分担机制承担补偿的责任。

（4）生态补偿标准确立机制。生态补偿标准是对生态补偿支付费用的依据，主要解决"补偿多少金额"的问题，也成为生态补偿中的核心问题。生态系统服务价值核算也叫生态服务功能价值评估，主要是针对生态保护或者环境友好型的生产经营方式所产生的水土保持、水源涵养、气候调节、生物多样性保护、景观美化等生态服务功能价值进行综合评估与核算。

可以考虑建立中部地区生态资本评估研究机构，采取由各级政府资助，邀请科学界、法学界、经济界、环境保护方面的有关社会精英共同尝试参与的方式，从经济与投资价值角度，运用科学的方法，对生态资本的各种类型经济价值与期望投资收益进行评定和估算，进而确定生态补偿的标准。在进行价值量核算时，若存在直接的市场交易，应该首先选取直接市场法，若不存在直接市场反应时，可以使用机会成本法、成果参照法、替代市场法等间接市场的方法进行估算；若不存在间接市场，可选用意愿调查法从货币角度合理地加以计算。

（5）生态补偿资金筹措机制。市场化的生态补偿资金应该跳出以政府为主导的财政转移支付手段，拓宽生态补偿资金的筹措渠道，推进地方、区域、行业多层次协调一致，市场运作、政府调控、公众参与的多元化运营模式。

一是建立生态环保创业投资基金。集中社会闲散资金用于具有较大发展潜力的环保产业进行股权投资，并对受资企业提供一系列增值服务，通过股权交易获得较高的投资收益，实现环保产业与资本市场的结合，为生态企业注入资金，解决生态建设资金不足的问题。

二是资产证券化融资（ABS融资）。以生态项目所拥有的资产为基础，以该项目未来的收益为保证，通过在国际市场上发行高档债券来筹集资金。这种融资方式风险较低、融资成本较低，可以缓解中部地区生态环保基础设施建设基金不足的现状。

三是 BOT 方式。通过政府或所属机构为投资者提供特许协议，准许投资方开发建设某一生态项目，项目建成后在一定期限内独立经营获得利润，协议期满后将项目无偿转交给政府或所属机构。

四是培育和发展生态资本市场。利用股票市场支持具有比较优势和竞争优势的生态环保企业进行股份制改造，将效益好的企业推荐上市，通过社会融资实现企业资本的筹集和扩张，增强企业的环保投资能力；利用债券市场大量发行生态环保债券，用于中部地区湖区治理、矿产地修复、水源保护等生态工程等。

（6）生态补偿监督和管理机制。生态补偿的监督机制，是生态补偿工程严格按照环境保护部门制定的市场化生态补偿标准进行的制度保障，主要负责监督生态补偿规划的完成情况和利用生态资源的企业完成的生态环境补偿项目是否符合生态环境补偿标准，同时，也对市场化运作和生态补偿市场行为是否规范进行监督。生态补偿工作的监督部门应该是环境保护部门，由中部地区各省级环保部门制定生态补偿的规划，引进全面质量管理的控制系统，对生态补偿的工作进度、质量、预算执行情况、市场交易情况进行跟踪监督；对生态补偿过程中出现的新问题建立反馈机制，将反馈结构运用到新的生态补偿规划中，实现整个城市生态补偿工作的动态监督管理体制。

在生态补偿机制的运作过程中应有专门的管理机构，负责实施环境保护部门制定的生态补偿规划。对于市场化的生态补偿中出现的问题，由环境保护部门根据规划和预算为生态补偿管理机构筹集资金，并由其按照预算规定使用，在修复工程完工后，向环境保护部门提交决算。同时，规范市场操作，管理由于市场失灵和违规导致的资金管理问题，根据地方环境保护部门生态补偿规划调配和使用生态补偿专项资金，协调企业与企业之间、企业与个人之间的利益平衡，或通过社会招标或委托专业治理企业来完成生态补偿工程。①市场化生态补偿机制建设体系见图 2。

3.2 市场在生态补偿中的作用机制

市场参与生态补偿源于"经纪人"的动机以及部分消费者对于生态公共物品的超额需求。按照经济学的观点，供给与需求是构成运行机制的基本要素，市场交易必须是交易双方基于市场的价格机制的自愿选择。作为供给主体的"经纪人"愿意提供生态公共物品的前提是提供这类公共物品，能够在增进社会福利的前提下为自身带来利益。消费主体愿意通过市场运行为"购买"生态公共物品的条件是：这类生态公共物品虽然为公共物品，但对于部分消费者来说，他们对于生态公共物品有超额需求。这种给消费者的超额需求与"经纪人"动机的结合使市场机制供给生态公共物品得以实现。

为了激励市场对生态公共物品的供给，政府在相关政策方面必须有一定的诱导性，以鼓励社会资本对生态公共物品的投资，包括政策优惠、税金减免等方式。但是，即使是市场供给的公共物品，它仍然具有一定程度的公共性。因此，承担公共责任，接受政府规制和公共监督是营利性组织市场供给公共物品的必要条件，见图 3。

---

① 王金南，万军，张惠远．关于我国生态补偿机制与政策的几点认识［J］．环境保护，2006（10A）：24-28.

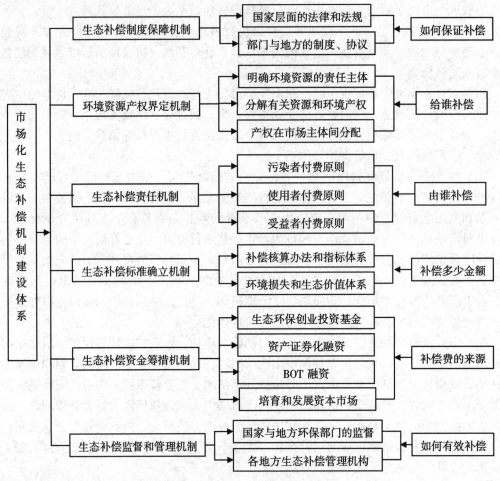

图2　市场化生态补偿机制建设体系

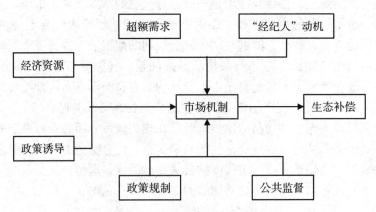

图3　生态补偿中的市场机制

市场在生态补偿机制有效作用发挥的制约条件是生态资源的产权明晰。在一国范围内，对物品产权的界定通常是由一个强有力的政府做出的，这就意味着只有政府对物品产权明确界定和规制的市场，才能实现物品的有效供给，否则这种供给非但没有效率，而且这种供给的市场甚至根本就不存在。同时，市场经济是法制经济，市场经济所需要的法律制度的构建和维护也源自政府。因此，没有一个理性的政府来维护市场经济的秩序，市场经济的运行就会失控。特别是对于以满足社会成员公共需求的生态公共物品供给而言，市场机制的运行更需要理性政府的规制。①

4. 中部地区市场化生态补偿机制建设的政策建议

建立健全中部地区市场化生态补偿机制，必须以科学发展观为指导，按照构建社会主义和谐社会的要求，统筹区域协调发展为主线，以体制创新、政策创新、科技创新和管理创新为动力，制定系统的市场化生态补偿政策②，不断完善政府对市场化生态补偿的调控手段和政策措施，充分发挥市场机制作用，动员全社会积极参与，逐步建立公平公正、积极有效的生态补偿机制。

4.1 需要国家层面提出的政策建议

（1）明确受益者和保护者的权责，界定环境资源产权。市场化生态补偿的支付主体是生态受益者以及代表受益者的各级人民政府。中央政府主要负责国家重点生态功能区、重要生态区域、大型废旧矿区和跨省流域的生态补偿；地方各级政府主要负责本辖区内重点生态功能区、重要生态区域、废旧矿区、集中饮用水水源地及流域海域的生态补偿。对于典型的公共物品，由政府承担生态补偿的主要责任。在区域内的公共资源，由公共资源的全体受益者来按照特定的分担机制承担补偿的责任。加强对生态补偿资金使用的权责落实的监督管理。界定环境资源产权，对于地理位置独立的土地资源、森林资源、水资源、矿产资源、环境容量及其净化能力资源等稀缺资源，其责任主体为当地政府；对于跨区域等难以界定产权的自然资源，由中部六省政府统一管理和分配使用。

（2）完善市场化生态补偿原则和相关法律法规。通过完善生态补偿原则和相关法律法规，建立健全市场化生态补偿长效机制。根据"谁开发谁保护、谁破坏谁恢复、谁受益谁补偿、谁污染谁付费"的原则，对于污染生态资源的企业或个人，必须承担污染治理和防治区域污染的所有费用，赔偿由消耗生态资源、破坏生态系统带来的所有损失。严重污染生态环境资源的情况，必须追究其相应的法律责任。因生态资源的合法开发而给生态资源重复利用造成的破坏，由企业对生态资源所有权人进行补偿；因生态资源的合法开发而给周围环境造成的污染破坏，由生态企业对生态区居民进行补偿；因生态资源的不适度开发而给生态资源永续利用造成的破坏，由企业对"后代人"进行补偿；因生态资源的不合理定价而给生态城市造成成本投入损失，由其他工业城市对生态城市进行补偿。

（3）加快完善基础性制度。加快建立健全相关产权制度。进一步明确市场化生态补

---

① 陈学斌. 加快建立健全生态补偿机制的政策建议 [J]. 经济研究参考，2011（6）：10.

② 生态补偿立法与湿地生态补偿国际研讨会在江西九江召开 [EB/OL]. http://news. hexun. com/2011-11-30/135847943. html.

偿主体、对象及其服务价值，以界定产权为前提，建立和完善市场化生态补偿机制。加快建立市场化生态补偿标准体系，根据各领域、不同类型地区的特点，完善测算方法，分别制定市场化生态补偿标志，并逐步加大市场化补偿力度。切实加强监测能力建设，健全重点生态功能区、跨省流域断面水量水质国家重点监控点位和自动监测网络，制定和完善监测评估指标体系，及时提供生态监测评估信息。逐步建立生态补偿统计信息发布制度，抓紧建立市场化生态补偿效益评估机制，积极培育生态服务评估机构。将市场化生态补偿机制建设工作成效纳入地方政府的绩效考核。强化科技支撑，开展生态补偿理论和实践重大课题研究。

（4）加大市场化生态补偿力度。建立生态建设重点地区经济发展、农牧民生活水平提高和区域社会经济可持续发展的长效投入机制。提高市场化补偿标准。完善矿山环境治理、恢复责任机制，矿山地质环境治理和生态恢复保证金征收力度在原有基础上增加5%；开征环境税，对于占用在生态恢复能力和环境自净能力范围内自然资源的企业，向其征收其营业额30%的生态补偿费。扩大补偿范围。在森林、矿产资源开发等市场化生态补偿集中领域继续发扬优势，加强对流域、湿地等的补偿力度，将耕地及土壤生态补偿纳入工作范畴。将资源税的征收对象扩大到矿藏资源和非矿藏资源。征收水污染税、大气污染税、污染源税等一些专项生态税，加大水土保持生态效益补偿资金的筹集力度。在主要依靠中央财政转移支付的同时，加大地方政府和企事业单位投入，增加优惠贷款、社会贷款等其他渠道。除资金补助外，重视产业辅助、技术援助、人才支持、就业培训等其他补偿方式。

（5）完善市场化生态补偿资金管理，鼓励生态交易。加强部门内部和行政地域内的市场化生态补偿工作，整合有关生态补偿的内容，对于跨部门和跨行政地区的市场化生态补偿工作，上级部门应给予协调和指导。建议国务院设立市场化生态补偿联席办公小组，负责国家市场化生态补偿的协调管理，联席办公小组由发改委、财政部、环保总局、林业局、水利部、农业部等相关部委领导组成，行使市场化生态补偿工作的协调、监督、仲裁、奖惩等相关职责，下设办公室，作为常设办事机构，同时建立一个由专家组成的技术咨询委员会，负责相关政策和技术咨询。此外，为鼓励民营经济投资创办生态制造企业，联席办公小组可集中审批生态制造企业设立申请，并提供全程高效的行政服务。对于业已开展生产经营的生态制造企业，通过贷款担保、贴息、税收优惠以及行政事业性收费减免等措施，支持生态制造企业业务发展。及时足额发放地方补偿资金，严惩挤占、挪用补偿资金等违反国家生态补偿机制的现象和行为。生态资金的使用遵循鼓励生态交易的原则。鼓励投资方建立生态项目，准许投资方开发建设某一生态项目，项目建成后在5年内独立经营获得利润，5年后将项目无偿转交给政府或所属机构。降低生态项目贷款利率，根据专家的生态资本评估，对新开发的生态项目提供10%的补助。鼓励生态环保企业股份制改造，对完成上市的生态环保企业一次性奖励50万元资金。鼓励社会资本对生态公共物品的投资，对投资生态公共物品的企业或个体，提供2万元的启动资金并减少20%的税金。鼓励生态资源自组织的私人交易和生态服务市场贸易，简化和加快生态交易协议和相关法律合同的审批流程。成立生态环境友好型的产品认证机构，对生态有机食品、绿色食品等生态友好方式生产出来的商品企业减免15%的税金。

（6）积极开展多元市场化生态补偿方式探索和试点工作。充分应用经济手段和法律手段，探索多元市场化生态补偿方式。搭建协商平台，完善支持政策，引导和鼓励开发地区、受益地区与生态保护地区、流域上游与下游通过自愿协商建立横向补偿关系，采取资金补助、对口协作、产业转移、人才培训、共建园区等方式实施横向生态补偿。鼓励建立生态环保创业投资基金、生态项目资产证券化融资（ABS融资）等非政府为主导的市场化生态补偿资金筹措渠道，对生态项目基金主要建立者和融资者酌情予以奖励。积极运用碳汇交易、排污权交易、水权交易、生态产品服务标志等补偿方式，探索市场化补偿模式，拓宽资金渠道。在湘江、洞庭湖、鄱阳湖、东江、洪泽湖、丹江口水库、黄河、淮河、海河、汉江等开展流域和水资源生态补偿试点，在黄河中游水土流失严重地区、荆江重要蓄滞洪区开展水生态补偿试点，在大同、太原、阳泉、临汾等典型煤矿塌陷区建立土地复垦示范区，在具备条件的地区开展耕地及土壤生态补偿试点，以典型示范、点带面的方式，有计划地推广示范点经验，稳妥地推动市场化生态补偿机制的全面实施。

（7）加强组织领导和监督检查。建立生态资本评估机构，由政府资助成立生态评估专家组，对生态资本的各种类型经济价值与期望投资收益进行评定和估算。建立由发改委、财政部等部门组成的部际协调机制，加强对市场化生态补偿工作的指导、协调和监督，研究解决生态补偿机制建设工作中的重大问题。加强生态补偿资金分配使用的监督考核，加大对重点领域和区域生态补偿特别是试点工作的指导协调。指导各地按照中央的总体部署，严格资金使用管理，强化监督检查，确保市场化生态补偿政策落到实处。建议配合国家生态补偿机制的建立，理顺国家生态环境建设和保护的管理体制，变多头监管为统一管理，为生态补偿机制的实施提供强有力的组织保障。国家有关部门要尽快开展生态效益测算的专项研究工作，包括生态系统服务功能的物质量和价值量的核算方法，资源开发和工程建设活动等的生态环境代价核算方法，合理生态补偿标准的确定等；与此同时，还要加强对生态环境情况的动态监测，建立科学的生态环境监测和生态效益指标评价体系，为科学合理地开展市场化生态补偿提供理论支撑和科学依据。

（8）提升全社会市场化生态补偿意识。使谁开发谁保护、谁受益谁补偿的思想深入人心，是市场化生态补偿机制建立和真正发挥作用的社会基础。进一步加强生态补偿宣传教育力度，使各级领导干部确立提供市场化生态公共产品也是发展的理念，使生态保护者和生态受益者以履行义务为荣、以逃避责任为耻，自觉抵制不良行为；引导全社会树立生态产品有价、保护生态人人有责的意识，营造珍贵环境、保护生态的好氛围。

4.2 需要省级层面提出的政策建议

4.2.1 建立健全生态补偿的公共财政制度

（1）继续加大生态补偿投入。充分发挥财政转移专项资金在现阶段生态补偿机制建立过程中的主导地位，逐步加大财政补助资金的投入力度。为鼓励中部六省保护区域内的森林、流域、湿地、矿区、重要生态功能区的积极性，各省可在原有生态补偿资金的基础上，分别每年新增5亿元的专项资金，视财力可能，逐步进行充实和调整。

（2）整合优化财政补助结构，加强地方专项资金配套。各省应当根据生态补偿的要求，加快建立配套的生态补偿专项资金并制定使用管理办法，对生态环境保护好的地区给予重点补助，对生态环境保护欠好但考核结果比上年有进步的地区给予适当补助，对生态环境保护不力的地区则相应减少补助。配套资金应优先扶持省级生态补偿资金投向的重点领域和项目，对重点区域采取"先行先试"的试点补偿方案。

（3）积极争取国债等资金支持。多渠道积极争取国债资金以及国家级各类专项补助资金，提高政府各项资源性收费中用于生态补偿的比重，强化资源使用补偿。争取各种社会资金（包括捐助）参与生态环境建设。

（4）探索市场化筹资的补偿方式。支持多渠道吸收社会资金，争取国际非政府组织专项基金支持，引导社会公益性资金加大对生态保护的投入；加强与生态环保领域国际机构的合作，积极争取国外贷款、赠款支持，引进生态建设的新理念、新技术、新机制，探索和推广高效、经济的生态治理方案。

4.2.2 逐步建立责权统一的生态补偿行政责任制度

（1）明确各省生态补偿的重点领域。重点加强生态公益林建设、饮用水源保护工程、流域交接断面水质自动检测系统建设、湿地保护工程、矿产资源资源开发区的环境保护和生态建设，加强重点工程项目管理，实施重点项目重点管理，积极制定生态重点工程项目在用地、税收等方面的优惠政策，充分发挥生态补偿在生态环境保护和建设中的整体效益。

（2）建立生态补偿的行政责任机制。建立生态补偿的行政激励机制，积极启动绿色GDP国民经济核算研究，将资源和环境成本纳入国民经济发展评价体系，作为衡量区域经济发展水平的重要指标。改革和完善现行党政领导干部政绩考核机制，将万元GDP能耗、万元GDP水耗、万元GDP排污强度、交接断面水质达标率和群众满意度等指标纳入考核指标并逐步增加其在考核体系中的权重，建立健全特殊生态价值地区领导干部政绩考核的指标体系。

（3）明确补偿标准。根据各地方政府环境保护和生态建设目标责任制考核内容，结合流域生态环境质量指标体系、万元GDP能耗、万元GDP水耗、万元GDP排污强度、交接断面水质达标率和群众满意度等指标，逐步建立科学的生态补偿标准体系。

4.2.3 引入市场化激励机制，完善生态补偿的市场化运作模式

引入公平、合理、高效的生态补偿市场化激励机制，将"钱"（资金投入）与"权"（产权）进行有效合理配置，使政府财政支付与市场补偿相结合，充分发挥政府、企业与社会公众的力量，让生态资源能够长久地发挥其经济效益与生态效益，避免单纯依靠政府的财政支付因缺乏灵活性和持久性，而产生的后续的新问题。完善的市场补偿机制的建立需要的条件比较严格，即必须建立在产权明晰和市场交易成本低的条件下，才能实现市场补偿机制的效益最大化。要在生态补偿中充分发挥市场在调节资源配置中的基础性作用，引导社会各方参与生态资源的环境保护和建设，培育资源市场，开放生产要素市场，使资源资本化、生态资本化、使环境要素的价格真正反映它们的稀缺程度，从而达到节约资源和减少污染的双重效应。另外，应积极探索资源使用权、碳汇交易、排污权交易、水权交易、生态产品服务标志等市场化的补偿模式，完善生态资源合理配置和有偿使用制度，加快建立生态资源使用权出让、转让和租赁的交易机制；探索建立区域内污染物排放指标有偿分配机制，逐步推行政府管制下的排污权交易，通过市场机制降低治污成本、提高治污效率，引导鼓励生态环境保护者和受益者之间通过自愿协商实现合理的生态补偿。当然，

市场机制不能脱离政府的强有力管理而存在，它需要政府在市场补偿的过程中发挥纠正市场偏差和市场失灵的作用。

4.2.4 完善生态服务交易平台，鼓励社会力量参与

建立市场化的生态补偿机制，必须以生态交易平台为基础，促进生态服务交易主体多元化，吸引社会力量参与。对于政府财政支持的生态建设项目，应把中央的转移支付、地方生态税费收入和专项基金等补偿资金统一注入生态服务交易平台，以政府购买的方式进行生态补偿。环保 NGO 利用国内外政府、企业和个人捐款实施生态保护计划，是政府进行生态建设的重要补充。对于这类社会公益组织主导的生态建设项目，也要鼓励其利用生态服务交易平台，通过市场交易的形式，选择专业的生态制造企业实施具体的生态建设，以便生态公益组织利用有限的人力物力，更好地筹措生态建设资金和监督企业生态建设的过程，实现加大生态建设投入和高效利用生态建设资金的双重效果。

4.2.5 加强生态服务的信息建设

（1）加强网络信息队伍建设。建设一支既懂得搜集、分析加工信息，又能向信息需求者提供服务的综合性信息服务队伍，在国家部门选择人员进行培训，增强信息化意识和网络知识。

（2）加强生态服务项目的信息网络建设。可考虑把生态服务信息加入其他如"农民信息网"之类的网络或与之进行对接，使生态地区得到全方位信息服务。参考国际经验，完善与国际接轨的交易平台体系。积极培育有专家技术的中介机构，为私人企业经营者提供市场化方案、拟定合同和资金的使用指导；积极组织包括水文专家、森林专家、经济学家等多学科背景的团队，建立中介机构，为生态服务市场化提供咨询指导，为尽快建设生态服务市场提供技术支撑体系和综合技术平台。

4.2.6 加快构建有效保障体系

（1）加强组织领导。成立专门的领导小组，建立区域范围内的协调管理机构，规范生态服务验收标准，推进生态建设和生态补偿各项工作的落实。各级政府要积极研究和制定完善生态补偿的各项政策措施；各级生态办要会同财政部门加强生态补偿专项资金的使用管理，提高资金使用效益；发展改革、经济、建设、环保、农业、国土资源、林水等部门要各司其职，相互配合，共同推进生态补偿机制的建立健全，认真落实实施生态补偿的各项具体要求。各级各部门要加强生态补偿措施的督促落实，开展定期监管和评估，完善补偿资金支付和管理办法，切实保障生态保护区资金补偿到位，对挤占、挪用生态补偿资金的现象依法予以制裁。

（2）跨省合作，搭建中部交流合作平台，共筑合力。中部六省要转变观念，通过政府引导和民间促进相结合，建立健全中部地区区域联动机制，打破行政壁垒，加强交流与合作。尤其在跨界流域的生态补偿问题上，要理顺各责任主体的关系，而责任主体的关系因流域尺度不同会有差异。流域生态补偿机制设计的总体思路主要包括：一是确定流域尺度；二是确定流域生态补偿的各利益相关方即责任主体，在上一级环保部门的协调下，按照各流域水环境功能区划的要求，建立流域环境协议，明确流域在各行政交界断面的水质要求，按水质情况确定补偿或赔偿的额度；三是按上游生态保护投入和发展机制损失来测算流域生态补偿标准；四是选择适宜的生态补偿方式；五是给出不同流域生态补偿政策。

（3）完善政策措施。确定重点调研课题项目，组织开展政策攻关，夯实立法基础。积极开展有关区域生态补偿实施、生态公益林管理、排污权交易、异地发展、采矿权和采砂权等资源使用管理方面的政策制定和立法工作，制定出台实施生态补偿的配套政策，为实施生态补偿提供政策和法制保障。

（4）坚持科学评估。建立生态资源存量的年度调查和统计制度，掌握区域生态资源存量的历史变迁和现状变化，深入开展环境容量测算、资源消耗评价以及水质自动监测等关键技术的科研攻关，加快建立自然资源和生态环境价值评价体系，建立客观公正的生态补偿标准体系，为生态补偿顺利开展奠定坚实的技术基础。

4.2.7 支持生态特色产业发展

（1）支持发展生态农业。大力发展无公害、绿色和有机种植业、生态养殖业，鼓励发展农林牧复合经营。加大财政支农资金的扶持力度，聚焦一批生态农业示范项目。

（2）扶持发展绿色加工业。在符合城市总体规划和土地利用总体规划的前提下，在规划引导、用地指标供给、财税支持、基础设施及其他公共设施建设等方面，制定配套政策，支持发展资源节约、环境污染少的绿色加工业，扶持发展一批生态特色产业项目，积极推进对绿色加工业的清洁生产和产品认定工作。

（3）积极发展生态旅游。强化各省生态旅游开发规划，支持生态保护地区在保护好生态资源、符合规划的前提下发展生态旅游，支持有一定规模的生态旅游地区建设配套公共服务设施。

（4）扩大农民非农就业。鼓励各省增加护林、护河等公益性就业岗位，促进当地农民非农就业，支持将养护人员费用纳入政府购买公益性服务项目范围。

◎参考文献

［1］李碧洁，张松林，侯成成. 国内外生态补偿研究进展评述［J］. 世界农业，2013，2.

［2］Cuperus, R., K. J. Canters, A. G. Annette, et al.. Ecological com-pensation of the impacts of a road：Preliminary method for the A50 road link［J］. Ecological Engineering，1996，7.

［3］Moreno, P. J., Raj, B., Stern, R. M., Data-driven environmental compensation for speech recognition：Unified approach［J］. Speech Communication，1998，24.

［4］叶文虎，魏斌. 全川城市生态补偿能力衡量和应用［J］. 中国环境科学，1998，18.

［5］毛显强，钟瑜，张胜. 生态补偿的理论探讨［J］. 中国人口资源与环境，2002，12.

［6］毛锋，曾香. 生态补偿的机理与准则［J］. 生态学报，2006，26.

［7］曹明德. 对建立我国生态补偿制度的思考［J］. 法学，2004，3.

［8］中国生态补偿机制与政策研究课题组. 中国生态补偿机制与政策研究［M］. 北京：科学出版社，2007.

［9］何俊仕. 流域与区域相结合水资源管理理论与实践［M］. 北京：中国水利水电出版社，2006.

［10］Heimlich, R. E.. The U. S. experience with land retirement for natural resource conservation［R］. Beijing：Forest Trends-China Workshop on "Forests and Ecosystem

Services in China", 2002.

[11] Gouyon, A.. Rewarding the upland poor for environmental services: a review of initiatives from developed countries [M]. Nairobi: World Agroforestry Centre, 2003.

[12] Kumar, P.. Market for ecosystem services [M]. New York: the International Institute for Sustainable Development, 2005.

[13] 河南省财政厅, 林业厅. 河南省森林生态效益补偿基金管理办法 [Z]. 2007-6-26.

[14] 山西省财政厅, 林业厅. 山西省征用、占用林地补偿费收取和森林植被恢复费使用暂行办法 [Z]. 2002-12-27.

[15] 湖北省财政厅, 林业局. 湖北省森林生态效益补偿基金管理办法 [Z]. 2011-7-27.

[16] 安徽省财政厅, 林业厅. 安徽省财政森林生态效益补偿基金管理办法实施细则 [Z]. 2010-3-13.

[17] 湖南省财政厅, 林业厅. 湖南省财政森林生态效益补偿基金管理实施细则 [Z]. 2007-10-29.

[18] 江西省林业厅. 江西省林业厅办公室关于开展林业民生资金自查自纠工作的通知 [Z]. 2013-9-22.

[19] 河南省财政厅. 河南省矿山环境治理恢复保证金管理（暂行）办法 [Z]. 2007-8-31.

[20] 山西省人民政府. 山西省矿山环境恢复治理保证金提取使用管理办法（试行）[Z]. 2007-11-15.

[21] 湖北省人民政府. 湖北省矿山地质环境恢复治理备用金管理办法 [Z]. 2007-1-29.

[22] 安徽省人民政府. 安徽省矿山地质环境治理恢复保证金管理办法 [Z]. 2007-12-9.

[23] 湖南省人民政府. 湖南省矿山地质环境治理恢复保证金管理办法 [Z]. 2004-8-4.

[24] 江西省人民政府. 江西省矿山环境治理和生态恢复保证金管理暂行办法 [Z]. 2009-12-20.

[25] 余晨. 保护者和受益者权责不到位 [N]. 法制日报, 2013-4-25.

[26] 杨丽韫, 甄霖, 吴松涛. 我国生态补偿主客体界定与标准核算方法分析 [J]. 生态经济（学术版）, 2010 (1): 298-302.

[27] 孟浩, 白杨, 黄宇驰, 王敏, 鄢忠纯, 石登荣, 黄沈发, 王璐. 水源地生态补偿机制研究进展 [J]. 中国人口、资源与环境, 2012 (10): 86-93.

[28] 闫伟. 生态补偿的市场机制初步研究 [D]. 吉林大学, 2009.

[29] 张建伟. 转型期中国生态补偿机制研究：一个多中心自主补偿的分析框架 [D]. 西南财经大学, 2009.

[30] 王金南, 万军, 张惠远. 关于我国生态补偿机制与政策的几点认识 [J]. 环境保护, 2006 (10A): 24-28.

[31] 陈学斌. 加快建立健全生态补偿机制的政策建议 [J]. 经济研究参考, 2011 (6): 10.

[32] 生态补偿立法与湿地生态补偿国际研讨会在江西九江召开 [EB/OL]. http://news.hexun.com/2011-11-30/135847943.html.

中部地区煤炭资源开发生态补偿：
机制设计与保障措施

陈志刚[1] 吴 腾[2]

（1，2 武汉大学中国中部发展研究院 武汉 430072）

1. 中部地区煤炭资源开发的生态补偿现状

中部六省能源资源丰富，尤其是煤炭资源更是占据举足轻重地位。2011 年我国基础煤炭资源储量为 2157.89 亿吨，中部地区为 1032.76 亿吨，约占全国煤炭资源总量的半壁江山。其中，山西省煤炭资源储量 834.59 亿吨，年煤炭开采量约占全国总量的 1/4，位居全国第一位；河南省煤炭资源储量 97.46 亿吨，年煤炭开采量占全国总量的 8% 左右，位居全国第三位。中部地区丰富、优质、易开采的煤炭资源，不但保障着全国人民基本的生活需要，而且支撑着我国庞大的传统能耗工业的发展。与此同时，煤炭资源的大量开采也给中部地区生态环境带来了前所未有的伤害。煤炭开采造成土地荒漠化、水土流失、植被破坏对生物圈造成严重威胁；疏干排水导致的地表水和地下水污染对生态水资源破坏极大，土地塌陷对岩石圈层造成很大损害；煤炭开采产生的粉尘、煤层气、高硫煤及二氧化硫均对大气圈层造成严重污染；煤炭开采区生态环境破坏给居民造成居住条件恶化和精神上损失。

煤炭资源的大量开采带来了一系列严峻的环境问题，其根源在于煤资源开发具有负的外部性，煤炭资源开采的外部成本并没有纳入资源开采者的生产成本之中，故煤炭资源开采者的私人成本远远低于社会成本。从经济学角度看，解决外部性的办法使企业开采行为的外部成本内部化，企业对煤炭开采所造成的生态环境危害进行补偿。目前，中部地区煤资源开发的生态补偿方式主要包括矿产资源税费、生态补偿费、矿山恢复保证金。

（1）矿产资源税费。矿产资源税费的目的在于促进国有资源的合理开采、节约使用和有效配置，调节矿山企业因矿产资源赋存状况、开采条件、资源自身优劣以及地理位置等客观存在的差异而产生的级差收益，以保证企业之间的平等竞争。目前中部地区对煤矿开采征收资源税费主要有：探（采）矿权使用费、资源税和矿产资源补偿费。探（采）矿权使用费即国家将矿产资源开采权出让给采矿权人，并向采矿权人收取的准予使用权利的费用；资源税是旨在调节资源级差收入，并体现国有资源有偿使用而征收的一种税；矿产资源补偿费是为了保障和促进矿产资源的勘察、保护和合理开发，维护国家对矿产资源的财产权益而征收的费用。上述三种税费对抑制煤炭资源损耗与耗竭以及促进开矿企业的公平竞争具有积极的意义，但是对中部地区煤炭资源开发生态危害的补偿作用有限。

（2）生态补偿费。生态补偿费是国家根据矿产资源开采量或销售收入比例征收，并用于修复矿产资源开发造成的生态环境损坏的费用。作为我国开展较早的矿区生态补偿方式，20世纪80年代我国开始征收煤炭生态补偿费。从征收主体看，生态补偿费分为两类：一类是煤炭生产企业根据相关政策和标准，在生产成本中列支生态补偿费，自行负担生态补偿费用；另一类是由地方行政主管部门，如环保部门作为征收主体，对区域内矿产企业按时、按标准征收。征收的生态补偿费一般作为矿区生态环境治理的专项基金，专款专用。在实施过程中，我国的生态补偿费存在如下不足：一是生态补偿费征收缺乏严格的法律基础；二是目前生态补偿费征收主体不统一，行政主管部门之间又缺乏必要的协调，存在着多个部门对同一矿种或对同一征收对象进行多次收费的问题，增加了煤炭生产企业的负担；三是生态补偿费主要针对矿区的环境治理与恢复，其补偿的对象是自然生态系统，并不涉及煤炭生产导致的地质灾害和环境污染对居民造成损害的补偿问题。①

（3）矿山恢复保证金。矿山恢复保证金制度，是通过交纳保证金的方式确保采矿人履行生态环境保护与修复义务，保证被破坏的矿山环境得以按照环境保护及复垦要求进行恢复的制度。② 在全国山西、陕西率先建立和启动该项制度，随后多个省区逐步跟进。以山西为例，山西省境内所有煤炭生产企业均需根据原煤开采量，按月提取矿山生态环境恢复治理保证金，并储存到财政部门指定的账户。根据"企业所有、专款专用、专户储存、政府监督"的原则对矿山恢复保证金进行管理和使用。使用范围主要包括矿区生态环境保护、三废治理、地质灾害预防和治理、矿区生态恢复等；使用途径是以项目形式进行资金拨付，即煤炭开采企业编制本矿区生态恢复和环境治理的具体方案上报环保部门，环保部门会同国土资源、水利、林业等部门对实施方案进行会审，方案通过后即进行资金拨付，由煤炭开采企业组织实施。在保证金制度实施的过程中，政府拥有监督权力。对于终止经营或关闭的煤矿，若企业环境恢复治理工作已达到环保部门评定要求的，剩余保证金将退还企业；若未达环保要求，则结余资金不返还企业，由政府继续用于矿区环境恢复。

从实践效果看，矿山恢复保证金制度对于改善煤矿生态环境，促进煤炭生产企业的可持续发展起到了一定的积极作用。与此同时，煤矿生态环境治理保证金制度尚处在探索阶段，还存在一些有待完善的地方。首先，与矿产生态补偿费类似，主要是针对煤矿开发后的生态环境治理和环境恢复，保证金制度也未考虑居民的损失赔偿问题；同时，现行的保证金制度是通过企业承担生态建设项目的形式进行资金拨付，这种单一的补偿方式也不利于实现对矿区居民的补偿。其次，保证金制度的实施与矿山开采许可证制度、矿山环境评价制度紧密相关的；目前我国矿业权招标拍卖挂牌制度不完善、煤矿环境评价制度缺乏统一的评价标准，对保证金制度的实施及其效果产生一定的不利影响。最后，在煤矿生态环境治理保证金制度执行时，并未区分新老破坏，均按统一的标准进行设计，这种补偿方式对于已经背上沉重生态环境负担的老煤矿企业有失公平。

2. 中部地区煤炭资源开发生态补偿存在的问题与不足

有效的生态补偿需要综合的政策措施，其有效运行也需要时间的检验。煤炭资源开发的生态补偿不仅需要在实践中完善，更需要在实践中发展。目前，中部地区煤炭资源开发

---

① 段靖，严岩，董正举. 浅析我国煤炭资源开发的生态补偿 [J]. 煤炭经济研究，2009，7.
② 张复明，普景秋. 矿产开发的资源生态环境补偿研究 [M]. 北京：经济科学出版社，2010.

原则，将政府干预与市场机制有效结合起来。一方面，政府依靠法律手段、经济手段和必要的行政手段，对公共性的生态环境进行保护与补偿；另一方面，市场发挥市场机制的调节作用，对非公共性的生态环境进行保护与补偿。

3.2 生态补偿的主体与客体

（1）生态补偿的主体。主要涉及：①政府。生态补偿资金主要来源是政府的转移支付与政府税费。地方政府将企业缴纳的税费提取部分资金作为生态补偿基金，并在各辖区内进行灵活支配。政府引导的生态补偿基金主要用于老矿区和废弃矿区复垦，以及生态环境恢复。②企业。根据"开发者保护、破坏者负担"原则，中部地区企业在开发煤炭资源过程中需尽力保护生态环境，对开发后造成生态环境破坏应承担生态补偿责任。③煤炭输入地区。我国煤炭资源分布不均匀，中部地区大量煤炭资源输送到东部沿海地区。在保障东部地区居民生活和经济发展的同时，生态破坏和环境污染等问题留在中部地区。按照"受益者付费"原则，煤炭资源的使用者应承担生态补偿责任。此类补偿可依照煤炭资源的流量，建立横向财政转移支付制度，由煤炭资源输入地区的政府向煤炭输出地政府进行财政转移的方式来实现，也可由煤炭资源生产地政府根据煤炭输出情况按一定比例征收补偿费。④社会团体或组织。社会性质生态补偿在消除煤炭开采负面影响中发挥越来越重要的作用。社会团体或组织可以是民间营利组织，民间环保团体等非政府组织，也可以是金融事业单位，民间基金会和国际组织。各种社会团体或环保组织可以通过资助或援助方式提供资金对煤炭矿区生态环境进行补偿。

（2）生态补偿的客体。主要包括：①煤炭资源损耗。煤炭资源损耗即对煤炭资源自身补偿，也就是对煤炭资源开发所造成的煤炭资源数量的减少，由矿山开发企业向国家支付补偿费用。②生态环境价值损失。煤炭资源开发使得煤炭开发区内作为有机统一整体而存在的生态环境系统遭受到了严重的破坏。所以，生态环境价值损失是煤炭资源开发生态补偿中主要的补偿客体。③居民物质精神损失。大规模煤炭资源开发活动造成的空气污染、水资源破坏和地面塌陷等造成了当地居民直接财产损失或者健康损失，同时也对他们的生产和生活方式产生不良影响。因此，作为煤炭开发过程中的直接受害者和利益受损者，居民物质精神损失也是重要的补偿客体。

3.3 生态补偿方式

（1）政策补偿。宏观政策补偿是指国家和地方政府在宏观政策以及法律法规制定方面向生态补偿倾斜，制定的一系列有利于资源环境保护和生态建设倾斜性的优惠政策（如拨款资助、减免税收等等），增加中部地区生态环境建设融资渠道，减轻为生态补偿而产生的经济负担。生态环境保护与补偿地区要充分利用国家和地方政策倾斜与优惠，结合本地区经济、社会、资源环境发展实际状况，制定出适应本地区发展目标与发展模式，再合理开发利用煤炭资源，推进本地区生态环境恢复与重建。

（2）资金补偿。作为最为常见的生态补偿方式，资金补偿是指通过各种渠道筹集资金对生态资源环境进行保护与补偿的方式。根据生态补偿原则，筹集资金的主体主要有中央政府、地方政府、资源开发者和受益者。在生态补偿实践中，除政府资金和企业纳税外，资金补偿方式还应包括国家或者地方财政转移支付、相关税收减免、国家补贴、补偿金的征收、退税政策、加速折旧和国家财政贴息等。

（3）智力补偿。智力补偿包含技术和教育补偿，是指政府及其他补偿主体为接受补偿的地区提供智力支持和服务、相关技术咨询与指导以及相关人力资源培训等，对煤炭开发地区在生态环境恢复、治理和保护等方面给予必要的支持。技术和教育补偿能够为煤炭开发地区的生态环境恢复和治理地区提供先进的垃圾处理、污染处理防治技术和人才培养，协助它们的环境保护工作和经济发展，促进矿区生态环境保护与经济建设的顺利与高效进行。

3.4 生态补偿定价方法

从内容上看，可以把煤炭开采的生态补偿分为生态补偿Ⅰ和生态补偿Ⅱ两个部分，前者是指恢复或重建受损生态系统，包括对环境污染的防治和对损毁土地的恢复；后者是指补偿因生态系统受损而造成的居民生活质量、效用等方面的损失。① 补偿Ⅰ是生态环境直接损失的补偿，补偿Ⅱ是生态环境间接损失的补偿，生态补偿Ⅰ目的是实现对大自然的公平，生态补偿Ⅱ目的是实现社会公平。

（1）生态补偿Ⅰ的测算方法。生态补偿Ⅰ包含土地整治和生态恢复、环境污染治理两部分。土地整治和生态恢复投入核算为塌陷地复垦费、工程施工费、设备费、其他费用和不可预见费之和。环境污染治理核算为环境污染治理费、矿井水处理总费、煤层气处理费和煤矸石处置总费用之和。

（2）生态补偿Ⅱ的测算方法。生态补偿Ⅱ是居民对生态环境服务水平降低造成效用损失的补偿。居民对采矿最关心的生态环境问题是耕地的丧失和质量降低产生的一系列问题，包括耕地的经济产出、社会保障、生态服务和文化传承等。由于耕地的经济产出和社会保障这些财产性的损失已经给予了赔偿或通过其他途径给予了保障，务农的经济收入又远远低于务工，所以，居民对耕地减少可能造成经济产出降低并不担忧，基本没有效用的损失。而耕地的生态服务水平和耕地的文化传承的功能损失无以弥补，因此，造成的效用损失是实际的心理感受变差和对未来耕作文化改变的担忧。在模拟市场条件下，通过直接调查利益相关方对于改善某种环境效益或者保护资源措施的支付意愿，或者对损失环境或资源质量的接受赔偿的意愿，获得居民受偿意愿。效用损失调查难以直接经济定量，调查者的预期、调查方式、调查对象的个体差异、家庭收入状况、家庭成员结构、甚至调查时的状态等都对调查结果产生巨大影响，调查结果的差别取平均值也无实质意义。因此，围绕着矿区耕地的生态服务和文化传承两个方面入手，分别建立耕地的生态服务功能模型和文化传承功能模型对补偿额度进行定量表达，能够更加客观地反映效用的真实损失。

4. 中部地区煤炭资源开发生态补偿机制的制度与政策保障

（1）完善相关法律法规。加快制定专门的生态补偿法律，对生态补偿的主体、客体以及补偿标准做出明确规范。必须根据我国现行的《环境保护法》、《环境影响评价法》、《矿产资源法》和《煤炭法》等法律的规定，结合地方煤炭开采实际，建立具有地方特色

---

① 王辉. 煤炭开采生态补偿机制研究［D］. 中国矿业大学，2012.

的煤炭资源开发生态补偿的单行法规和地方法规，对各个煤炭资源开发区的生态补偿及环境综合治理与修复的细节作出明确规定。建立地方煤炭开采环境保护条例，应对煤炭开采者的环境责任、环境监管者的责任、生态环境补偿费的标准、收取、管理和使用办法、煤炭矿区环境综合治理规划的编制和实施、污染治理和生态环境保护与恢复的标准等做出具体规定，把煤炭开发全过程中的相关活动纳入法制管理的轨道。

（2）建立开采许可证制度和保证金制度。不断充实现有"开采许可证"制度内涵，严格要求开采申请者在申请报告中必须有开采对矿区生态环境的影响评价和矿区生态环境修复的规划，否则不予发放"开采许可证"。此外，对未履行修复任务的单位也不再允许其开采新矿。同时，为了防止企业不履行生态修复补偿的义务，可以通过交纳一定的修复保证金（或预备金）的方式确保生态环境的保护与修复。① 保证金（或预备金）的缴纳在正式颁发"开采许可证"之前进行，由地方国土资源行政主管部门确定具体缴纳额度，保证金（备用金）在银行建立企业生态修复账户、政府监管使用。矿山企业履行生态修复责任并达到修复标准后，退还修复保证金（备用金）。在规划和建设矿区的同时，应将地质灾害防治和生态环境治理所发生的各项费用列入项目预算，综合评估，科学决策，减少后遗症。

（3）提高补偿标准，加大生态建设与环境保护力度。按照有关政策法规，要落实"谁开发、谁破坏、谁治理、谁恢复"的治理责任，动员各方面力量，筹措足够资金，搞好综合治理。要整合税费，建立生态补偿和恢复治理专项资金。上级部门应设立"废弃煤矿生态恢复治理基金"用来逐步恢复治理过去无序开采对当地煤炭资源的生态损害，实现对"旧账"的补偿与修复。基金主要来源于政府财政支出、向现开采企业征收生态环境补偿费、各类捐款等。同时，提高矿产资源税税率，扩大征收范围。在物质消费水平日益提高、地质灾害日渐增加的情况下，现行的补偿远远不能弥补开发造成的严重损失。为此，建议将目前的补偿标准大幅提高，用于区域大环境的配套建设与保护。与此同时，所得资金给资源属地政府留足够的比例，以用于当地经济建设和社会发展。

（4）构建生态补偿横向转移支付制度。我国政府财政体制中的转移支付制度一直采用的是纵向转移支付模式，为了解决省际的区域性外部性问题，必须尝试构建生态补偿的横向转移支付制度。东部发达省份消费大量煤炭，中部地区承担生态环境破坏却无力足额进行生态补偿，东部发达地区应为生态环境破坏支付补偿，这种横向转移的财政支付可以由省份财政部门进行，也可以对相应生态环境恢复企业进行支付。以生态补偿为导向的横向转移支付制度作为现有纵向转移支付制度的有益补充。

（5）加强政策、资金和智力三位一体补偿体系建设。要构建多元化、多渠道的矿山生态恢复治理的投资体制，加强宏观政策、资金与智力三位一体的补偿体系建设。生态建设属于公益事业范畴，国家应投入一定的资金确保顺利实施生态重点建设项目，并制定向生态环境保护倾斜的政策；要加强生态环境资金投入，除政府税费投入之外，要动员广泛的社会资金参与生态环境恢复重建工作；要吸引人才、技术投入到生态环境建设中，提高

---

① 中国生态补偿机制与政策研究课题组. 中国生态补偿机制与政策研究［M］. 北京：科学出版社，2007.

生态环境恢复和治理水平，协助煤炭开采区环境保护工作，促进煤炭开采区生态环境迅速恢复与经济平稳增长。

（6）建立市场化生态补偿激励机制。中部地区煤炭资源开发造成的生态环境问题严重，急需建立有效的市场化生态补偿机制，促进其对煤炭资源开发造成的生态破坏进行修复和对因开发活动造成损失的直接受害人进行赔偿，调节资源开发与环境保护的关系，改善矿区生态环境。要建立市场化生态补偿机制首先要完善矿产开发者产权，清晰的产权是市场存在基础。强化社会经济主体的保护环境的意识，把生态和环境资源作为环境资源资产，逐步将其划入有形资产账户进行有效管理；通过地方政府的示范作用，推进环境产权的明晰化和规范化；进一步建立和完善环境产权实施和流转机制；要建立排污权交易体系，企业煤炭成为生态补偿主体。

（7）规范大型企业的生产经营行为。大型煤炭企业掠夺式开采行为造成诸多社会问题，给生态环境带了极大破坏，应当采取必要的宏观调控政策，规范大企业的生产经营，确立资源转化、综合利用的可持续发展思想。对于地下资源的开采，应当加大治理支持力度，确定一批生态恢复和治理的试点项目，并在税收等政策上予以地方倾斜，保证地方有财力投入矿区生态建设。适当提高资源税征收标准，同时，建议资源税的征收按企业占有的资源储量计算，而不是以开采销售量计算。此外，资源补偿费应随经济发展水平提升而提高，这样可以进一步促使煤炭生产企业努力提高资源回采率，杜绝掠夺性开采，减少资源浪费。

（8）加大政府监管力度。政府要加强监管力度，防止中部地区煤炭资源开采造成生态环境进一步恶化。企业追求利益最大化行为阻碍对生态环境的资金投入。公地悲剧告诉我们市场是盲目的，不可能对生态保护投入大量资源，这种情形下，政府必须介入。政府只有严格执法，才能肩负起对矿山企业的监管责任。加大执法力度才能迫使矿山开采企业按照法律规定来保护生态环境，从而加大矿山开采企业的违法成本，以保证其按照法律规定保证一定限度的经费投入到矿山生态环境保护中。此外，在执法过程中，要保证执法部门的独立性，使其免受其他因素的干扰，切实落实矿山生态环境的各项管理工作。

◎ 参考文献

[1] 段靖，严岩，董正举. 浅析我国煤炭资源开发的生态补偿 [J]. 煤炭经济研究，2009，7.

[2] 张复明，普景秋. 矿产开发的资源生态环境补偿研究 [M]. 北京：经济科学出版社，2010.

[3] 董则琼. 煤炭资源开发补偿机制研究 [D]. 太原理工大学，2012.

[4] 高彩玲等. 煤炭资源开采的生态补偿概念剖析 [J]. 中国矿业，2008，5.

[5] 王辉. 煤炭开采生态补偿机制研究 [D]. 中国矿业大学，2012.

[6] 党晋华. 采煤生态环境破坏及生态补偿机制研究 [J]. 环境与可持续发展，2007，3.

[7] 中国生态补偿机制与政策研究课题组. 中国生态补偿机制与政策研究 [M]. 北京：科学出版社，2007.

中部平原湿地生态旅游资源定量评价与发展思路

——以长湖为例

彭贤则[1] 李　阳[2] 余　谦[3] 袁彩[4]

（1，2，3，4　湖北工业大学经济与政法学院　武汉　430068）

中国长江三峡以东的中下游沿岸带状平原为中部平原。自巫山向东至海滨，北界淮阳山，南接江南丘陵，由长江及其支流冲积而成。面积约 16 万平方公里。地势低平，地面高度大部在 50 米以下，有些地方的海拔不足 5 米，河网纵横，湖泊众多，号称"水乡泽国"。中游平原包括湖北江汉平原、湖南洞庭湖平原（合称两湖平原）和江西鄱阳湖平原。下游平原包括安徽长江沿岸平原和巢湖平原以及江苏、浙江、上海间的长江三角洲，其中长江三角洲地面高度已在 10 米以下。平原上河汉纵横交错，湖荡星罗棋布。著名的洞庭湖、鄱阳湖、太湖、高邮湖、巢湖、洪泽湖等大淡水湖都分布在这一狭长地带，江汉平原的洪湖、长湖等也分布在这一地带，我们选取长湖来研究中部平原湿地生态旅游资源。

长湖地处荆州市东北部、沙洋县西南部，是湖北省第三大湖泊。长湖西起荆州市荆州区龙会桥，北至沙洋县后港镇，东至沙洋县毛桥镇的蝴蝶嘴，南抵荆州市沙市区观音垱，流域面积 3240 平方公里，整个长湖面积 122～150 平方公里，库容为 2.71 亿立方米。长湖承担洪涝调蓄、水资源供给、水质净化、生物多样性维持等多种公益性功能，同时具有旅游、航运、渔业等多种开发功能，在长湖流域的经济社会发展进程中，发挥着重要作用。

本文在充分考虑长湖湿地特点和各评价因子间的关系，在遵循生态完整性、科学性和可操作性的原则下建立长湖湿地生态旅游评价指标体系，得出评价结果给出长湖湿地生态旅游开发可持续发展对策。

1. 长湖湿地生态旅游开发条件分析

（1）生态环境。长湖是淡水生物重要的基因库。它分布有兽类 13 种，鱼类 78 种，鸟类 29 种，爬行类 12 种，两栖类 6 种，底栖动物 15 种，浮游动物 44 种，高等水生植物 101 种，浮游植物 27 种。长湖在动植物组成上生物多样性较高，同时也可以代表长江中游地区湿地生态系统的物种特征，是中国湖泊水域生物多样性的典型地区。自 20 世纪 90 年代，随着经济的快速发展，长湖周边居民的生活废水、农业灌溉废水和中小型企业生产废水不断吞噬着长湖的生态环境：水域面积萎缩，水体富营养化严重，水生生物种减少，水体自我净化能力减弱，生态旅游资源严重受损。

（2）旅游景观。长湖风景秀丽、气候宜人，民风朴实，是一处天然的生态旅游、度假休闲区。长湖沿岸是楚文化的发祥地，荆州古城、楚都遗址均坐落于此，纪山等地分布有大片楚墓群，出土了震惊海内外的郭店竹简和中国第一女尸，是宣扬国粹、进行爱国教育的好去处。但是由于缺乏资金的支持，雨台山、凤凰山、蛇入山等极具科普价值的旅游景观没有发挥出其具备的旅游价值。

（3）旅游开发。作为湖北中部崛起、荆州经济发展和荆州旅游产业调整中的重要组成部分，长湖拥有得天独厚的旅游客源资源和交通便利优势，理应得到良好的开发。但由于多种原因，长湖湿地生态旅游开发现在主要以渔业观光、水上垂钓、水上餐饮等低级旅游开发为主。风景名胜游览和民俗风情生态旅游有待进一步开发。

2. 构建评价指标体系

本文根据《旅游资源分类、调查与评价》（GB/T 18972—2003）和《中国自然保护区生态评价指标和标准》等相关评定资料中的评价标准，结合长湖实际情况从生态价值、资源价值、开发价值、湖泊湿地特色价值四个方面，选取了 22 个评价因子素，构建一个评价体系，以期对长湖湿地生态旅游资源给出全方位的评价并给出长湖湿地生态旅游开发可持续发展的对策。评价指标体系分目标层（A）、项目评价层（B）和因子评价层（C）（见表1）。

表 1 　　　　长湖湿地生态旅游资源综合评价定量指标体

目标层	项目评价层 B	因子评价层 C
长湖湿地生态旅游资源综合评价定量指标（A）	生态价值 B1	自然性 C11
		生态环境质量 C12
		物种多样性 C13
		景观多样性 C14
		脆弱性 C15
	资源价值 B2	知名度 C21
		奇特性 C22
		历史文化科学价值 C23
		完整性 C24
		游憩价值 C25
		愉悦度 C26
		景观规模、丰度、几率 C27
	开发价值 B3	可进入性 C31
		基础设施完备程度 C32
		投资回收期 C33
		适游期 C34
		旅游环境容量 C35
	湖泊湿地特色价值 B4	湖水量大小 C41
		湖岸线轮廓 C42
		水禽珍稀度 C43
		湿地植被丰富度 C44
		湖水水质情况 C45

（1）确定指标权重。由于长湖湿地生态旅游资源评定难以量化，为了使评定结果不受主观判断和多种因素影响，我们选用层次分析法（AHP）确定指标权重。层次分析法（AHP）是一种将分散的咨询意见，转变成数量化与集中化的思想，并有效的处理旅游资源评价中难以用定量方法来解决的问题。具体步骤如下：首先，通过对 22 位专家、政府官员、旅游区居民和旅游者发放调查问卷，采用 1～9 标度层次分析法（见表 2）对同一个层次中影响因子的重要性进行两两比较，构建评定矩阵。然后，根据问卷上各位专家对各评价因子间权重分配标定值矩阵，计算出各因子的相对权重，并对其进行一致性检验（见表 3、表 4、表 5、表 6、表 7）。

表 2　　　　　　　　　　　**1～9 标度层次分析法重要性标度含义**

标　度	含　义
$a_{ij*} = 1$	元素 i 与元素 j 对上层次因素重要性相同
$a_{ij*} = 3$	元素 i 与元素 j 对上层次因素重要性略重要
$a_{ij*} = 5$	元素 i 与元素 j 对上层次因素重要性重要
$a_{ij*} = 7$	元素 i 与元素 j 对上层次因素重要性重要得多
$a_{ij*} = 9$	元素 i 与元素 j 对上层次因素重要性特别重要
$a_{ij*} = 2n$　$n = 1,\ 2,\ 3,\ 4$	元素 i 与元素 j 对上层次因素重要性介于 $a_{ij} = 2n-1$ 与 $a_{ij} = 2n+1$ 之间

表 3　　　　　　　　　　　**判断矩阵 A-B 层单排序值（RC = 0.0688）**

资源评价 A	生态价值 B1	资源价值 B2	开发价值 B3	湖泊湿地 特色价值 B4	权重（W）
生态价值 B1	1.0000	0.5000	4.0000	2.0000	0.3187
资源价值 B2	2.0000	1.0000	2.0000	2.0000	0.3790
开发价值 B3	0.2500	0.5000	1.0000	0.5000	0.1127
湖泊湿地特色 价值 B4	0.5000	0.5000	2.0000	1.0000	0.1895

表 4　　　　　　　　　　　**判断矩阵 B1-C 层单排序值（RC = 0.0621）**

生态价值 B1	自然性 C11	生态环境 质量 C12	物种多样性 C13	景观多样性 C14	脆弱性 C15	权重（W）
自然性 C11	1.0000	2.0000	2.0000	1.0000	1.0000	0.2516
生态环境质量 C12	0.5000	1.0000	2.0000	2.0000	1.0000	0.2191
物种多样性 C13	0.5000	0.5000	1.0000	0.3333	0.5000	0.1010
景观多样性 C14	1.0000	0.5000	3.0000	1.0000	2.0000	0.2376
脆弱性 C15	1.0000	1.0000	2.0000	0.5000	1.0000	0.1907

表5 　　　　　　　　　判断矩阵 B2-C 层单排序值（RC=0.0678）

资源价值 B2	知名度 C21	奇特性 C22	历史文化科学价值 C23	完整性 C24	游憩价值 C25	愉悦度 C26	景观规模、丰度、几率 C27	权重 (W)
知名度 C21	1.0000	0.5000	0.5000	2.0000	1.0000	2.0000	2.0000	0.1342
奇特性 C22	2.0000	1.0000	3.0000	3.0000	2.0000	5.0000	3.0000	0.2983
历史文化科学价值 C23	2.0000	0.3333	1.0000	6.0000	3.0000	4.0000	2.0000	0.2333
完整性 C24	0.5000	0.3333	0.1667	1.0000	2.0000	1.0000	0.3333	0.0687
游憩价值 C25	1.0000	0.5000	0.3333	1.0000	1.0000	3.0000	1.0000	0.0997
愉悦度 C26	0.5000	0.3333	0.5000	3.0000	1.0000	1.0000	2.0000	0.1101
景观规模、丰度、几率 C27	0.5000	0.2000	0.2500	1.0000	0.3333	0.5000	1.0000	0.0555

表6 　　　　　　　　　判断矩阵 B3-C 层单排序值（RC=0.0806）

开发价值 B3	可进入性 C31	基础设施完备程度 C32	投资回收期 C33	适游期 C34	旅游环境容量 C35	权重 (W)
可进入性 C31	1.0000	2.0000	3.0000	2.0000	0.3333	0.2333
基础设施完备程度 C32	0.5000	1.0000	3.0000	2.0000	0.5000	0.1918
投资回收期 C33	0.3333	0.3333	1.0000	0.5000	0.2000	0.0719
适游期 C34	0.5000	0.5000	2.0000	1.0000	1.0000	0.1539
旅游环境容量 C35	3.0000	2.0000	5.0000	1.0000	1.0000	0.3491

表7 　　　　　　　　　判断矩阵 B4-C 层单排序值（RC=0.0530）

湖泊湿地特色价值 B4	湖水量大小 C41	湖岸线轮廓 C42	水禽珍稀度 C43	湿地植被丰富度 C44	湖水水质情况 C45	权重 (W)
湖水量大小 C41	1.0000	6.0000	0.5000	0.5000	6.0000	0.2335
湖岸线轮廓 C42	0.1667	1.0000	0.2500	0.2500	1.0000	0.0604
水禽珍稀度 C43	2.0000	4.0000	1.0000	2.0000	5.0000	0.3615
湿地植被丰富度 C44	2.0000	4.0000	0.5000	1.0000	7.0000	0.2930
湖水水质情况 C45	0.1667	1.0000	0.2000	0.1429	1.0000	0.0516

最后，依据评价体系结构，进行层次总排序，得到各个因子对目标层（长湖湿地生态旅游资源综合评价）的合成权重（见表8），为决策提供依据。

表8   C 层权重表

指标	自然性 C11	生态环境质量 C12	物种多样性 C13	景观多样性 C14	脆弱性 C15	知名度 C21	奇特性 C22	历史文化科学价值 C23
权重	0.0802	0.0698	0.0322	0.0757	0.0608	0.0509	0.1131	0.0884
指标	完整性 C24	游憩价值 C25	愉悦度 C26	景观规模、丰度、几率 C27	可进入性 C31	基础设施完备程度 C32	投资回收期 C33	适游期 C34
权重	0.0260	0.0378	0.0417	0.0210	0.0263	0.0216	0.0081	0.0173
指标	旅游环境容量 C35	湖水量大小 C41	湖岸线轮廓 C42	水禽珍稀度 C43	湿地植被丰富度 C44	湖水水质情况 C45		
权重	0.0393	0.0442	0.0114	0.0685	0.0555	0.0098		

（2）评定标准说明。我们给专家提供一个评分标准，以此减少由专家评分带来的主观性。具体评价标准见表9：

表9   长湖湿地生态旅游资源模糊评价计分标准

因 素 层		评 分 等 级			
		A（76～100分）	B（51～75分）	C（26～50分）	D（0～25分）
自然性	C11	高	较高	一般	低
生态环境质量	C12	好	较好	一般	差
物种多样性	C13	丰富	较丰富	一般	差
景观多样性	C14	丰富	较丰富	一般	差
脆弱性	C15	脆弱	较脆弱	一般	不脆弱
知名度	C21	知名	较知名	一般	不知名
奇特性	C22	罕见	不常见	一般	常见
历史文化科学价值	C23	高	较高	一般	差
完整性	C24	完整	较完整	一般	不完整

续表

因 素 层		评 分 等 级			
		A（76～100分）	B（51～75分）	C（26～50分）	D（0～25分）
游憩价值	C25	高	较高	一般	差
愉悦度	C26	高	较高	一般	差
景观规模、丰度、几率	C27	大	较大	一般	不大
可进入性	C31	方便进入	较易进入	一般	差
基础设施完备程度	C32	好	较好	一般	差
投资回收期	C33	短	较短	一般	长
适游期	C34	长	较长		短
旅游环境容量	C35	大	较大	一般	小
湖水量大小	C41	大	较大	一般	小
湖岸线轮廓	C42	优美	较优美	一般	不优美
水禽珍稀度	C43	好	较好	一般	差
湿地植被丰富度	C44	高	较高	一般	差
湖水水质情况	C45	好	较好	一般	差

（3）评价指标体系分值计算。长湖湿地生态旅游资源评价最终分值是由 A、B、C 三个层级相加得出。各层级的评价总分是由该层级指标分先后与乘以该层权重与上一级权重。$W = \sum_i X_i \sum_j Y_j \sum_n Z_n z_n$ ，式中，X_i，Y_j，Z_n 为各层指标权重，z_n 为 n 层指标得分。

（4）评价结果。将先前 20 位评判专家对长湖湿地生态旅游资源逐项打分情况进行加权平均，然后将得到的评价指标分值乘以权重（见表8），得到各层级的指标得分，将它们相加得出长湖湿地生态旅游资源评价分值。得到项目评价层 B 的权重得分（见表10）。

表 10 　　　　　　　　　　**长湖湿地生态旅游资源评价得分表**

目标层	长湖湿地生态旅游资源评价定量指标			
总体得分	75.35			
项目评价层 B	生态价值	资源价值	开发价值	湖泊湿地特色价值
得分	25.14	28.92	5.97	15.32

长湖的资源奇特性罕见，具有巨大的历史文化科学价值。我们可以看到在长湖湿地生态旅游资源中，它的资源价值得分为 28.92 分，是 4 个子系统层中最高的。这主要得益于荆州深厚的文化底蕴和生态物种的奇特性，但是规模丰度几率得分相对较低，值得注意。

生态价值得分 25.14 分，排名仅次于资源价值，长湖湿地的自然性和景观多样性，都对游客具有吸引力，具备开发的条件。湖泊湿地特色价值得分 15.32 分，说明长湖湿地单独针对湖泊湿地特色的开发价值不高，应该发展将长湖多元化发展。开发价值只有 5.97，是子系统中最低的，这说明长湖的旅游发展潜力很大，如果有外部资金对长湖旅游设施进行投资，开发出与周边景点关联度较高的旅游产品线路，那么长湖湿地生态旅游将有极大的潜力。总之，长湖湿地生态旅游资源综合评价得分为 75.35 正处于开发旅游起步的阶段，需要地方政府及其外来资金对其进行合理规划和开发。

3. 长湖湿地生态旅游开发可持续发展对策

通过对长湖湿地生态旅游开发条件和资源的定量评价，可以知道：长湖湿地旅游资源生态环境较好，景观奇特性罕见，具有很强的观赏性，文化底蕴浓厚，科普价值极高，具有极大的发展潜力。但是鉴于长湖湿地生态脆弱性和旅游发展现状，需要地方政府加强立法和执法力度，借助行政手段来维护长湖生态环境的稳定，同时应加大招商引资的力度，高端规划和设计长湖旅游开发，以国家湿地公园为载体，把长湖建设成为全国闻名的湖泊湿地生态旅游胜地。

3.1 加强长湖生态资源保护

（1）水生植被的恢复与重建。在庙湖、海子湖、后港、毛家咀、凌角州等长湖水域内进行水生植被恢复重建工程。其主要手段是以在不同区域种植不同水生植被：在浅水区种植挺水植物，如芦苇、荷莲等；在深水区种植金鱼藻、伊乐藻等抗污性较强的沉水植被；在湖心与岸边带种植浮叶植被，物种以菱、睡莲为主。对水生植被的恢复重建，是提高长湖生态系统功能和生物多样性，增强长湖水体自我净化功能，恢复自然景观的保障。同时种植的菱、藕等水生植被是具有较高利用价值的水生经济作物，还能提高长湖湿地区域内经济效益。

（2）水生动物的保护与重建。长湖湿地要通过自然繁衍为主、人工措施为辅的方式来恢复水生动物种群。通过大力发展没有环境污染的生态渔业、水生动植物繁殖和苗种的培育和人工增殖放流等途径改善长湖水生动物种类结构，提高长湖水生动物的多样性。同时，在后港镇、毛李镇以及海子湖等区域可以适当地提高休闲渔业的比重，建设垂钓娱乐区和鱼类观赏区。

（3）构建人工浮岛。人工浮岛是将生物浮岛技术与水上农业相结合，利用水体自身营养种植农副产品的一种新型种植、生态修复方式。它既可以净化水质又能生产出具有经济价值的农作物，改变以往环保建设、水质治理只有投入没有产出的历史。可以在长湖水质较差的海子湖区域构建水上生物浮岛，选取水稻、空心菜等作为农业经济作物，可以建设专门用于鸟类和水上动物栖息的生物浮岛，从而保护和提高长湖的生物多样性。

3.2 注重发展长湖特色旅游

（1）休闲度假区。休闲度假区以海子湖、雨台山、凤凰山和后港区域为主。这些区域都是所在地域的主要城镇区，具有较好的经济和交通条件，区域内旅游服务设施完整，旅游服务人员齐整。可以以长湖湿地生态旅游发展为契机，突出三国文化、楚文化和水文化特点，将城镇整体改造成为具有三国烙印、楚文化和水文化的休闲旅游度假区（城镇），发挥长湖湿地公园模式中生态旅游休闲游憩的功能特点。

（2）文化观光区。文化观光区主要是以海子湖和郢城镇所属的长湖西滨湖岸边为主。海子湖区域分布着大量的历史遗址。其中有五级旅游资源景点楚纪南古城，四级旅游资源景点海子湖，还有鸡公山遗址和雨台山古墓群两个三级旅游资源景点以及两个二级和一个四级旅游资源景点。郢城镇区域是以郢城遗址群为依托，紧密联系凤凰山古墓和黄山古墓群，开拓以古墓为主题探索楚文化发源史的旅游路线，同时与荆州古城墙和荆州博物馆等闻名于世的历史文化旅游景点实现错位发展，使楚文化旅游与三国游相融合。

（3）生态美食区。生态美食区位于海子湖、观音垱和后港区域内，这块区域主要承担着长湖湿地特色美食餐饮的服务功能。通过集中长湖湿地滨湖区内所有水上餐饮、自助烧烤等餐饮企业，规划建设好美食区内的废水排放和循环利用系统，可以有效地减少因人类生活对长湖湿地生态环境所产生的污染。同时可以将龙凤配、鱼糕丸子、皮条鳝鱼、冬瓜鳖裙羹等长湖流域的特色佳肴有效地推广开来。

3.3 努力提高长湖旅游经济效益

（1）加强宣传推广，打造良好形象。长湖环境保护的宣传教育是对于生态旅游建设的重要手段。加强长湖环境保护的宣传教育，可以促进人们对生态旅游的正确认识，同时还能激发游客参与生态旅游积极性，是生态旅游建设的重要方式。对于现今而言，长湖的生态旅游对居住在长湖周边的民众是一种全新的事物，他们对"生态旅游"的理解、接受及适应能力都尚未普及，因此要加强他们的环境保护意识，要大力提倡文明出游。生态环境的可持续发展需要社会各界的齐心协力，生态旅游发展的成效也同样建立在旅游者、当地居民、开发商和旅游从业人员等相关工作者对环境保护教育管理的基础上。

（2）创新管理手段，建立发展基金。长湖湿地生态旅游的可持续发展和生态环境保护之间的矛盾的产生有很多因素，除了政府职能部门执法不到位、相关法律法规不健全以及居民个人环保意识不强外，更重要的缺少实质性的惩罚措施。长湖湿地周边部分居民和企业单位，过于片面的考虑自身局部经济利益，而没有长远的、宏观的预见性，从而忽视了整个长湖湿地生态大环境的经济利益。因此，如果想有效的保护长湖湿地的生态环境，政府或长湖相关管理机构可以成立长湖湿地旅游发展基金，对污染和破坏长湖生态旅游环境资源的对象进行处罚，对保护旅游资源的对象进行奖励，鼓励大家都投入长湖湿地生态旅游环境的保护中。

（3）完善培训机制，培养和吸引高层次旅游人才。长湖生态旅游现处于初始阶段，迫切需要一大批旅游管理、区域规划、环境科学和其他方面的专业人才，同时还要具备相应的湿地知识、了解三国文化和楚文化的导游人员。荆州市政府和长湖生态旅游管理方应培训一批专业的外语导游，以吸引国外游客。同时，要满足长湖生态旅游发展对人才的需求，就必须要求长湖生态旅游开发管理方加强人才的培养。

南水北调中线工程水源地市场化生态补偿机制研究

李雪松[1,2]，李婷婷[3]

（1，3 武汉大学经济与管理学院　武汉 430072；2 武汉大学水研究院　武汉　430072）

1. 引　　言

南水北调中线工程的实施主要是为解决我国华北地区如北京、天津等数十个城市普遍存在的水资源短缺困境，缓解北方城市生活与工农业用水的冲突，实现我国水资源的合理布局和分配。丹江口水库及其上游是南水北调中线工程的水源地，集水控制总面积 9.52万 km²，主要包括湖北、河南和陕西三省共 45 个县（市、区）和四川、重庆、甘肃三省的 4 个县市。南水北调中线工程在有效缓解北方地区严重影响居民生活和经济发展的缺水困境的同时，却使水源地各地区陷入保护生态环境与追求经济发展的两难境地。目前，南水北调中线工程水源地普遍存在经济发展落后和人民生活贫困的问题，而其生态维护和发展成本却不断增加。因此需要建立有效的生态补偿机制为水源区提供财力、物力和人力支持，缓解生态保护和经济发展的压力，提供长久的保护动力机制，实现水源区的可持续发展。

我国关于生态补偿机制的研究和实践始于 20 世纪 90 年代初期。毛显强等（2002）认为根据补偿金的形式，生态补偿可以分为财政补助制度、补偿保证金制度、生态补偿税与生态补偿费用、优惠信贷、市场交易以及国内外基金六种模式，提倡在环境受益主体和环境受损主体间通过税费调整利益关系。支玲等（2004）按补偿主体将生态补偿划分为国家补偿、区域补偿、部门补偿和产业补偿等。万军（2005）将我国生态补偿划分为政府和市场两大模式，政府手段包括财政转移支付、专项基金等，市场手段包括生态补偿费、排污权交易、水权交易等。周映华（2007）认为我国的流域生态补偿有 NGO 参与、市场交易和政府主导三种补偿模式，政府主导模式是我国实践运用的主要模式。流域生态补偿是生态补偿在流域范围内的应用，在南水北调中线工程中，这一理念得到了广泛的应用，涌现了众多研究成果。如王一平（2011）通过生态系统服务价值的核算方法对中线工程水源地补偿量作了测算，同时根据受水区支付意愿确定补偿分摊率。樊万选等（2012）运用机会成本法，分别对发展权损失、直接环保支出、生态移民补偿和退耕还林损失进行测算，从而计算出对南水北调河南水源区生态补偿总量为 4.82 亿元/年。虽然市场化生态补偿机制在南水北调中线工程中使用不多，但已有学者在此方面做出了一些探索。朱桂香（2005）认为，治理河南水源区生态环境恶化和水土流失问题，关键应构建政府与市场共同促进的长效运行补偿机制，并运用项目支持、财政一般性转移支出、向既得利益主体征税等多种形式。张秦岭（2008）对中线工程水源地在水土保持和水源涵养补偿机制方面做了研究，着重强调要在现有以国家财政支出为主要补偿方式的基础上，逐渐形成在政府监督调控作用下的生态补偿市场交易制度。从已有研究中不难发现，我国生态补偿机制的研究在补偿理论基础、补偿实践案例、生态补偿方式、政策模式、标准测算、补偿定量评估方法等研究等方面取得了较多的成果。但对大型生态建设工程方面的市场化生态补偿模式和机制研究较少。随着市场经济体制的逐步完善，市场化的生态补偿凭借其资源配置效率高、主动性强等优点势必成为生态补偿的一个重要方向，具有重大的理论与实践价值。因此，本文将基于相关的经济学原理，结合南水北调中线工程水源地保护的实际情况，对水源地的市场化生态补偿机制做出有益的探索。

2. 南水北调中线工程水源地生态补偿的实施现状

2.1 现有生态补偿的主要方式

目前在南水北调中线工程中应用的主要是政府主导的补偿模式。中央政府以及各级沿线受水区的地方政府作为补偿主体，通过财政转移支付、政策倾斜、项目展开等方式对南水北调中线工程水源地进行补偿。这些补偿措施在移民安置和工业企业补偿、污染防治和生态建设、财政扶持等方面积极推进。

2.1.1 移民安置和工业企业补偿

在移民安置与工业企业补偿方面，中央政府颁布了《南水北调中线一期工程可行性研究总报告》、《大中型水利水电工程建设征地补偿和移民安置条例》（简称《条例》）、《国务院关于完善大中型水库移民后期扶持政策的意见》（简称《意见》）、《南水北调工程建设征地补偿和移民安置暂行办法》（简称《办法》）、《关于南水北调中线工程丹江口库区移民试点补偿标准的通知》（简称《通知》）等。《条例》对农民土地补偿费和安置补助费标准作了详尽规定，同时提出对移民后期生活扶持采用资金和项目补偿的方式，但对城集镇和远迁工业企业的补偿标准未作说明；《意见》对后期扶持标准、期限和方式作了详细规定，体现国家对移民后期发展问题的重视，突破单纯经济补偿的限制；《办法》更加注重南水北调工程水源地的特殊性和具体性，对移民、城集镇和工业企业补偿制定了相关原则。《通知》分别对移民个人、生产安置费、基础设施费、移民外迁奖励补偿标准作了详细说明。此外，水源地地方政府针对中线工程生态补偿制定了较多政策性文件，具有代表性的包括《湖北省移民局关于南水北调中线工程丹江口水库移民补偿标准的通知》、《河南省人民政府关于南水北调中线工程丹江口水库移民安置优惠政策的通知》、《陕西省移民搬迁安置税费优惠政策》、《南阳市人民政府关于印发南阳市南水北调丹江口库区移民安置实施办法的通知》等文件，这些文件主要针对农村移民补偿、安置和后期扶持问题，对于城集镇群体和工业企业的处理办法和中央政府文件一致，即迁建、恢复原貌或给予补偿。

2.1.2 污染防治和生态建设

污染防治和生态建设直接关系到水源地的水质问题，关系到南水北调中线工程能否实现"一江清水送北方"的目标。因此，各级政府纷纷投入大量资金，启动多项治污项目，积极创建生态示范区。根据《丹江口库区及上游水污染防治和水土保持规划》，截至 2010 年，中央政府计划施行水污染防治项目 97 个，投资 33.92 亿元，具体项目分布如表 1 所示。

表1　　　　　　南水北调中线工程水源地污染防治与生态建设情况

水污染防治			水土保持		
	项目（个）	投资（亿元）		项目（个）	投资（亿元）
污水处理	19	17.22	小流域治理	14	0.28
垃圾处理	13	1.94	流域监测	70	0.25
工业点源治理	53	7.56	湿地恢复与保护	2	0.2
垃圾清理	5	3.8	小流域治理示范	14	0.28
生态农业示范区	7	3.4	中心苗圃建设	5	0.1
合计	97	33.92		105	1.11

资料来源：丹江口库区及上游水污染防治和水土保持规划.

此外，各级地方政府也出台相应的保护性规划，如河南省还制定了《河南省丹江口库区及上游水污染防治规划》和《河南省丹江口库区及上游水土保持生态建设规划》，计划分两期实施水源保护区生态建设工程，退耕还生态林 6300 hm^2，荒山造林 123734 hm^2；陕西商洛市通过并实施了《丹江流域综合治理规划》，在陕南三市县率先建成污水处理厂和垃圾处理厂，并建立了覆盖全市的水源区生态环境动态检测系统。

2.1.3　中央财政支付

中央财政支付是水源地生态补偿得以进行的命脉，只有补偿资金充足才能够在实践中展开各项保护水源地的工作。为此，从 2008 年起，政府在均衡性转移支付项下设立国家重点生态功能区转移支付，南水北调中线水源区就在此列。2008 年水源地接受中央财政补偿金 14.64 亿元，2009 年此项生态补偿性质的转移支付资金进一步增加到了 17.88 亿元。① 此外，为建设好南水北调中线工程，中央每年都会进行预算内专项资金拨款，2004—2009 年具体资金数量如图 1 所示。

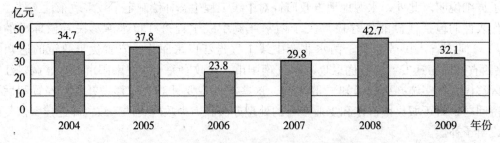

图1　南水北调中线一期工程中央预算内专项资金拨款

资料来源：程文. 大型跨区域调水工程生态补偿机制研究——以南水北调中线水源地丹江口水库为例［D］. 华中师范大学，2012.

---

① 刘军民. 南水北调中线水源区财政转移支付生态补偿探讨［J］. 环境经济，2010（11）：17-23.

截至 2012 年 9 月，中央财政已累计下达南水北调东、中线一期工程投资 2129.3 亿元，其中中央预算内投资 247.3 亿元，中央预算内专项资金（国债）106.5 亿元，南水北调工程基金 159.3 亿元，国家重大水利工程建设基金 1150.9 亿元，贷款 465.3 亿元。[①] 中央财政对南水北调中线工程提供的大量资金支持，极大地调动了水源区各市县生态环境建设的积极性，有助于实现水源地的可持续发展，期望这项政策能够形成长效机制。

2.2　现有生态补偿机制的实施效果

在上述补偿措施的实施下，南水北调中线工程水源地的建设取得了一定的成就。经济发展方面，水源地内各地区增长势头良好，三门峡市与洛阳市 2011 年人均 GDP 分别达到了 46049 元与 41198 元，高于全国水平 35181 元，汉中、安康、南阳等其他地区的人均 GDP 也不断增长。[②] 生态环境建设方面，丹江口水库的水质连续 6 年都达到或超过国家二类饮用水标准，2014 年汛期过后，丹江口将正式启动其送水的功能。此外，各个地区纷纷构建生态林区，森林植被覆盖面积大幅提高，例如湖北省十堰市至今已完成荒山造林 191 万亩、退耕还林 220 万亩，建成国家省市三级保护区 22.4 万公顷，有效管护森林 1059 万亩，活林木蓄积量达到 6370 万立方米，森林覆盖率达到 53%。[③] 社会工作方面，水源地内移民均得到了妥善安置，移民区的生产生活相对从前有了很大的改善，如河南省南阳市内，先后兴建移民集中安置点 141 个，共建移民房屋 2.3 万户 335 万 m²、村部 89 个 3.4 万 m²、学校 5.3 万 m²、卫生室 71 个 6000m²、文化广场 28 个 5.46 万 m²，建设规模相当于之前全市一年的建筑面积，新村美观漂亮、生活设施齐全、公益设施完善，成为当地新农村示范村。[④]

2.3　现有生态补偿机制存在的问题

南水北调中线工程水源地的生态补偿虽然取得上述成就，但仍然存在下列问题：

（1）补偿标准过低。中央政府虽每年在生态补偿方面投入大量资金，且逐年增加，但由于南水北调中线工程涉及的补偿客体基数较大，人均补偿量依然较低，生态补偿激励不高，使得很多地区出现再度开荒并持续破坏生态环境的现象。

（2）生态补偿方式和资金来源单一。我国目前对中线工程生态补偿的方式多以政府财政转移支付和项目补偿为主，市场化交易、对水源地产业受限区的产业扶持政策、技术支持、智力补偿等补偿措施还较少，生态补偿方式单一。补偿资金大多来源于中央财政转移支付，横向补偿政策不完善。例如，国家对汉江湖北水源地的生态补偿主要以项目补偿为主，丹江口库区就有 20 个水污染防治和水土保持项目，但丹江口库区所在的地方政府湖北十堰市却很少有扶持政策等。

（3）未能建立起长久有效的补偿机制。现有生态补偿政策仍是以政府财政转移支付为主导的传统"输血式"补偿，而非"造血式"补偿，缺乏有效的后期扶持政策，且资

---

① 数据来源：http：//finance. sina. com. cn/china/20121104/060913570141. shtml.
② 数据来源：河南统计年鉴（2012）.
③ 数据来源：http：//www. nsbd. gov. cn/zx/mtgz/201308/t20130823_ 286366. html.
④ 数据来源：http：//www. nsbd. gov. cn/zx/mtgz/201309/t20130909_ 287422. html.

金一次性投入补偿，投入持续时间短，补偿资金中也没有包含未来维护良好生态环境所需成本，使得生态维护难以持续发展，长效的生态补偿机制尚待建立。

（4）生态补偿转移支付惠及面不广。目前中央政府的财政转移支付数量以地方财政收支差额为标准，地方政府存在效率低下以及利益不一致等问题，很有可能不会将获得的转移支付资金全额地用于地区生态保障服务建设，补偿的效果大打折扣。例如陕西省白河县拥有天然保护林 120 万亩，补贴力度却只惠及 77 万亩；陕西省旬阳县天然保护林 361 万亩中只有 165 万亩获得了经费补贴。[①] 因而生态补偿转移支付资金并未惠及所有在南水北调工程中遭受利益损失、需要得到补偿的主体。

鉴于上述问题，在南水北调中线工程水源地的生态补偿中引入市场化机制，弥补现有政府主导模式的缺点，使生态补偿实现多元化与多级化十分必要。

3. 市场化生态补偿的经济学基础

市场化生态补偿模式是生态系统服务的受益者与服务者通过谈判及协商，在市场机制作用下对生态服务者进行直接补偿的一种方式。[②] 市场化生态补偿具有深厚的经济学理论基础，是产权理论、外部性理论及公共产品理论在生态补偿领域的重要体现。

3.1 产权交易是市场化生态补偿的理论基础

水资源产权的市场交易简称水权交易，是通过市场机制来实现水权的配置，利用供求关系来调节水权供需的一种交易机制，在这一过程中，水权拥有者在市场上出让其多余的水权而水权需求者买进所需水权。水权交易自 20 世纪 60—70 年代以来，逐渐被广泛接受，越来越多的国家已经开始或准备开始实施水权交易制度，这俨然已经成为世界水资源管理的一个重要趋势。目前水权交易在我国仅在少数地区得到应用，如浙江东阳—义乌的首例水权交易以及后来慈溪向汤浦水库的有偿引水案例，这些都为后来者提供了良好的典范。从水权交易中，水源区可以实现与生态维护成本对等的收益，有利于水源地的生态环境保护和可持续发展，实现水权的市场化交易势必成为以后水源地生态补偿的重要机制。

3.2 消除外部性影响是市场化生态补偿的重要形式

在水源地保护的过程中，各方利益主体的经济行为所带来的私人成本（收益）与社会成本（收益）之间都不一致，此时就存在着广泛的外部性。通常的情况是，水源地为了保护生态环境放弃发展权、增加了维护成本，他们的行为使得水源地的水质得到了有效的保证，下游受水区因此能够享受到优质的水资源，实现自身更好的发展，此时水源地所获得的私人收益显然小于社会收益，即引致了正的外部性。倘若没有消除这种外部性，则无法激励水源地继续保护生态环境。根据科斯定理，这里可以建立一种市场化的生态补偿机制，利用市场的力量来消除外部性，即在上游水源地与下游受水区间建立一种交易机制，使得获益的受水区能够对水源地进行费用补偿，以此弥补水源地的损失，使其私人收

---

① 杨清玉. 南水北调中线工程水源保护区利益补偿机制研究 [J]. 理论导刊, 2006 (11): 34-37.

② 徐永田. 我国生态补偿模式及实践综述 [J]. 人民长江, 2011 (11): 68-73.

益（成本）与社会收益（成本）相等，外部性因此得到消除，一种持久的激励得以实现。

3.3 公共物品的私人提供是市场化生态补偿的补充手段

萨缪尔森将公共产品定义成每个人消费这件物品都不会影响他人对这件物品的使用和消费的产品，非竞争性和非排他性是这类物品的特点。公共物品的非排他性容易引发"搭便车"问题，众多"搭便车者"的行为使得长期内生产公共物品的厂商因亏损而不会继续提供这种物品，因此，公共物品通常是由政府来提供的。但这并不意味着所有的公共物品都由政府来生产，事实上，纯粹的政府生产或经营会由于缺乏竞争、机构庞大等原因而导致效率低下，这时政府可引入市场机制，通过预算将公共物品承包给私人部门生产或者将公共设施以授予经营权的方式委托私人部门管理，在现实生活中，道路桥梁等许多公共基础设施就是采取承包给私人生产的方式建设的，而城市卫生管理、绿地维护等项目也常以委托私人管理的方式进行。在目前水源地的生态补偿机制中，污染治理、林地维护等项目及相关基础设施因其非排他性与非竞争性也被视为公共产品，除了直接的财政转移支付外，这些公共产品的供给是政府实现对水源地生态补偿的重要方面。为了避免政府生产的低效率与高成本，这里同样可以将污染治理等补偿项目及基础设施建设承包给私人部门生产或授予私人部门管理，通过市场机制实现配置的最有效率。

4. 市场化生态补偿机制的创新模式

根据上文所述，笔者认为可以尝试构建如下市场化生态补偿模式。

4.1 水权交易模式

水资源初始产权的界定有赖于政府法律政策的规定，在产权明晰的条件下，水资源可通过市场交易实现二次分配，达到资源配置的最优效率。在水权交易模式中，水资源的所有权仍归国家所有，水源地供水区与下游受水区构成交易的买卖双方，政府成立水权交易委员会，充当交易中介以及监督者的角色。首先，水权交易委员会、供水区及受水区三方根据流域内水质等情况使用成本法或影子价格法等方法来确定水权的价格；其次，受水区将所需水量的使用费用支付给水权交易委员会；最后，水权交易委员会扣除一定比例的治理维护费用后将水权交易收益支付给供水区作为补偿。在这一过程中，水权交易委员会对受水区与供水区的资金、水资源使用等情况履行监管职能，并对相关矛盾进行调节。具体的流转模式如图 2 所示：

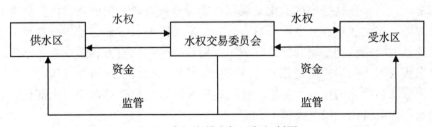

图 2　水权交易市场运行机制图

在这样的水权交易模式下，水资源的生态价值以水权的价格得到了充分体现，这只"看不见的手"能够通过杠杆作用有效调节水资源的供给量与需求量，实现水资源在不同区域之间的合理配置。此外，水权交易带来的经济效益不仅能够形成激励水源地保护生态环境的长效机制，而且可以促使受水区在支付水费与节约用水之间进行权衡选择，不管何种选择都将促进水资源的可持续利用。

4.2　排污权交易模式

在中线工程水源地内，为保护水质，各地区纷纷拆迁了许多具有污染性质的工业企业、叫停了一批工程项目，然而，工业企业作为现代经济发展的重要部分，在水源地内不可能完全禁止其存在，如何控制企业的排污量，使其与水源地的生态建设理念相符合是关键所在。戴尔斯提出了"污染权"这一概念，他认为污染物可以分割成标准的单位，政府可以在市场上公开出售适量"污染权"，购买者可获得排放对应数量污染物的权利。水源地保护的过程中同样可以采用这一市场化手段。在排污权交易模式下，水源地各级政府根据水质确定其可容纳污水的最大量，将其分割成若干规定的排放单位，即排污权，然后通过公开拍卖或定价出售的形式将排污权授予有需求的企业，在定价合理的情况下，水源地政府所得收益不仅可以弥补因允许污染所带来的治理成本，还可以为水源地的生态建设提供补偿。此外，已有排污权的企业之间应允许在二级市场上进行排污权交易，市场的价格机制将促使企业最大限度地减少水源污染，实现水源地内企业发展与生态建设协调一致。

4.3　水源地发展权流转模式

发展权是关于发展机会均等和发展利益共享的权利。区域发展权是指区域内主体参与、促进、享受区域经济、社会、文化和政治发展的权利。区域可持续发展所反映出的公平关系实际上就是不同区域享有平等的发展权。水源地也是一个区域的范畴，从这个意义上讲，水源地也具有一定的发展权。然而，在跨流域调水工程中，为维护水源的清洁，国家或地方政府制定了一系列的政策法规限制了水源地的自由发展，而处于下游的受水区相对地就取得了优先发展的权利，显然，这与平等发展权的理念是相悖的。然而，从国家宏观层面上来看，限制水源地某些方面的发展又是十分有必要的。因此，在推进区域发展中，可借鉴通过产权交易消除外部性影响的方式，实现发展权的流转，通过市场化手段实现水源区的可持续发展问题。区域的功能定位各不相同，为发展权的转让提供了可能。一方面，水源区是因良好的资源条件或者重要的生态地位而限制大规模高强度工业化、城镇化开发的地区，如果在这些地区滥用发展权可能会导致资源浪费、环境污染和生态系统恶化；另一方面，优化和重点开发区域具有较强的发展潜力和后劲，希望能获得更多的发展权，以保证其发展速度和效率，由此形成了发展权交易的供给方和需求方。水源区通过把发展权以出售或租赁的形式向优化和重点开发区转移，缓解了区域发展压力，实现了区域间相关经济资源和产业的整合和集聚，使得该区域潜在的负外部性得以内部化，双方也因互惠互利而得以可持续和持久发展。

4.4　生态经济模式

为保护生态环境，水源地的发展受到了限制，然而限制开发不等于不开发，而是以维护水源地生态功能为目标的保护性开发。在建设生态、保护水质的基础上，水源地依然可以兼顾到地区经济增长和综合实力提升，以自我发展来实现自我补偿。但是其自我发展的道路绝不是传统的工业化城镇化模式，而是选择"经济生态化，生态经济化"的市场化生态经济发展模式。坚持经济生态化与生态经济化的良性循环，实现市场经济与生态建设的有机结合，通过生态建设促进经济发展，以经济成果支持生态维护，是实现水源地保护可持续发展的基本思路和模式。在生态经济模式下，水源地可以将原有的农产品、工业产品和服务品的常规生产方式转变为生态型的生产方式，依托本地生态优势，建设一批具有本土特色的生态品牌，由此可获得较高的经济附加价值；同时，水源地因受到特殊"限制"而形成的良好自然环境为发展生态旅游业创造了条件，也能够带来较大的经济利益。这样，水源地生态保护的过程就演变成生态产品的市场化生产过程，所获经济利益形成了一种自我补偿，将其再投入到生态建设之中，便可形成经济与生态之间相互促进、相互互动的良性循环，为水源地生态保护提供了一种持久长效的动力机制。

4.5 公共物品市场化供给模式

水源地保护中产生了对诸多公共物品或服务的需求，例如垃圾处理站、污染治理、林地维护等。目前，这些产品或服务大都由政府生产或经营，构成了政府对水源地进行生态补偿的一个重要方面。在水源地公共物品的市场化供给模式中，政府作为市场中具有对等地位的一方主体参与交易，通过招投标的方式将水源地公共物品的生产或公共设施的经营权交给私人部门来实施。例如水源地垃圾的处理，政府环保部门并不是完成这一任务的唯一选择，也可将其承包给一个或几个私人经营的专业垃圾处理厂，政府只需为此支付费用并定期验收成果。进一步，中央政府甚至可以将直接的财政转移支付转化成购买私人部门生产的公共产品或服务，再将其提供给水源地，这样可以避免补偿资金挪作他用、惠及面不广、资金分配不合理等弊端。在这一模式下，市场的竞价机制将使出价最低的私人部门获得水源地公共物品的生产或经营权，节约了政府的财政开支，同时由于权责利十分明确，可以有效地克服政府效率低下的弊端，此外政府购买的增加还将拉动经济的发展。因此，这一模式赋予了水源地市场化生态补偿更为丰富的内涵，在现实条件下操作性强，能够有效拉动私人部门对水源地生态建设的积极性，以最小的代价获得最大的生态补偿效益。

5. 建立市场化生态补偿机制的对策建议

目前我国市场化生态补偿机制的实施环境尚未成熟，所需具备的条件如明确的产权界定方案、完善的交易机制等均未形成，在南水北调中线工程中，仍应继续坚持政府在生态补偿中的主导地位，同时逐步引入市场化的生态补偿机制，实现政府与市场的有机结合。为此，笔者认为可以从以下方面尝试进行市场化生态补偿机制创新。

5.1 明晰产权，确立市场化生态补偿基础

产权明晰是水源地市场化生态补偿机制得以成立的基础，产权的界定涉及不同区域间的利益平衡，是一项较为复杂的系统性工程。在南水北调中线工程中，应坚持水资源的所有权属于国家这一基本原则不动摇，秉承公平公正的理念，充分考虑效率因素、区域协调

因素，将区域用水量、工程建设地区投入资金、生态环境保护地区投入等指标汇编成综合权数来决定各区域水权的分配量，对于分配后的水权，应该以法律法规的形式予以明确，并进一步规定水权归属者的权利与义务。

5.2 以政府为主导，发展多种市场化生态补偿方式

在现行政府主导模式仍然不可缺少的情况下，南水北调中线工程水源地可以因地制宜，选择性地引入多种市场化生态补偿模式。例如，在水源地流域范围较小的区域内，可以借鉴浙江东阳—义乌等成功案例，尝试引入水权交易机制；丹江口库区山水交映，景色怡人，当地的古均州文化与武当文化更是赋予其丰富的文化底蕴，因此可以开展以生态旅游为主的生态经济化模式；在经济发展水平相对较低的陕西商洛、河南南阳等市，也应积极发展生态经济，在保护水源地的同时注重拉动其经济社会发展，促进自我补偿；同时，中央及水源地各级政府都可在辖区内试行公共物品市场化供给，节约成本提高效率。此外，在中线工程水源地生态补偿运作市场上，还可积极引入生态补偿基金、生态彩票等多种补充方式，为市场化生态补偿机制提供更加丰富、灵活的选择。

5.3 发展科学技术，完善监测机制，合理确定市场化生态补偿标准

（1）构建流域辖区内水质监测机构，为市场价格的制定提供事实依据。南水北调中线工程沿线各级政府可以在流域辖区内建立专门的水质监测机构，组建一支由专业人才、先进设备构成的水质监测队伍，每隔一段时间对流域内水质、水量及环境容量进行监测，并及时公布相关数据，为交易市场上水权价格、排污权价格的制定提供依据。

（2）构建发展损失第三方评级机构，科学评估水源地的损益数额。在南水北调中线工程水源地引进市场化生态补偿机制主要是为了更好地补偿其在保护库区生态环境过程中所遭受的损失，其中既包括耕地淹没、工厂关闭等直接损失，也包括其他发展权丧失所带来的间接性损失，对这些损失的评估是决定补偿标准的关键之处。各级政府、高等学校及相关的研究所等应积极开发生态资源价值评估的技术方法，培训评估人员，建立专业的评级机制和机构，为水源地及受水区提供科学的发展损失评估结果，促进市场化补偿标准的合理性与客观性。

5.4 完善法律体系与监管机制，为市场化生态补偿提供保障

（1）加强市场化生态补偿机制的法制建设。规范生态补偿法律制度，使中线工程水源地的市场化生态补偿有法可依、有法可循，是建设水源地市场化补偿机制的基础。从南水北调中线工程角度出发，应积极制定《南水北调中线水源区生态环境保护条例》，以法规的形式明确中线受水区的生态补偿义务和水源区保护生态环境的责任，并协调各方的生态环境保护责任，确保生态补偿的合法性与权威性。从整体层面来看，考虑到市场化生态补偿机制的发展前景，国务院应抓紧出台关于市场化生态补偿的指导性意见；相关国家机构和部门在目前工作的基础上，应不断总结和改进成果，争取出台具有一般指导意义的《市场化生态补偿条例》。

（2）构建有效的监督协调机制。在南水北调中线工程水源地保护中，市场化生态补偿机制的引入仍然可能带来各方利益主体的矛盾冲突，建立有效的监督协调机制是解决这一问题的重要方面。一方面，水源地流域内各级政府可以设立监管委员会行使监督管理

权，对水资源相关权益的交易以及水源地所得资金的使用情况进行不定期检查，同时积极协调市场化交易中出现的各种矛盾冲突，避免可能引发的社会问题，确保中线工程水源地的市场化补偿机制在阳光下健康运行。另一方面，应积极发动第三方环保组织和公众参与到中线工程水源地市场化生态补偿的监督协调中来，及时公布各类信息，提高公众的认知度和参与度，确保市场化生态补偿机制顺利实施。

6. 结　语

目前，在南水北调中线工程水源地保护中，政府主导的生态补偿模式出现了补偿方式过于单一、惠及面不广等问题，水源地保护对生态补偿机制提出了新的要求。市场化生态补偿思路为南水北调中线工程水源地保护提供了水权交易、排污权交易、发展权流转、生态经济化和公共物品市场化供给等多种模式。但是，目前水源地市场化生态补偿的应用条件仍未成熟。因此，现阶段应继续坚持政府在中线工程水源地保护生态补偿中的主导地位，同时尝试引入多样化的市场化补偿机制，积极创新，因地制宜，以点带面，逐步推广，充分发挥政府主导与市场化互补的优势，实现南水北调中线工程水源地的可持续发展。

◎参考文献

[1] 毛显强，钟瑜，张胜. 生态补偿的理论探讨 [J]. 中国人口·资源与环境，2002，12（4）：38-41.

[2] 支玲，李怒云，王娟，孔繁斌. 西部退耕还林经济补偿机制研究 [J]. 林业科学，2004，40（2）：3-9.

[3] 万军，张惠远，王金南，葛察忠等. 中国生态补偿政策评估与框架初探 [J]. 环境科学研究，2005，18（2）：1-8.

[4] 周映华. 流域生态补偿及其模式初探 [J]. 四川行政学院学报，2007（6）：82-85.

[5] 王一平. 南水北调中线工程水源地生态补偿问题的研究 [J]. 南阳理工学院学报，2011，3（6）：67-69.

[6] 樊万选，夏丹，朱桂香. 南水北调中线河南水源地生态补偿机制构建研究 [J]. 华北水利水电学院学报（社科版），2012，28（2）：67-71.

[7] 朱桂香. 南水北调中线河南水源区的水土流失与治理对策 [J]. 中国水土保持，2005（8）：26-27.

[8] 张秦岭. 关于建立南水北调中线工程水源区水土保持生态补偿机制的思考 [J]. 中国水体保持，2008（6）：2-4

[9] 刘军民. 南水北调中线水源区财政转移支付生态补偿探讨 [J]. 环境经济，2010（11）：17-23.

[10] 杨清玉. 南水北调中线工程水源保护区利益补偿机制研究 [J]. 理论导刊，2006（11）：34-37.

[11] 徐永田. 我国生态补偿模式及实践综述 [J]. 人民长江，2011，42（11）：68-73.

[12] 沈满洪，陈庆能. 水资源经济学 [M]. 北京：中国环境科学出版社，2008：

126-138.

[13] 汪习根. 法制社会的基本人权——发展权法律制度研究 [M]. 北京: 中国人民公安大学出版社, 2002: 60-61.

[14] 李世涌, 朱东恺, 陈兆开. 外部性理论及其内部化的研究综述 [J]. 学术研究, 2007 (8): 117-119.

[15] 郑海霞, 张陆彪, 封志明. 金华江流域生态服务补偿机制及其政策建议 [J]. 资源科学, 2006 (9): 30-35.

[16] 谢静怡, 姚艺伟. 丹江口库区水源地保护的生态补偿机制研究 [J]. 理论月刊, 2009 (9): 89-91.

[17] 宦洁, 胡德胜, 潘怀平, 许艳. 以机制创新推动生态补偿科学化——基于南水北调中线水源地陕南汉江、丹江流域的考察 [J]. 理论导刊, 2011 (10): 75-78.

[18] 冉笃奎, 李敏, 肖博, 解建仓. 跨流域调水经济补偿机制初探 [J]. 人民长江, 2008, 39 (3): 28-30.

[19] 赵秀玲, 陶海东. 南水北调中线工程渠首地生态补偿机制创新研究 [J]. 南都学坛: 南阳师范学院人文社会科学学报, 2012, 32 (5): 124-126.

[20] 杨芳, 王孟, 叶闽. 南水北调中线工程水源区生态补偿机制研究 [J]. 人民长江, 2010, 41 (24): 101-104.

[21] 孔小莉, 张华钢. 构建丹江口库区生态补偿机制的思考. 中国环境科学学会学术年会论文集. 2010: 1488-1490.

[22] 刘晶, 葛颜祥, 我国水源地生态补偿模式的实践与市场机制的构建及政策建议 [J]. 农业现代化研究, 2011, 32 (5): 596-600.

"两型社会"建设绩效评价与影响因素研究
——基于武汉城市圈的数据

李雪松[1,2]　孙博文[3]　夏怡冰[4]

（1，3，4　武汉大学经济与管理学院　武汉　430072；2　武汉大学水研究院　武汉　430072）

1. 引　言

　　"两型社会"建设是一种在资源、环境、人口压力日益加大的趋势下，有别于传统工业化、城镇化发展道路的区域经济发展新模式。其实质是要实现政府、企业、社会、公众共生共赢和可持续发展。2007 年 12 月，国家发展和改革委员会正式批准武汉城市圈为"资源节约型和环境友好型社会建设综合配套改革试验区"，明确提出实验区的发展要走出一条低投入、高产出，低消耗、少排放，能循环、可持续的发展道路，避免西方发达国家城镇化发展"先污染，后治理"的老路；为落实科学发展观和构建社会主义和谐社会建立健全体制机制，为全国的改革和发展提供借鉴，发挥示范作用。2008 年 9 月《武汉城市圈资源节约型和环境友好型社会建设综合配套改革试验总体方案》正式获批，标志着武汉城市圈"两型社会"改革试验进入全面实施阶段。截至 2013 年，武汉城市圈已经出台了"两型社会"建设改革试验总体方案，并编制和正在实施空间规划、产业发展规划、综合交通规划、社会事业规划和生态环境规划等 5 个专项规划，同时还制订了投资、财税、土地、环保、金融、人才支撑等 6 个配套支持政策，提出了产业双向转移、社会事业资源共享、圈域快速通道、现代农业产业化、商业集团连锁经营等重点工作，取得了阶段性进展。经过几年的实践，"两型社会"建设在武汉城市圈的效果如何？又有哪些影响因素呢？

　　"两型社会"建设的评价通常是从研究其所隐含的资源节约与环境友好指标开始。大部分学者通过多目标分析的方法构建评价指标体系：胡敏红（2009）以飘尘、SO_2、SO_2 与飘尘的乘积、噪声、BOD 及交通量强度等 6 个因子构建城市环境指标体系并进行评价研究；Gustvason 和 Lonergan（1999）以加拿大的 Fraser 河流域为例，从生态环境、经济、社会和体制等方面对流域环境友好指标的选择和模拟进行了研究；刘茂松（2008）通过综合社会生活、资源节约、技术创新、环境友好、产业结构调整四个方面要素，构建了监测评价体系和模型；中国城市规划研究设计院（2009）构建了"两型社会"建设指导下的长株潭城市群经济社会发展评价体系，涵盖经济、资源环境、人文建设和社会人文四个方面。在具体方法方面，Conrelissen（2001）等引入模糊理论，开发了基于经济、生态和社会环境友好指标的模糊数学评价模型；Noorbakhsh 和 Sagar 等（1998）对人类发展指数进行了讨论；Merkle 等（2000）从生态系统角度出发研究了建立生态系统影响/效应指标的方法；Hanlye 等（1999）对苏格兰地区的绿色国民生产总值、真实储蓄、社会经济福利指数、真实发展指数和人类发展指数等指标进行时间序列分析，以评估其区域友好程度。

评价体系构建具有综合全面的特点，但因为其研究方法的粗糙也造成了主观性的缺陷，对于"两型社会"选取适合的代理变量以及寻求其主要影响因素的实证关系显得很有必要。聂大勇、刘法贵（2006）利用灰度关联法，研究城镇化率、第三产业生产、非农人口、农业人口、第二产业对于城市群建设的影响。王春兰、毛卉（2007）用调查法和比较研究法，从全民节约共识度、节约知识普及度、消费习惯、城市产业结构、制度和计划经济惯性等六个方面的影响因素分析其对建设资源节约型社会的影响。王宏（2007）通过剖析生态足迹，提出人均 GDP、产业结构、城镇化水平、居民消费是江苏省建设资源节约型社会的影响因素。李新平（2011）以"两型社会"建设现状为被解释变量，材料利用、土地利用、经济结构、环境治理、能源结构、人口状况等为解释变量，利用长沙、株洲、湘潭、武汉、黄石、鄂州、孝感、黄冈、咸宁、仙桃、潜江等综合配套改革实验区内各城市的统计数据对"两型社会"建设的影响因素进行了探讨。

综上所述，既有文献缺乏对武汉城市圈"两型社会"建设的绩效评价和影响因素的实证分析，并且有关文献提出的政策措施也缺乏数据支撑。因此，本文拟以武汉城市圈为研究对象，在评估"两型社会"建设所取得的绩效的基础上，采用 STIRPAT 拓展模型对影响"两型社会"建设的主要因素进行分析，为武汉城市圈"两型社会"建设提供实证支持。

2. 武汉城市圈"两型社会"建设绩效评价

本文通过建立武汉城市圈"两型社会"建设评价指标体系，采用层次分析法（AHP）对其评价指标进行权重赋值，通过对经过标准化处理的原始数据进行加权平均，进而得到各个层次指标的评价值，以评价武汉城市圈 2006—2011 年"两型社会"建设的绩效状况。①

首先我们结合"两型社会"建设的目标，兼顾武汉城市圈数据的可得性，构建出武汉城市圈"两型社会"建设绩效评价体系的基本框架，如表 1 所示。

根据评价指标体系，本文按以下步骤通过求解"两型社会"建设评价综合指数值，来评价武汉城市圈"两型社会"建设状况。第一步，运用层次分析法（AHP）确定指标权重。② 指标权重是在度量"两型社会"建设绩效过程中的一个重要参数，反映了各指标对建设绩效的影响程度，其合理性直接影响到评价的准确性。通过指标权重的主观赋值以及分析结论的一致性检验，可以得到各个具体指标对"两型社会"建设绩效的贡献程度以及权重大小。第二步，根据评价指标体系选取指标数据，参考 2006—2011 年《湖北统计年鉴》、《武汉城市圈统计年鉴》、《中国城市统计年鉴》等选取 28 个指标，并进行数

---

① 关于武汉城市圈"两型社会"建设评价体系的研究工作本文作者已经有初步成果，详见：李雪松，夏怡冰. 基于层次分析的武汉城市圈"两型社会"建设绩效评价［J］. 长江流域资源与环境，2012（7）：809-814.

② Saaty, T. L. The analytic hieratchy process［M］. McGraw-Hill Company, 1980：48-52.

据无量纲化处理与加权平均。第三步，根据各指标权重值以及标准量化值进行加权求和得到评价综合指数值（见表2）。

表1   **武汉城市圈"两型社会"建设指标体系**

准则层	指标层	单位
经济发展 B_1	人均 GDP X_1	元
	第三产业占 GDP 的比重 X_2	%
	高新技术产业占 GDP 的比重 X_3	%
	进出口总额占 GDP 的比重 X_4	%
	社会消费品零售总额 X_5	亿元
	全社会固定资产投资 X_6	亿元
	地区一般预算财政收入 X_7	亿元
社会和谐 B_2	城镇居民人均可支配收入 X_8	元
	农村居民人均纯收入 X_9	元
	城镇登记失业率 X_{10}	%
	万人拥有的医院床位数 X_{11}	张
	公共图书馆图书数量 X_{12}	万册
	普通高等学校学生数 X_{13}	万人
	城乡居民储蓄年末余额 X_{14}	亿元
资源节约 B_3	人均耕地面积 X_{15}	亩
	万元 GDP 综合能耗 X_{16}	吨标准煤/万元
	农业增加值率 X_{17}	%
	工业增加值率 X_{18}	%
	工业成本费利润率 X_{19}	%
	工业全员劳动生产率 X_{20}	元/人
	工业全部资产利税率 X_{21}	%
环境友好 B_4	空气质量年达标率 X_{22}	%
	工业废水排放达标率 X_{23}	%
	工业固体废物综合利用率 X_{24}	%
	亿元 GDP 二氧化硫排放 X_{25}	吨/亿元
	城市生活垃圾无害化处理率 X_{26}	%
	生态环境指数 X_{27}	
	市辖区人均绿地面积 X_{28}	平方米

表 2　　　　　　　　武汉城市圈"两型社会"建设评价综合指数值

城市	年份	综合评价	城市	年份	综合评价	城市	年份	综合评价
武汉	2006	0.800235	孝感	2006	0.497232	仙桃	2006	0.560754
	2007	0.822515		2007	0.533102		2007	0.661094
	2008	0.844795		2008	0.568972		2008	0.761434
	2009	0.867075		2009	0.604842		2009	0.861774
	2010	0.889355		2010	0.640712		2010	0.962114
	2011	0.911635		2011	0.676582		2011	1.062454
黄石	2006	0.581621	黄冈	2006	0.563628	潜江	2006	0.534582
	2007	0.605477		2007	0.596968		2007	0.580452
	2008	0.629333		2008	0.630308		2008	0.626322
	2009	0.653189		2009	0.663648		2009	0.672192
	2010	0.677045		2010	0.696988		2010	0.718062
	2011	0.700901		2011	0.730328		2011	0.763932
鄂州	2006	0.568914	咸宁	2006	0.590953	天门	2006	0.569973
	2007	0.635744		2007	0.656823		2007	0.573423
	2008	0.702574		2008	0.722693		2008	0.576873
	2009	0.769404		2009	0.788563		2009	0.580323
	2010	0.836234		2010	0.854433		2010	0.583773
	2011	0.903064		2011	0.920303		2011	0.587223

从武汉城市圈各个城市"两型社会"建设评价得分的演变趋势（见图 1）来看，可以发现在 2006—2011 年，武汉城市圈九个城市"两型社会"建设评价综合指数都有一个

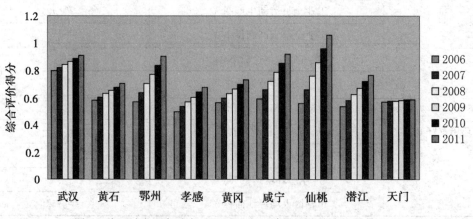

图 1　武汉城市圈各城市"两型社会"建设评价综合指数的变化

明显的增长过程，但是不同城市增长基数、增长幅度以及增长又有显著的差异性。因此，本文拟进一步分析武汉城市圈"两型社会"建设评价综合指数的影响因素以及影响系数。我们以武汉城市圈为整体构建面板数据库，以此为基础分析各主要城市的个体固定效应以及时点固定效应。为统一定义，在下面的分析中本文将武汉城市圈"两项社会"建设评价综合指数统称为两型指数，采用 Index 表示。

3. 计量模型、变量说明与数据来源

3.1 模型的设定与变量选择

为评价经济社会进步以及技术创新对环境的压力，Ehrlich 和 Holdren（1971）提出了以 $I=PAT$ 为基本形式的 IPAT 模型，其中 I 表示环境影响（压力）、P 表示人口与社会因素、A 表示经济因素、T 表示技术因素；考虑到模型对于变量内部之间的相互关系以及抵消效应的缺失，Dietz 等（1997）利用社会统计分析工具进行了改进，改进后的 IPAT 模型也被称为 STIRPAT 模型，其改进结果为：$I = aP^b A^c T^d e$。由于该模型是非线性的，在应用中往往会转换为对数形式，从而使得模型变量成线性关系，模型也具有了更加广泛的拓展可能性。

$$\ln I = \ln a + b\ln P + e\ln A + d\ln T + \ln e \qquad （模型1）$$

借鉴拓展后的 STIRPAT 模型，本文将武汉城市圈"两型社会"建设影响因素分析的计量模型设为包含经济发展（economy development）、社会和谐（society harmony）、资源节约（energy saving）、环境友好（environment friendly）以及技术进步（technology）五个方面。

为进一步衡量经济发展、社会和谐、资源节约以及环境友好各主要指标层次下次级指标对于两型社会建设的综合得分影响系数，本文选取如下指标作为解释变量：（1）将两型指数（Index）（即"两型社会"建设评价综合指数）作为因变量。（2）选取自变量。将经济发展方面的变量设定为人均 GDP（PGDP）和市场化程度（Market），即民营企业产值占 GDP 比重；社会和谐方面的变量设定为城乡收入差距（Gap）、财政预算总支出（Public）、城镇化率（Urban）和恩格尔系数（Engel），其中城乡收入差距（Gap）采用城镇居民人均可支配收入与农村居民人均可支配收入的比值进行衡量；技术进步方面的变量设定为碳排放强度（Carbon）和高新技术产业产值占 GDP 比重（Hightech），其中碳强度是指单位 GDP 的二氧化碳排放量。碳强度高低不表明效率高低。一般情况下，碳强度指标是随着技术进步和经济增长而下降的。资源节约和环境友好方面的变量设定为控制变量，其中资源节约方面用万元 GDP 综合能耗（RE）和工业产值增加率（Industry）代表，环境友好方面用环保投入（Environment）和工业固体废物利用率（Solid）代表。

变量系数向量分别用 $\alpha = (\alpha_1, \alpha_2)$，$\beta = (\beta_1, \beta_2, \beta_3, \beta_4)$，$\lambda = (\lambda_1, \lambda_2)$，$\theta = (\theta_1, \theta_2)$ 以及 $\gamma = (\gamma_1, \gamma_2)$ 表示，综合变量说明，我们建立成如下线性模型①：

---

① 经过对各变量进行 White 异方差检验发现，只有个别变量包括财政预算总支出以及工业产值增加率两项指标存在递增的异方差性，又考虑到解释变量与因变量中存在较多的变化率指标（小于1）以及指数指标（小于1），取对处理将会改变变量的正负属性，鉴于此本文未对模型进行取对处理。

$$Index_{it} = a_0 + \alpha_1 PGDP_{it} + \alpha_2 \ln Market_{it} + \beta_1 Gap_{it} + \beta_2 Public_{it} + \beta_3 Urban_{it} + \beta_4 Engel_{it} +$$
$$\lambda_1 RE_{it} + \lambda_2 Industry_{it} + \theta_1 Environment_{it} + \theta_2 Solid_{it} + \gamma_1 Carbon_{it} + \gamma_2 Hightech_{it}$$
$$+ \mu_i + e_{it} \qquad\qquad\qquad\qquad （模型2）$$

其中，Index 为武汉城市圈两型社会指数，用来代表武汉城市圈两型建设总体水平。PGDP、Market 代表人均 GDP 以及市场化程度，代表经济发展变量；Gap、Public、Urban 以及 Engel 分别为城乡收入差距、公共服务总支出、城镇化水平以及恩格尔系数，代表社会和谐变量；RE、Industry 表示能源利用效率以及工业产值增加率水平，代表资源节约水平；Environment 以及 Solid 表示环保投入以及固体废弃物利用率，代表环境友好程度；Carbon 以及 Hightech 分别表示碳排放水平以及高新技术产业发展现状，代表了技术进步。μ 代表不随时间变化的固定效应，e 代表随机误差项。

3.2 数据来源与描述性统计分析

本文选取 2006—2011 年武汉城市圈内包括武汉、黄石、鄂州、孝感、黄冈、咸宁、仙桃、潜江、天门等 9 座城市的面板数据进行"两型社会"建设影响因素的实证研究。本章的数据来源主要是 2007—2012 年的《湖北省统计年鉴》和 2007—2012 年的《中国城市统计年鉴》，对于部分城市缺失数据进行移动平均处理。表 3 给出了本文面板数据的统计性描述：

表3　　　　　　　　　　　　　　**面板数据描述性统计**

变量	Obs	Mean	Std. Dev.	Min	Max
Index	54	0.6957952	0.1297404	0.497232	1.062454
PGDP	54	22370.78	13244.72	5850	68315
Market	54	0.5919815	0.0946791	0.366	0.8
Gap	54	2.358239	0.2707669	1.874713	2.979957
Public	54	867049.8	1261252	79340	6170427
Urban	54	0.4587963	0.130822	0.199	0.745
Engel	54	0.4968148	0.0352774	0.388	0.547
RE	54	1.46872	0.40755	0.79	2.4
Industry	54	0.402663	0.7360347	−0.7513977	5.514513
Environment	54	124028.1	180156.7	11457.29	881612.6
Solid	54	34.79056	6.407888	23.61	53.98
Carbon	54	38.21519	7.773345	27.13	58.53
Hightech	54	7.355556	4.349649	0.8	15.88

从样本的统计性描述来看，两型指数和其他大部分指标的波动性不大，虽然从一定程度上能够反映不同变量之间的相关关系，但是针对具体的因果关系的判断需要我们从接下来的实证结论中进一步寻找。

4. 实证结果

从经验上来讲，一般面板数据可以采用混合 OLS 回归、固定效应以及随机效应模型三种方法进行分析。本文首先对所有方程的固定效应模型回归结果做 F 检验，检验结果拒绝零假设，说明固定效应模型优于混合 OLS 回归模型。然后对随机效应模型回归结果做 BPLM（Breusch and Pagan Lagrangian Multiplier）检验，结果显示所有回归方程随机效应模型亦均优于混合 OLS 回归。对所有方程进行固定效应模型以及随机效应模型回归，并进行 Hausman 检验，结合 P 值大小，均拒绝随机效应以及固定效应的系数无系统差异的原假设，显示了固定效应模型更为有效。①

为了严谨起见，本研究采用固定效应模型以及随机效应模型分别对武汉城市圈两型建设指数进行分析。对所有方程进行面板异方差以及自相关检验发现，均存在异方差以及一阶序列相关，故对随机效应模型采用广义最小二乘法进行修正，表 4、表 5 显示了回归结果。

4.1 回归分析

4.1.1 全样本考察

表 4 中式（1）估计方程代表以模型 2 为基准单独考虑资源节约以及环境友好变量对武汉城市圈"两型社会"建设的影响。从结果可以看出，随机效应模型以及固定效应模型估计差别不大，万元 GDP 综合能耗的降低以及工业固体废物利用率的提高均能够两型指数的增加，而且均能够通过显著性检验。从固定效应模型来看，万元 GDP 综合能耗每降低一个单位，两型指数将增加 0.127 个单位；工业固体废物利用率每增加一个百分点，两型指数也将提升 0.71 个单位。以上两个反映资源节约以及环境友好的指标能够在一定程度上反映并影响两型建设指数的变化，也正契合两型建设的对于资源利用以及环境改善的基本要求。

式（1）中调整后拟合系数为 0.558，为进一步探求其他相关因素对于两型建设的影响，表 4、表 5 中式（2）、式（3）、式（4）以模型 2 为基础，分别增添经济发展、社会和谐以及技术进步方面的指标，进一步探究除资源节约以及环境友好指标之外，经济与社会层面的影响因素对于两型建设指数的影响，固定效应模型结果表明：

第一，引入经济发展变量后，其包含指标内人均 GDP 指标影响显著，而反映市场化程度的民营企业产值占 GDP 比重影响不显著。人均 GDP 的提高有利于两型建设指数的提升，人均 GDP 每提高千元，两型建设指数将会提高 0.086 个单位。这说明了人们生活水

---

① 从实际检测值来看，Hausman 检验结果表明，P 值为 0.23，不能显著拒绝随机效应模型的假设，故而本研究分别对模型的固定效应以及随机效应分别检验。

表4　　　　　　　　　　　两型指数影响因素估计结果

指标类型与模型估计类型	公式	(1)	(1)	(2)	(2)	(3)	(3)
	变量	Index	Index	Index	Index	Index	Index
	估计类型	FE	RE	FE	RE	FE	RE
资源节约	万元 GDP 综合能耗(RE)	-0.127**	-0.123***	0.0165	-0.0367	-1.34e-05	-0.187***
		(0.0499)	(0.0429)	(0.0579)	(0.0457)	(0.0528)	(0.0562)
	工业产值增加率(Industry)	0.00224	0.000325	-0.00283	-0.00129	0.00244	-0.00700
		(0.0134)	(0.0132)	(0.0117)	(0.0115)	(0.00977)	(0.0182)
环境友好	环保投入(Environment)	1.62e-07	1.69e-07	-2.93e-07*	-1.60e-07	1.96e-05	2.54e-05
		(1.46e-07)	(1.14e-07)	(1.70e-07)	(1.39e-07)	(2.50e-05)	(4.78e-05)
	工业固体废物利用率(Solid)	0.00709***	0.00696***	0.00583***	0.00537***	0.00331**	0.00157
		(0.00190)	(0.00181)	(0.00167)	(0.00165)	(0.00153)	(0.00270)
社会和谐	城乡收入差距(Gap)					-0.226*	-0.00838
						(0.114)	(0.0784)
	财政预算总支出(Public)					-2.81e-06	-3.63e-06
						(3.58e-06)	(6.83e-06)
	城镇化率(Urban)					1.252***	0.482***
						(0.215)	(0.160)
	恩格尔系数(Engel)					0.378	0.218
						(0.725)	(0.675)
经济发展	人均 GDP(PGDP)			0.0861***	0.0660***		
				(0.0228)	(0.0182)		
	市场化程度(Market)			0.169	0.151		
				(0.137)	(0.128)		
科技	碳排放强度(Carbon)						
	高新技术产业产值占 GDP 比重(Hightech)						
	Constant	1.108***	1.098***	0.619***	0.720***	0.589	0.710*
		(0.0867)	(0.0826)	(0.149)	(0.138)	(0.355)	(0.402)
	Observations	54	54	54	54	54	54
	R-squared	0.558	540	0.688	540	0.797	—
	Number of area	9	9	9	9	9	9

注:Standard errors in parentheses,*** 代表 $p<0.01$,** 代表 $p<0.05$,* 代表 $p<0.1$。

表5　　　　　　　　　　　两型指数影响因素估计结果(续)

指标类型与模型估计类型	公式	(4)	(4)	(5)	(5)	(6)	(6)
	变量	Index	Index	Index	Index	剔除武汉样本	剔除武汉样本
	估计类型	FE	RE	FE	RE	FE	RE
资源节约	万元GDP综合能耗(RE)	-0.141***	-0.158***	0.0183	-0.201***	0.0046***	0.0033
		(0.0487)	(0.0432)	(0.0554)	(0.0587)	(1.48e-04)	(2.95e-04)
	工业产值增加率(Industry)	0.00170	0.000171	-0.00119	-0.00419	1.071***	0.535
		(0.0125)	(0.0123)	(0.00880)	(0.0176)	(0.176)	(0.343)
环境友好	环保投入(Environment)	6.06e-08	8.45e-09	1.11e-05	1.09e-05	0.0508	0.104
		(1.41e-07)	(1.26e-07)	(2.25e-05)	(4.67e-05)	(0.0817)	(0.101)
	工业固体废物利用率(Solid)	0.00722***	0.00677***	0.00353**	0.000557***	-0.0011	-0.0025
		(0.00181)	(0.00170)	(0.00140)	(0.00167)	(0.0023)	(0.0069)
社会和谐	城乡收入差距(Gap)			-0.121	0.0182	0.269***	0.349
				(0.108)	(0.0817)	(0.049)	(0.277)
	财政预算总支出(Public)			-1.62e-06	-1.58e-06	0.142	-0.751
				(3.22e-06)	(6.67e-06)	(0.484)	(1.308)
	城镇化率(Urban)			1.138***	0.188***	0.00902	0.245***
				(0.205)	(0.08)	(0.0403)	(0.0683)
	恩格尔系数(Engel)			0.498	0.303	-0.00313	-0.00417
				(0.648)	(0.712)	(0.00627)	(0.0181)
经济发展	人均GDP(PGDP)			0.0315**	0.0327**	0.0596***	0.0174
				(0.0101)	(0.0117)	(0.0258)	(0.0485)
	市场化程度(Market)			0.195*	0.197	-0.00157	0.000775
				(0.102)	(0.194)	(0.00108)	(0.00290)
科技	碳排放强度(Carbon)	-0.00677**	-0.00457**	-0.01277**	-0.00854**	0.000457	0.00299
		(0.00141)	(0.00136)	(0.0024)	(0.00236)	(0.000744)	(0.00208)
	高新技术产业产值占GDP比重(Hightech)	0.0164**	0.0125**	0.0111**	0.00708**	0.00487	0.00832
		(0.00700)	(0.00545)	(0.00497)	(0.00983)	(0.00418)	(0.00699)
	Constant	0.920***	0.973***	0.0425	0.392	-0.795***	0.449
		(0.104)	(0.0921)	(0.352)	(0.457)	(0.286)	(0.702)
	Observations	54	54	54	54	48	48
	R-squared	0.636	—	0.857	—	0.433	0.467
	Number of area	9	9	9	9	8	8

注:Standard errors in parentheses,***代表$p<0.01$,**代表$p<0.05$,*代表$p<0.1$。

平的提高对武汉城市圈两型建设具有重要的意义，生活水平的提高能够提高对于环境保护与资源节约的意识以及促进有利于能源高效利用技术的推广应用。

第二，引入社会和谐变量后，城镇化率对两型建设影响显著，而城乡收入差距、公共财政预算支出以及恩格尔系数等变量对两型建设指标影响不显著。城镇化率每提高一个百分点，两型指数将增加 1.25 个单位，反映了城镇化水平不断提高的背景之下，农村富余劳动力，正规与非正规金融资本以及外商投资等流向城镇地区，而要素流动带来的技术溢出效应能很大程度上改善整个社会福利水平的提高，对两型指数有显著的影响。

第三，引入技术进步变量后，其中碳排放强度以及高新技术产业产值占 GDP 比重均能够显著影响两型指数，其中碳排放强度每降低一个单位，两型指数提高 0.007 个单位，高新技术产业产值占 GDP 比重每提高一个百分点，两型指数提高 0.016 个单位，反映技术因素能够推进工业结构升级转型效率，提高生活水平和社会和谐度，对武汉城市圈"两型社会"建设起到重要促进作用。

第四，表 5 中式（5）是对模型 2 的综合回归估计，考虑了影响两型社会建设的资源、环境、经济、社会以及技术等多方面的因素。从固定效应模型来看，能够通过显著性检验的变量基本没有改变，并伴随有不同程度的下降；其中万元 GDP 综合能够系数从显著变为不显著，工业固体废弃物利用率影响系数从 0.007 下降为 0.004；人均 GDP 影响系数从 0.086 下降到 0.315；城镇化率影响系数从 1.252 个单位下降为 1.138 个单位；高新技术产业产值比重影响系数从 0.0164 下降到 0.0111，只有碳排放强度影响系数从 0.007 上升到 0.128，而且从随机效应模型来看，能通过显著性检验变量基本未发生改变。

以上结论一方面表明模型可能存在微弱的多重共线性，另一方面表明了方程固定效应以及随机效应估计的稳健性。

4.1.2　剔除武汉样本的考察

武汉市在武汉城市圈中在经济发展、基础设施建设以及资源利用技术等方面具有明显的优势，因此我们有必要剔除武汉市样本，对其他八个城市的两型指数进行进一步实证分析，从而验证武汉市在武汉城市圈"两型社会"建设中的作用。从表 5 中式（6）的实证结果来看：（1）剔除武汉样本之后，拟合值从 0.857 降到了 0.433，解释能力骤降，反映了武汉市各指标影响因素的重要影响；（2）万元 GDP 能耗指标显著为正，每提高一个单位，两型指数反而上升 0.0046，反映了武汉市已经步入了工业化后期，结构转型以及技术带动成为其增长的引擎，反观其他城市依然处于工业化深化的阶段，依赖工业能耗所带动的经济增长是两型建设的重要保证；（3）城乡收入差距的扩大促进了"两型社会"建设，影响系数为 0.269，反映了武汉城市圈内除武汉其他城市依然处于库兹涅茨曲线的初级阶段，经济发展依然是当务之急，从人均 GDP 的影响系数显著为正 0.0596 可以看出，经济增长指标在促进武汉城市圈"两型社会"建设的过程中扮演着最重要的角色；（4）包括碳排放强度以及高新技术产业产值比重的技术因素对于"两型社会"建设影响不显著，表明在城市圈内，除武汉以外的市县能源高效利用技术薄弱，亟待加大相关产业的技术研发力度，提高环保产业的技术投入。

4.2 稳健性检验

为进一步考察回归分析结论的稳健性,我们有必要对方程进行稳健性检验。从基准模型的估计来看,基本上验证本文所阐述的"两型社会"建设受多维综合影响的结论。但可能因为年份的变化以及代理变量的不合理会产生一定的估计偏误。所以参照普遍的做法,我们将对模型从样本以及变量两个角度进行稳健性检验,样本上来看,表6中的(1)、(2)两列分别对2006年以及2011年的截面数据进行最小二乘估计以及对比分析。结果显示,各年的截面数据中与原估计模型2相比,显著变量基本未发生改变,而且在5%以及1%不等水平上显著;从变量替代来看,我们采用人均居民可支配收入(Income)替代人均GDP,采用市辖区人口与城市总人口比率(Rate)替代城镇化率,采用全要素生产率(TFP)替代高新技术产业产值比重。结果显示,显著变量基本未发生改变,而且在5%以及1%水平上显著。因而从稳健性检验上来看,替换样本以及变量的回归结果均显示本文的经验研究是稳健的。

表6　　　　　　　　　　　　　　　　稳健性检验

	(1)	(2)	(3)	(4)
	2006 年	2011 年	FE(Income=PGDP; Rate=Urban; TFP=Hightech)	RE(Income=PGDP; Rate=Urban; TFP=Hightech)
变量	Index	Index	Index	Index
PGDP	7.42e-06***	8.74e-06***	8.44e-06***	8.72e-06***
	(1.83e-06)	(2.58e-06)	(2.03e-06)	(2.56e-06)
Urban	1.24***	0.418*	1.107***	0.388*
	(0.22)	(0.331)	(0.217)	(0.221)
RE	-0.033	-0.140***	-0.0124	-0.120***
	(0.065)	(0.0477)	(0.0455)	(0.0457)
Solid	0.00378***	0.00441**	0.00468***	0.00432**
	(0.00128)	(0.0020)	(0.00140)	(0.00187)
Hightech	0.0911**	0.0123*	0.0101**	0.00823*
	(0.00620)	(0.0523)	(0.00520)	(0.00723)
Constant	0.310	0.810**	0.312	0.790**
	(0.340)	(0.325)	(0.344)	(0.312)
控制变量	Yes	Yes	Yes	Yes
Observations	54	54	54	54
R-squared	0.77	0.85	0.805	0.884
Number of area	9	9	9	9

5. 结论与政策建议

5.1 结论

"两型社会"是武汉城市圈建设的理性选择，资源节约、环境友好的实质是科学发展，构建和谐社会。根据上文的评价与分析，武汉城市圈虽然在"两型社会"建设的道路上取得了阶段性进展，但是影响其进一步发展的激励和制约因素同时存在，需要在规划引导、政策促进以及改革推进方面加强机制创新。本文对武汉城市圈实施"两型社会"建设以来的绩效进行了评价，并在此基础上，对影响两型建设的经济、社会、资源、环境以及技术层面的影响因素进行实证分析，主要得到了以下结论：

（1）在"两型社会"建设的过程中，武汉城市圈在经济发展、社会和谐、资源利用和环境保护等四个方面都取得了显著成效，但是城市圈内部各城市"两型社会"建设不均衡。

（2）影响因素分析的结果：从经济因素来看，人均GDP的提高有利于两型指数的提升，而市场化程度反应不够显著，说明"两型社会"建设的市场化程度不高，手段措施有限；从社会因素来看，城镇化率的提升有利于"两型社会"建设，而城乡收入差距、公共财政预算支出以及恩格尔系数等变量对两型指数影响不显著；从技术因素来看，碳排放强度以及高新技术产业产值占GDP比重均能够显著影响两型指数，碳排放强度降低和高新技术产业产值占GDP比重提高有利于"两型社会"建设，反映了技术因素能够充分发挥工业结构升级转型效率，提高生活水平以及社会和谐度；从资源环境因素来看，万元GDP综合能耗和工业固体废物利用率两个反映资源节约以及环境友好的指标能够在一定程度上反映并影响两型建设指数的变化，也正契合两型建设的对于资源利用以及环境改善的基本要求。

5.2 政策建议

根据上文的分析，本文认为"十二五"时期是武汉城市圈"两型社会"建设重点突破的关键时期，政府应（1）加大科研投入，研发能源节约与高效利用新技术，着力提升能源利用效率以及工业固体废物利用率；（2）优化产业结构，破解城乡二元体制，提高居民人均收入，降低城乡收入差距；（3）积极推进体制与机制创新，发挥先行先试的政策优势；（4）加快基础设施、产业布局、城乡建设、区域市场、生态环保"五个一体化"进程；（5）发挥武汉的龙头作用，明确各城市发展定位，特别是加快城市圈内黄石、鄂州、孝感、黄冈、咸宁、仙桃、潜江、天门这些卫星城市的发展，发挥集成效应，实现武汉城市圈在"两型社会"建设方面的整体突破。

◎参考文献

[1] 胡敏红. 两型社会建设与评价——以武汉城市圈为例 [D]. 武汉：武汉理工大学，2009：2.

[2] Gustvason K R., Lonergan S C. Ruitenbeek H J. Selection and modeling of sustainable development indicators：a case study of the Fraser River Basin [J]. British Columbia,

Ecological Economics，1999（28）：117-132.

［3］Conrelissen A M G. and et al. Assessment of the contribution of sustainability indicators to sustainable development：a novel approach using fuzzy set theory［J］．Agriculture，Ecosystem and Environment，2001（86），173-185.

［4］Noorbakhsh F. A Modified Human Development Index［J］．World Development，1998. 26（3）：517-528.

［5］Merkle A，Kaupenjohann M. Derivation of ecosystemic effect indicators：method Ecological Modeling［J］．2000（130）：39-46.

［6］Hanley N and et al. Measuring sustainability：A time series of alterative indicators of Scotland［J］Ecological Economics，1999（28），55-73.

［7］刘茂松．论资源节约型和环境友好型社会的经济构建［J］．湖南社会科学，2008（5）：89-95.

［8］中国城市规划设计院，湖南省发展与改革委员会．崛起中建设"两型社会"的区域规划［R］．2009（4）：79-81.

［9］李雪松，夏怡冰．基于层次分析的武汉城市圈"两型社会"建设绩效评价［J］．长江流域资源与环境．2012（7），809-814.

［10］两型社会建设指标体系研究课题组．"两型社会"综合指标体系研究［J］．财经理论与实践，2009，30（5）：114-117.

［11］聂大勇，刘法贵．中原城市群建设的灰色理论分析［J］．华北水利水电学院学报，2006，27（2）：101-104.

［12］王春兰等．资源节约型城市评价指标的构建及评价［J］．统计与决策，2006，（10）：66-67.

［13］王宏．基于生态足迹节约型社会建设影响因素实证研究［J］．生产力研究，2007（22）：81-83.

［14］李新平．"两型社会"全国综合配套改革试验区建设研究［D］．沈阳：辽宁大学，2011：41-51.

［15］Ehrlich P R，Holdrens J P. The impact of population growth［J］．Science，1971：1212-1217.

［16］Dietz T，Rosa E A. Effects of population and affluence on CO_2 emissions［J］．Proc. Natl. Acas. Sci. ，1997，94：175-179.

丹江口库区及上游地区对口协作有关问题探讨

孙大钟[1]　李庆功[2]

（1，2　湖北省发展和改革委员会地区处　武汉　430071）

南水北调中线工程是优化我国水资源配置，解决北京、天津、河北、河南4省（市）水资源短缺，促进沿线地区经济社会可持续发展的重大战略工程。水源区服务工程建设大局中，在移民安置和水质保护等方面作出了重大贡献。为保证调水水质长期稳定达标，今后一个时期，水源区经济特别是产业发展还将受到一定制约。受水区水资源短缺，但经济、技术、人才和市场优势显著。资源最鲜明的特点就是它所具有的属地性特征，水资源更是这样，这就有个使用和供给方的利益平衡问题，建立资源地区产品输出和输入利益补偿机制是其必然。开展对口协作工作，充分发挥双方优势，不仅是促进水源区转变经济发展方式、提高发展质量、增强公共服务能力、维护社会稳定的重要举措，而且是改善水源区和受水区生态环境、加快建设资源节约型和环境友好型社会的有效途径，对推动南水北调中线工程顺利实施、促进水源区和受水区经济社会可持续发展，具有重要和深远意义。

1. 对水源区进行补偿的缘由

在南水北调中线工程中，承担供水任务的河南、湖北和陕西三省，部分享受了调水效益和防洪效益，但总体上工程的实施对库区的影响是巨大的。一是水源区贡献很大。移民34.2万人，关闭企业500多家，下岗6.3万人，淹没土地总面积46.2万亩。保护水质的复杂性和难度很大。二是调水加剧了贫困。水源区属老、少、边、贫、库区，人均GDP不到2万元，只有全国平均水平的一半；农民人均纯收入为5180元，只相当于全国的66%；城镇人均可支配收入15320元，只相当于全国的62.4%；水源区43个县中，有29个国家级贫困县。中线工程的实施，良田减少，还设置了较高的产业准入门槛，产业发展受限，地方配套加重了财政负担，税源损失严重，增支减收数额巨大，给库区及上游地区的发展和保护造成影响。如十堰市初步测算，每年将直接减少财政收入8.29亿元，每年配套支出15亿元用于生态保护和水污染防治工程建设。今年治理神定河等五条不达标河流，财政投入就达3.8亿元。三是调水对汉江中下游产业发展、生态环境等方面的影响很大。主要是水量减少26%，平均水位降低1.3米，导致水环境容量急剧下降，农业灌溉保证率降低，航运条件好的中水历时大幅度减少，航运成本大幅度增加，汉江中下游堤防建设面临新的考验，水污染防治工作任务加重。

鉴于此，应采取以下措施对水源区进行补偿。一是受水区居民通过水资源费补偿。饮水思源，知恩图报，吃水付费用天经地义。目前，国家考虑到工程运行还贷、照顾到受水区的承受能力等，调水水价的制订没有包括水资源费，可以说受水区用水是不完全成本，那就只有国家采取一定措施给予水源区补偿。二是受水区政府通过横向转移支付补偿。由于工程性质限制，只能采取价外补偿方式进行，补偿的方式有很多，有对口支援，有生态补偿等。一方为保护水质付出了代价，受益方理应进行补偿。采取横向转移支付办法，开展对口帮扶，用于水源区民生改善，实现同步发展。三是国家通过扶持措施补偿。国家转移支付、生态补偿等应该向水源区倾斜。

2. 区域利益平衡式样借鉴

一是欧盟区域合作利益平衡机制。（1）目标。欧盟区域发展政策的目标是实施区域追赶，缩小欧盟地区发展不平衡；促进发达地区提高竞争力；实施跨边境性发展项目，促进欧盟一体化。（2）支撑。主要支撑是发达国家拿出 GDP 的 1% 建立发展基金、社会基金和凝聚基金，总资金约 7000 亿欧元，以 7 年为一个规划期，根据成员国发展状况进行申请和落实配套，组织了以政策引导合作，利益推动市场，基金进行保障的区域发展合作架构机制。也就是以城市功能划分为牵引统筹区域发展的理念，以政府扶持的利益相关方形成的市场主导区域合作内容，以成熟机制保障区域发展项目落地。（3）依据。发达国家凭什么能使各国选民同意拿钱来支援区域合作呢？有两条理由，一个是这是欧盟成立之初条约规定的，另一个是建立基金可以扩大提高产业竞争力，把市场做大，从而使每个人受益。（4）激励。主要是资金配套问题，申请使用多少都要求地方配套，这是增强项目归属感，约束使之实施尽心尽力。发达经济体申请得到少但配套多，贫穷落后国家申请多配套少。制定一个具体测算公式，这是经过成员国无数次协商的测算方法。

二是资源地区产品输出和输入利益补偿机制。借鉴欧洲莱茵河、美国田纳西河、澳大利亚墨累令河流域流区域合作的利益补偿经验，他们的成功之处集中到一点就是：畅通无阻的跨流域协调机制、充满智慧的制度化设计以及让流域下游地区充当主角。共同之处都是出台了一系列的流域管理相关法规，约束流域各利益方的行为，较好地兼顾流域治污和经济发展的利益均衡。

我国当前实施的区域合作利益补偿政策是，政府强力推动，差别化的政策，发挥比较优势，市场驱动利益均沾，推动区域协调发展。从区域协调发展战略和政策上，只体现出了政府纵向的转移支付，而横向转移支付体现的不够明显。丹江口库区水源区是资源性的输出，一方面国家应该通过抽取水资源费建立调水基金、差别化的特殊扶持政策、财政转移支付、以支持库区水质保护和发展，另一方面，更重要的是受益方理应通过横向转移支付给予补偿，促进库区水质保护和长治久安。

3. 对口协作是区域合作和补偿模式的重大创举

在推进区域发展和合作中，对口支援在我国是成熟的模式，也是社会主义制度的优势。南水北调第五次建委会上时任国务院副总理的李克强同志提出，对丹江口库区水源区的补偿方式应采取对口协作的模式，水源区有贡献，受水区也应该在帮助发展、改善民生上有所贡献。对口协作的基点是库区产业发展受限收入减少，对口协作就是把政府行为与市场行为结合起来，即体现了支援，又体现了合作，是首创，在全国仅此一家，需要在实践中进行探讨，不断完善机制。一是对口协作有其区别于对口支援的独有特点。对口协作与对口支援不同点，其一是重点任务有所不同，支援侧重民生项目，协作侧重产业支持；

其二是参与机制不同，无偿援助与利益均沾的合作，支援是政府主导，多方参与，而协作是市场主导，多方参与；其三是资金筹措不同，支援是资金有定额，协作资金是难点。二是对口协作更能唤起受水区民众的情感认同和支持。对口支援与对口协作同为国家意志和行动，对口支援需要民众的政治意识和大局观念，而受水区的对口协作，与民众切身利益息息相关，更加能够增强老百姓的认同感和参与热情。三是对口协作更具有生命力。固然此类对口协作有补偿的属性和成分，但更多的是利益相关方的合作。不是一方只付出，而是双方都有收获。不是一厢情愿，而是双方自愿。更具有持久性和生命力。四是对口协作要义是发挥市场作用。对口支援大多仅限于一定的资金额度，对口协作相对来讲空间巨大。理应紧紧抓住"协作"做文章，主要是市场主导，以利益为牵引展开合作。一方面，将受水区的委办局、区县、企业和社会资源都向丹江口库区倾斜聚集。另一方面，发挥受援双方各自的比较优势，协调发展。京津两地和水源区都有各自的比较优势，关键是看能不能把它发挥出来，并实现受援双方比较优势的交换，而这都离不开市场机制。这方是对口协作的初衷要义。

（1）对口协作目标和重点任务。目标：一要确保"一泓清水永续北送"，二要增强水源区的自我发展能力和改善民生。实现了就是成功。重点任务：工作方案中明确的"保水质、强民生、促转型"的 7 个方面内容。

（2）对口协作范围。国家明确受援方为河南、湖北和陕西 3 省 48 个县（市、区），支援方为北京、天津两市。河南省是供水区，也是受水区，但它是人口大省、农业大省，长期以来为国家粮食安全作出了重要贡献，也作为受援方。河北虽然是受水区，但国家考虑到其长期担负为京津两地供水任务和经济状况，不再担负对口协作任务。国家相关部门及单位，还有国有大中型企事业单位。

（3）对口协作结对关系。考虑着地方统筹，实力与贡献匹配的原则，国家确立了北京对河南、湖北省，天津市对陕西省的结对关系。

（4）对口协作资金。资金不是对口协作的唯一着眼点，不是衡量对口协作区质量高低的标准，但确定是对口协作的重要保障条件。国家当初设想从两个方面抽取对口协作资金：一是从调水水价上考虑。中线水进京津两地水厂，提高了 2～3 倍，终端用水北京市约为 10.84 元立方米，天津约为 10.79 元立方米。按上年测算依据比现行水价分别高约 5.8 元、4.4 元。自来水是生活必需品，社会压力大，推进艰难，水价计算的复杂性和兼顾性，国家认为此行不通。二是从水资源费中偿还。2011 年中央明确了水资源费的用途和范围，规定不可能用于支持供水方，有政策制度障碍。国务院批复的《丹江口库区及上游地区对口协作工作方案》中明确支援方每年拿出一定数额的资金用于开展对口协作，没有明确京津两市拿出多少资金量。笔者认为京津两市应该按照 1 立方米水提 1 角钱的标准掌握，一期工程年调水量是 95 亿立方米，大体上是每年拿出 9 亿元左右作为对口协作资金。且以此为基数每年按一定比例递增，如其财政纯收入年增速超过 10% 就年递增 8%，如增速不到 8%，按实际财政增速递增。按国务院供水条例进行计算，新增供水量要收取水资源费，此资金量按新增供水量 1/3 计算。

4. 对口协作的模式机制

（1）对口协作的原则。政府推动，市场主导，统分结合，互利共赢。具体为，一是政府推动、市场主导、多方参与。充分发挥市场在资源配置中的基础性作用，营造良好环境，拓宽合作领域。二是优势互补、协调互动、互利双赢。发挥双方比较优势，开展务实交流合作，促进共同发展。三是统筹推进、突出重点、着力创新。全面落实国家战略，建立健全合作机制，围绕重点工作创新合作模式，增强合作实效。

（2）对口协作工作组织形式。国家成立由发改委牵头、相关部门和单位组织的对口协作领导小组。受援双方分别成立省（市）级对口协作工作协调小组。援受双方对口协作的机制采取市与省、区与县两个层次联席会议制度，实行双组长制，协调小组和办公室原则上每年至少召开一次联席会议。结对区县参照建立。其主要职责是沟通协调情况，统筹协调对口协作各项工作，研究拟定对口协作中的重大问题，推动工作方案落实等。

（3）对口协作的模式采取统分结合。支援方两市由市委下属的对口合作办或发改委统一管理，统筹协作资金、部门行业资源、规划编制、干部教育和人力资源培训、项目等"五个统筹"。京津两市的区、县分别与受援方的库区县市结对开展对口协作。对口协作的重点要立足于合作，通过合作来取得长远效益。同时也拿出一定的资金支援，支援资金采用直补、贴息和支持聚集园区和产业发展的形式落实。

（4）区县结对展开对口协作。按照实力与贡献匹配原则，建立京津两地区（县）与河南、湖北、陕西三省库区县（市、区）"一对一"或"一对多"的结对关系。有利于明确责任，使对口协作区工作有具体抓手，通过相关措施最大限度地调动区县两个积极性。形成区县对口联系、库区地级市与市委办局联系、省发改委与市支援合作办（发改委）联系的机制。

（5）对口协作规划编制。按照《丹江口库区及上游地区对口协作工作方案》明确的7项重点任务，围绕"保水质、强民生、促转型"要求，以农业、旅游业、工业、生态环保等重点内容，共同完成规划编制。对口协作总体规划由支援两市会同对口协作地区共同完成。支援方京津两市支援合作办（发改委）组织本市相关委办局、规划编制单位赴受水区三省开展规划编制调研对接工作，支援方两市相关委办局编制各自领域对口协作工作方案，库区三省完成各自对口协作方案及项目库（分支援类、合作类项目），在此基础上，京津两市编制完成《南水北调对口协作规划》，编制规划时要与丹江口库区已有的丹江口库区及上游水污染防治和水土保持"十二五"规划、社会发展规划和主体功能区规划及南水北调要求相衔接，两市按规定程序报批。

（6）对口协作资金的使用及监管。京津两市将拿出一定数额的资金作为对口协作资金，按照水源区的地位作用及贡献权重分配到受水区三省；三省应按一定比例设立对口协作专项配套资金。资金的分配将按一定基数，平均分配到对口协作县（市、区）一部分；由三省按照各自实际情况制定调剂使用分配到县（市、区）的方案；由支援方两市统筹留用5%，用于来京津人才培训、商务推介、咨询服务等方面工作。资金的使用，由三省自下而上提出年度项目资金计划，三省发展改革委综合审核后，形成各自的对口协作年度项目资金计划，每年 11 月 30 日前送交京津两市支援合作办（发改委），京津两市对口协作领导小组审定后 1 月 1 日前直接下发到库区县（市、区）。把支援资金与市场、社会力量结合起来，尝试支持企业投资，放大资金量。资金的监管，按照资金使用地监管原则，由使用地对资金实施审计监督，承担监督责任。

5. 对口协作工作有赖于聚集诸多力量推动

（1）加大对水源区政策倾斜支持力度。一是国家相关部委尽快编制实施对口协作实施方案；在行业规划、项目、投资安排中，给予水源区重点倾斜，并单列下达；在干部双向挂职、人才培训等方面给予水源区倾斜，可派工作组开展试点，支持帮助解决对口协作中遇到的问题；对列入《丹江口库区及上游水污染防治和水土保持"十二五"规划》的项目，如期建设实施；制定出台水源区产业发展专项资金等扶持政策，支持水源区产业转型发展和可持续发展。二是国家相关科研机构与水源区合作研究科技攻关项目，在水源区设立科研基地，积极开展科研成果和技术成果转化。三是国家国资委引导和组织央企在水源区建设一批发展前景广、带动能力强、市场效益好的项目，帮助水源区增强"造血"功能，实现经济社会跨越式发展。

（2）给予水源区更多先行先试政策。在水源区建立生态文明综合改革试验区，设立承接产业转移示范区等，通过强有力的政策扶持和财力支持、配套有效的运行机制和管理模式，给予特殊的优惠政策，先行先试，积极探索兼顾供水目标与发展目标的新型发展模式，实现水源保护和经济发展的双赢，使水质得到持续永久的保障。

（3）凝聚各种社会力量参与对口协作。国家和京津两地市要增加对口协作资金规模。在京津两地市委、市政府的组织推动下，广泛宣传，充分发动，动员全市事业单位、群众团体、各类企业及人民群众，关心支持受援地区的水质保护和发展稳定，形成立体、全覆盖的对口协作氛围和机制。

（4）突出对移民后扶的倾斜支持。丹江口水库大坝加高搬迁 34.2 万人，外迁移民分布在河南、湖北两省 20 多市（区）、200 多个居民点，国家在对口协作中建立相应长效政策措施，突出外迁移民安置区、内安移民安置区的支持帮扶，切实做到"稳得住、能致富"，不留后遗症。

（5）要高度重视汉江中下游生态环境保护。国家比照丹江口库区政策，编制汉江中下游水污染防治和水土保持规划。将汉江中下游也纳入生态补偿范围，用于生态环境的长期保护，确保汉江中下游经济社会可持续发展。

生态环境产权制度与市场化生态补偿机制构建

高友才

（郑州大学商学院，郑州大学中国中部发展研究院　郑州　45000）

1. 问题提出

生态补偿作为一种协调区域关系的手段，在我国具有迫切的现实需求。地方行政区域与生态系统在地理空间上的非一致性存在，使得完整的生态系统往往被分割成众多的行政区域，导致跨界的生态环境问题数量众多，而且解决难度大。不同区域，跨界的生态环境问题不同，但最终都会演化为区域之间的利益冲突。目前，区域之间很少为跨界生态环境问题的预防和解决提供补偿和经济援助，生态环境问题日益增多，危害加剧，既严重影响生态受损区正常生产和生活，也抑制生态受益区快速健康发展。

区域生态补偿是在市场经济条件下的一种社会分工和利益共享，是落实科学发展观，构建和谐社会，促进区域协调发展和实现社会公平的具体要求。但生态受益区提供的补偿数量和补偿形式能否满足生态受损区的需要，生态受损区索取的补偿数量是否超过生态受益区的承受范围，这些构成补偿活动开展的限制因子，必须通过建立科学合理的补偿机制，才能保障补偿活动有条不紊地开展。区域外部性的存在使区域生态补偿相对一般意义上的生态补偿要复杂得多。从个体行为上升到区域行为，并将个体外部性放大为区域外部性，是区域外部作用的微观基础，也是从区域层面开展生态补偿研究所具有的重要科学意义和现实意义的体现。由于区域间的生态补偿机制尚未完全建立，而且生态效益的输出地与生态效益的受益地之间的区域发展差距日益加大，导致生态效益输出地的生态建设乏力，输出地不愿意进行生态环境改善，甚至是破坏生态环境，降低生态效益来谋求经济发展。与此同时，生态效益受益地的持续健康发展也会受到不同程度的抑制。因此，建立起能协调区际关系，体现社会公平的区域生态补偿机制势在必行。在市场经济条件下，实施区域生态补偿机制，可以理顺区域间的生态效益关系和经济利益关系。这对加强区域合作，缩小地区差距及推动区域协调发展具有重要意义。

区域生态补偿包含两种情况，一种是区域内的经济活动对区域的生态和环境带来了外部作用，另一种是一个区域的经济活动对其他区域产生了环境生态影响。本文中的区域生态补偿主要针对后一种情况。区域间的生态补偿可以由中央政府或是两地共同的上级政府通过财政转移支付的方式进行协调，也可以由区域间经过协商、谈判直接解决。本文的重点研究的区域生态补偿机制是有别于政府的，主要由相应的市场主体进行的。

区域生态补偿机制是通过生态补偿的手段来协调人地关系中的区域关系问题，将生态环境利用、保护和建设过程中的相关方定位于区域层面，使生态环境利用、保护和建设行为的区域外部效应内部化，以维护、改善和可持续利用生态系统服务的一种手段或制度安排。区域生态补偿更加关注于区域主体、区域产权和区域利益，并根据生态系统服务价值、生态保育的成本，区域发展的机会成本等，通过适当的经济、政策手段或制度安排，调节不同区域之间生态、环境和经济利益的不平衡，从而实现保护生态系统服务功能，提升整体环境质量，促进区域协调发展的目的。

要建立区域生态补偿机制，如何明确区域之间的补偿责任，如何确定补偿的数量，通过哪些方式来实现相应的补偿等，这些是对区域生态补偿提出的核心问题。按照生态补偿的理论框架，补偿主体与客体、补偿标准和补偿方式等三个方面是其中的关键问题，也是区域生态补偿实践中的难点，三者共同构成区域生态补偿机制的核心内容。本文认为，要破解这些难题，必须从生态环境产权制度改革和创新入手，必须对生态环境做出清晰的产权界定，明确所有权、使用权主体以及它们各自的权利与责任，建立对使用者的有效约束与监督机制。

2. 我国生态环境产权制度现状

我国生态环境资源产权制度大体经历了完全的公有产权阶段、使用权的无偿取得与不可交易阶段、使用权的有偿取得与可交易阶段。在我国，生态环境资源属于国家所有，使用权交易市场的性质是符合这一所有制前提的。国家是生态环境资源的所有者，使得环境资源的所有权、行政权和经营权出现混淆。同时，代理者的机会主义行为，层层代理的管理机制使国家所有的资源转变为部门所有、地方所有，从而使得国有资源的产权虚置和弱化，不仅使国有资源收益流失，而且造成了部门之间、地区之间的利益之争。同时，相关部门为了眼前的利益（如个人和团体的政绩、增加财政收入等）不惜牺牲长远利益，有时甚至允许企业对自然资源进行掠夺式的开发利用，对环境进行肆意破坏和污染。同时自然资源产权制度安排的不合理性容易导致寻租活动和滋生腐败，进而加剧了资源集中开采地区的贫富差距和社会矛盾，造成"食利阶层"的出现，我国自然资源产权市场配置的效率是低的。公有资源的合理开发与效率使用的最好途径就是在产权明晰基础上界定经营者的权利、利益与责任。通过明晰产权、有偿开采、有序流转、利益分享来最大限度地发挥自然资源产权制度改革的效力，并促进资源型地区的科学发展。

我国的自然资源产权制度改革，应该实现国家政策目标与微观经济主体行为目标的激励相容，即这种激励必须同时实现两个目标：一是国家生态效益应得到激励并减少"政府失灵"，二是私人经济效益应得到激励并减少"市场失灵"。这就必须让资源可持续利用的正外部性部分地内在化为资源使用者的经济效益。在改革的路径选择上，既不能采取完全的公有产权形式，也不能采取完全的私有产权形式，而应该坚持折中的公、私产权相结合的混合产权制度，只是在混合的比例和具体的产权安排上要根据资源的自然及经济属性进行综合运用，既保证公权的控制力，又赋予私权自主性，以使产权制度与市场经济体制以及资源的可持续利用相协调。

我国资源环境产权制度的现状造成了中西部地区从资源补偿中获得的利益少。长期以来，我国一直存在着资源无价、原料低价、产品高价的扭曲价格体系，对自然资源采取粗放式、掠夺式经营，原料生产与加工企业凭借对环境资源的无偿或低价占有获得超额利润。产品这种区域间不平等的交换模式，导致资源提供者无法得到合理补偿，在一定程度上制约了中西部地区资源优势向经济优势转化，中西部的资源价值无法得到很好的体现，中西部丰厚的资源无法给资源省份带来更多的利益。

3. 我国生态环境产权制度构建

中西部地区生态补偿机制的有效建立，必须解决三个基本问题，即谁补偿谁、补偿多少及如何筹集用于补偿的资金。其中，首要的问题是确定补偿承担者和补偿接受者，即生态环境产权的界定。产权的界定是生态环境补偿的前提，只有生态环境的产权明晰才能确定谁补偿谁。但在资源和环境领域，产权界定是一个很复杂的问题，许多生态环境的产权往往是模糊和虚化的，甚至是不可能清楚界定的。在不同国家或同一国家的不同地区，环境和资源的产权的内涵也不尽一致，这样在实践中往往使生态环境的权利和义务失去主体，导致无法清楚地确定补偿承担者和接受者。

3.1 生态环境的产权归属

生态环境产权界定是对生态环境归属、生态环境质量及生态环境侵权程度等进行可操作性的行为规定和使用约束。它是进行有效的生态补偿的前提和基础。要界定生态环境产权，第一，必须强化社会经济主体的环境产权意识，把生态资源视为生态资源资产，逐步将其划入资产领域进行有效管理，将其产权界定和资产管理逐步纳入法制化轨道；第二，通过政府的示范作用，推进生态环境产权的明晰化和规范化；第三，建立相应的中西部经济激励机制，完善资源税制，建立生态环境资源代价共担机制；第四，通过市场机制建立西部生态环境产权的形成和流转机制；第五，加强国际合作，建立跨国、跨省、跨地区的生态资源保护组织，形成网络化、国际化的环境管理体系，建立协调机制解决中西部与其他地区间的环境利益和损害纠纷问题。

生态环境产权的界定和配置，受到一系列因素的制约。具体包括：一是环境资源特质。环境资源主要是一种生态资源，森林、河流是其最重要的组成部分。作为生态资源的自然环境，具有整体性和自我调节性。环境资源的整体性特质使得环境资源不像普通商品一样能够进行有效的分割，其各项权利的界定和配置也不像普通商品一样能够非常有效地进行，其产权界定和配置都相对比较困难，特别是产权的边界通常比较模糊。二是技术水平。环境资源产权界定和配置，在很大程度上受到技术水平的影响。有限的技术水平使得环境资源产权界定和配置的范围不易确定，产权的边界较难确定或者确定成本较高。三是产权主体的复杂性。环境资源产权主体众多，大体上应该包括全体公民、国家、社会经济实体和公共组织，在不同的权利结构体系中产权主体存在着差异，这就使得其主体的确定比普通产权主体的确定更困难。四是社会价值体系制约。明晰产权虽然是主要侧重于经济与法律的层面，但同时也要受到文化、道德、传统和习俗的影响。因此，虽然明晰产权在很多情况下会导致高效率，但如果具体的形式与社会价值体系有很大差异时，这种产权界定和配置制度就是不现实的和无效的。

3.2 生态环境产权界定和配置原则

生态环境产权界定和配置制度必须遵守基本的原则，在这些基本的原则下制度的设计能使所有的环境资源产权主体获得一定的生产和生活需要，同时，也能促使整个环境资源得到有效利用和保护，在一定程度上达到环境资源合理利用和有效保护的有机结合、达到经济社会的可持续发展。这些基本的原则主要应包括以下几个方面：一是环境资源产权界定和配置制度的设置需要遵循成本收益原则。对于环境资源而言，由于其资源的特质，其权利的划分并不像一般普通商品那样能够非常明细，考虑到其成本和收益，环境资源产权各项权利的划分只能是一定程度的划分，并不需要完全明确其各项权利。二是环境资源产权界定和配置制度的设置必须考虑公平，即能够满足人们生产和生活中的一些基本需要。三是应尽可能的设置环境资源产权的主体。设置环境资源产权主体，就是要发挥环境资源产权制度对产权主体的激励、约束和分配功能。四是环境资源产权界定和配置制度的设置要有利于环境资源的有效利用。环境资源产权界定和配置制度的设置要使环境资源使用者支付使用成本，促使其节约利用环境资源，促进环境资源的有效利用。五是环境资源产权界定和配置制度的设置能够为环境资源的保护提供激励。环境资源各种权利主体能通过其拥有的权利获取收益。

3.3　生态环境产权制度的内容

由于生态环境产权主要包括环境资源所有权、环境资源使用权和环境资源收益权三种权利，因此，生态环境产权界定和配置制度的主要内容就是如何对这三种权利进行有效的安排。

（1）生态环境所有权安排。生态环境所有权是指各种生态环境资源归谁所有，它是环境资源产权中其他几种权利的基础。由于环境资源分为自然环境资源和人工环境资源，因此，可以分别对自然环境资源和人工环境资源的所有权安排进行讨论。人工环境资源由于其在环境资源中所占比例很小，在整个生态环境中发挥的作用也很小，因而其所有权的安排在整个环境资源所有权的安排中不占主要地位。相比于人工环境资源，自然环境资源则是环境资源的主要部分。由于其整体性和不可分性，通常将自然环境资源看作为一种公共物品。由于自然环境资源具有公共物品的特征，同时由于环境资源的整体性和不可分性，因此，环境资源所有权安排的最好方式也就只能是其所有权归全民所有。在环境资源所有权为全民所有的情况下，国家自然作为代理人成为环境资源的所有者，行使环境资源所有权的职能。在国家作为环境资源所有者的前提下，委托—代理链条可以继续延伸，国家可以将环境资源所有权委托给各级地方政府。总体上看，环境资源的所有权安排通常是比较简单的，在环境资源产权制度结构中也并不占重要地位。

（2）生态环境使用权安排。生态环境使用权是环境利用人依法对环境容量资源进行利用的权利。生态环境使用权是环境资源产权中最重要的一种权利，这一权利包含以下几个特征：第一，生态环境资源使用权应该是用益物权，只是这种物权不是以实实在在的物的收益为标的，而是以环境容量资源的使用和收益为标的。第二，生态环境资源使用权的主体主要是自然人和企业。第三，生态环境资源使用权的客体是环境资源整体。

鉴于环境资源使用权的特征，生态环境资源使用权安排应该包括以下几个方面的内容：第一，生态环境资源使用权的配置必须既考虑到一般的自然人，更要考虑到企业。第二，生态环境资源使用权的配置应根据不同的主体采取不同的方式。第三，生态环境资源使用权的配置要考虑到整个社会的承受能力。在具体配置环境资源使用权时，应确定一个合理的总量并采取有效的分配方式。生态环境资源使用权的配置首先应该有一个总量上限，然后还要对这个总量进行合理分配。对政府而言，要考虑如何将这些目标转化为对企业的指标约束，这些指标的作用主要是用于保证环境资源使用总量不被突破。政府在进行环境资源使用权初始分配时主要有拍卖和免费分配两种方法。

（3）生态环境收益权安排。生态环境的收益权是指生态环境资源贡献者有获取收益的权利和环境资源产权拥有者通过环境资源产权运作获得收益的权利。在收益权的安排时，应该考虑以下几个方面：第一，人造环境资源所有者应享有相应的环境资源收益权。人造环境资源收益权类似于私人物品的收益权，即谁拥有该资源谁就拥有该资源的收益权，在安排收益权时可以将其配置给该资源的所有者。第二，自然环境资源贡献者应享有一定的环境资源收益权。环境资源收益权的安排，一个基本的原则就是看谁对自然环境资源有贡献以及其贡献的大小。根据谁是贡献者谁应获取收益的原则，可以将收益权配置给对自然环境资源贡献大的地区、集体和个人。第三，转让环境资源使用权者应享有一定的环境资源收益权，这种收益权主要是针对企业而言的。获得一定环境资源使用权的企业，通过更新生产工艺和提高治理污染水平，获得一定的环境资源使用权剩余，在这种情况下，应该允许这些企业通过环境资源权的交易获取收益，也就是将环境资源收益权配置给这些企业，以激励这些企业减少污染、提高生产技术水平和增强治理污染的能力。

4. 生态环境产权交易制度确立：生态补偿的市场化

生态环境产权交易制度，是指生态环境资源产权交易中的一些具体规则和程序。严格说来，生态环境资源产权交易应该包括生态环境资源所有权层面、使用权层面、收益权层面的交易。但是，在资源特征、技术水平、社会习俗的约束条件下，现行的环境资源产权交易主要指环境资源使用权交易。

4.1 生态环境使用权交易制度的设置原则

生态环境使用权交易制度必须遵循一定的原则，通过环境资源使用权的交易，降低环境污染治理费用，同时能对环境资源供给者和环境保护者提供激励作用，并将污染控制在一定区域的环境总容量范围之内。第一，生态环境资源使用权的交易要遵循效率即成本收益的原则，也就是要通过环境资源使用权的交易来减少环境治理的费用。通过环境资源使用权交易，可以让有富余环境资源使用容量的主体通过产权交易达到环境容量资源化、价格化的目的，促使交易双方降低污染治理费用。第二，生态环境资源使用权的交易能够产生有效的激励机制的原则。第三，生态环境资源使用权交易应该在一定的区域内进行。过大范围的交易可能引起局部地区环境质量恶化，这就达不到环境有效治理的目的。第四，生态环境资源使用权自愿交易并接受监督的原则。环境资源使用权交易是市场活动，它当然应遵循自愿、平等、等价有偿的一般原则。

4.2 生态环境使用权交易制度的内容

生态环境资源使用权交易制度是环境资源使用权交易中的一些具体规则和手段，其中主要包括环境资源使用权交易的主体和客体的确定、环境资源使用权交易范围的确定、环境资源使用权交易价格的确定、环境资源使用权交易市场的建设和监管。

（1）生态环境资源使用权交易的主体和客体。生态环境资源使用权交易主要包括碳交易和排污权交易，其中，碳交易和排污权交易的主体存在一定的差异。就碳交易而言，由于其交易层次不一样，所涉及的交易主体也存在一定的差异，当交易发生在国家与国家之间，这时交易的主体为国家；当交易发生在政府和企业之间，则交易的主体为政府和企业；当交易发生在居民与企业之间时，交易的主体则为居民和企业。就排污权交易而言，由于其交易的是多余的环境容量资源，因此其交易主体一方主要应该是获得排污信用并有多余排污容量的企业，另外一方则主要应该是排污信用许可不够的企业。对于环境资源使用权交易的客体，就碳交易而言，主要是各国根据实际环境资源供给状况而决定的能吸收碳排放的清洁大气资源、居民通过生产行为提供的清洁大气资源和通过技术改进减少的碳排放。就排污权交易而言，应当明确交易主体进行环境资源使用权交易是通过环境资源使用权的初始分配后，依法享有的所允许的最大环境资源使用权和环境资源使用权使用单位实际环境资源使用权的差额，即富裕的环境容量资源。

（2）生态环境资源使用权交易范围。生态环境资源使用权交易必须在一定的空间和时间中进行，这就需要政府部门来决定交易的时空范围。一是交易空间。以排污权为例，排污权交易的目的在于控制一定区域的环境质量，因此，进行交易的必须是对同一个控制区域的环境产生影响的排污企业。对同一环境功能区来说，为了使排污权交易市场有尽可能多的参与者，减少交易成本，应扩大交易的可能性。但是对同属于一个环境功能区的排污企业来说，由于排放污染物性质的不同，对环境质量的影响与排污点的空间位置有关，因此，在设计排污权交易制度时必须考虑空间位置的问题。二是交易时间。同样以排污权交易为例，将排污权交易进行跨期交易是非常必要的，跨期交易包括储蓄和借贷，前者指污染者将某时间的排污许可权留到以后再用，后者是指现在使用将来某个时间才发放的许可证。在大多数排污权交易体制中，跨期交易主要指排污银行制度。排污银行制度可以刺激企业把早期的排污指标留在将来使用，同时可以避免排污权价格的大起大落。

（3）生态环境资源使用权交易价格。生态环境资源使用权交易能够最有效率地实行的一个重要前提是环境资源使用权的交易市场应该具有竞争性，能够产生合理的市场价格。然而由于市场上各个排污企业的规模和实力都存在差异，这就可能会出现部分排污企业操纵价格的行为，合理的价格并不一定会出现。以排污权为例，就存在两种主要的操纵市场价格的行为。第一类是试图通过操纵市场价格减少其在排污信用或许可上的费用。第二类是某些排污企业或排污集团试图以许可或信用市场上的势力为杠杆，获取在产品市场上的势力。这两类市场操纵行为都会对许可证交易的价格和数量产生影响并影响到最小治理费用的形成，同时影响其他企业的生产和商品市场的供求。第一种控制价格的行为是操纵许可证价格，第二种控制价格的行为是排他性操纵。操纵许可证价格和进行排他性操纵都会减少排污权交易市场的竞争性，使排污权交易市场的价格扭曲，从而达不到资源合理流动和有效配置的目的。因此，在这种情况下，就需要政府当局通过制定相应的法规和政策，约束排污权交易市场中企业的行为，减少具有市场势力的排污企业控制和操纵价格的行为，使排污权交易市场更具竞争性，使排污权交易的价格更为合理，更为有效地发挥排污权交易的作用。

（4）生态环境资源使用权交易秩序。生态环境使用权交易不同于普通商品的交易，由于其起步较晚，其交易的市场范围较窄，同时由于环境容量资源的特殊性，环境资源权的交易通常比普通商品交易更加难以监管。因此，为了有效发挥环境资源使用权交易的作用，政府必须发挥培育市场和加强监管的功能。一是充分培育环境资源产权交易市场。就碳交易而言，要充分调动环境资源丰富的国家提供环境资源供给的积极性，同时建立其各国碳交易的有效平台即碳交易市场。就排污权交易而言，在排污权交易制度的设计过程中必须充分尊重市场的主导地位。政府的任务是确定总量控制的目标、进行初始量的分配，并努力培育排污权交易市场，促进排污权交易市场的活跃。二是对环境资源产权交易市场的监管。就碳交易而言，对于政府间的碳交易，政府同时作为交易人和监管人，需要的是政府之间的协调和互相监督以及政府自身对规则的遵守；对于居民和企业之间的碳交易，政府主要也是应起协调和监督作用。就排污权交易而言，排污权交易对管理者则有较高的要求。在建立排污权交易市场以后，要求政府实施严格的监控程序，否则无论哪种排污权制度的设计也都可能是流于形式而无法起到实际的作用。政府的监控工作，主要在于保证排污权交易的实行，对实际排污量进行测量，对排污权交易进行登记，对违规行为加以处罚等。

生态环境产权的界定、配置和交易赋予了环境资源产权不同主体对环境资源的不同权利，不同主体受利益驱动，会展开激励竞争并引致利益矛盾。因此，为了有效保护各种环境资源产权主体的利益，保障环境资源产权的合理界定、配置和交易，必须有相应的环境资源产权保护制度，即通过法律法规等体系对环境资源产权的取得、使用、交易等进行有效保护。只有通过产权保护制度提供的充分保护，才能有效降低交易费用，有效地保护各种环境资源产权主体的利益以及环境资源产权制度作用的发挥。

关于山西省煤炭资源开发生态补偿机制探讨

王国霞[1]　　刘鸿雁[2]

（1，2　山西大学中部发展研究中心　太原　030006）

山西是我国的煤炭大省，煤炭资源的开发利用强有力地支撑山西经济发展，但是伴随着煤炭资源的开发利用，山西省的生态环境系统也在遭受巨大破坏。长期以来，不计自然环境成本的超强度资源开发，造成本省大面积的沉陷区，仅由煤炭开采形成的采空区面积已达到 2 万平方公里，相当于山西省国土面积的 1/8，每采一吨煤要破坏 2.48 吨水。全省 90% 以上的河流衰变为季节性河流，水生态环境功能丧失，水土流失进一步加剧。2012 年，国务院正式批复《山西省国家资源型经济转型综合配套改革试验区总体方案》，针对山西省生态环境严重破坏的现状，该总体方案将生态修复作为山西资源型经济转型四大任务之一。为此，探讨如何建立和完善煤炭资源开采的生态补偿机制，加速矿区的生态环境修复，对于促进山西生态环境改善，提高可持续发展能力，促进经济社会与人口资源环境的协调发展具有重要意义。

1. 山西省煤炭资源开发生态补偿现状

1.1　国家关于矿产资源有偿使用和生态补偿的制度

生态补偿着眼于对"生态"与"环境"的补偿，煤炭资源开发的生态补偿是指因煤炭资源开采，给矿区的自然生态环境造成污染、破坏，生态服务功能下降而进行的恢复、治理所给予的资金扶持、财政补贴、税收减免、政策优惠等一系列活动的总称。从 20 世纪 80 年代开始，我国就开始有偿使用矿产资源的政策法律制度探索，并逐步形成了一套由矿产资源法、税法及其附属法规、国家资源政策等组成的、调整矿产资源勘查、开发过程中诸多经济关系的法律制度。《中华人民共和国矿产资源法》第五条规定"国家对矿产资源实行有偿开采。开采矿产资源，必须按照国家有关规定缴纳资源税和资源补偿费"。《中华人民共和国资源税暂行条例》规定"在中华人民共和国境内开采应税资源的矿产品或者生产盐的单位和个人都应缴纳资源税"。《矿产资源勘查区块登记管理办法》则规定了探矿权、采矿权使用费和探矿权价款制度。2006 年 2 月国家财政部、国土资源部、环境保护总局联合发布了《关于逐步建立矿山环境治理和生态恢复责任机制的指导意见》，标志着我国矿山环境治理与生态恢复保证金制度的正式建立。在随后由国土资源部发布的《矿山地质环境保护规定》，确立了矿山地质环境保护的原则，规定采矿权人应当缴存矿山地质环境治理恢复保证金。《森林法》、《水土保持法》、《土地管理法》等其他专门法律对于矿产资源开发中的生态保护和恢复制度也进行了相应规范。

1.2　山西省关于煤炭资源生态补偿的政策法规

鉴于煤炭开采所带来的生态环境破坏，山西省在不断完善资源开采生态补偿机制。特别是成为煤炭工业可持续发展政策措施试点后，通过建章立制，生态补偿机制配套政策日益完善。针对煤炭可持续发展基金，财政部、国家发改委先后批复了《山西省煤炭可持续发展基金征收使用管理实施办法（试行）》、《山西省煤炭可持续发展基金安排使用管理实施细则》、《山西省煤炭可持续发展基金征收管理办法》、《山西省煤炭可持续发展基金分成入库与使用管理实施办法》、《山西煤炭可持续发展基金安排使用管理流程图》等一系列政策措施，同时，省财政厅、省地方税务局等相关职能部门配套制定了各项具体管理制度，建立起了比较完善的基金征收使用管理制度体系，确保资金安全和投资效益的充分发挥。针对矿山环境恢复治理保证金制度，山西省编制了《山西省煤炭开采生态环境恢复治理方案》、《山西省每台开采生态环境恢复治理规划》，制定了《山西省煤炭企业生态环境保护年度审核办法》以及《山西省矿山生态环境质量季报管理办法》等一系列政策措施。

1.3　山西煤炭资源生态补偿费的征收与使用

目前，煤炭资源生态补偿费主要来自于煤炭可持续发展基金、煤炭资源税、矿山环境恢复治理保证金以及煤炭水资源补偿费等相关税费。

作为我国重要的能源重化工基地，为保证山西能源重化工基地建设的生态环境得到必要的补偿，煤矿技改和安全补欠有可靠的资金来源，经国务院批准，从20世纪70年代开始，山西省对出省煤炭征收每吨20元的能源基金。至2007年3月，山西省政府出台《山西省煤炭可持续发展基金征收管理办法》，煤炭可持续发展基金成为煤炭资源生态补偿费的重要来源之一。煤炭可持续发展基金是山西省人民政府设立为实现煤炭产业可持续发展而设立的基金。作为国家唯一煤炭产业可持续发展试点省份，山西省设立煤炭可持续发展基金的目的是建立煤炭开采综合补偿和生态环境恢复补偿机制，弥补煤炭开采给山西造成的历史欠账，综合解决山西煤炭工业发展中存在的一系列问题，为实现山西煤炭可持续发展提供财力支持。可持续发展基金按照煤炭种类和产量征收，目前，全省统一的适用煤种征收标准为：动力煤5~15元/吨、无烟煤10~20元/吨、焦煤15~20元/吨。

在煤炭资源税方面，山西省境内煤炭资源税税额主要按3.2元/吨征收，其中焦煤的资源税税额征收标准为每吨8元，这一标准与煤炭的市场价格和行业利润相比较低。目前，山西省正在积极探讨煤炭资源税的改革，从煤炭资源税由从量定额计征改为从价定率计征，以便为山西省资源型经济转型发展和生态恢复治理提供可靠的财力支持。

为在山西省建立煤炭生产企业环境保护、地质灾害防治、生态恢复投入机制，促进煤炭生产企业的可持续发展，2007年山西开征矿山环境恢复治理保证金，每吨原煤收10元，保证金全部用于本企业矿区生态环境和水资源保护、地质灾害防治、污染治理和环境恢复整治。

煤炭水资源补偿费是由当地地方税务机关对从事煤炭生产和加工的企业、个人、煤炭运销公司及其发煤站、煤焦管理站或其他煤炭经销机构征收的一种规费，开征的水资源补偿费标准为1元/吨。经国务院批准，该项补偿费在2011年起不再征收。

此外，自2006年国务院下发《国务院关于同意在山西省开展煤炭工业可持续发展政策措施试点意见的批复》后，作为试点，山西省政府征收的煤炭资源矿业权出让价款中有80%的地方留成，除部分用于煤炭资源勘查、保护和管理支出外，主要用于解决由于煤炭开采造成的生态环境、国有企业办社会等历史遗留问题。

2. 煤炭资源开发生态补偿机制建设中存在问题

近年来，山西省通过不断完善资源开采生态补偿机制，大力开展生态环境综合整治，生态建设和环境保护取得了显著成效。截至 2013 年，山西共批复 440 个矿山生态环境恢复治理和保护实施方案，这些方案实施后，可实现治理地表沉陷面积 836.9km^2，恢复林地面积 318.4km^2，恢复草地面积 168.1km^2，恢复耕地面积 135.8km^2，矿区造林路滑面积 532.7km^2，减少粉尘量 78379 吨/年，治理矸石场 471 个，矿井水处理量 74 万 m^3/d。[1] 但是由于历史欠账多，生态补偿涉及利益复杂等一系列问题，现行煤炭资源开发生态补偿机制仍存在不足，主要包括生态补偿的相关法律还不完善，对采煤造成环境污染和生态破坏损失难以量化衡量，生态补偿标准的核算办法及金额难以确定等问题。

（1）法律制度不健全。从全国来看，目前我国还未建立起完整的生态补偿的法规体系，缺乏生态补偿的综合性立法或专项立法，在现行法律法规中，也缺乏针对矿山生态环境补偿的专门法律法规。现有的《矿山资源法》只是规定开采矿产资源必须按照国家规定缴纳资源税和资源补偿税，而对开采造成的生态破坏和环境补偿没有明文规定，成为现行法律体系的一个"盲区"。由于缺乏法律的依据和政府各部门间的协调机制，也使得山西省生态补偿法律制度的建设一直处于没有制度依据的状态，制定地方性法规全面推动生态补偿机制的难度很大。虽然生态补偿的重要性得到普遍肯定，但至今仍然无法可依。2012 年山西省十一届人大常委会已将《山西省生态环境补偿条例》列入立法计划预备项目，但是涉及矿山环境保护与治理的法律法规多数为指导性条款，并涉及环境保护、国土资源、林业、水利、农业等多部门，因此在实际操作过程中可能会面临诸多困难。

（2）生态补偿标准尚不明确。科学准确地界定生态补偿标准和对象是生态补偿机制建立的重要内容。尽管我国推行了"谁受益、谁补偿"、"谁破坏、谁恢复"、"谁污染、谁治理"生态补偿的普遍原则，但实际操作过程中，由于各种影响因素十分复杂，补偿往往不易量化，存在着主观性和随意性。以生态补偿的地域范围为例，目前尚无明确的方法和标准确定边界，通常以矿区作为补偿地域边界，但实际上矿区边界往往是模糊的，更为重要的是遭受矿产资源开发所带来的生态环境破坏远超过矿区边界，由于生态补偿边界的不明确，必然导致生态补偿失效。此外，生态补偿的核算方法也没有统一的标准。基于这些原因，使得目前存在着保证金等生态补偿费用偏低的现状，无法满足矿山环境保护与环境治理恢复的实际需求，这不仅影响了保证金的返还和使用，并且会降低企业对矿山自然生态环境治理的自觉性。

（3）过多依靠政府、市场补偿不足。目前山西省生态补偿主要依靠政府的投入，其他社会投资很少，这严重制约了生态补偿机制的作用。山西省需治理矿山点多面广，治理任务重。据初步统计，仅朔州市境内有废弃矿山 300 余家，需治理面积超过 1500 万平方米，仅依靠政府投资，生态补偿资金来源面窄，根本无法满足生态补偿资金的大量需求，导致资金不足，不能满足生态维护和发展的需求。仅依靠政府对生态补偿资金进行配置，

---

① 来源于山西省发展改革委《山西矿产资源开发生态补偿情况汇报》（2013 年 4 月）。

还会导致程序复杂，效率低下，不适应市场经济发展的需要。在有效利用政府财政支付手段和市场激励相结合方面，太原市西山地区采取的"政府主导、市场运作、园区承载、公司打造"的生态补偿市场化运作模式值得借鉴和推广。

（4）缺乏有效监督机制。目前山西省生态补偿资金的使用与生态保护的效果没有直接挂钩，没有建立补偿资金的生态保护效果评估机制与监督机制，也没有相应的奖惩措施，受补偿者责任不明确。尽管国家和各级政府都已对矿区投入了大量生态补偿资金，生态保护与开发矛盾仍在加剧，生态退化的趋势仍未得到有效遏制，生态补偿政策效果不明显。在具体监管工作中，对于矿业权人是否按照矿山地质环境保护与治理恢复方案如期足额投入并实施治理等问题，目前还缺乏有效措施。由于矿山环境恢复工作受国土、环保、林业等多部门监管，要求也不尽相同，有时会出现监管标准不一的情形。比如复垦的植被标准不统一，致使采矿权人难以开展恢复治理工作等。因此，在矿山复垦绿化过程中明确恢复强度和标准成为进一步完善保证金制度的保证。同时，矿山治理恢复方案、验收程序和验收标准对保证金制度的实施效果也存在重要影响。此外，对矿山治理工作的认识还有待进一步提高，尤其是乡镇、村和采矿权人的生态环境保护意识淡薄，只注重矿产资源开发的经济效益，而忽视矿山生态环境保护与生态恢复治理，加之山西省由于经过历次改组、改制、整合、兼并，使采矿主体灭失，"谁破坏，谁治理"的政策难以落实。

3. 完善煤炭资源开发生态补偿机制的建议

3.1 建立适宜的生态补偿原则

目前，我国通用的生态补偿原则主要是"谁受益、谁补偿"、"谁破坏、谁恢复"、"谁污染、谁治理"，鉴于煤炭资源开发所造成的生态破坏强度大、范围广、层次多、恢复难等特点，应具有一些自身的补偿原则。

（1）污染者付费、利用者补偿、开发者保护、破坏者恢复的基本原则。生态补偿涉及多方利益，煤炭资源生态补偿的过程就是生态资源的受益者向其供给者付费的过程。1996年8月，《国务院关于环境保护若干问题的决定》指出，要建立并完善有偿使用自然资源与恢复生态环境的经济补偿机制，要坚持"污染者付费、利用者补偿、开发者保护、破坏者恢复"原则。这一原则也是煤炭资源开发生态补偿机制建立的基本原则。政府作为生态资源的管理者，应合理分析生态保护的纵向、横向权利义务关系，科学评估维护生态系统功能的直接和间接成本，制定合理的生态补偿标准、程序和监督机制，确保利益相关者责、权、利相统一。

（2）以生态系统服务功能为科学基础的原则。生态补偿最直接的目的是对保护上述生态系统服务功能赖以存在的生态系统，从而实现生态系统服务可持续提供的目标，因此生态系统提供的服务功能是生态补偿制度设计的重要科学基础。

（3）补偿费用合理化和科学化的原则。生态补偿费用是对破坏环境者的一种惩罚机制，但是补偿费用标准的科学与否直接影响生态补偿目标能否实现。煤炭资源补偿费用作为一种利益协调机制，对受益者具有很明显的约束功能，同样，一定程度上也会激励受害者加强对环境的保护。由此可见，低于生态环境恢复治理费用的生态补偿标准不具备约束作用，过高的生态补偿费用则会加重企业或者破坏主体的负担，一旦超出其承受范围，势必导致其退出市场。除此之外，不同区域的矿山生态环境问题各有差异，把需要建设生态补偿的矿山按生态环境异同进行规划，划分不同的补偿费用标准，因地制宜，实行分区补偿。因此，坚持合理、科学的生态补偿标准也是煤炭资源开发生态补偿机制建立的重要原则。

（4）政府主导、市场推进的原则。煤炭资源开发历史悠久，生态破坏"旧账"和"新账"并重，"旧账"的解决需要大量的资金，要坚持政府的主导作用，调整政府财政支出结构，增加财政投入。"新账"的解决要坚持政府监督，市场推进的原则：政府依靠法律手段、经济手段和必要的行政手段发挥在环境保护中的作用，科学地界定生态建设者和破坏者的权利和义务，制定相关法律法规，完善矿山生态建设补偿范围，提高运行效率，实施有效监督。同时，矿山生态补偿存在着利益机制，应积极发挥市场机制调节各种利益行为的作用，提高矿山生态补偿的效率。因此，不同生态问题的解决要依赖不同的解决办法，坚持市场推进的基础上，充分发挥国家的监督功能，也是煤炭资源开发生态补偿机制建立应遵循的重要原则。

3.2　完善生态补偿机制的对策

（1）不断完善煤炭资源补偿机制法律法规体系。首先，在全国层面应尽快出台矿产资源补偿专门性法律，使现有法律法规体系具有立法核心，提高现有法律法规体系的完整性与系统性。其次，加快推进《山西省生态环境补偿条例》的立法进程，确立山西省生态环境补偿的基本原则、补偿措施、生态补偿的管理与监督、法律责任等内容，尽快搭建起省级生态环境补偿的基本框架。再次，针对煤炭资源开发的生态补偿问题，制定《煤炭资源开采的生态补偿办法的实施细则》，明确煤炭资源开发中的具体操作性问题，如补偿标准的评估、补偿金额的计算等。最后，颁布生态补偿管理办法，规范生态补偿基金的使用，使生态补偿能落实到实施生态保护的主体和受生态保护影响的居民，使之能有效地促进生态保护工作。

（2）推进矿产资源税费政策和资源性产品价格改革。一是增加矿产资源税收水平，扩大资源税和矿产资源补偿费的征收范围，对于使用矿产品加工的企业也要缴纳资源税和矿产资源补偿费，同时要按矿产品加工延长产业链征收资源税和矿产资源补偿费，促使企业节约和回收利用矿产资源。要积极争取国家加快推进煤炭等资源税改革，将煤炭资源税由从量计征改为从价定率计征或者双重定价计征，试点开征环境保护税。二是积极推进资源性产品价格改革，完善资源性产品成本核算制度，全面规范地将矿业权取得、资源开采、环境治理、生态修复、安全投入、基础设施建设、企业推出和转产、改善民生等费用列入资源性产品成本构成中，逐步实现资源开发外部成本的内部化。三是建立合理的相对独立的矿产资源生态环境税费体系，从根本上解决矿业开发中的生态保护问题。

（3）建立健全生态环境补偿市场化运作机制。加强生态环境产权界定，明晰和保护生态环境治理修复投资权益，通过实施优惠的财政政策、税收政策、土地政策、就业政策、社会保障政策等，鼓励民间资本和当地居民参与生态恢复区的生态恢复和治理工作。严格执行"谁复垦、谁收益"政策，促进市场对生态建设的投资，加快矿区生态环境的恢复进程。加快排污许可证地方立法，制定主要污染物排污权初始分配政策，开展排污权有偿使用试点，健全排污权交易市场。

（4）建立部门间的协调机制，加强政府监管。在建立健全生态环境补偿市场化运作的基础上，由于市场自身的缺陷，必须加强政府监管，促进部门间的协调。煤炭资源开发造成的生态环境的破坏复杂而多面，涉及环保、土地、水利、农业、林业等多个行政管理部门。为了避免政出多门、交叉执法的低效率，政府监管的高成本，建议设立专门的统一管理生态补偿工作的权威性机构，且将部门间协调的程序和方法予以制度化，将保障协调制度予以法律化，保障部门间协调。此外，还应成立专门的专家技术咨询委员会，为政府实施有效监管提供技术支持和政策咨询。

（5）多途径加大生态补偿力度。通过财政转移支付、建立生态补偿基金和重大生态保护计划实施生态补偿。完善省级一般性转移支付制度，加大向矿产资源开采地区财政支持。在不同地区设立省级重大生态保护项目，有计划、分步骤地在生态环境重点建设地区加强项目投资力度。此外，争取国家加大对山西财政转移支付力度，特别是对开采地水源保护、环境污染治理以及生态修复的支持力度，同时参照国际应对全球气候变化的做法，建立煤炭输入地与输出地的长期性的扶助机制，对出省的煤炭、煤电、煤化工产品加征生态补偿费等，使东部受益地区合理分担部分生态环境成本。

（6）加强生态环境补偿机制的科学研究。生态补偿机制的建立是一项长期并且复杂的系统工程，对补偿标准体系等关键技术的研究对于推进生态补偿工作具有重要的理论指导意义。因此，要加强生态系统服务功能的价值核算、生态补偿的对象、标准、方式方法以及资源开发和重大工程活动的生态影响评价等方面的研究，同时要选取具有典型性的地区进行试点，积极推进生态补偿机制的建立和相关政策措施的完善。

◎参考文献

[1] 郝庆，孟旭光 对建立矿产资源开发生态补偿机制的探讨 [J]. 生态经济，2012，9.

[2] 杨赛明. 矿产资源开发的生态补偿机制研究 [J]. 资源环境，2013，6.

[3] 欧阳志云，郑华，岳平. 建立我国生态补偿机制的思路与措施 [J]. 生态学报，2013，33（3）.

[4] 王军生，李佳. 我国西部矿场资源开发的生态补偿机制研究 [J]. 西安财经学院学报，2012，3.

[5] 吕雁琴等. 新疆煤炭资源开发生态补偿博弈分析及建议 [J]. 干旱区资源与环境，2013，8.

[6] 康新立等. 矿产资源开发中的生态补偿问题研究 [J]. 资源与产业，2011，13（6）.

[7] 黄君蕊. 完善矿产资源保护法的新视角——建立区际矿区生态补偿制度 [J]. 法制与经济，2013，6.

[8] 杨松蓉. 我国矿产资源开发的生态补偿机制问题研究 [J]. 理论探讨，2011，12.

[9] 吴文盛，孟立贤. 我国矿产资源开发生态补偿机制研究 [J]. 生态经济，2010，5.

[10] 孔凡斌. 建立我国矿产资源生态补偿机制研究 [J]. 当代财经，2010（2）.

中部地区市场化生态补偿机制运行模式研究

朱　翔[1]　贺清云[2]　汤礼莎[3]　何　甜[4]　谢　谦[5]
（1，2，3，4，5　湖南师范大学资源与环境科学学院　长沙　410081）

1. 市场化生态补偿机制的国内外研究动态

随着经济的不断发展，人类社会与生态环境之间的矛盾日趋明显，生态环境恶化给人们的生活和生产带来了一系列的问题，生态补偿问题受到了人们的日益关注，并成为生态系统管理和发展需要解决的问题之一。美洲和西欧的一些国家开展生态补偿时间比较早，在生态补偿实践和理论中积累了丰富的经验。相比之下，中国关于生态补偿的研究和实践才刚刚起步，为此，我们必须尽快建立科学的生态补偿机制，尽快开展不同类型的生态补偿实施试点，以便调整相关利益各个方面生态及其经济利益的分配关系，促进生态和环境保护，促进城乡之间、地区之间和群体之间的公平性和全社会的协调发展。

1.1　国外生态补偿机制的相关研究

1970 年，美国学者 Larson 等提出了第一个帮助政府颁发湿地开发补偿许可证的湿地快速评价模型①；美国学者 Wu 和 Boggess（1999）提出了评估生态保护程序设计的框架并研究了生态保护资金的区域分配问题；1993 年荷兰政府把生态补偿原则作为修建公路决策时的考虑因素之一，目的是对已经尽了最大努力来减轻生态破坏影响的地区，如果仍然不能消除这些生态破坏的影响，要通过生态补偿来恢复这些生态功能和自然属性②；荷兰学者 Cuperus 等人（1999）认为生态补偿是对由于发展而削弱的生态功能或质量的替代。德国学者 Johst（2002）设计了一套生态经济模拟程序用于计算物种保护的补偿费用，以人类土地利用活动影响下产生的时空结构景观中白鹳的保护为例开发了程序。爱尔兰都柏林工学院的 McCarthy 等（2003）研究了爱尔兰共和国私人造林的经济决定因素，运用回归分析量化了竞争性林业和农业政策激励对私人造林趋势的影响。瑞士学者 Herzog 等人（2005）通过记录生态补偿区域中的植物种类和绘制鸟类空间分布图，研究了生态补偿区域对瑞士农业景观中植物和鸟类多样性的影响。

1.2　国内生态补偿机制的相关研究

我国的生态补偿针对不同的地区有不同的形式，最先是从森林和自然保护区开始的。早在 20 世纪 80 年代初，我国就开始了森林资源价值核算的研究工作，专家学者为森林

---

① Larson, J. S.. Rapid assessment of wetlands: History and application to management [A]. In S. L. Joseph, W. J. Mitsch. Old World and New Elsevier [C]. Global Wetlands, 1994.

② Cuperus, R., K. J. Canters, A. G. Annette, et al.. Ecological compensation of the impacts of a road: Preliminary method for the A50 road link [J]. Ecological Engineering, 1996, 7.

生态效益补偿标准化、定量化做了大量的研究工作。侯元兆等对森林资源价值评价理论与方法进行了系统的研究；李金昌论述和计量了森林生态系统的各项生态功能价值；蒋延玲、周广胜对中国主要森林生态系统公益进行评估，为生态系统管理提供了科学的量化指标，为合理保护和可持续利用森林资源提供了科学的量化数据；刘璨对固碳持氧功能的价值核算方面进行了研究，分析了我国出现森林资源环境服务市场构建态势及存在的问题、对策等，回顾了现有市场构建的政策与制度，把森林资源环境服务与产品界定为公共产品，分析了私人部门参与的可能性、必要性，对流域管理、生物多样性保护、景观价值、碳储存等生态服务的市场构建状况进行了分析；薛达元采用市场价值法、影子工程法、机会成本法、费用分析法等对长白山自然保护区森林生态系统间接经济价值作了评估，建立了旅游率与人口、收入、旅行费用及旅行时间等因变量之间的回归模型和"供给—需求曲线"，求出全体游客的消费者剩余；李文华等对森林生态系统服务功能展开了系统的研究；姜文来对森林涵养水源价值评估理论与方法开展了研究，提出了森林涵养水源价值量核算模糊数学模型；谭荣等提出森林生态效益的林业生产受益定量模型，并对林场补贴政策进行分析，得出合理的林业补贴要能够促使私人效益与社会效益相统一的结论。

我国市场化生态补偿的手段主要体现在生态补偿收费上，生态环境补偿费最早开始于1983年云南省对磷矿开采征收覆土植被及其他生态环境破坏恢复费用。20世纪90年代中期进入高峰，在福建等14个省145个市、县开始试点，1993年征收范围包括土地开发、旅游开发、矿产开发、电力开发、药用植物和自然资源等六大类，收费标准有固定收费和浮动（按比例）收费两种，征收方式主要有按项目投资总额、产品单位产量、产品销售总额、按生态破坏的占地面积征收、综合性收费和押金制度六种。流域上下游交易的成功案例是在浙江、广东等地的实践中探索出的"异地开发"生态补偿模式。浙江省磐安县是下游金华市的水源涵养区，金华市为了避免流域上游磐安县发展工业造成严重的污染问题，也为了弥补磐安县经济发展的损失，在金华市建立了"金磐扶贫经济开发区"，作为磐安县的生产用地，并在政策与基础设施方面给予支持。内蒙古自治区、宁夏回族自治区的上游灌溉区通过节水改造，将多余的水卖给下游的水电站使用。

目前国内生态补偿机制的总体框架见表1。

国内研究生态补偿的主要流派有：（1）福利经济学说。外部性理论和庇古手段是生态补偿的理论基础，认为资源不合理开发利用和环境污染的原因在于外部性，需要生态补偿来消除外部性对资源配置的扭曲影响，使外部性生产者的私人成本等于社会成本，从而提高整个社会的福利水平。（2）产权经济学说。该理论认为生态补偿通过体现超越产权界定边界的行为的成本，或通过市场交易体现产权转让的成本，从而引导经济主体采取成本更低的行为方式，达到资源产权界定的最初目的，使资源和环境被适度持续地开发和利用。① （3）利益博弈说。从博弈论的角度来看，生态补偿是为了走出生态"囚徒困境"的

① 吴晓青，陀正阳，杨春明等. 我国保护区生态补偿机制的探讨［J］. 国土资源科技管理，2002，2.

表1 目前国内生态补偿机制的总体框架

地区范围	补偿类型	补偿内容	补偿方式
国际补偿	全球、区域和国家之间的生态和环境问题	全球森林和生物多样性保护、污染转移、温室气体排放、跨界河流等	多边协议下的全球购买 区域或双边协议下的补偿 全球、区域和国家之间的市场交易
国内补偿	区域补偿	东部地区对西部的补偿	财政转移支付、地方政府协调、市场交易
	流域补偿	跨省界流域的补偿 地方行政辖区的流域补偿等	财政转移支付、地方政府协调、市场交易
	生态系统补偿	森林、草地、湿地、海洋、农田等生态系统提供的服务	国家（公共）补偿财政转移支付、生态补偿基金、市场交易、企业与个人参与
	资源开发补偿	矿业开发、土地复垦、植被修复等	受益者付费、破坏者负担、开发者负担

资料来源：李文华，刘某承. 关于中国生态补偿机制建设的几点思考［J］. 资源科学，2010，5.

制度安排，通过建立生态补偿的选择性刺激机制，实现区域内的集体理性①，其价值动因是协调和解决环境权与生存权、发展权之间的冲突②，而跨区域的生态补偿也就是采取纵向一体化的办法将外部影响内部化③。（4）社会公义说。持该观点的初始分配不同造成了事实上的发展权利的不平等，需要一种补偿来弥补这种权利的失衡④，因此生态补偿应被更多地赋予社会和谐与公正的责任。粟晏、赖庆奎等（2005）认为，生态补偿是社会矛盾、利益差别、认识分歧的整合器，它可以改变成本收益的动态关系，实现社会公平、公正。（5）心理学和行为学。该观点认为补偿对行为具有明显的示范定向、塑造的作用。补偿改变成本收益的时空动态关系、改变心理预期、选择偏好、行为主体间的责任与义务关系。

2. 市场化生态补偿机制典型模式研究

生态补偿模式设计与机制建设即通过制度创新，有效地将资源环境产品的外部性内部

---

① 梁丽娟，葛颜祥，傅奇蕾. 流域生态补偿选择性激励机制——从博弈论视角的分析［J］. 农业科技管理，2006，5.

② 俞海，任勇. 流域生态补偿机制的关键问题分析——以南水北调中线水源涵养区为例［J］. 资源科学，2007，29.

③ 杜振华，焦玉良. 建立横向转移支付制度实现生态补偿［J］. 宏观经济研究，2004，9.

④ 毛锋，曾香. 生态补偿的机理与准则［J］. 生态学报，2006，26.

化，从而优化资源配置，促进生态资本增值。生态补偿机制建设和模式设计因不同层次、不同领域、不同时间段、不同区域而不尽相同，其内容包括政策借鉴与创新、政策体系构建、政策效果评估及效率分析等多方面内容。

生态补偿模式多种多样，灵活多变，不存在定式。从不同的划分角度来看，可以是自然的或社会经济的，直接的或间接的，区间的或部门间的，政府主导的或市场主导的。毛显强将生态补偿模式归纳为 6 类，分别为生态补偿费与生态补偿税、生态补偿保证金制度、财政补贴制度、优惠信贷、交易体系和国内外基金。① 支玲等（2004）认为生态补偿可分为国家补偿、地区补偿、部门补偿、产业补偿等。万军则将我国生态补偿手段划分为政府手段和市场手段两大类，政府手段包括财政转移支付、专项基金、重大生态建设工程。从不同的角度我们可将生态补偿机制分为不同的模式。

2.1　市场化生态补偿模式

市场化生态补偿的模式主要可分私人交易模式、开放的市场贸易模式、生态标记模式、排污权交易模式、水权交易模式、生态建设的配额交易模式六种②，见表2。

（1）私人交易模式。这类支付模式是指生态服务的受益方与支付方之间的直接交易，适用于生态服务的受益方较少并很明确，提供者被组织起来或者数量不多的情况，一般是一对一交易。交易双方经过谈判或通过中介，确定交易的条件和价格。私人交易通常限定在一定的范围和透明度内，主要是得益于较为明晰的产权和可操作的合同。一对一交易常见于小流域上下游之间、产权比较明确的森林生态系统与其周边受益地区，有时也可能是某些保护组织和商业机构达成为保护生态系统功能而支付的报酬等。

（2）开放的市场化贸易模式。当生态服务市场中买方和卖方的数量比较多或不确定，而生态系统提供的可供交易的生态服务是能够被标准化为可计量的、可分割的商品形式，如温室气体抵消量、地下水盐分信贷等，这时可以使这些指标进入市场进行交易。这种交易的前提是，政府必须为此制定必要的规则。

（3）生态标记模式。生态标记是间接支付生态服务的价值实现方式，一般市场的消费者在购买普通市场商品时，愿意以较高的价格来购买经过认证的以生态友好方式生产出来的商品，那么消费者实际上支付了商品生产者伴随着商品生产而提供的生态服务。这种支付方式的关键，是要建立起能赢得消费者信赖的认证体系。

（4）排污权交易模式。排污权交易是在运用污染物排放总量控制政策，保护和改善区域生态环境质量的前提下，利用市场规律及环境资源价值原则的特有性质，在环境保护主管部门的监督管理下，各个持有排污许可证的单位在有关政策、法规的约束下进行排污指标（排污权）的有偿转让或变更的活动，使生态环境容量的资源属性得到体现。主要包括水污染物排污权的交易和二氧化硫排污权的交易两种。

（5）水权交易模式。通过水权交易不仅可以促进资源的优化配置，提高资源利用效

① 甄霖，闵庆文，金羽等. 海南省自然保护区社会经济效益和生态补偿机制研究 [J]. 资源科学，2006，28.

② 万军，张惠远，王金南，葛察忠等. 中国生态补偿政策评估与框架初探 [J]. 环境科学研究，2005，18.

率，而且有助于实现保护生态环境的价值，因而可以作为实施生态补偿的市场手段之一。我国已经在一些流域实行了水量分配制度，全面实行取水许可制度，基本构建了水权交易制度框架，并在水资源的管理、开发、利用中发挥了一定的作用。基于不同的水量分配方式，中国的水权交易有跨流域交易、跨行业交易和流域上下游交易等不同形式。

（6）生态建设的配额交易模式。配额交易是利用市场机制开展生态环境保护的重要举措，是《京都议定书》中削减二氧化碳的重要实施途径之一，目前只在欧盟成员国内部进行探讨。广东省环境保护局倡导建立自然保护区的配额交易制度，拟用于山区和平原地区之间的生态补偿。

表2　　　　　　　　　市场化生态补偿的主要模式及典型案例

类　型	主要特征	典型案例
私人交易模式	直接交易、一对一交易，常用于小流域上下游之间、森林生态系统与周边受益地区	美国纽约市与上游的供水交易案例
开放的市场化贸易模式	能够被标准化为可计量、可分割的商品形式，常用于温室气体抵消量、地下水盐分信贷等	澳大利亚实施的水分蒸发信贷案例
生态标记模式	间接支付、实现生态服务价值	欧盟的生态标签体系案例
排污权交易模式	遵循市场规律及环境资源价值原则、可有偿转让或变更	太湖流域水污染排放交易机制案例 利用市场化机制控制二氧化硫排放中美合作研究案例
水权交易模式	促进水资源优化配置，可跨流域交易、跨行业交易和流域上下游交易	义乌—东阳水权交易 慈溪—绍兴水权交易
生态建设的配额交易模式	削减二氧化碳的重要实施途径之一	广东省山区与平原地区生态补偿案例

资料来源：高彤. 国际生态补偿政策对中国的借鉴意义 ［J］. 国际瞭望，2006，10.

万军. 中国生态补偿政策评估与框架初探 ［J］. 环境科学研究，2005，18.

2.2　地域化生态补偿模式（见表3）

（1）全球性补偿模式。清洁发展机制（Clean Development Mechanism，COM），是《京都议定书》中引入的灵活履约机制之一。核心内容是允许缔约方（即发达国家）与发展中国家进行项目级的减排量抵消额的转让与获得，在发展中国家实施温室气体减排项目。近年来 CDM 机制受到广大国家和区域的推崇，该机制是发达国家提供资金和技术援助，在发展中国家境内实施温室气体减排项目；通过购买发展中国家二氧化碳减排指标，发达国家抵消国内温室减排高成本的指标。

（2）区际补偿模式。主要有区际产权市场、生态建设税、区际民主协商和横向财政转移支付几种模式①，特别是异地开发补偿和流域水资源交易在国内得到相当程度的实践。刘伟（2004）认为，由于我国东西部的碳减排成本有 4～6 倍的差距，因此可借鉴CDM 机制建立国内的区间生态补偿机制，对改善土地利用和造林的进行 CER 补偿。焦玉良认为，在区间生态补偿的方案选择中，建立区际生态转移支付基金比较符合我国现实，而且对于处理流域内、产业间的生态服务关系也可参照执行。储兵（2006）以钱塘江下游的生态补偿研究为例，认为参照长江、黄河的流域机构，建立钱塘江流域管理委员会，并向水资源需求方收取补偿金。

（3）地区性补偿模式。哥斯达黎加、墨西哥等拉美国家是发展中国家的楷模，在森林碳汇和水环境补偿方面做了大量实践工作，这种森林银行、湿地银行现在国际上很流行。其他诸如欧盟的生态标签体系、瑞士的保护性农业生产补助，美国的耕地保护性储备计划（土壤银行）也卓有成效。② 戚琪等（2004）认为在城市设计中从景观、水文、植被、建筑等可操作要素来进行有效的生态控制和补偿。

（4）项目补偿模式。Ruud Cuperus 等以荷兰高速公路地生态补偿为例，认为生态补偿方针应按照环境影响的避免、减小和补偿 3 步骤来梯次实施。钟学斌等（2006）从土地整理过程中碳量损失的角度讨论了生态补偿优化设计的方案，其认为在土地整理过程中，项目区整个生态系统碳循环与碳蓄积量应得到平衡。

表3　　　　　　　　　　　　生态补偿模式的主要类型及典型案例

类型	补偿模式机制	典型案例
全球性补偿模式	CDM	碳排放权交易
区际补偿模式	区际产权市场、生态建设税、横向财政转移支付等	京津冀北流域生态补偿
地区性补偿模式	农业生产补助、森林银行、湿地银行等	美国的耕地保护性储备计划
项目补偿模式	资金、粮食、技术等	荷兰高速公路地生态补偿

资料来源：李碧洁，张松林，侯成成. 国内外生态补偿研究进展评述，世界农业，2013，2.

3. 国外生态补偿经验对中国的启示

从国内外补偿模式的实践来看，张惠远认为目前我国的生态补偿模式普遍呈现"三多三少"特点，即部门补偿多，农牧民补偿少；物资、资金补偿多，产业扶持、生产方式改善少；直接的生态建设多，相应的经济发展、扶贫、农村能源结构调整少。而国外更加注重整合社会资源，构建全方位、全民参与的生态补偿机制。我国生态补偿制度起步较

---

① 陈瑞莲，胡熠. 我国流域区际生态补偿：依据、模式与机制 [J]. 学术研究，2005，9.
② 高彤，杨姝影. 国际生态补偿政策对中国的借鉴意义 [J]. 国际瞭望，2006，10.

晚，补偿机制不完善，欧美国家在生态补偿方面经历了较长时间的完善过程，有比较成熟的经验可供借鉴。

3.1　合理规范相关补偿政策

（1）农业开发政策。从国外有关农业政策中对补偿的相关规定可以发现以下几个特点：①政策的实施主要是通过补偿，鼓励农民采取环境友好的生产方式实现农业生产方式和生产结构的转变，从而达到保护生态环境的目的；②补偿的方式基本上都是政府通过某一项目的实施支付给农场主，并且该项目具备一定延续性；③补偿一般与相应的环保措施挂钩，并且这些环保政策非常具有实质性；④保护项目的实施是通过政府与农户达成协议的方式实现的。对于目前中国实行的退耕还林还草等具备生态补偿含义的政策而言，其借鉴意义主要体现在：补偿只是一种经济激励手段，一定要辅之以相应的其他扶植措施，确保失地农民可以通过保护环境得到实际的收益；对于地区差异性较大的国家而言，要考虑政策制定的公平性，补偿标准应该有所区别。

（2）资源开发政策。对于资源开发过程中的生态补偿，国外的经验强调新老矿区区别对待。对于老矿区的历史遗留问题，主要靠政府投入资金；对于新矿区而言，必须遵循"谁破坏，谁恢复"的原则，资源开发者应承担主要责任，负责资源开发活动过程中和结束后的生态修复责任。这为我们提供了很好的借鉴。

3.2　优化选择补偿区域

我国生态补偿资金渠道以中央财政纵向转移支付为主，多以项目的形式在一定时段内实施补偿，不仅稳定性差，还受政府在一定时期的职能目标和其他财政支出需要的限制，资金短缺是我国实施生态补偿面临的主要难题。但是，由于未考虑区域提供的生态服务和实施环境保护成本的差异，一方面因资金不足难以引导农户提供期望的生态服务，另一方面补偿高于成本以及对不易遭受破坏的地区实施补偿，资金利用效率低下，资金短缺和低效利用并存。欧美国家的补偿计划，首先优化选择补偿区域，避免对不需要补偿也能提供生态服务的地区进行补偿，如美国的土地休耕计划，农户首先自主申请，然后使用效益—成本系数对申请农户进行选择，提高资金利用效率。

3.3　划分补偿区域等级

地理环境是一个复杂系统，由等级不同的区域组成。不同等级区域的复杂程度以及在生态环境保护中的地位和作用不同，机会成本的内涵也有差异。因此，生态补偿也应当在划分区域等级的基础上进行。如英国的环境敏感项目以区域典型农场的成本为基准计算机会成本，各区域内按照经济发展差异划分补偿等级，各等级内的补偿个体又按照管理方式和资本结构等进行修正。借鉴欧美国家经验，针对我国生态补偿中存在的主要问题，在确定补偿标准时，首先可根据区域提供的生态服务价值、社会经济发展水平等划分补偿等级，在各等级区域内选择破坏风险较大的区域进行补偿；其次细化成本核算单元，以土地条件相对一致的地块为补偿单元，再综合考虑需求方的支付能力、农户的建设成本、机会成本和受偿意愿，通过博弈最终确定补偿标准，见图1。

3.4　政府和市场的作用是相辅相成的

从国外对生态服务功能购买的实践看，虽然有的方式以政府为主导，有的方式以市场

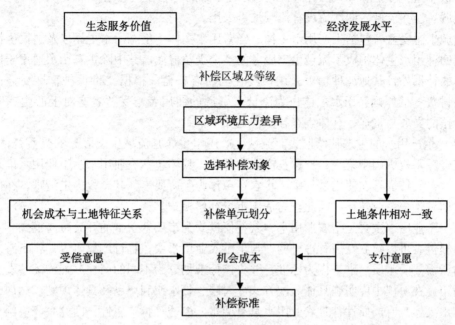

图1　生态补偿标准确定的理论框架

为主导，但政府与市场之间并不是完全对立的。如在美国的耕地保护性储备计划中，虽然是属于政府购买生态服务，但是在土地租金率的确定过程中，引入了市场竞争机制，使得最终确定的租金率与当地的自然经济条件相适应，提高了农民的可接受程度，确保了项目目标的达成。而在私人交易、市场贸易和生态标签体系中，政府的指导、监督作用也是不容忽视的。因此我们在生态补偿机制的设计过程中，一定要正确处理市场和政府的关系，不要把二者人为地分开。在一些大江大河和重要生态功能区的生态补偿中，政府处于主导地位，但也不妨在适当环节充分利用市场机制，如利益相关者的参与及协商机制，以保证公共支付政策的效率和长效性。对一些中小流域上下游之间的补偿，或是以市场手段实现的补偿，市场机制可以占主导作用，但政府应在制度完善、市场培育方面发挥作用，同时也不能放松对交易过程的监管。

4. 中部地区市场化生态补偿机制的创新模式

根据中部六省的实际情况，借鉴国内外典型模式的经验，本文作者构建出流域生态补偿模式、自然保护区和森林公园生态补偿模式、矿产资源开发生态补偿模式（包括煤炭资源型生态补偿模式）和以土地利用为视角的农田生态补偿模式等具有地方特色的、能为国内其他地区提供借鉴的市场化生态补偿机制运行的创新模式。

4.1　流域生态补偿模式

流域生态补偿模式就是在流域下游为获得满足其需求的水质水量，希望上游地区采取措施在保护、恢复或建设生态的基础上，实现下游地区对上游地区的生态建设（保护、恢复）成本进行实物、资金、智力以及政策方面的补偿支付。在中部地区如长江流域、黄河流域、汉江流域、湘江流域等流域均可采用。

流域生态受益者包括生产用水主体、经营用水主体、生态用水主体以及居民生活用水体，这四种用水主体构成了流域生态服务的整个受益群体。其中除生态用水适用于以政府为主体的补偿外，其他三种均可采用市场化的生态补偿。根据"谁保护，谁受益；谁受益，谁付费"的原则，用水主体作为流域水资源的使用者与受益者有对上游生态服务者进行补偿的义务与责任。具体生态补偿模式如下：

（1）生产用水的生态补偿模式。流域生产用水主体是流域生态服务的受益群体之一，是流域资源水权中用于第一、二、三产业的部分，具体包括农业用水、工业用水以及第三产业用水，其特征是在使用过程中，将水资源作为生产要素，其产权界定清晰，在使用过程中水体发生消耗或转移，因此较为适用市场补偿模式。

第一产业用水主要是指农业用水，其补偿模式为市场补偿中的开放贸易模式。上游生态服务提供者可以建立专门管理机构，与下游农业用水主体签订产权协议，将下游农业用水主体所需要的水质、水量作为标准，并将该标准划分为不同的产权分配给下游农业用水主体使用。在协议中应明确具体分配方式、时限、贷水权利率以及具体规则。然而，由于农业用水主体具有弱质性，且农业用水具有回水、渗透等特殊属性，因此政府应给予适当的补贴以减轻农业用水主体因支付生态补偿费用所带来的负担。

第二产业用水主要是指工业用水。工业用水的特点是产出效益高，用水量大。工业用水的生态补偿可以根据其不同的规模分别加以确定。在交易建立后，上游按照下游工业用水户的需求提供个性化服务，有利于实现生态服务市场资源的有效配置。而对于其他年产值较低、数量繁多的工业企业可以利用缴纳生态税费的方式通过政府的财政转移支付最终实现对上游的补偿。另外，一些工业企业也可以利用生态标记方式，在经过国家生态产品认证后，以制定较高价格的方式，使得消费者替代生产者支付生态补偿费用。

第三产业用水主要是指服务行业，如水厂、洗浴、餐饮等主体所使用的流域水资源，其中并不包括主要以水资源作为营利载体的服务业用水（如旅游、水上交通、娱乐等）。第三产业用水主体的特点是用水量少产值高，是生产用水主体实现生态补偿的主要力量。第三产业用水生态补偿可以借鉴工业用水的补偿模式利用缴纳生态税费的方式实现对上游生态服务者的补偿，但其缴纳的生态税（费）率应高于工业用水主体。

（2）经营用水的生态补偿模式。经营用水是指流域资源水权中用于以水资源作为营利载体的服务业的水资源，具有水体不发生转移，水资源作为生产环境要素使用的特点，具体包括水上旅游业用水、水电业用水、水上娱乐业用水、淡水养殖业用水以及水上运输业用水等。经营用水的生态补偿方式应选择市场补偿模式，主要有以下有两种具体形式：一是直接补偿。直接补偿即对于经营用水业户根据其经营占用水面面积、发电量，利用生态补偿费的方式实现对水源地的直接补偿。由于经营用水量无法准确度量，因此应结合其行业特点，参照其经营效益，在营业利润中抽取部分比率作为生态补偿资金，纳入到水源地生态补偿账户。二是间接补偿。间接补偿是指通过智力补偿、实物补偿等非资金补偿的方式对水源地进行的补偿支付。经营用水户可以通过多种方式进行间接补偿：①在营业过程中，为水源地居民提供商业机会和就业岗位，优先录用和照顾水源地居民；②以优惠价格为来自水源地的消费者提供产品;③定期请旅游和环保专家,对水源地居民进行生态旅游和生态环境保护培训;④投资在水源地建立生态环保设施,这不仅能够保障自己经营所需的水质与水量,还能促进水源地劳动力就业。

（3）生态用水的生态补偿模式。生态用水主要是指流域资源水权中用于水调节、水土保持的水资源。生态用水属于公共物品,具有非排他性,因此较为适用政府补偿模式。政府付费主要有纵向财政转移支付与横向财政转移支付两种方式。其中纵向财政转移支付主要针对大型流域的生态工程如南水北调工程等;而对于中小型流域的生态用水则应采用横向财政转移支付方式。在横向财政转移支付方式中,要充分考虑生态用水量、生态受益面积、受益群体的数量以及经济发展水平。在补偿过程中,下游地方政府可以根据其具体的生态用水量,以现金的方式完成对水源地政府的补偿。也可以对当地生态用水受益者征收一定的生态补偿费用以缓解财政压力,充盈对水源地政府的转移资金。上游政府根据其生态用水受益面积的大小,结合生态用水对当地 GDP 的贡献率,确定出一个合理的补偿标准,在地方财政收入中提取一定比例的资金来实现对水源地政府的转移支付。

（4）居民生活用水的生态补偿模式。居民生活用水分为城镇居民生活用水以及农村居民生活用水两部分。城镇居民生活用水来源于自来水厂的供应,因此该用水主体对上游的补偿可以通过水厂这一中介来完成。上游生态服务者应通过政府与下游水厂达成协议,委托水厂代理收取城镇居民生活用水主体的生态补偿费用。水厂可以通过以下两种方式来收取补偿费用:一是提高水资源价格,并在水资源价格中按照一定的费率抽取水源地的生态补偿费;二是在目前的水价构成增加水源地生态补偿费项目。生态补偿费收集以后,由水厂完成对上游水源地的直接支付。农村生活用水应参考城镇居民用水生态补偿模式来完成支付,但鉴于农村居民生活用水主体的弱质性,其生态税费水平应低于城镇居民用水补偿标准。对于来自地下水的部分,比较难以界定,因此应加快实现农村自来水的普及,尽快将农村居民生活用水纳入水厂供应范围内,最终通过水厂的生态税费征收完成对水源地的直接补偿支付。

流域地区的生态补偿模式的设计,考虑到上游饮用水源保护区内经济发展一般比较薄弱,区域内居民为了追求经济发展,往往出现破坏生态环境及水资源的行为;流域下游地区作为主要饮水区,经济比较发达,居民的生产生活对上游地区持续不断地提供优质水源以来甚大。这种区际矛盾严重制约了上下游的协调、持续发展。生态补偿模式建立时应协调经济开发与生态保护的矛盾,实现生态区域经济利益的整体生态利益之间的协调发展,最终实现人与自然的和谐发展。具体模式如图 2 所示。

4.2 自然保护区和森林公园生态补偿模式

自然保护区和森林公园都属于依法划出的一定面积予以特殊保护和管理的区域,一般为有代表性的自然生态系统、珍稀濒危野生动植物物种的天然分布区、有特殊意义的自然遗迹等保护对象所在区。对这一类型的区域,可以采取建立一个"输血型"与"造血型"并立的生态补偿模式（见图3）,其基本构架为:由中部六省分别设置保护区和森林公园生态补偿基金会、自然保护区和森林公园发展委员会两个组织。基金会负责生态补偿税的征收、生态补偿基金彩票的发行以及自我补偿资金的合拢,发展委员会负责自然保护区和森林公园的规划和生态补偿基金的管理以及调节各利益相关者的平衡、指导自然保护区管

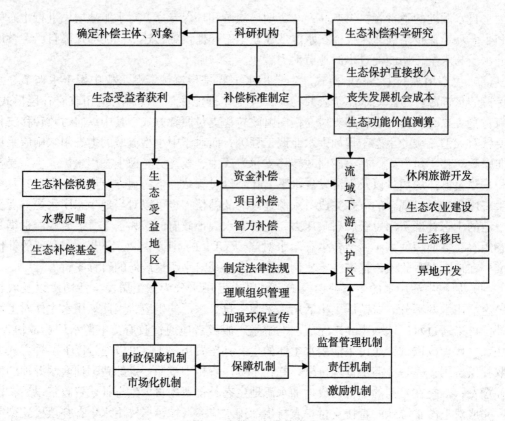

图 2 　流域生态补偿模式

理会（或森林公园管理处）开展适当的自我补偿和相关生态保护与补偿意识的宣传等。基金会为发展委员会提供资金，发展委员会为基金会提供自我补偿资金并对基金进行统筹，两者分工合作同时又能有机结合，与各省市所有自然保护区与森林公园机构的人力资源及发展水平相适应。

（1）生态补偿基金会的运作。自然保护区和森林生态补偿基金会的建立，既需要政府的政策与财政支撑，也需要充分利用社会主义市场机制，更需要全社会的支持，因此基金会的建立必须将政府、市场、社会充分糅合在一起，用政策和社会的推力来保障市场化的运作。首先是政府干预下的市场激励，可以考虑以各省政府为单位发起，吸引社会各界人士的关注，由此为基金会提供信誉保障，以便能更好地从多种渠道吸收资金。其次是生态资源补偿费，建立涵养水源费的征收及其标准，政府职能部门通过设立行政事业费项目向生态公益林的受益单位及个人筹集森林生态补偿基金；同时，考虑已在国际上实施的碳汇交易。与因发展工业而制造了大量温室气体的发达国家进行碳汇交易，在它们无法通过技术革新降低温室气体排放量的时候，可以投资发展中国家和地区造林，以碳汇抵消排放，由此获得补偿经济效益。最后是发行生态补偿基金彩票。由中部六省政府出面，与有可能发行生态彩票的其他地区的国家级自然保护区共同合作发行生态彩票，募集社会闲散资金，用市场化运作手段进行保护区的生态补偿，也可唤醒民众的生态补偿意识。

（2）生态补偿发展委员会的运作。一套生态补偿机制，不仅需要基金会积极寻求资金援助，更离不开发展委员会的统筹规划以及它独有的"造血"功能，即自我补偿能力，因此，有必要建立由自然保护区（森林公园）管委会、自然保护区（森林公园）主管部门领导和从事自然保护和研究的科技专家组成的发展委员会。该委员会除对自然保护区或森林公园进行规划、管理生态补偿基金、调节各利益相关者的平衡外，还可以指导自然保护区管委会（或森林公园管理处）开展适当的自我补偿，如原有经济林的开发利用、野生资源植物的合理开发、生态旅游的发展等。此外，加强民众生态保护意识、提升生态补偿自觉性的宣传也必不可少，如寻求与电视台合作，以公益广告的形式对生态保护与补偿进行宣传等。

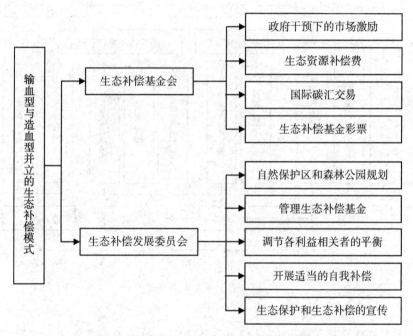

图3　自然保护区和森林公园的生态补偿模式

4.3　矿产资源开发生态补偿模式

矿产资源生态补偿是指因矿山企业开发利用矿产资源的行为，给矿区周围自然资源造成破坏、生态环境造成污染、使矿业城市丧失可持续发展机会，而进行的治理、恢复、校正所给予的资金扶持、财政补贴、税收减免、政策优惠等一系列活动的总称。

矿产资源生态补偿机制的核心问题是解决谁是责任主体、谁来补偿、如何补偿和补偿多少，即体现四个方面的补偿：一是因矿产资源的合法开发而给矿产资源重复利用造成的破坏，由矿山企业对国家（矿产资源所有权人）做的补偿；二是因矿产资源的合法开发而给周围环境造成的污染破坏，由矿山企业对矿区居民做的补偿；三是因矿产资源的不适度开发而给矿产资源永续利用造成的破坏，由矿山企业对"后代人"做的补偿；四是因矿产资源的不合理定价而给矿业城市造成成本投入损失，由其他工业城市对矿业城市做的补偿。矿产资源生态补偿机制，通过计划和市场两个手段对矿产资源的配置起作用，从补偿的过程来看，又可分为补偿费定价机制、补偿实施机制、补偿监督机制三部分组成，见图4。

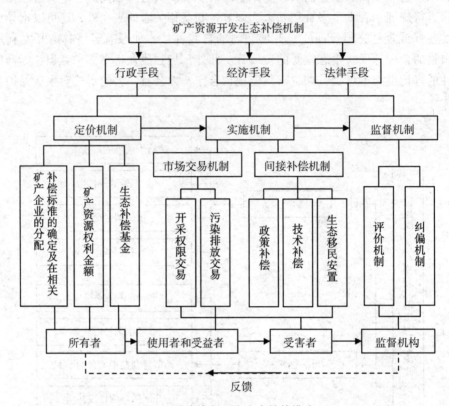

图4 矿产资源开发生态补偿模式

煤炭资源是在中部地区属于储量较大、开采较密的一种矿产资源，尤以山西省为典型，没有相应的生态补偿机制，城市的生态补偿工作就无法纳入制度化的轨道。煤炭资源型城市面临着生态脆弱性和生态问题日趋恶化的现实状况，煤炭资源型城市生态补偿模式的选择应立足于补偿过程中的各方当事人，包括：地方政府、煤炭开发企业、当地社会居民之间所具有的成功、成熟、稳定的关联关系以及合作中冲突、冲突中合作的平衡格局。按照煤炭资源型城市补偿实施主体和补偿原则，提出"生态旧账"和"生态新账"分治的模式。

"生态旧账"和"生态新账"分治的模式适用于存在多年历史遗留生态问题的地区。这种模式的思路和方法是：通过立足于城市实际现状，明确生态恢复治理的主体、责任和界线，将生态恢复治理的责任区分为"生态旧账"和"生态新账"，并区别对待。对于"生态旧账"，主要通过建立废弃矿区生态恢复治理基金由地方政府负责修复治理，其市场化的体现在于资金筹集方式。对于"生态新账"，主要由采煤企业负责修复治理，生态修复治理资金主要来自企业缴纳的生态补偿费，或者通过市场平台进行开采权交换获得的生态补偿金，不足部分由国家和地方政府及其他非政府组织团体提供。开发企业可以自行组织进行修复治理，也可以委托给环境治理企业或政府进行修复治理，或通过将企业开采许可证的发放与生态修复治理挂钩的方式来解决，见图5。

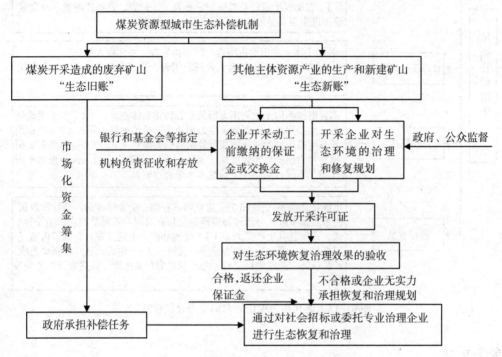

图5　煤炭资源型城市生态补偿模式

4.4　以土地利用为视角的农田生态补偿模式

农田通常称为耕地，农田补偿可称为耕地补偿。农田通常受土地利用行为的影响，所以建立在以土地利用为视角的农田生态补偿是根据生态补偿的基本原则，对导致农田生态质量下降行为的经济惩罚和对维护甚至提升农田生态质量健康行为的经济补偿。中部地区是中国重要的粮食生产和储备基地，耕地占土地总面积的比例较大，农田生态补偿模式的建立有利于进一步完善粮食生产系统，提高农民的生产积极性。

农田生态补偿模式的主要结构由补偿原则、补偿主客体、补偿标准及补偿模式四个部分组成。其中，补偿原则是让区域内所有公民充分体现社会责任义务、权利享受公平、公正的依据；补偿主客体是责任承担者与权利的享受者；补偿标准是责任与权利的经济量化；补偿模式是责任与权利的体现方式（本文主要研究市场化的补偿模式）。具体见图6。

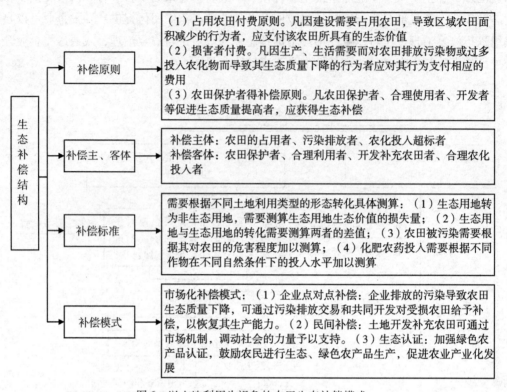

图6 以土地利用为视角的农田生态补偿模式

◎参考文献

[1] Larson, J. S.. Rapid assessment of wetlands: History and application to management [A]. In S. L. Joseph, W. J. Mitsch. Old World and New Elsevier[C]. Global Wetlands, 1994.

[2] Wu, J., W. G. Boggess. The optional allocation of conservation funds [J]. Journal of Environmental Economics and Management, 1999, 38.

[3] Cuperus, R., K. J. Canters, A. G. Annette, et al.. Ecological compensation of the impacts of a road: Preliminary method for the A50 road link[J]. Ecological Engineering, 1996, 7.

[4] Cuperus, R., K. J. Canters, A. U. Helias, et al.. Guidelines for ecological compensation associated with highways[J]. Biological Conservation, 1999, 90.

[5] Johst, K., M. Drechsler, F. Watzold. An ecological-economic modeling procedure to design compensation payments for the efficient spatio-temporal allocation of species protection measure[J]. Ecological Economics, 2002, 41.

[6] McCarthy, S., A. Matthews, B. Riordan. Economic determinants of private afforestation in the Republic of Ireland[J]. Land Use Policy, 2003, 20.

［7］ Herzog, F., S. Dreier, G. Hofer, et al.. Effect of ecological compensation areas on floristic and breeding bird diversity in Swiss agricultural landscapes［J］. Agriculture, Ecosystems and Environment, 2005, 108.

［8］ 吴晓青, 陀正阳, 杨春明等. 我国保护区生态补偿机制的探讨［J］. 国土资源科技管理, 2002, 2.

［9］ 梁丽娟, 葛颜祥, 傅奇蕾. 流域生态补偿选择性激励机制——从博弈论视角的分析［J］. 农业科技管理, 2006, 5.

［10］ 俞海, 任勇. 流域生态补偿机制的关键问题分析——以南水北调中线水源涵养区为例［J］. 资源科学, 2007, 29.

［11］ 杜振华, 焦玉良. 建立横向转移支付制度实现生态补偿［J］. 宏观经济研究, 2004, 9.

［12］ 毛锋, 曾香. 生态补偿的机理与准则［J］. 生态学报, 2006, 26.

［13］ 粟晏, 赖庆奎等. 国外社区参与生态补偿的实践及经验［J］. 林业与社会, 2005, 13.

［14］ 甄霖, 闵庆文, 金羽等. 海南省自然保护区社会经济效益和生态补偿机制研究［J］. 资源科学, 2006, 28.

［15］ 支玲, 李怒云, 王娟, 孔繁斌. 西部退耕还林经济补偿机制研究［J］. 林业科学, 2004, 40.

［16］ 万军, 张惠远, 王金南, 葛察忠等. 中国生态补偿政策评估与框架初探［J］. 环境科学研究, 2005, 18.

［17］ 陈瑞莲, 胡熠. 我国流域区际生态补偿：依据、模式与机制［J］. 学术研究, 2005, 9.

［18］ 刘伟. 借鉴 CDM, 建立国内区间生态补偿机制［J］. 西北人口, 2004, 6.

［19］ 储兵. 建立富春江、新安江库区生态补偿机制的必要性及几点建议［J］. 水利经济, 2006, 24.

［20］ 高彤, 杨姝影. 国际生态补偿政策对中国的借鉴意义［J］. 国际瞭望, 2006, 10.

［21］ 戚琪, 徐雷, 王卡. 论城市设计的生态补偿作用——记舟山临城新城中心区城市设计的生态策略［J］. 生态学报, 2004, 24.

［22］ 钟学斌, 喻光明, 何国松, 鲁迪. 土地整理过程中碳量损失与生态补偿优化设计［J］. 生态学杂志, 2006, 25.

［23］ 李忠将, 浦超. 保护生态付出温饱代价：西部农民渴望生态补偿. http://news, xinhuanet, com /fortune /2006-10 /17 /content_ 5211712, htm.

［24］ 王蓓蓓. 流域生态补偿模式及其创新研究［D］. 山东农业大学, 2010.

［25］ 孔德飞, 虞温妮, 谢小燕. 自然保护区和森林公园生态补偿机制的探讨［J］. 温州大学学报·自然科学版, 2012, 3(4)：26-31.

［26］ 盂立贤. 矿产资源开发生态补偿机制研究［D］. 石家庄经济学院, 2010.

[27] 冯思静. 煤炭资源型城市生态补偿研究[D]. 辽宁工程技术大学，2010.

[28] 方斌，王雪禅，魏巧巧. 以土地利用为视角的农田生态补偿理论框架构建[J]. 东北农业大学学报，2013，4(2)：98-104.

跨地区投资利益分享的政策安排和制度设计

中部地区与东部地区飞地经济模式下的
利益分配问题研究

邵　玮[1]　黄永明[2]

（1，2　武汉大学中国中部发展研究院　武汉　430072）

改革开放三十多年来，我国经济全面快速发展，但地区之间发展水平差异较大。近些年来，中部地区虽然在国家宏观战略的指引下发展速度加快，但相对东部地区来说，其发展水平仍然相对较为落后。2010 年 1 月 22 日，国务院正式发布《皖江城市带承接产业转移示范区规划》，成为中国第一个为促进中西部地区承接国内外产业转移而制定的专门性规划。中国经济空间格局在经历了近 30 年地方政府主导型模式的发展之后，市场主导型的区域经济合作迈出了实质性步伐，开始从省份经济真正迈向区域经济发展阶段。区域经济合作成为推动中国区域经济发展和共同富裕的支柱力量之一。中部地区仅仅依靠自身难以取得高效发展，中部的发展除了依靠自身的资源优势，还需要依靠外界的先进技术、先进设备、先进管理方法和先进经营理念等经济发展所需的其他先进要素。因此，要打破传统观念，突破区划限制，加强区域合作，借助东部发展中部，立足中部促进东部的进一步发展。而在推动这一合作的过程中，利益分配模式应该如何设定成为亟待解决的问题。

1. 飞地模式的内涵与特征

1.1　飞地经济的内涵

我国的飞地经济是在借用"飞地"概念的基础上，结合增长极理论、非均衡发展理论、产业转移理论、区域比较优势理论和共生理论发展起来的。学者们对飞地经济的定义侧重点各不相同，有些强调区域之间的经济落差，有些专注于由谁主导管理。张冉等（2011）在前人的基础上进一步完善了飞地经济的定义：飞地经济是两个相互独立、经济发展存在落差的行政地区打破行政区划限制，通过跨空间的行政管理和经济开发，实现资源互补和经济协调发展的区域经济合作模式，即在推进工业化和招商引资过程中，甲乙双方打破行政管辖关系，甲地把引入的资金和项目放到行政上隶属乙地的工业园，通过税收分成、政绩考核等利益分配机制实现互利共赢。该定义涵盖了飞地经济的关键因素，即经济落差、行政隶属、工业载体、管理模式、利益分配和合作目的。与传统招商引资或经济园区建设相比，飞地经济由单个企业点对点转移变为区对区转移，由单纯的资金承接变为管理与项目的复合承接，是发达部分镶嵌在不发达部分的"嵌入式"经济。对于飞出地而言是产业转移模式，对飞入地是承接产业的招商引资模式，飞地经济的表现形式有多样化和高级化的趋势。

1.2　飞地经济的特征

虽然学术界对飞地经济的定义还未达成一致，但从中可以发现飞地经济存在的一些基本特征。

（1）空间分离性。飞出地和飞入地在行政上隶属于不同的地区，空间上相分离。由于所处区位资源的限制，飞出地无法在原地进行规模扩张，只能寻找适合的地区合作，从而出现合作双方空间上的分离。

（2）环境差异性。由于飞入地和飞出地处于不同的行政区，经济发展的不平衡和历史文化的不同可能造成两地经济环境与人文环境的差异。

（3）优势互补性。优势互补是发展飞地经济的最大动力和最重要的条件。飞地经济之所以产生，就是因为飞出地在自身经济发展过程中遇到了资源限制，为了谋求发展，必须寻找能弥补其劣势的优势资源地区进行合作，产生互补效应。

（4）产业关联性。多年的开发和经营使飞出地在某些产业积累了丰富的经验和大量的客户，在进行规模扩张时，飞出地一般不会脱离原有的产业优势，而是根据飞入地的实际情况调整重点，发挥管理、资金、技术和市场方面的优势。飞出地着重从事研发、设计等环节，飞入地则致力于制造环节，从而在区域之间形成完整的产业链。

（5）合作共赢性。双方在社会、经济发展水平等方面存在着不同程度的差异，只有共赢才能达成合作。飞地经济旨在通过合作发挥各自的资源优势，实现 GDP 和税收的增长，最终达到区域经济一体化。合作共赢的特性始终贯穿于飞地经济发展的全过程，决定着飞地经济是否持久。

2. 飞地经济模式下东中部地区合作运作方式分析

从本质上来讲，飞地经济就是一种区域经济合作模式，要成功运作飞地经济园区，需找到某种合理的手段，将飞地经济模式运用到实践中。资本与技术的载体是企业，通过企业的转移或者投资，将先进管理理念、技术和资金从东部地区转入中部地区，通过两地资源的整合，达到资源的辐射和扩散效应，带动行业和整条产业链的发展，并且拉动当地经济的飞跃。[①] 但是，由于地区规模所限，单个或少数企业的转入肯定无法达到理想的效果，无法支撑整个地区经济的发展。因此，飞地经济承载的不是少数几个企业，而应该是整个产业，甚至整条产业链，通过产业转移，实现规模辐射效应，真正带动中部地区经济腾飞。根据梯度转移理论，经济发展迅速的地区采取"飞地经济"发展模式，在欠发达地区选择"飞入地"进行产业延伸和产业转移，可以带动整个经济的发展。因此，成功运用飞地经济模式的最好手段是产业转移。

产业转移，是发达地区经济集聚到一定程度以及由此而导致的产业结构、产品结构升级的必然结果，能为发达地区新兴产业的成长提供良好的发展环境，通过产业结构升级改善经济增长的素质和质量，确保经济的可持续发展。同样，对于欠发达的中部地区，产业转移能带来更为显著的效应：（1）产业体系的完善。中部地区通过对一些重点产业的承接，可进一步壮大相关产业规模，加快产业结构调整，并且通过园区去集中所转移的产业能促进园区的规范化、集约化和特色化，提升地区产业集聚能力。（2）产业智能的共享。产业

---

① 安增军，许剑．发展"飞地工业"：区域经济协调发展的新思路[J]．东南学术，2008(6)：144-150．

转移，可以促使中部地区共享东部先进企业的科学技术与管理经验等智能要素。通常，飞地模式下产业物理性转移也会带来技术、管理等非物理性的溢出效应。例如，东部在投资设厂时要派遣管理人员、培训当地人员，这会推动欠发达地区管理水平提高。(3)就业结构的优化。不同产业具有不同的劳动力就业承载水平和弹性系数，例如，劳动密集型产业向中部的大量转移将使得中部地区就业水平不断提升。同时，由于产业分布与变动需要人力资源在数量、质量及流动方式进行优化并与之匹配，中部地区所承接产业也会进一步优化当地就业结构。(4)生产要素的集聚。产业转移往往伴随着大量的资本、技术以及其他无形要素的进入，接受产业转移能够使中部区域迅速积累起相对稀缺的生产要素。

3. 飞地经济模式下的利益分配问题

由于飞地经济可以看做一种区域经济合作模式，因此，飞地经济模式下的利益分配也可以看作区域间的利益分配。目前，区域利益分配缺乏有效的协调机制，不平等的区域利益分配影响着资源的合理配置。

3.1 飞地经济模式下的利益分配原则

过分强调遵循市场经济规律，按照市场配置资源，这对于欠发达地区而言较为不利。按照市场经济规律进行飞地经济模式下的利益分配，无论从历史角度还是从欠发达地区的隐性支出来看，这对于欠发达地区都是不公平的，因为它不仅否定了欠发达区域曾经为发达区域经济发展做出了巨大贡献的历史，同时还忽略了欠发达地区为承接产业转移所付出的环境治理成本。而且从经济的可持续发展的角度来看，这种分配方式的结果将表现为区域利益分配不平衡，欠发达地区的经济发展将始终处于落后水平，不利于缩小区域间经济发展水平差异。飞地经济模式下的利益分配应考虑各方支出的各项显性成本和隐性成本，在利益分配过程中适度向欠发达地区倾斜，通过制定相应的政策，给欠发达区域以比发达区域相对多的收益比重，而非单纯地从资金技术等生产要素的投入来制定双方的收益比例。这种利益分配方式有利于缩小发达地区和欠发达地区经济差距，缓和与消除区域间矛盾，使区域合作进入良性循环过程。只有缩小地区间经济发展水平的差距，才能实现真正意义上的、无行政干预的、以市场竞争为基础区域利益的合理分配。

3.2 飞地经济模式下的利益协调

地方利益的协调，特别是产业利益的共享是实现区域合作产业整合的关键。而飞地经济模式的优势在于以分工协作的经济联系整合成员的比较优势，在比较优势互补的基础上提升双方共同的区域竞争力，进而实现区域利益最大化。因此，产业资源整合是实现区域利益共享的核心与关键。合作双方需找准各自具有比较优势的环节，以构建合理的区域分工合作模式。双方利益的协调有利于降低区域市场的交易成本。

制约市场交易成本的一个巨大障碍就是地方利益冲突，而地方利益冲突往往源于不同的制度冲突。① 在区域合作过程中，不同地方政策的差异、地方性法规的差异以及各种内在制度如文化传统导致的价值观和行为规范等差异，使得各种要素的空间跨越成本增加。

---

① 陈计旺. 地域分工与区域经济协调发展[M]. 北京：经济管理出版社，2001.

这些不同的制度系统对区域市场交易成本水平影响极大，成为制约区域合作的重要障碍。制度障碍源于地方利益、源于市场的无序，基于利益协调的区域合作必将更有利于达成合作共识。区域合作的深入发展，必然要求内部交易成本的幅度降低。

协调地方利益有利于营造区域文化，提高区域合作效率。共同的区域经济生活有利于形成共同的区域文化，而基于利益协调的区域经济则更有利于形成和谐的区域文化。这是因为不同区域经济政策，特别是不同的利益协调政策影响着人们对区域经济发展的基本价值观，决定着区域文化发展的结构、类型，孕育着不同特质的区域文化。通过利益协调与利益共享，区域内各类利益主体的利益得到有效协调和实现，这种共同、和谐的区域文化必然对区域经济的发展具有推动作用。此外，利益关系和谐有利于构建地方间的信任关系，提高区域合作效率。地方政府之所以在区域合作中采用机会主义行为，很大原因在于利益博弈中缺乏约束力量，缺乏惩罚、强制执行等硬约束以及声誉、文化等软约束。倘若构建合适制度以增强其约束力，且彼此间利益关系得到妥善分配与安排，这种机会主义行为必然减少，从而使区域合作行为更具可预见性，增加彼此间的信任，这必将提升区域合作效率。

协调地方利益有利于区域生态环境的综合治理。造成生态跨界污染的原因之一是利益驱使，一方面，地方政府片面追求产业利益最大化造成跨界污染。在不合理的考核机制下盲目上项目，甚至不惜发展"三高"产业。而在排污方面则采取低标准和低要求，未经处理就直接排放或者转嫁给其他地区。另一方面，政绩竞赛也是造成跨界污染的重要原因。地方官员都无视自身环境污染行为的"溢出效应"，却把竞争对手的"溢出效应"当作对自己不利的事情，即使在有益于环境的情况下，地方官员也不愿合作。这就是生态环境保护过程中的逆向选择。究其原因，其背后真正的动机是利益。只有把利益协调好，才能把生态环境保护好和治理好。这就涉及产业格局的调整与政绩考核机制的完善，需要在产业布局中，把"三高两低"产业转移或升级，并给利益受损者予适当利益补偿；与此同时，合理设计政绩考核指标，综合考虑经济发展、人文环境、民生质量、生态环境等指标因素。

4. 飞地经济模式的利益协调与利益共享的实现

利益问题是区域合作的核心问题。在现代市场经济中，区域合作的逻辑起点仍然是"经济人"理性。唯有协调好利益冲突，在利益共享的基础上才能实现区域合作。在飞地模式构建中亟待树立合作共赢理念，完善利益分配协商、利益分享与补偿、利益争端调解、利益共享保障等一系列机制。①

4.1 培育合作共赢的新观念

要树立"共赢"观念。传统地方主义认为，地方政府是自主存在的实体，视本辖区地方利益和意愿表达、维护和实现为最根本，因此在区域合作中遵从本位主义；而新型区域合作主义以开放、信赖和合作为特征，因此在区域合作中强调共赢理念。随着区域间合作的进一步深入，必然要求传统地方主义向新型区域合作主义转变，破除以自我为中心的

---

① 庄士成. 长三角区域合作中的利益格局失衡与利益平衡机制研究[J]. 当代财经，2010(9)：65-69.

"独赢思维",转向"合作共赢"。

4.2 完善利益分配的协商机制

当前区域间合作的利益分配机制,有"政府与市场兼有、科层制鲜明"的显著特征。具体而言,在参与主体上,以各级政府为主,而企业、居民、非营利组织较少;在手段途径上,以行政手段为主,而第三方协调、法律途径较少。同时,市场尽管是配置资源的重要途径,但仍然受到政府的较大干预;在协商形式上,有同级政府间的协商与协议,以及上级政府的调解与裁决;在协调效果上,上级政府的调解与裁决比同级间的协商更为有效率。构建和谐的区域利益分享机制,应充分考虑到区域内各主体的利益诉求,规范各主体的利益表达与利益分配行为。在组织形式上,应摒弃金字塔式的科层制,改为正式组织与企业、居民、非营利组织相互连接的网络结构,这将有利于将分散和分化的信息和意愿整合起来;在制度形态上,构建以共识、信任、互动为基础的正式与非正式关系;在治理结构上,开放和透明的结构将为利益相关者提供制度化参与区域治理的有效渠道;在治理途径上,应该由以行政协调为主的科层制形式改为市场、行政、法律、第三方协商等多途径形式。各利益主体能够周期性地协调在追求共同目标、解决公共议题中的行为,减少信息成本和交易成本,减少不确定性和风险。

4.3 构建利益争端的调解机制

利益多元共享是各利益相关者参与区域合作和区域治理的目标,唯有在区域利益相关者高度认同和平等关系的基础上,才能汇聚多个利益相关者的意愿,从而得以有效实施,解决区域发展的问题。由于区域合作问题涉及多方利益相关者,有企业、社区居民、非营利组织等,而不仅仅只是各地方政府,因此,区域合作中一旦发生利益争端,其解决途径不是单靠某一机构协调解决,而是一种多元治理模式。在调解机制上,可设立行政仲裁、法律裁决、第三方斡旋等多种形式。与此同时,要规范利益争端调解的法律制度:一是硬约束。如地方拒不履行协调意见,或者履行义务时违反区域合作协议规定,则必须承担违约责任。为此,应事先规定相关处罚措施并予以执行,包括承担相应的政治责任、经济责任和法律责任;二是软约束。基于共同体的责任和有诺必践原则所产生的自我约束力、害怕被群体孤立的压力以及声誉影响,区域各地方被迫履行协议。当一方违约时,其处罚可能不是严格意义上的制裁,却是某种合作的停止、某种优惠的取消;换而言之,违约方因为不履行义务而不能享受其权利,或者因为不履行义务而被其他地方政府所孤立①。

4.4 健全利益共享的保障机制

保障机制的重要功能就是使复杂的利益协调行为易理解和可预见,从而使区域合作变得可确定。完善保障机制的基本要求就是具有可操作性,为此必须在形式上和内容上进一步完善。在形式上,主要是跨区域机构的完善,特别是其功能定位对协调成效至关重要。其功能应有:协调功能。在基础设施建设、物流运输、产业规划等方面,综合考虑整体区域资源、区位优势、经济状况,在整合与提升区域整体竞争力等方面发挥作用;服务功能。一是服务区域市场一体化,减少统一市场的制度壁垒;二是服务区域经济均衡发展,

---

① 汪伟全. 区域一体化、地方利益冲突与利益协调[J]. 当代经济,2011(3):46-48.

促进区域内欠发达地区的发展，实现共同繁荣；监督功能。审查和监督区域经济圈内政府间自主达成的区域合作规则的执行情况。在内容上，主要是完善区域法律制度。从制度理论角度来说，区域公约或区域规则是利益相关者的个体在一个有限的"囚徒困境"博弈中产生的一种合作均衡，它必须是以一致同意为前提。这种公约或规则虽随经验出现，但它们在一个群体内以正规的方式发挥作用并强制执行。区域合作公约或规则具有以下三个特点：(1)规则的形成是多元利益主体间相互博弈的产物，体现了参与者的一致意见；(2)将规则以文字的形式规定下来，具有较强的制度性；(3)有正式的执行机制。在区域合作实践中，跨行政区的协调管理机构和中央政府充当了地方利益纠纷的中间人，由它们就什么是违反规则的行为作出裁决，以一种正式化的方式维护区域合作规则。唯有公约或规则的健全和对公约或规则的遵行，才能保护区域合作有序进行。

◎参考文献

[1] 张冉，郝斌，任浩. 飞地经济模式与东中合作的路径选择[J]. 甘肃社会科学，2011(2)：187-190.

[2] 安增军，许剑. 发展"飞地工业"：区域经济协调发展的新思路[J]. 东南学术，2008(6)：144-150.

[3] 陈计旺. 地域分工与区域经济协调发展[M]. 北京：经济管理出版社，2001.

[4] 庄士成. 长三角区域合作中的利益格局失衡与利益平衡机制研究[J]. 当代财经，2010(9)：65- 69.

[5] 汪伟全. 区域一体化、地方利益冲突与利益协调[J]. 当代经济，2011(3)：46-48.

武汉城市圈"飞地经济"利益协调机制研究

田　超

（武汉大学中国中部发展研究院　武汉　430072）

1. 引　　言

改革开放三十多年来，我国经济快速发展，人民收入水平不断提高，但是城乡收入差距较大的局面尚未根本扭转，区域发展的相对差距有所缩小，绝对差距仍在扩大。基于国内的经济形势，党的"十六大"确立了促进区域协调发展的方针，相继实施西部大开发、东北等老工业基地振兴和中部崛起战略，区域经济开始由量向质进行深度推进。我国的城镇化进程持续推进，城镇化率由 1978 年的 17.9% 提高到 2011 年的 51.3%，年均提升 1 个百分点。但目前我国的城镇化更多地表现为一种"伪城镇化"，基本公共服务分配不均等。在这种现状之下，新型城镇化被提到战略高度。党的十八大报告明确提出，坚持走中国特色新型城镇化道路，推动工业化和城镇化良性互动、城镇化和农业现代化相互协调，并提出 2020 年"城镇化质量明显提高"的目标。近些年来，基于缩小区域差距以及加快城镇化等原因，我国沿海和内陆部分地区按照"飞地经济"模式开始探索跨区域合作的有效途径，促进资源输出地与生产地间的合作，取得了较好的成效。

当前是武汉城市圈两型社会建设的起步期，也是中部崛起的关键时期。建立武汉城市圈内部城市之间的"飞地经济"，对于迅速提高区域经济发展速度、优化区域经济结构以及推进区域社会发展水平具有积极的意义。但是"飞地经济"涉及不同的区域主体，利益诉求也不相同。各地区都为本地的利益而谋求发展，忽视了区域整体利益方面，成为区域一体化发展的一大障碍。为了充分发挥好"飞地经济"，要求建立一个新的协调内在机制，保证圈内城市的互利共赢。所以本文针对武汉城市圈"飞地经济"利益协调中产生的问题，提出了实现区域利益协调发展的机制。

2. 武汉城市圈"飞地经济"现状及发展条件分析

2.1　武汉城市圈"飞地经济"现状

武汉城市圈内"飞地经济"目前正处于萌芽期，尚不成熟，但是在龙头城市武汉发展壮大的过程中，其必将面临资源稀缺与产业升级的瓶颈，而城市圈内其他城市与武汉的差距也会逐步扩大。尽管这一问题目前尚不突出，但已经呈现出上升势头，并对城市圈的经济协调发展造成了一定威胁。

武汉经济技术开发区经过 21 年的快速发展，工业面积的减少成了其亟待解决的首要难题。经济开发区规划面积 200 平方公里，可用土地仅能满足 2～3 年的招商引资需求，急需外拓。在这一背景下，实施"壮腰工程"的荆州、洪湖两级政府谋划：借地缘优势，与武汉经济开发区合作共建新滩汽车零部件产业园，使洪湖成为产业承接转移的主阵地。2012 年 1 月 14 日，武汉和洪湖两地达成共识，首期规划 20 平方公里，共建武汉经济开发区新滩新区。合作共建后，新区规划总面积由原有的 9.78 平方公里扩大到 60 平方公里，核心区规划建设 20 平方公里。合作共建一年以来，新滩新区进展顺利，发展迅速。目前新滩新区第一期三横四纵 5 平方公里的框架已基本形成，完成了两横三纵共 11 公里的主干道及配套设施建设。截至 2012 年底，新滩新区规模以上工业产值实现增加值 5100 万元，同比增长 35%；完成固定资产投资 8.2 亿元，同比增长 90%；招商引资到位资金 10 亿元，同比增长 6 倍。

武汉经济开发区新滩新区按照统一规划、统一建设、统一招商的模式进行运作，实现"资源共享、优势互补、合作开发、共建互赢"。新滩新区规划功能分为"五园一区"，即汽车产业园、电子产业园、医药化工产业园、森工产业园、服装工业园和综合配套区。园区道路基础设施分为"六横四纵"，规划 2020 年人口达到 12 万，工业产值突破 1000 亿元。

2.2 武汉城市圈"飞地经济"发展条件分析

"飞地经济"作为区域经济发展的一种创新模式，有利于破解工业用地"瓶颈"，推进产业集约发展，节约产业成本，实现要素优势互补，促进招商引资创新增效等。从武汉经济开发区新滩新区基础优势来看，其已经具备了发展"飞地经济"的条件。

第一，从地域来看，新滩新区位于洪湖市东北部的新滩镇，与武汉市一河相隔，一桥相连。2009 年 10 月武监高速汉洪段通车后，新滩镇距武汉经济技术开发区仅 40 公里，到武汉中心城区的车程 40 分钟，地理十分相近。地域的邻近一方面有利于保持企业间以及和原有市场的联系，不至于形成市场分割；另一方面，也意味着文化相通，减少两地间企业与政府沟通的障碍。

第二，从发展时机来看，由于土地资源的稀缺，武汉经济开发区目前重点引进汽车和汽车零部件项目，其中汽车主要以整车项目为主，零部件则考虑附加值比较高的，在此基础上，自然会有一部分企业自动"淘汰"，外迁至周边其他区域，并且武汉还具有资金、管理和技术优势，可以对飞入地提供指导。而洪湖作为传统农业县，经济欠发达，2010年 GDP 仅 90 亿元，并且产业结构十分不合理，第一产业占到 1/3 以上，工业的落后已经成为制约洪湖经济社会发展的瓶颈，但仅仅依靠自身力量，要实现工业的跨越式发展困难重重。

第三，从成本来看，因为土地缺乏，武汉经济开发区的土地成本大幅飙涨，仅土地挂牌价就比周边区域贵了一倍以上，达到 40 万/亩，这无疑会挤出一些用地较多的工业企业。而新滩新区不仅土地成本低（最低工业用地出让价格为 9.6 万/亩），而且承载量大，劳动力多，是产业转移承载首选地。根据规划，共建区面积从原定的 12 平方公里扩大至近 60 平方公里，将完全满足工业企业开发的需要。据统计，2010 年武汉城镇居民平均可支配收入达到 20806 元，而洪湖仅为 11100 元，只相当于武汉的 53%。另外，入驻园区的企业车辆从武汉经济开发区到新滩高速通行费实行先交后补、凭据免费，洪湖行政审批项目一律零收费，符合条件的企业享有税收奖励与返还。较低的土地成本、劳动力成本以及其他费用支出都是促成双方合作的重要经济因素。

第四,从优势互补来看,洪湖生产要素价格较低,并且享受省委省政府"两圈一区一带"战略的各项特殊优惠政策,能够对投资者给予最大政策支持。武汉经济技术开发区以汽车整车生产为支柱,将零部件产业布局于新滩新区,有利于资源配置和产业优化。对于洪湖而言,新滩工业园能够充分利用武汉之势来发展。比如新滩电话跨域使用武汉区号027,注册企业用的是武汉冠名,更易于招商引资。

3. 武汉城市圈"飞地经济"利益协调的现存问题及原因分析

3.1 武汉城市圈"飞地经济"利益协调的现存问题

武汉开发区新滩新区是武汉城市圈内第一个发展"飞地经济"的地区,作为武汉城市圈"飞地经济"的典范,在一定程度上有利于促进本地区经济协调发展,但由于目前处在实践阶段,因此和最早发展"飞地经济"的沿海经济开放地区相比,仍存在不少问题。

3.1.1 区域合作水平较低,长效稳定的合作机制尚未建立

一方面,与较成熟的区域合作相比,武汉城市圈经济合作的务虚多于务实,区域沟通与协调机制不畅,这直接导致该区域飞地合作还处于一对一的、分散的低水平态势,没有形成飞地合作的多边协调框架。另一方面,合作模式仍处于"以土地换发展"阶段,而不是迫于产业升级的结构性调整要求。因此武汉城市圈的"飞地经济"仅停留在土地资源优化配置层面,在对实现区域一体化等更为重要的层面如促进要素流动、完善产业链、人力资源合作、区域生态补偿等方面的实质性举措鲜见。

发展"飞地经济"涉及诸多利益的协调分享。利益分享主要包括分享内容、分享原则和分享方式。目前武汉城市圈在飞地前期建设、后续经营以及收益分配等方面仍处于探索阶段,并没有制度化、标准化,因而比较容易出现利益纠纷,影响飞地的后续发展。即便确定了飞地的经济管理权属,仍将面临更深层次的问题:飞地之上的社会管理权属是否需要做出调整、如何调整。这些问题解决不好,武汉城市圈"飞地经济"的发展就不可能深入、持续。

3.1.2 片面追求经济增长,忽视经济质量提升

当飞出地的工业转移到飞入地时,不可避免会对飞入地的环境产生一定的负面效应。在我国政绩考核机制下,政府在做经济决策时考虑到强大的财政支出压力和民生改善问题,经济因素往往成为压倒一切的目标,淡化了环保意识,因而通常走上"先发展后治理"的老路。武汉经济开发区面对区内土地资源稀缺的困境,重点发展资源集约、产业附加值高的汽车整车产业。目前开发区拥有6家整车厂,并且2010年汽车整车产业成为区内第一个千亿元产业。而新滩新区则主要作为开发区的产业转出地,吸引整车制造的上下游相关产业。这种情况下,飞出地将部分劳动密集型、技术含量较低的产业转移至飞入地,实现资源的优化配置。对于武汉城市圈来说,除武汉以外的圈内其他城市仍处于工业化前期和中期阶段,虽然地方政府在不同程度上意识到环境约束的存在,但是具体到飞地投资决策时,考虑带到巨大的产出收益,环境因素可能作为经济增长的代价而被放弃。因此在发展"飞地经济"时过分注重企业的规模、税收和就业效应,而忽视其带来的负面影响,造成承接的产业过度集中于低端产业和产业链的低附加值环节。

3.1.3 区域行政壁垒与地方保护主义难以消除

新滩新区地处洪湖，虽然与武汉经济开发区毗邻，但毕竟不同属一市管辖，沟通协调成本相对而言较高。而对于武汉来说，作为武汉城市圈的龙头，在经济发展、交通物流、科教文卫等多方面具有绝对的领先优势，但是现阶段仍处在工业化后期，大力发展工业是当前的主要任务，市属郊区土地充足，经济也处于待腾飞的状态。这种背景下，武汉的郊区难免同新滩新区存在竞争关系。可以佐证的是，鉴于资源匮乏，武汉经济开发区已经在周边区域进行了共建合作的尝试。继 2010 年与汉阳区共建南太子湖区域后，2012 年又与汉阳区签署合作共建黄金口产业园协议，壮大汽车产业板块。黄金口产业园与武汉开发区统一规划，统一建设，统一招商，重点发展汽车及汽车零部件产业。而黄金口产业园的合作共建，也为下步开发区与其他郊区合作提供了一个参考范式。这意味着这些共建区不仅定位和新滩新区相似，而且作为武汉市属的行政区更具有"近水楼台先得月"的优势。

3.2 武汉城市圈"飞地经济"利益协调问题的原因分析

以上是影响武汉城市圈"飞地经济"利益协调的政策环境因素。究其根本原因，应该追溯为城市圈内部的体制和机制障碍。

（1）长期与短期利益的分离。不同利益主体在经济发展过程中的形成是必然的，但是利益主体的不同直接阻碍了区域经济合作进程。从长期利益来看，各区域的目标应该是一致的，但短期内存在偏离的可能。地方政府以当前的短期利益为目标，损害了区域整体利益。

（2）区域内产业衔接不畅。各区主要的联系除地理位置的衔接，就是产业之间的分工和协作，其载体是各个企业，新的产业链条由于产业布局不合理或产业缺位等原因不能形成资源的有效配置，无法很好地相互衔接，这与协调机制的错位有很大的关系。

（3）非制度性协调机制的存在。国际上对于区域协调机制的建立通常采取两种方式，一种是凌驾于地方政府之上的制度性协调机制，另一种是非制度性的。前者具有政治权力、受权于中央政府；后者不具备政治权威，是松散的协调组织。目前武汉城市圈"飞地经济"的协调机制就属于第二种，且处于初始阶段，运作效果低，难以承担协调的重任。

4. 武汉城市圈"飞地经济"利益协调机制设计

"飞地经济"模式不仅有利于人才、技术、资金的流动，实现经济社会统筹、人与自然和谐，也有利于武汉城市圈各方统一认识，形成加快经济社会协调可持续发展的合力，实现优势叠加和多方共赢。面对新形势下的机遇和挑战，武汉城市圈发展"飞地经济"需要突破现有的体制限制，建立起某种稳定长效的利益协调机制。

一是制订合理的发展规划，为"飞地经济"的发展提供框架支持。首先，高起点的编制园区规划方案，在发展方向上，结合飞入地的产业现状和优势，全面考虑飞出地的实际需求和瓶颈，明确"飞地经济"园区功能定位和产业布局，制定科学合理的发展目标，使"飞地经济"健康平稳的发展。其次，要充分考虑规划的生态环境因素，坚持可持续发展战略，走绿色环保道路。坚持经济建设、资源利用、生态保护和污染治理相结合的原则，将"飞地经济"发展建立在资源节约型和环境友好型的战略层面。在产业布局方面，飞入地要坚决杜绝引进高耗能、高污染的落后产业，造成资源浪费、环境破坏，经济无法实现可持续发展。同时，培育壮大飞入地的新兴支柱产业，注重延长和完善产业链，引进上下游配套项目，防止造成产业空心化。飞出地做好产业升级换代的工作，打造产业集群，形成规模效应，增强产业的竞争力。

二是组建制度化的跨区域利益协调机构，达到"合作博弈"的目的。飞地双方是不同的利益主体，在管理、投入和分配等方面，需要政府出面进行沟通和协调，建立起一个具有权威性、指导性和有效性的协调机制十分重要。因此，双方政府首先要做的就是在科学规划的基础上，建立跨区域的领导机构，组织人员的配备可以由地级市政府介入，以加强地区间的有效合作，实现本地区整体良性发展。这种协调机制最好设成协调领导小组的模式，协调领导小组定期召开会议，从战略高度统筹区域空间布局，审定总体建设规划和投资项目，推进飞地双方合作，化解困难和问题。协调领导小组下设办公室作为"飞地经济"园区的日常办事机构，行使政府职能，负责园区的分块规划、项目招商和跟踪服务等工作。

三是建立互利共赢的利益分享机制，明确主体利益分配关系。利益分享问题是园区建设与发展的核心问题。按照互惠互利原则，飞地投产项目所产生的税收地方留成部分，实现的产、销等经济指标，原则上3年内按5∶5的比例进行分配，3年期满后，税收地方留成部分全部归飞入地；完成招商引资目标任务则按5∶5的比例分成。对于地方政府而言，要深化政绩考核制度的改革，破除"唯GDP论"。就当前的武汉城市圈来说，要围绕科学发展观和"两型社会"的深刻内涵，把资源节约、环境保护、人民群众生活质量的改善等内容纳入考核评价体系之中，实施量化、动态的考核。在考核评价各个地方政府的工作实绩时，必须客观衡量经济社会发展取得的成果和区域环境付出的代价，综合考虑GDP增长速度和资源消耗比率。通过科学的考核体系，淡化政府经济指标任务，推动政府职能由主导型向服务型进行转变。

四是创新园区开发投入体制，破解融资难等瓶颈。必须学习先进地区的经验，创新园区开发投入体制，探索一条政府引导、企业为主、市场运作的开发模式。首先积极争取上级政府资金和政策扶持，加快园区基础设施建设；其次由地级政府出资控股或参股投资开发公司，作为飞地园区的投资主体和融资平台，负责园区资金的筹集工作，并按照总体规划对园区进行建设和开发，在通过国有资产转让、土地划拨等形式壮大投资开发公司实力的基础上，充分利用银行贷款、企业债券以及上市等途径扩展融资渠道；最后针对园区融资、建设等难题，鼓励合作双方根据自身情况，将开发建设、运营管理等事务在一定期限内，委托给具有资金、产业、管理或技术等优势的第三方（一般为具有综合开发能力的大型企业）全权运作，探索园区开发和运营的新体制。

地方政策引导下的中部六省间跨
地区投资与合作发展研究
——基于中部六省政府工作报告文本的内容分析（2006—2013 年）

张司飞

（武汉大学中国中部发展研究院　武汉　430072）

1. 引　　言

2006 年《中共中央国务院关于促进中部地区崛起的若干意见》（中发〔2006〕10 号，以下简称"10 号文件"）发布，"中部地区崛起"正式提出，随后 2008 年初编制《促进中部地区崛起规划》列入了国务院的工作日程表，2012 年《国务院关于大力实施促进中部地区崛起战略的若干意见》（国发〔2012〕43 号）发布……现如今，无论从政府文件、新闻媒体，还是民间舆论，"中部地区崛起"仿佛得到了前所未有的关注，各项相关工作稳步开展。但中部地区要实现崛起，除了国家层面的重视，也需要中部六省自力更生，更要通力合作。省区间跨地区投资与合作可以衡量地区间的开放程度，而地方政策如何引导则可以反映地区的重视程度。虽然大量研究探讨了中部地区投资与合作问题，但这些研究多集中于中部地区的招商引资和合作机制，而中部六省间跨地区投资与合作的发展情况却难以提炼。政府的基本功能之一是宏观调控，中部地区各省制定的经济政策对于各省跨地区投资与合作影响深远。从 2006 年"中部地区崛起"正式提出到现在，中部六省间跨地区投资到底发展如何？中部六省间合作的真实情况又是怎样的？我们需要从地方政府政策文件中寻求答案。

2. 研究设计

2.1　研究方法的选取

本文研究内容涉及政策、投资和合作三个要素。一方面，中部六省的政策引导是各省进行跨地区投资的重要影响因素，但由于政策的文本属性，无法直接通过传统的统计方法获得适用的数据，必须寻找一种适合分析文本的研究工具；另一方面，中部六省间跨地区投资的统计数据难以获得，进而影响研究的进一步展开，使得该研究需要打破原有的统计数据分析模式。内容分析法作为一种分析文本材料的结构化方法，通过一系列的转换范式将非结构化文本中的自然信息转换成为可以用来定量分析的结构化的信息形态，该方法广泛用于分析议会声明、司法条文、政府工作报告、案例调查报告、报刊书籍、专栏文章和信函等（黄溶冰和赵谦，2012）。由于政策的文本属性使其适合开展内容分析法的研究，同时该方法也解决了跨地区投资统计数据难以收集的瓶颈，所以该研究最终选取了内容分析法。

2.2 样本的选择

政府工作报告是我国政府的一种公文形式，各级政府都必须在每年召开的当地人民代表大会会议和政治协商会议上向大会主席团、与会人大代表和政协委员发布。该报告由国务院办公厅、省（自治区、直辖市）政府办公厅、市政府办公厅、区政府办公室等各级政府的办公机构拟稿，交各级政府领导审阅，之后正式在"两会"上由政府正职领导人宣读，并发布印刷稿。虽然政府工作报告不具有强制执行力，但能够较权威地代表各级政府对于辖区发展的意见与建议，即具有政策导向性。因此，基于研究需要，文章首先选取了中部地区各省的政府工作报告全文文本，这些文本均来自政府官方网站和权威网站。其次，"10 号文件"正式发布于 2006 年 4 月 15 日，虽然各级政府工作报告通常于当年 1 月份发出，但考虑到实际工作中，各级政府已经于 2006 年 4 月 15 日之前获取了"中部崛起"政策的相关信息，所以，选取的政府工作报告文本时间跨度设定在 2006 年至 2013 年。最终，样本选取了 2006 年至 2013 年中部六省的政府工作报告文本共计 48 篇。

2.3 分析体系的设定和样本的编码

投资一般分为对外投资和对内投资，跨地区投资是投资活动的一类。由于中部六省各自对省内的投资不在本文考察范围内，所以投资类目的子类目具体细分为中部各省对东部地区的投资、对中部地区其他省的投资、对西部地区的投资以及对境外的投资。引资即通常所说的招商引资，是与投资相反的一个类目。设定引资类目可以与投资类目进行对比，探究中部各省对于经济资源利用的侧重。与此类似，引资类目的子类目具体细分为中部各省对东部地区的引资、对中部地区其他省的引资、对西部地区的引资以及对境外的引资。跨地区投资需要以中部各省对内对外开放作为基础，所以考察跨地区投资同时需要考察中部各省的开放情况。这里的对内开放主要强调中部各省对中部其他省的开放，所以开放类目的子类目由中部各省对东部地区的开放、对中部地区其他省的开放、对西部地区的开放以及对境外的开放构成。跨地区投资是一个系统工作，除了需要各省积极开放，还需要投资的发起方与接收方建立合作。因此，分析体系引入合作类目，其子类目具体分为中部各省与东部地区的合作、与中部地区其他省的合作、与西部地区的合作以及与境外的合作。此外，中部六省间的跨地区投资与合作的大背景是"中部地区崛起战略"，所以分析体系特别引入"中部地区崛起"类目，用以测量中部各省对这一战略的重视程度。

政府工作报告文本用语包含显性的解释和隐性的解释。对于显性的解释可以直接提取字面意思编码，例如"积极推动有条件的企业到国外境外投资办厂"（湖北省政府工作报告，2006），表示湖北省政府支持企业到境外投资，编码在投资类目的境外子类目上标注为"●"。对于隐性的解释需要通过语义学的分析，结合语境和上下文进行编码（郭毅等，2010），例如"大力支持有竞争力的大企业跨区域、跨行业兼并重组和加强自主创新能力建设"（湖北省政府工作报告，2006），表示湖北省政府支持企业投资于我国的东、中、西部地区，编码时分别在投资类目的东部地区、中部地区和西部地区子类目上标注为"●"；再例如"鼓励有实力的企业'走出去'"（山西省政府工作报告，2013），虽然提及投资，但没有具体表述，且上下文没有更多相关投资的解释，故编码时视为对投资类目不支持。中部崛起类目统计文本中提及"中部崛起"或"中部地区崛起"的次数，这里标记次数，例如提及1次记为"1"。分析体系及编码方式具体见表1。

表1　　　　　　　　　　　　　　　内容分析类目体系

序号	类目	子类目	说　　明	编　　码
1	投资	东部地区、中部地区、西部地区、境外	以中部地区各省为参照主体，其对东部地区、中部地区其他五省、西部地区和境外投资活动的政策表述	按统计分析的要求，样本量不足够大，加之分省分析，编码不采用传统的"1"和"0"模式。此处，对于涉及子类目内容的文本标记为"●"，不涉及的不做标记
2	引资	东部地区、中部地区、西部地区、境外	以中部地区各省为参照主体，其对东部地区、中部地区其他五省、西部地区和境外引资活动的政策表述	
3	开放	东部地区、中部地区、西部地区、境外	以中部地区各省为参照主体，其对东部地区、中部地区其他五省、西部地区和境外开放活动的政策表述	
4	合作	东部地区、中部地区、西部地区、境外	以中部地区各省为参照主体，其与东部地区、中部地区其他五省、西部地区和境外合作活动的政策表述	
5	利益分享	利益分享	以中部地区各省为参照主体，其与中部地区其他五省的利益分享的政策表述	
6	中部崛起	中部崛起	中部六省"报告"文本中提及"中部崛起"或"中部地区崛起"的次数	统计文本中出现的次数，例如提及1次记为"1"，以此类推

3. 内容分析结果

3.1　山西省跨地区投资与合作

表2显示，山西省政府长期重视引资和开放，特别是对东部地区和境外引资与开放，但近年来也开始关注中部地区和西部地区，这表示引资和开放越来越全方位。与国内和境外的合作不够系统，没有持续性，也未得到足够重视。投资只零星见于2006年和2007年，且未涉及中部地区，而中部地区的利益分享没有表述。造成上述情况的一个原因可能是山西省特有的煤矿资源，使其发展轨迹具有路径依赖，即更专注于寻求资源开采、利用和环保的资金和技术，并且未重视与中部地区的合作。

表 2   **山西省跨地区投资与合作发展**

年份	投资				引资				开放				合作				利益分享
	东部	中部	西部	境外	东部	中部	西部	境外	东部	中部	西部	境外	东部	中部	西部	境外	
2006				●	●			●				●	●				
2007												●					
2008			●		●			●				●	●	●		●	
2009					●				●			●	●	●			
2010					●				●	●		●		●			
2011					●	●	●	●				●					
2012					●	●	●		●	●	●						
2013									●	●	●		●	●	●		

3.2 安徽省跨地区投资与合作

表 3 显示，安徽省一贯重视对境外投资、从境外引资以及与东部地区的合作，其次重视从东部地区引资，以及与中部地区、西部地区和境外的合作，特别是近年来，与东、中、西和境外的全面合作日益强调，但对于东部地区、中部地区和西部地区的投资、引资和开放以及中部地区利益分享长期缺乏表述。其中一个原因，可能是基于安徽欠发达的经济社会环境，山西政府秉承中央政府强调对外开放的理念，积极在发达地区和境外寻求资源支持和发展机遇，而自身投资不足，也缺乏与中部地区的合作。

表 3   **安徽省跨地区投资与合作发展**

年份	投资				引资				开放				合作				利益分享
	东部	中部	西部	境外	东部	中部	西部	境外	东部	中部	西部	境外	东部	中部	西部	境外	
2006				●				●				●	●				
2007				●	●			●					●	●	●		
2008				●	●							●	●	●	●		
2009				●				●	●			●	●	●		●	
2010				●	●	●	●					●	●	●	●	●	
2011				●				●				●	●	●		●	
2012				●								●	●	●	●	●	
2013					●	●						●	●		●	●	

3.3 江西省跨地区投资与合作

由表 4 可知，江西省的对于东部地区、中部地区和西部地区的跨地区投资、引资和合作不够重视，对中部地区利益分享也未关注。江西省的战略较为传统，主要强调从东部地区和境外引资，也特别强调与境外的合作，鼓励对外投资。由此可见，江西省的跨地区投资与合作缺乏全局性。

表 4 　　　　　　　　　　　江西省跨地区投资与合作发展

年份	投资				引资				开放				合作				利益分享
	东部	中部	西部	境外	东部	中部	西部	境外	东部	中部	西部	境外	东部	中部	西部	境外	
2006			●	●	●			●	●			●	●			●	●
2007				●				●	●			●	●				●
2008			●	●				●	●			●					
2009			●	●				●				●					
2010			●	●	●	●	●	●		●		●					
2011			●	●				●				●					
2012			●	●				●				●					
2013			●	●	●			●	●	●		●	●	●	●		●

3.4　河南省跨地区投资与合作

表 5 显示，河南省在引资上一贯全方位，即不分国内国外、不分发达与否，全面开展引资活动。在投资方面注重对外投资，早些年也注重对西部地区投资，但 2009 年开始有所削弱，直到 2013 年才开始提倡全方位投资，特别是增加了鼓励对东部地区和中部地区的跨地区投资。在开放方面则主要强调对东部地区和境外开放，中部地区没有受到重视。在合作方面 2010 年之前重视中部地区和西部地区，但之后没有表述。中部地区的利益分享也未提及。由此可见，随着河南省经济实力的增强，河南省迈出了跨地区投资的步伐。

表 5 　　　　　　　　　　　河南省跨地区投资与合作发展

年份	投资				引资				开放				合作				利益分享
	东部	中部	西部	境外	东部	中部	西部	境外	东部	中部	西部	境外	东部	中部	西部	境外	
2006			●	●	●	●	●	●	●	●	●	●	●	●	●		
2007			●	●			●	●	●			●		●	●		
2008			●	●			●	●	●			●		●	●		
2009				●			●	●	●			●		●	●		
2010				●			●	●				●					
2011				●			●	●				●					
2012				●		●	●	●	●	●	●	●					
2013	●	●	●	●	●	●	●	●				●					

3.5　湖北省跨地区投资与合作

如表 6 所示，湖北省一贯重视对外投资、全方位引资和对外开放，但跨地区投资以及中部地区利益分享未受到重视。近年来，湖北省开始强调全方位的开放与合作，原因之一可能是湖北省地处中部地区腹地，与中部其他省相比距离东部省份较远，随着自身经济发展的需要，必须加强与周边省的联系。

表 6　　　　　　　　　　　　湖北省跨地区投资与合作发展

年份	投资				引资				开放				合作				利益分享
	东部	中部	西部	境外	东部	中部	西部	境外	东部	中部	西部	境外	东部	中部	西部	境外	
2006	●	●	●	●				●				●	●	●	●		
2007				●	●	●	●	●				●					
2008				●		●	●	●		●							
2009				●		●	●	●	●			●					
2010				●		●	●	●				●					
2011				●	●	●	●	●	●	●		●					
2012				●		●	●	●		●		●	●	●	●	●	
2013				●	●	●	●	●		●	●	●	●	●	●	●	

3.6　湖南省跨地区投资与合作

表 7 显示，湖南省长期坚持对外投资、全方位引资以及对东部地区和境外开放，虽然合作的全方位不具有一贯性，但总体注重与东部地区和中部地区的合作。与中部地区其他大多数省类似，跨地区投资、对中西部地区的开放和中部地区利益分享没有受到应有的重视。湖南省接近我国东南沿海发达省区，其一方面主动加强与东南沿海的合作，另一方面也较为重视与中部地区其他省的联系，这可能是其引资和合作都强调东部地区和中部地区的一些原因。

表 7　　　　　　　　　　　　湖南省跨地区投资与合作发展

年份	投资				引资				开放				合作				利益分享
	东部	中部	西部	境外	东部	中部	西部	境外	东部	中部	西部	境外	东部	中部	西部	境外	
2006					●	●	●	●	●	●		●	●	●	●		
2007			●		●	●	●	●				●			●		
2008			●		●	●	●	●	●			●		●			
2009			●		●	●	●	●	●			●			●		
2010			●		●	●	●	●	●	●		●	●		●		
2011			●		●	●	●	●	●	●		●			●		
2012			●				●		●					●			
2013			●		●	●	●	●	●	●	●		●	●	●		

3.7 "中部地区崛起"的提及频次

由表8可知,"中部地区崛起"或"中部崛起"较多提及集中于2006年中部各省的政府工作报告中,这可能与中部崛起战略即将发布有关。但自2007年开始,山西省、安徽省、江西省、河南省和湖南省越来越少提及,相反湖北省的提及次数却越来越多,这可能与2006年稍晚发布的"10号文件"有关。虽然"10号文件"是中部地区崛起的正式提出,但比照"西部大开放战略"和"东北老工业基地振兴"规划,文件缺乏较为实质性的内容,即缺乏直接有力的政策支持,所以中部各省的重视程度下降。而湖北省提及频次的猛增也并非直接体现对中部地区崛起政策的重视,其文字表述多为"加快构建促进中部地区崛起重要战略支点"和"走在中部地区崛起前列"之类,即寻找自身在中部地区的定位。

表8   "中部地区崛起"的提及频次

	2006年	2007年	2008年	2009年	2010年	2011年	2012年	2013年
山西	2	1	1	0	0	0	0	0
安徽	1	3	1	0	1	2	0	1
江西	5	0	1	0	0	0	0	1
河南	2	3	1	0	1	1	0	0
湖北	5	1	5	3	6	8	3	4
湖南	2	2	1	0	1	1	0	0

4. 结论及政策建议

4.1 全方位跨地区投资,真正实现"走出去"

虽然中部六省普遍号召投资"走出去",但其理解多限于到境外,却忽视了跨地区投资的巨大潜力。经济学的基本假设之一是临近市场的地方效率越高,虽然境外,特别是发达地区,通常拥有更完备的市场,但这些区域通常面对国际大型跨国公司的竞争,以中部地区现有的企业实力,加之企业自身管理水平参差不齐,往往难以抗衡。而中部地区正处于发展期,投资机会较多,进入成本较低,竞争强度较低,更适合成长期的企业寻求投资获得发展。从现实出发,中部地区"走出去"不仅要进军国际,更要立足国内,除了从东部地区和西部地区寻找机会,也要重视中部地区自身,通过全方位寻求投资机会,做好中部区域市场。

4.2 深入挖掘潜力,实现有效合作

区域的增长极效应使得发达地区更具吸引力,这也表现在中部各省纷纷通过招商引资和对外开放,将注意力投向境外发达地区和我国东部地区。但经济全球化的现实是,全球价值链的上游被欧美发达经济体牢牢把控,而我国整体已以"世界工厂"的身份沦为全球价值链的下游,创新力不足,价值链攀升乏力。在这样的背景下,中部地区开展国际合

作，其结果可以预测。反观中部地区，自然资源众多、劳动力密集、工业基础日趋完备……综合而言，中部六省各有所长。弱小的企业通过联盟获得力量，发展中的区域寻求一体化形成竞争力，同样，中部地区应该认真挖掘潜力，重新整合资源，通过具体而有效的区域合作，形成更强有力的竞争手段，努力在全球价值链中攀升，而不是将中部地区合作变成一句口号或置之不理。

4.3 解放思想，重新审视"中部地区崛起"

在发现"中部地区崛起"战略无强有力的政策支持之后，中部六省继续各自寻求发展：山西省立足煤矿资源，在环渤海经济圈寻求机会；安徽省专注于皖江城市示范区建设，积极参与泛长三角区域的分工与合作；江西省努力经营鄱阳湖生态经济区，眼光继续东移；河南省大力倡导中原经济区，希望领跑中部崛起；湖北省在发展武汉城市圈的同时，也强调走在中部地区前列；湖南省建立长株潭城市群，并努力融入泛珠三角区域。在"中部地区崛起"的号召下，中部六省要么以低姿态向东部发达地区靠拢，要么自成一体，其结果是地方保护主义盛行，重复建设严重，同质化竞争日趋激烈，最终走向了博弈论中的"囚徒困境"。"中部地区崛起"的根本原则是中部地区实现共同的经济社会的提升，中部地区应该解放思想，共谋有效合作，在合理竞争中求发展，以共同力量推动中部地区真正的崛起。

◎参考文献

[1] 郭毅，王兴，章迪诚，朱熹."红头文件"何以以言行事？——中国国有企业改革文件研究（2000—2005 年）[J]. 管理世界，2010，12.
[2] 黄溶冰，赵谦. 我国环境保护财政资金的绩效评价（2006—2011 年）——基于审计结果公告的内容分析》[J]. 财政研究，2012，5.
[3] 中部地区各省政府工作报告 [Z]. 2006—2013 年.

中部地区承接产业转移的区域利益协调机制研究

张建清[1]　陈婷婷[2]

（1，2　武汉大学中国中部发展研究院　武汉　430072）

1. 我国中部地区承接产业转移的新趋势

承接产业转移的速度和规模正在快速提升。国家发展和改革委员会相关分析资料显示，2011年，西部、东北、中部地区社会消费品零售总额增长均快于东部地区，中部地区全社会固定资产投资增速高达12%。从工业经济增速看，中部地区工业生产增加值增速明显超过东部地区。产业转移的规模越来越大。预计到2015年，浙江、上海、广东、福建、北京5省市需要转出的产业产值将达到12万亿元。① 随着劳动力、土地等要素成本快速上升，发达地区处于产业链中低端、盈利能力较弱的劳动密集型产业正加速向中西部地区转移。未来一段时期，低附加值的劳动密集型产业和加工贸易从沿海地区向中部地区转移的趋势会进一步加强，转移的产业主要以纺织服装业、农产品加工、化工、家电制造、汽车零部件产业为主。②

区域之间争夺转移产业的竞争将日趋激烈。产业转移对经济增长的拉动效应非常明显，中部各地区都希望借助东部地区产业转移的时机，实现产业结构的调整，增加本地的就业机会，更好地带动相关产业的发展，因而都在积极承接沿海产业转移，比环境、抢客商、争项目，形势逼人。

有产业特色和配套产业基础的地区更吸引沿海企业的转移。由于同类和相关产业高度集聚，具有整合优势、网络效应、相互学习、创新激励、知识溢出等内在机制，因此有产业特色和配套产业基础的地区具有稳定、持续、不可替代的竞争优势。产业集聚优势已经超越低成本优势成为吸引产业转移的主导力量，并且，与东部地区相邻且交通运输条件较好的中部省区在吸引产业转移方面占据明显优势。

总体而言，中部地区承接产业转移已经渐成气候，在今后相当长的时间里，这种趋势还会继续加强。一是产业转移的层次将会逐步提高，产业转移的重点由以前的劳动密集型产品，向资本密集型产业、技术密集型产业转化；二是产业转移既给中部地区的经济发展创造了机遇，也带来了挑战。传统产业采取梯度方式，主要着眼于劳动力优势与区位优势；而资本密集型产业、技术型产业转移则采取跨越方式，更注重承接地的技术、人才、研发能力等综合优势与信息基础设施、体制条件等，这使得承接地机遇和挑战并存。

---

① 河南承接"长三角"区域性对接［N］. 经济视点报，2012-10-12.
② 李晓西. 东部产业转移趋势与承接机遇［J］. 中国国情国力，2009，2.

2. 利益协调机制缺失下中部地区产业承接和转移面临的问题

2.1 体制障碍阻碍要素的合理流动

相比市场调节手段的灵敏性、自然性、能动性和可持续性等特点，政府的各种行政规章、管理措施和调节手段等行政力量具有强制性、主动性、快捷性和可控性等特点，基于我国当前的基本国情，需要这两种力量有机结合，相互补充，交互发挥作用，但在两者交互作用过程中，尚存在某些阻碍市场一体化进程的规章制度，受其影响，生产要素的流动就会遇到障碍，要素的配置效率难以有效发挥。产业转移实质是资本、劳动等生产要素在不同地域空间重新布局的过程，要推进产业转移的进程，必须要先行破除各地之间存在的市场壁垒和规章制度障碍，取消生产要素流动的人为障碍，恢复市场力量在配置资源方面的基础作用。

2.2 产业转移地与承接地对要素流动态度迥异

在现行财税制度以及地方政府考核评价体系之下，地方政府在利益分配时往往追求自身利益最大化。基于这种"经济人理性"，不同区域之间可能出现非合作博弈。对于产业转移地和承接地而言，只有在双方福利水平共同提高的情况下，双方才会积极推进产业转移与承接，而不人为设置各种障碍。对承接地而言，短期内能显现产业转移的增长效应，但对转移地而言，情况相对比较复杂。特别是在现行财税制度以及地方政府考核评价体系下，尽管东部沿海地区迫切需要将传统产业转移出去，从而获得产业转型升级的空间，但出于短期利益的考虑，某些地区对企业或产业外迁却往往并不鼓励。东部地区对企业或产业外迁缺乏积极性的原因主要体现在三个方面：一是大量建设资金外流、税源流失、财政收入减少；二是外移产业"空心化"风险，东部升级换代不仅出于自身需要，也是经济全球化浪潮推动产业不断转移和升级的内在要求，但若东部地区产业转出后没能及时将先进制造业或者服务业吸引过来，就很可能出现产业空心化问题；三是短期内会影响当地居民的收入。

这样，东部地方政府对企业或产业外迁大多持不积极、不鼓励甚至不支持产业向中西部地区转移的态度，对立态度直接体现在地方经济政策的导向。例如，在东部沿海地区要素禀赋结构发生显著变化条件下，某些产业难以在激烈市场竞争下生存，客观要求这些产业向中部地区进行梯度转移，然而地方政府对于这些产业转移不但不支持，甚至采用"有形之手"以引导资金或补贴等多种形式延缓产业转移进程。因而，在产业转移动态推进中东部地方政府动力不足，转移地和承接地之间缺乏产业转移共赢的利益分享机制。

2.3 中部地区各省承接产业转移无序竞争的风险相对加大

由于缺乏国家层面或者区域层面政策上的有效引导、协调以及约束机制，中部地区各省产业同构化问题比较突出。从产品结构来看，各省均把食品加工、新材料、化工列为重点发展产业。同质竞争必然导致自身优势难以发挥，加剧了省际区域的无序竞争、形成新的重复建设，降低了经济效益，阻碍合理的地域分工和区域市场一体化发展，加剧了区域经济发展不平衡。由此产生的地方保护主义盛行，市场分割严重，区域公共服务缺失等问题在中部地区承接产业转移过程中显得更为突出，这就使得整个中部地区的收益总水平难以实现帕累托改进，难以使各省在承接产业转移中实现共赢。

3. 建立承接产业转移区域利益协调机制的必要性

3.1 产业转移本身特性的客观要求

产业转移本身具有一定的客观必然性，其客观基础就是地区之间在经济发展水平上存在差异性，要素禀赋上存在互补性以及产业结构上存在差异性。受科技水平不断提升、经济全球化不断深入以及市场竞争不断加剧等因素影响，当前不同地区承接产业转移又具有跳跃性，不同地区可以有选择地进行承接产业转移。构建中部地区承接产业转移的区域利益协调机制，能够较好地协调产业转移的客观必然性和跳跃性，有利于推动产业的转移与承接，实现在更大的市场范围内配置资源，促使生产要素的自由流动和合理配置。

3.2 有助于弥补市场机制的缺陷

产业转移是在市场经济规律的直接作用下，通过微观经济主体的理性选择，促使各区域产业选择与发展不断进行调整，实现稀缺资源的优化配置，是市场经济发展到一定阶段所必然发生的经济现象。中部地区承接产业转移的重点是发挥市场机制在资源配置中的基础作用，积极发挥企业的主体作用，通过市场机制来实现中部地区产业的有效承接。但市场机制有其自身固有的缺陷，因此，在市场经济条件下，承接产业转移客观上需要完善的区域利益协调机制，充分发挥政府的宏观调控作用，把中部地区各省作为一个整体，通过统一规划和协调，使其形成产业布局合理、结构优化、设施完善、环境优美、秩序良好的产业承接区，实现经济持续发展。

3.3 有助于消除现行体制障碍

由于产业转移对经济增长的拉动效应非常明显，中部地区可以借助国际和东部地区产业转移的时机，实现中部地区产业结构的调整，增加就业机会，更好地带动相关产业的发展，因而中部地区各省都在竞相承接国际和沿海地区产业转移。在相关政策上，地方政府普遍开出地价、税费、服务等优惠条件，展开激烈的竞争，如土地"零价格"出让、专门划出地块交由企业开发和招商、新办企业税收减免、快速审批承诺等。构建承接产业转移的利益共享机制，能够在一定程度上缓解行政力量造成的地区封锁和市场分割等突出问题引起的重复建设、产业结构趋同、资源浪费和环境污染等问题，推动中部地区形成稳定的产业体系，提升产业的自主创新能力，加速产业结构优化升级，实现资源的节约，实现发展与环境的和谐统一，区域经济的协调发展。

3.4 有助于为中部地区承接产业转移提供保障

由于缺乏强有力的利益协调机制，大部分合作组织空有约束力不强的议事规则，在推进产业转移等方面难以取得突破性进展，涉及区域个体利益的公共问题常常议而不决、决而不施，参与各方的利益诉求难以得到有效的回应和解决，区域合作应有的成效难以实现。因此，积极完善区域利益协调机制，为区域合作提供系统性的制度安排与体系架构，建立一整套由问题的提出、审议、表决，再到问题的执行、反馈、评估等环节的议事规则，是理顺区域间利益、深化区域合作的关键，也为促进中部地区有效承接产业转移提供了保障。

4. 中部地区承接产业转移协调机制的现状

4.1 中部地区现行承接产业转移协调机制模式

目前，中部地区承接产业转移的协调机制主要有中部博览会、中部论坛、高层领导联席会议、城市联盟等形式。

（1）中部博览会。中部博览会由山西省、安徽省、江西省、河南省、湖北省和湖南省人民政府联合主办，从 2006 年开始每年举办一届。2006 年 9 月首届中博会在湖南长沙举办，截至目前已成功举办六届。中博会通过投资贸易展览、专项合作洽谈、招商引资项目推荐等多种形式，为中外客商搭建经济技术交流与合作的平台，推动国际资本和东部地区产业向中部地区转移，实现双向互动、互利共赢，促进共同发展，取得了丰硕成果。

（2）中部论坛。举办中部论坛是逐步探讨、完善区域合作的形式和机制，不断深化合作的层次和领域的重要途径，也是实施中部崛起战略的重大举措，为中部六省间交流合作、实现共赢搭建了重要平台。通过中部论坛，中部各省在资源开发、基础设施对接、产业发展、统一市场建设等方面密切配合，加强了区域经济一体化发展策略、跨省重大建设项目规划布局等方面的沟通，在促进中部各省在规划、项目、产业、企业、资源等方面的联动，推进劳动密集型、资本密集型产业的承接，构建优势互补的区域产业协作体系等方面发挥了重要作用。

（3）联席会议制度。联席会议制度是由一方或多方牵头，在充分发扬民主的基础上以会议形式达成共识，形成具有约束力的规范性意见，用以指导工作，解决产业转移过程中遇到的各种新问题，协调各方利益。目前，在协调产业转移和经济发展方面的联席会议制度主要有促进中部地区崛起工作部际联席会议、泛珠江行政首长联席会议、武汉城市圈联席会议等，为协调东部地区与中部地区以及中部各省间的利益，推进产业有序转移和协作等方面提供坚实基础。

4.2 现行承接产业协调机制存在的问题

（1）缺乏宏观层面的指导与规划。现有的协调机制缺乏国家层面或者区域层面的有效指导、协调，对中部各省承接产业转移的协调作用尚未充分发挥，无法解决金融领域的体制分割等问题。当前，银行不支持异地投资的贷款，而当地贷款融资又比较困难，严重限制了跨区域投资，直接制约着东部地区产业向中部地区的转移。

目前国家关于区域产业转移的规划和相关指导意见与管理办法相对较少，仅在 2010 年 9 月国务院出台关于中西部地区承接产业转移的指导意见，现有协调机制很难避免各地在承接产业转移过程中的无序竞争、产业同构化问题。如河南、湖北、湖南、江西均把建材作为产业提升重点，河南、湖北、江西、湖南均把钢铁作为重点发展产业，河南、江西、湖南均把有色冶金作为重点培育行业等。

（2）缺乏完善的协调制度。中部地区承接产业转移的协调模式多是松散型的联席会议，没有成立行政组织，产业转移与承接很大程度上是靠地方领导人来推动，缺乏对各成员具有真实约束力的制度安排。这种集体磋商形式缺乏一系列关系到利益冲突、激励和约束、财政分担和资金管理、监督检查等成熟的、制度化的机制与组织，出台的相关合作协议往往不具有约束力，对协调区域间产业转移很难发挥实质性作用，特别对关乎地方利益较大的产业分工、资源开发和生态环境保护等问题难以发挥应有的协调作用。

（3）缺少专门性的法律法规。中部地区承接产业协调机制缺乏专门性法律的支撑，而能够为区域经济合作提供依据的通知和决定本身缺乏法律的强制力，不能解决行政分权和指标考核体系下地方政府追求当地利益最大化而损伤区域整体利益所导致的非合作博弈问题，中部地区承接产业转移的协调机制所起的作用有限。

5. 中部地区承接产业转移区域利益协调机制的构建

5.1 加快建立推动中部地区承接产业转移区域利益协调的保障机制

加快产业转移是我国现阶段经济结构战略性调整、实现区域协调发展的重要战略举措，因此中部地区应充分利用这次机遇，把产业转移与承接纳入国家发展战略的高度来把握，以更加积极的姿态、更加有效的措施，建立健全区域利益引导机制、利益表达机制、利益分配调节机制、利益约束机制和利益保障机制等。在充分发挥市场机制和企业积极性推动产业转移的同时，中部各省应积极出台协调产业承接的相关财政、税收等政策，积极制定有利于促进产业转移的法律、法规，加强对产业转移的有效引导，实现各地科学承接、合理承接，注重产业的分工协作、注重各区域的利益共赢。

5.2 推动东部沿海地区与中部地区共建产业转移工业园区

推进产业转移工业园区建设对于东部沿海地区和中部地区而言是一个共赢选择。产业转移工业园区实行"利益共享"原则，对园区产生的税收和各种规费的地方分成部分，可以由合作双方按协议分成，从而实现产业转移地和承接地"双赢"。东部沿海地区与中部地区联合建立工业园区，由于涉及财政税收政策、土地宏观调控等问题，目前各地尚处于探索阶段，国家有关部门应积极推进共建产业转移工业园区工作，支持典型的工业园区先行试点。

5.3 在体制机制创新中统筹支撑中部地区承接产业转移

目前各地在探讨东中西部产业转移的"园中园"等合作模式时，不可避免地遇到了"分产值、分税收"的问题，涉及财税体制的调整，需要国家的统筹支持。国家应鼓励东部地区开发区利用资金、管理、人才等优势与中部地区开发区进行合作开发，按生产要素投入比例分享利益，这样既可以有计划引导东部企业进行产业转移，又可以节约企业费用，以获取规模经济效应。

国家有关部门应采取相应措施，鼓励东部地区开发区和企业通过租赁、股份经营等方式在中西部地区现有开发区和工业园区内设立"区中区"、"园中园"；鼓励东部地区开发区和企业在中部地区中心城市、资源富集区、口岸地区按国家有关规定和政策新设立工业园区，国家在用地政策上给予倾斜等。

5.4 加强利益协调机制的工作协调制度建设

加快建立健全承接产业转移的领导机制、工作协调机制、责任考核机制等相关机制：

第一，深化东中各省市主要领导的联席会议制度，签署关于全面推进产业转移的协调发展协议，加强指导、督促和协调，及时协调解决承接产业转移过程中出现的重大问题和难点问题。

第二，积极完善区域间产业转移的工作协调机制，充分发挥各政府部门、各行业协会、企业和社会组织等的联席会议作用，协调各区域产业的转移和承接，构建产业转移的互动平台。

第三，进一步完善责任考核机制，研究制定承接产业转移的具体考核指标、考核内容和考核办法，确保工作机制的建立和运行。

第四，围绕增强能力、提高效率，协调建立跨区域产业转移与承接强有力的领导组织机构，并赋予必要的权力和手段，充分发挥政府性质区域利益共享协调机构的能动性，使其在推动市场一体化、产业转移承接等关键方面发挥积极的作用，加强产业转移与承接地区间的后续衔接与协调指导。

第五，要注重内部协调机制和外部协调机制的完善，积极提高区域内部各省市间以及区域与区域间的相互开放程度，实现要素的优化配置，加快推进中部地区承接产业转移。

安徽省利用省外资金空间格局与影响因素分析[*]

程绍铂[1,2,3]　吴建楠[4]　杨　蕾[5]

（1，5　安徽大学经济学院　合肥　230601；2　中国科学院南京地理与湖泊研究所　南京　210008；
3　安徽大学长三角经济与社会发展研究中心　合肥　230601；
4　中山大学广东决策科学研究院　广州　510000）

1. 引　　言

随着经济全球化的加快，资本跨区域流动日益频繁，资本投入对地区经济的发展至关重要。在改革开放不断深入以及"中部崛起"战略提出的背景下，安徽省积极扩大对外开放，加强引进外资和省外资金①与合作，利用优质外部资本推动地区经济增长。2011年全省生产总值达15300.65亿元，比上年增长13.51%，连续8年保持两位数增长，安徽正步入经济增长的上升阶段。由于受全球经济不稳和外商在中国竞争力下降等因素影响，联合国贸易和发展会议组织发布的《全球投资趋势监测报告》显示，2012年全球外国直接投资（FDI）整体下降，较2011年降幅达18%，中国吸引外资同比下降3.4%。因此，在引进外资工作压力增大的情况下，加快吸引利用好国内的优质资本以弥补省内资源要素不足，对于提高安徽省竞争力和持续发展能力等具有十分重要的意义。

一个地区引进内资的影响因素实质上属于外来内资企业的区位选择问题。对其解释可追溯到杜能（Thuene，1826）的农业区位理论和韦伯（Weber，1909）的工业区位理论等古典区位理论，他们分别将运输费用和成本最小化作为区位选择的标准。此后，克里斯塔勒（Walter Christaller，1933）、廖什（August Losch，1940）、艾萨德（Isard，1956）和俄林（Ohlin，1933）以及Keeble和Walker（1994）对传统区位理论进行了补充，认为运费、市场规模、资源禀赋的比较优势、地区政府的区域政策等外生因素是影响企业区位选择的主要原因。20世纪90年代以来，以克鲁格曼（Krugman，1991）为代表的新经济地理学派率先将空间问题引入区位理论中，更加关注规模经济和不完全竞争并存的现实问题，提出产业空间布局的"中心—外围模型"，证明产业集聚所带来的货币外部性也是决定区位选择的重要因素；Marshall（1890）和Jacobs（1969）分别分析了同类企业集聚外部性和多样性产业间技术外溢在企业区位选择中的作用。目前，国内关于企业区位选择的研究大多是针对外国直接投资（FDI）的分析，对企业区位选择的影响因素分析涵盖了传统区位因素和新经济地理因素。针对内资企业跨区域投资的区位选择问题研究较少，本文

---

*　基金项目：国家自然科学基金（40801222，40601098），安徽省教育厅人文社科项目（06071163），安徽大学青年基金（33040068）。

①　省外资金是指本省境内从省以外的国内（不包括港澳台地区）引进的用于本省国民经济各行业建设的项目资金，本文中也称内资。

试图就此进行探讨，采用实证分析的方法研究其形成的空间格局特征及影响因素。

2. 数据来源和研究方法

2.1 数据来源

本文以 2007—2012 年安徽省 16 个地级市①实际利用省外资金额为研究对象。其中 2009—2012 年数据来源于安徽省利用省外资金项目统计信息系统，2007—2009 年数据来自于安徽省外资网发布数据。本文选取 2011 年各市人均 GDP、工业总产值、社会消费品零售总额、城镇非私营单位在岗职工年平均工资、2007 年起累积引资总额、研究与试验发展（R&D）人员数为经济指标，各市公路货运量为区位指标，各市拥有开发区等级和数量为政策指标，来对 2012 年省外资金在安徽省区域分布的空间差异进行分析。指标数据来源于 2012 年《安徽省统计年鉴》以及各市统计公报。

2.2 研究方法

（1）全局空间自相关。全局空间自相关用 Moran's I 指数来度量，反映所在区域与周边地区之间空间差异的程度。Moran's I 取值一般为 [-1, 1]，小于 0 表示负相关，即相似的观测值趋于空间分散；等于 0 表示不相关，即观测值之间相互独立，呈无规律的随机分布状态；大于 0 表示正相关，即相似的观测值趋于空间集聚。

（2）局部空间自相关。局部空间自相关用 Moran 散点图来描绘相邻区域观测值的局部相关类型及其空间分布。Moran 散点图分为四个象限，分别对应某区域与其相邻区域之间的四种空间联系形态：第一象限（高—高）表示局部正相关，即高值区域被高值区域所包围；第二象限（低—高）表示局部负相关，即低值区域被高值区域所包围；第三象限（低—低）表示局部正相关，即低值区域被低值区域所包围；第四象限（高—低）表示局部负相关，即高值区域被低值区域所包围。

（3）空间回归分析。在传统的最小二乘法（OLS）回归模型中加入空间影响因素，就可以既考查影响企业区位选择的因素，又能解释企业区位选择间的相互影响关系，这就是空间回归分析模型。空间回归分析模型有很多种，本文使用的空间回归分析模型主要是空间滞后模型和空间残差模型。

3. 安徽省利用省外资金空间格局

3.1 安徽省利用省外资金的全局空间自相关分析

计算 2007—2012 年各年度安徽省利用省外资金区域分布的 Moran's I 指数，结果列于表 1 中。从表 1 可以看出，6 年间 Moran's I 取值由负到正，反映出省外资金在安徽省的区域分布的相关关系发生变化。这表明 2009 年以后，省外投资在安徽省的分布并不是随机的，而是在整体上显现出空间正相关关系，利用内资水平相近的城市在地理上逐渐趋于集聚，即利用省外资金额较高的城市在地理上相互临近，而利用省外资金额较低的城市在地

---

① 2011 年撤销地级市巢湖市以前，安徽省有 17 个地级市，但前巢湖市引资水平较低，对统计分析影响较小，因此为便于分析，本文中忽略前巢湖市相关数据。

理上也趋于集中。

表 1 2007—2012 年安徽省利用省外资金的 Moran's I 指数

年份	2007	2008	2009	2010	2011	2012
Moran's I	-0.143507	-0.138569	0.0538218	0.111618	0.312343	0.136631

观察各年份的 Moran's I 指数可以发现省外资金在安徽省的分布随时间推移的演变趋势。2007 年和 2008 年 Moran's I 指数为负值，反映由于省内各城市开发区独立、引资政策不稳定，省外内资企业在对投资地区的选择上具有一定的试探性，省外资金的地区分布比较分散。2009 年开始 Moran's I 值迅速增加，2011 年达到研究时段内的最高值为 0.3123。这说明，一方面，省外内资企业经过前期试探后开始有选择地倾向于投资环境更加优越的地区；另一方面，政策助力推动皖中南经济基础较好的地区协同发展，扩大对内资的吸引力。2008 年底，安徽省创建合芜蚌自主创新综合配套改革试验区，2010 年创建皖江城市带承接产业转移示范区，培育地区经济增长极，促进了省外资金在投资区域上的集中。但是 2012 年 Moran's I 值较 2011 年下降，造成下降的原因主要有二：一是由于皖北地区投资环境日趋改善，对省外资金的吸引力越来越强，2012 年引资同比增长 18.45%，高于全省平均（11.95%）6.5 个百分点；二是皖江城市带受经济发展环境变化影响较大，2012 年引资同比增长 11.01%，较 2011 年增幅回落 7.6 个百分点，因此省外资金向皖北地区的扩散可能导致了 2012 年 Moran's I 指数较 2011 年下降。

3.2 安徽省利用省外资金的局部空间自相关分析

年度利用内资的 Moran's I 指数仅能表明省外资金在安徽省地区分布在整体上由分散转向集聚的特征，反映的是全省所有地区与周边地区之间利用内资的空间差异的平均程度，而没有分析具体的空间格局及变化趋势。因此，可以利用各年度 Moran 散点图和 LISA 统计量来弥补这一不足，以揭示研究时段内省外资金在安徽省分布的空间演变格局。鉴于 2007 和 2008 年、2009 和 2010 年、2011 和 2012 年 Moran 散点图在四个象限内分布情况基本相当，限于篇幅，本文在此选取 2008 年、2010 年和 2012 年的数据为代表进行分析。

图 1、图 2 和图 3 三个 Moran 散点图直观展现了 2008 年、2010 年和 2012 年省外资金在安徽省区域分布的格局。从图中可以看出，大部分城市落在第一象限（高—高）和第三象限（低—低）。2008 年分别有 2 个和 8 个城市落在第一、三象限，合计占样本总数的 62.5%；2010 年则分别有 3 个和 8 个城市落在第一、三象限，合计占样本总数的 68.75%；2012 年分别有 3 个和 9 个城市落在第一、三象限，合计占样本总数的 75%。这与全局空间自相关分析中 Moran's I 指数的指示一致，反映了研究时段内省外资金在安徽省的区域分布逐渐趋向正向空间相关。从 Moran 散点图中可以发现，安徽省在利用省外资金上存在两个正向的空间集聚：一是高—高（HH）集聚，即引资数量较多的城市与引资数量也较多的城市相邻，这一类型的城市数量较少，从表 2 中可知它们主要是安徽东部临近长三角地区城市；二是低—低（LL）集聚，即由自身利用内资数量较少，且相邻城市利用内资数量也较少的城市组成，这一类型的城市数量较多，主要由皖北和皖西南城市构

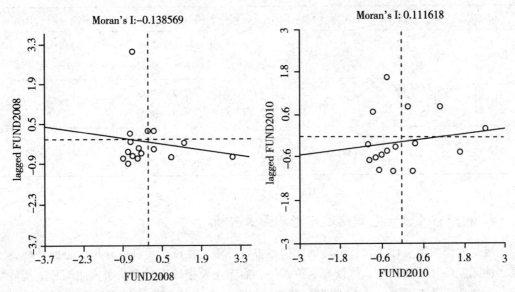

图 1　2008 年安徽省利用内资 Moran 散点图　　　图 2　2010 年安徽省利用内资 Moran 散点图

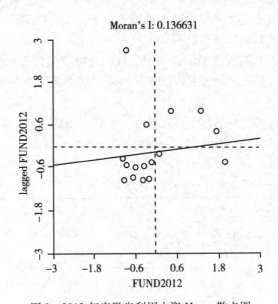

图 3　2012 年安徽省利用内资 Moran 散点图

成。然而从 2009 年起安徽省利用省外资金呈现整体上的空间正相关后，仍有部分城市偏离了全局空间正相关，落在第二、四象限。从图 2 和图 3 看，位于这两个象限的城市数量较少（2010 年分别有 2 个和 3 个城市落在第二、四象限，占样本总数 31.25%；2012 年各有 2 个城市落在第二、四象限，占样本总数 25%）。从表 2 中可以识别出，位于低—高（LH）象限的城市一般位于与引资水平高的东部城市相毗邻的皖中西部地区；而位于高—低（HL）象限的城市则主要是被皖西南城市所包围的东部城市。

表2　　　　　　　　　安徽省利用省外资金 Moran 散点图对应城市表

年份	第一象限（HH）	第二象限（LH）	第三象限（LL）		第四象限（HL）
2008	马鞍山　宣城	六安　铜陵	宿州　淮北　蚌埠　亳州 淮南　阜阳　池州　黄山		滁州　合肥 安庆　芜湖
2010	马鞍山　芜湖 宣城	六安　铜陵	宿州　淮北　蚌埠　亳州 淮南　阜阳　池州　黄山		滁州　合肥　安庆
2012	马鞍山　芜湖 宣城	六安　铜陵	宿州　淮北　蚌埠　亳州 淮南　阜阳　池州　黄山　安庆		滁州　合肥

4. 利用省外资金空间格局与影响因素分析

吸引内资的重点在于投资环境的优劣，投资环境包括硬环境和软环境两方面。前者主要指地区经济基础和交通、气候等区位条件，后者主要指地方政府的引资政策和法制环境等。本文选取各市 GDP、人均 GDP① 和规模以上工业总产值作为经济基础指标，社会消费品零售总额作为市场规模指标，城镇非私营单位在岗职工年平均工资作为反映劳动力成本的指标，最低工业用地出让地价反映土地成本，各市 2007—2011 年累计引进内资总额反映积聚效应对投资的影响，各市拥有研究与发展（R&D）人员数表示人力资本，研究与发展（R&D）经费表示科技水平；公路里程数和公路货运量表示交通运输的区位条件；拥有开发区的数量和级别表示地区引资的政策因素，其中国家级开发区赋值为 1，省级开发区赋值为 0.5。

从空间回归分析结果（见表3）可以看出，在经济基础方面，累计引进内资、规模以上工业总产值和 R&D 经费与利用省外资金数额最为相关。累计引进内资说明了省外内资

表3　　　　　安徽省利用省外资金空间格局与影响因素的空间回归分析结果

解释变量	OLS 回归	空间滞后模型	空间残差模型
常数项	15.5817 （2.0528）*	34.5544 （2.7477）**	34.3275 （2.9095）**
GDP	4.0115 （0.6397）	7.7853 （1.9310）*	7.8217 （1.9436）*
人均 GDP	4.4548 （0.8560）	2.3774 （2.3671）**	2.4149 （2.4121）**

① 考虑到本期内一地区吸引内资的水平受到前一期经济发展水平的影响，因此解释变量 GDP 和人均 GDP 采用滞后一期的 2010 年数据。

解释变量	OLS 回归	空间滞后模型	空间残差模型
消费品零售额	1.6202 (6.6836)***	1.3845 (8.9088)***	1.3869 (8.9057)***
劳动力成本	4.7322 (0.9068)	4.4548 (0.8560)	4.4762 (0.8390)
土地成本	3.6324 (0.8721)	4.0132 (0.9132)	4.9864 (0.9068)
累计引进内资	8.6314 (9.3690)***	7.0504 (8.7392)***	7.3603 (8.7393)***
R&D 人员数	3.3765 (3.3671)**	4.2876 (4.3647)**	4.6455 (4.3698)**
R&D 经费	6.6185 (3.3364)**	7.9421 (3.3466)**	7.5425 (3.5465)**
公路里程数	19.7183 (1.0215)	16.6411 (1.0055)	15.6421 (1.1455)*
公路货运量	7.0581 (1.7273)*	8.6554 (1.9426)*	9.6445 (1.6554)*
开发区因素	1.0204 (2.2427)***	1.6451 (3.5448)***	2.6364 (3.8717)***
空间滞后（ρ）		4.2343 (2.6015)**	
空间残差（λ）			4.3494 (2.5951)**
拟合系数（Sq. Corr.）	0.5641	0.6845	0.6397

注：***表示在 0.01 的水平上显著，**表示在 0.05 的水平上显著，*表示在 0.1 的水平上显著。

企业在安徽省投资的积聚状况，累计引进内资越多说明企业对在该地区进行投资的认可度越高，而本地已有的内资企业也可以为后继投资者提供相关信息和经验，节省地区基础设施建设和信息成本，从而产生示范效应和集聚效应，吸引更多的内资不断流入。所以一地区已有的引资水平对内资企业后续的投资决策有很大影响，呈现出正相关关系。因此，第一阶梯城市已有的累积引资额远高于其他等级城市，是其继续保持高水平引资的一大优势。规模以上工业总产值反映了一个地区基本的生产力状况和集聚经济水平，而集聚经济具有外部性，可以节省基础设施建设和公共服务成本，降低企业经营风险等。R&D 经费可以代表一个地区的科技发展水平和潜力。一般项目投资金额较大的企业都是实力雄厚的大企业，很注重科学技术在生产中的地位和作用。2012 年，合肥有省外资金总投资额在 1 亿元以上的项目 954 个，蚌埠有 320 个，六安有 243 个，亳州有 229 个，说明较高的科技水平对投资金额较大的项目更加具有吸引力。

利用省外资金水平与 GDP、社会消费品零售总额和 R&D 人员数的相关性也较大。GDP 可以反映地区的经济发展水平，社会消费品总额代表了地区的市场规模和贫富程度，而经济活力和消费潜力越大，对周边地区的辐射也会越大，使企业有更高的投资意愿。R&D 人员数可以反映地区的科技水平和劳动力素质，这对吸引技术水平高的内资企业具有重要作用。而人均 GDP、劳动力和土地成本与吸引内资的相关程度较低。人均 GDP 能从根本上反映地区经济发展水平，但其与引资水平的相关性却低于 GDP，说明内资企业更加看重经济总量的影响。而劳动力和土地成本的影响没有通过显著性检验，可能的原因是，低廉的劳动力成本不再成为招商引资的优势，相反，外来资本的引入会刺激当地的劳动力需求，从而导致相对工资的上涨。

在交通运输条件方面，可到达的公路里程数和公路货运量这两个指标对引进内资的作用为正，但均不显著。但是不能就此判断交通运输条件的优劣在吸引省外企业上没有发挥重要作用，可能的解释是，部分城市在水运和铁路运输上的优势在交通运输中发挥着很大作用，削弱了公路运输的影响。

政策因素在吸引省外投资中的发挥着显著的正面作用。2012 年，合肥市两个国家级开发区合计引进省外资金 140.42 亿元，占当年全市总量的 15.27%；蚌埠市国家级高新技术产业开发区引进省外资金 55.59 亿元，占当年全市总量 13.79%；六安市经济技术开发区引进内资 14.42 亿元，占当年全市总量的 6.2%。开发区的建设加大了城市对外开放的力度，凸现投资的集聚效应，开发区比较集中和建设较好的地区，在招商引资上明显处于主导地位。可见，地方政府采取招商引资措施，制定促进对外开放的地方性法规和政策，能够扩大对省外内资企业的吸引力。

5. 结论与讨论

本文研究结果说明：（1）省外资金在安徽省的分布整体上由分散转向集聚，显现出空间正相关关系，即引资水平相近的城市在地理上也趋于集聚，但是低水平集聚较高水平集聚更加显著。（2）大多数城市利用内资数量上都呈现逐年递增态势，但是从地域分布上始终是东部优于西部，南部优于北部，皖西北引资水平最低，而以合肥、芜湖、宣城为核心的地区始终是高利用资金集聚地区。（3）一个地区的经济发展水平、生产力状况、市场规模和潜力对吸引省外资金流入都具有重要的影响力，科学技术水平在地区间的竞争中发挥着越来越重要的作用，相反劳动力成本优势的作用并不明显；说明地方政府应注重加大教育和研发投资，增强自主创新能力。（4）引资的集聚效应和政策支持与引进省外资金具有正相关关系，二者主要是在共享基础设施和节约信息成本方面发挥作用，因此地方政府应积极发挥在引进内资工作中的主导作用，加强基础设施建设，引导项目配套投资。

◎参考文献

[1] 约翰·冯·杜能. 孤立国同农业和国民经济的关系［M］. 吴衡康，译. 北京：商务印书馆，2010.

[2] 阿尔弗雷德·韦伯. 工业区位论［M］. 李刚剑，陈志人，张英保，译. 北京：商务印书馆，1997.

[3] Launhardt，W.. Die Bestimmung des zweckmässigsten Standortes einer gewerblichen Anlage［J］. Zeitschrift des Vereines deutscher Ingenieure，1882，5.

[4] 沃尔特·克里斯塔勒. 德国南部中心地原理［M］. 常正文，等，译. 北京：商务印书馆，1998.

[5] 奥古斯特·勒施著. 经济空间秩序［M］. 王守礼，译. 北京：商务印书馆，2010.

[6] 陈文福. 西方现代区位理论述评［J］. 云南社会科学，2004（2）：62-66.

[7] Ohlin，B.. Interregional and international trade［M］. Boston：Harvard University Press，1933.

[8] Isard，W.. Location and space-economy：A general theory relating to industrial location，market areas，land use，trade，and urban structure［M］. Cambridge，MA：MIT Press，1962.

[9] Keeble，D.，Walker，S.. New firms，small firms and dead firms：Spatial patterns and determinants in the United Kingdom［J］. Regional Studies，1994，28（4）：411-427.

[10] 保罗·克鲁格曼. 发展、地理学与经济理论［M］. 蔡荣，译. 北京：北京大学出版社，2005.

[11] Fujita，M.，Krugman，P. R.，Venables，A. J.. The spatial economy：Cities，regions and international trade［M］. Cambridge，MA：MIT Press，1999.

[12] McConnell，J. E.. Foreign direct investment in the United States［J］. Annals of the Association of American Geographers，1980，70（2）：259-270.

[13] Coughlin，C. C.，Terza，J. V.，Arromdee，V.. State characteristics and the location of foreign direct investment within the United States［J］. The Review of Economics and Statistics，1991：675-683.

[14] 沈坤荣，田源. 人力资本与外商直接投资的区位选择［J］. 管理世界，2002，11：26-31.

[15] 李国平，陈晓玲. 我国外商直接投资地区分布影响因素研究［J］. 当代经济科学，2007，5：43-48.

[16] 李汉君. 我国FDI流入的地区差异与影响因素分析——基于1992—2007年省级面板数据［J］. 国际贸易问题，2011，3：124-130.

[17] 吉亚辉，王凡. 空间经济学视角下的我国FDI区位选择——空间计量分析［J］. 西南民族大学学报，2012，8：100-105.

[18] 吴勇. 中西部地区引进内资的影响因素——基于省级非平衡面板数据的实证研究［J］. 经济问题探索，2013，1：65-71.

区际产业转移背景下中部六省发展环境研究[*]

张启春[1]　朱　明[2]　袁　园[3]　冯兵兵[4]

（1，4　华中师范大学经济与工商管理学院　武汉　430072；2　中山大学管理学院　广州　540275；

3　中南财经政法大学财政培训中心　武汉　430079）

1. 引　言

2008 年国际金融危机以来，沿海外向型企业受到剧烈冲击，大量企业和产业开始大规模集中式向内陆地区迁移，中部六省作为承接沿海产业转移的桥头堡，具有得天独厚的区位优势。根据 2011 年中国国际工业研究院的调查结果，珠三角外迁制造企业中有 1/4 迁入中部六省。① "十二五"规划中区域发展总体战略和主体功能区战略将中部六省定位为重点开发区，提出要大力促进中部崛起。区际产业转移的市场力量和"中部崛起"的政策扶持为中部六省提供了前所未有的、实现跨越式发展的重大战略机遇期和发展黄金期。区域发展与区域发展环境建设具有显著正相关性，如何营造最优发展环境，抢抓机遇、乘势而上对中部地区至为关键。因此，深入剖析中部六省在发展环境领域存在的优劣势，进一步优化中部六省的发展环境，对于有序承接产业转移、加快实现"中部崛起"这一战略目标意义重大。

改革开放初期，关于发展环境的研究主要集中于投资环境研究方面，且着重关注投资优惠政策以便吸引更多的外商直接投资。陈乔之（1982）、朱庆伟（1985）、刘龙等（1985）都提出稳定的政治环境、税收优惠是吸引外资和完善投资环境的重要内容。各级政府咨询机构围绕本地（省、市、县）投资发展环境的研究一直是这一领域研究的主力，如曹虹等（1996）关于黑河地区，张菁华（1994）关于吴县投资环境的研究，尤石和（2005）关于云南投资环境的研究，等等。近期关于发展环境的研究较多，大多集中于某些具体产业或行业的发展环境，比如旅游业发展环境（冯凌等，2011；蒋昭乙，2008）、金融业发展环境（朱凯等，2010）、民营企业发展环境（王钦敏，2013；赵亚凡，2012）等。而构建指标体系研究和评价某一具体区域的综合发展环境的文献并不多见。朱翔（1998）建立了 29 个以经济指标为主的评价指标体系，采用因子分析法对湖南省的 29 个城市经济发展环境进行了总体评价。庞敦之（2006）以山东省为例，选取了 44 个指标构建了区域发展环境指标体系，主要运用熵值法和回归分析法，对山东的区域发展环境进行了系统评价和优化方案的设计。付宜强（2007）以威海作为研究对象，从软、硬环境两

* 本文的研究受到湖北省人民政府智力成果采购重点项目《湖北营造全国最优发展环境研究》（HBZC-2011-05）资助。

① 吴宇，高少华. 中国沿海部分企业产业转移已到"临界点". http：//csj. xinhuanet. com/2011-11/02/c_ 131225379. htm.

个方面，构建了包含 42 个指标的评价体系，采用因子分析法对威海经济发展环境作了客观的评价并给出了优化威海经济发展环境的建议。这些学者对于发展环境的研究，大多集中于某一省域范围，而且侧重于经济发展环境或者是投资环境的研究。本文以中部六省的发展环境为评估对象，构建了包含硬、软两大类，10 个子环境，90 个具体指标的综合评估指标体系，从研究对象、指标选取数量和涵盖范围的广度来说，都有所进步，既包括吸引投资、鼓励创业、追求创新的投资发展环境，又包括追求人文和自然协调共存、注重生产和生活综合开发、强调物质享受和精神满足并重的人居环境。

2. 发展环境界定、综合评价指标体系构建

2.1 发展环境的界定

准确把握发展环境的含义是认识和优化发展环境的前提和基础。发展环境是由直接、间接影响一个地区经济、政治、社会、文化、自然等多方面发展的各种要素所组成的动态系统。因此，发展环境可作多种分类：按环境要素形态，发展环境首先被区分为硬环境和软环境；依据行政区划等级分类，可分为国家发展环境、省域发展环境、市域发展环境、县域发展环境；根据产业发展分类，可分为农业发展环境、工业制造业发展环境、服务业等第三产业发展环境，且产业发展环境又可以依据行业类别再次细分，比如旅游业发展环境、房地产业发展环境、现代服务业发展环境等；根据区域经济发展来看，发展环境可以分为产业发展环境、园区发展环境、区域投资环境、创业环境、就业环境和居住环境；根据要素内容来分类，发展环境可分为资源环境、生态环境、基础设施环境、经济基础环境、市场环境、经营环境、法治环境、政务环境、政策环境、人文社会环境等各种支撑环境。

综合考虑，本文所界定的发展环境以投资环境为主，兼顾人居环境，不仅包括了吸引投资、鼓励创业、追求创新的投资发展环境，还包括了追求人文和自然协调共存、注重生产和生活综合开发、强调物质享受和精神满足并重的人居环境。本文对发展环境的界定如图 1 所示。

2.2 综合评价指标体系的构建

根据上述发展环境界定，为了全面系统地反映中部六省的发展环境，本文构建了由四个层级组成的发展环境综合评价指标体系。① 第一层级包括两大类指标：发展硬环境指数和发展软环境指数；第二层级包括硬环境指标体系中资源环境、生态环境、基础设施环境和经济基础环境 4 个子环境，软环境指标体系中的市场环境、经营环境、法治环境、政务环境、政策环境、人文社会环境 6 个子环境，共计 10 个，分别以 Z1~Z10 标示；第三层级，如硬环境中资源环境分别包括森林资源、耕地资源、水资源丰富程度（Z1.1~Z1.3）3 个三级指标，软环境中市场环境分别包括经济多元化程度、企业信用水平、个人信用水平、市场秩序的规范程度（Z5.1~Z5.4）4 个三级指标。第四层级如三级指标中的森林资源丰富程度包括森林蓄积量等 4 个指标，生态环境中包括工业废气排放量等 11 个指标，

---

① 详见本文附录。

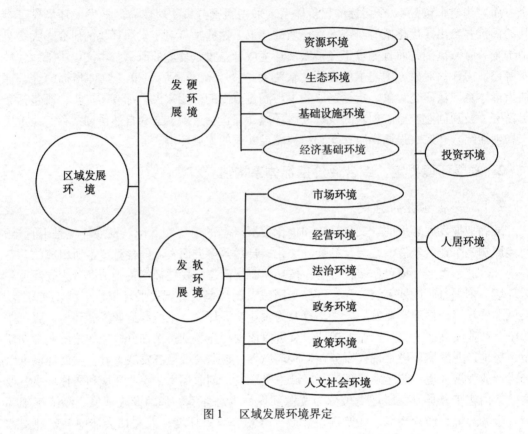

图 1　区域发展环境界定

基础设施环境中包括人均城市道路面积等 12 个指标，经济基础中包括 GDP 等 10 个指标。硬环境中共包括了 37 个指标。软环境中的市场环境中包括城乡居民储蓄余额等 6 个指标，经营环境包括高等毕业生人数等 11 个指标，法制环境包括法院受理案件数等 4 个指标，政务环境中包括行政管理费用占 GDP 的总额等 2 个指标，政策环境中包括居民消费价格指数等 5 个指标，人文环境中包括博物馆数量等 25 个指标。软环境共 53 个指标。第四层级共计采用了 90 个具体统计指标。

2.3　评价方法、样本选取及数据来源和处理

本文采用熵值法①来客观地评估中部六省的发展环境。选取的时间截面是 2005 年和 2010 年，原因在于这两年分别作为"十五"和"十一五"的收官之年，能集中反映出中部六省在最近的两个五年规划期内发展环境的质量以及动态变化特征。同时，虽然区际分散式产业转移是一个不断在发生的市场行为，但产业转移的步伐由于金融危机和经济发展水平的提高而加快，因此这两个年份具有典型性和代表性。

其中在对 2010 年中部六省的发展环境进行横向比较分析时，东部先进省市样本选取了北京、广东、山东和浙江作为代表。选取这些省市的原因，除了北京、广东、山东和浙

---

① 参见郭亚军. 综合评估理论、方法及应用［M］. 北京：科学出版社，2007：72-74.

江的经济社会发展水平较高，发展环境较好，能代表全国范围内位居前列的发展环境水平，可以作为中部六省优化发展环境的努力方向和标准外，还由于本文选取的指标相当丰富，这些省份统计年鉴的相关指标比较齐全，数据可得性较强。

本文的数据来源于《中国统计年鉴》、《中国环境统计年鉴》、《中国法律统计年鉴》、《中国劳动统计年鉴》以及各省统计年鉴中样本省份 2005 年和 2010 年相关指标的统计数值。

3. 中部六省发展环境比较研究

本文在业已构建的发展环境综合评价指标体系的基础上，利用 2005 年和 2010 年的相关统计数据，运用熵值法对相关数据进行处理，对中部六省的发展环境进行分析研究。首先对 2005 年中部六省发展环境进行内部比较分析是为了确定中部六省发展环境的优劣势，为后文的纵向和横向的比较分析提供参考基准。其次，将两个五年规划末年中部六省发展环境及子环境进行纵向比较，并利用协调系数，考察中部六省发展环境的动态变化特征。最后，对 2010 年中部六省与东部先进省份的发展环境及其子环境进行横向比较，全面反映中部六省发展环境及其子环境在全国范围的发展状况。

3.1 中部六省发展环境指数及各子环境内部比较分析

通过利用熵值法对 2005 年相关统计数据的处理得到中部六省发展环境指数排名①，如表 1 及图 2 所示。从总体发展环境指数来看，湖北和江西位于前列，山西和安徽靠后，而湖南和河南居中。从发展硬、软环境指数来看，中部六省各有所长：其中发展硬环境方面，江西、湖南的硬环境指数靠前，发展软环境方面，湖北、河南软环境指数相对靠前。从硬环境指数、软环境指数和总体发展环境指数来看，没有一个省份在这三项指标中均处

表 1   **2005 年中部六省发展环境比较**

	硬环境指数	排名	软环境指数	排名	发展环境指数	排名
湖北	0.5315	4	0.7032	1	0.6207	1
江西	0.7058	1	0.4990	4	0.5984	2
湖南	0.5640	2	0.5900	3	0.5775	3
河南	0.4632	5	0.6570	2	0.5638	4
山西	0.5544	3	0.4536	6	0.5020	5
安徽	0.4132	6	0.4974	5	0.4569	6

---

① 发展环境指数排名是根据本文的指标体系得出的客观结论，依据指数值的排名只是便于辅助后文的分析，并不代表各个样本之间的绝对好坏区别。后文中所涉及的发展环境指数及其子环境排名作用与此相同。

于领先或者落后地位，从影响力方面来看，没有一个省份在发展环境方面拥有绝对的优势或劣势，中部六省在发展环境方面不存在绝对差距。

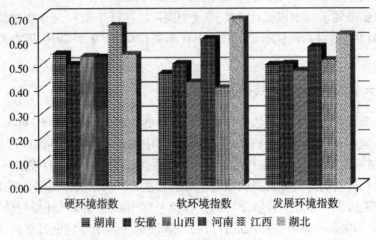

图2　2005年中部六省发展环境比较柱状图

为深入探讨中部六省在发展硬环境指数、软环境指数方面差异产生的原因，本文进一步分析构成这两个指数的十大子环境方面的差异，见表2和图3。

表2　　　　　　　　　　　　2005年中部六省发展环境各子环境评价值

	资源环境指数	生态环境指数	基础设施环境指数	经济基础环境指数	市场环境指数	经营环境指数	法治环境指数	政务环境指数	政策环境指数	人文社会环境指数
湖北	0.481	0.396	0.68	0.762	0.577	0.786	0.398	0.676	0.885	0.767
江西	0.971	0.704	0.424	0.588	0.572	0.706	0.328	0.644	0.921	0.402
湖南	0.749	0.388	0.700	0.613	0.648	0.38	0.547	0.895	0.608	0.709
河南	0.248	0.452	0.792	0.518	0.557	0.627	0.973	0.808	0.703	0.57
山西	0.195	0.699	0.636	0.626	0.878	0.363	0.317	0.772	0.932	0.466
安徽	0.373	0.331	0.652	0.466	0.54	0.603	0.36	0.644	0.583	0.47

结果显示，硬环境指数方面，江西省排名居前，从构成硬环境的四个子环境来看，江西在资源环境指数和生态环境指数方面名列前茅。从构成这两项子环境的四级指标来看，森林蓄积量、森林覆盖率、人均水资源占有量相对丰富是江西省在资源环境方面排名居前的主要原因。在工业废气排放量、固体废弃物处置率和省会城市空气质量方面表现优秀是江西在生态环境方面位居前列的主要原因。尽管在硬环境指数上名列前茅，江西省在软环境方面还存着不足，尤其是在政务环境和人文社会环境中存在着较大的改善空间。在政务

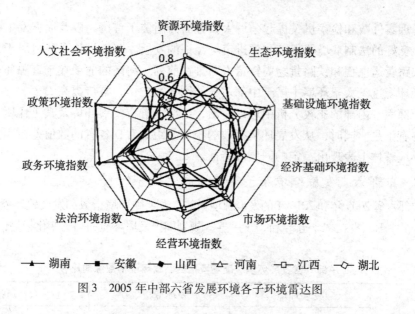

图 3　2005 年中部六省发展环境各子环境雷达图

环境的四级指标方面，江西的行政管理费用占 GDP 的比重值最大。在人文环境的四级指标中，江西省在艺术团体数量、等级运动员数量、国际旅游收入、每万人三种专利授权数等方面还存在着不足。硬环境指数排名靠后的安徽，在资源环境方面与江西相反，森林覆盖率和人均水资源占有量排在最后。在生态环境方面，安徽在每万人拥有的污水治理设施和城市建成区绿化率方面位居最后。同时，安徽在软环境中的政策环境中占有优势，尤其在政策环境的四级指标居民消费价格指数方面最稳定。

在软环境指数方面，湖北省软环境指数居中部六省首位，这主要是因为湖北在经营环境指数和人文社会环境指数方面优势明显。从四级指标的构成来看，湖北在经营环境指数方面的优势主要在于城镇单位在岗职工的平均工资最高和高校毕业生人数最多。人文社会环境方面的优势主要在于，湖北省的博物馆数量、接待入境游客数量、每万人三种专利授权数、基本养老保险比例、人均建筑面积、人均教育经费、普通高等专任教师数、文化娱乐用品的人均支出等方面排在前列。同时湖北也存在着自身的不足，在市场环境中，大中型工业企业总资产贡献率不高。在软环境指数中排名靠后的是山西，主要原因在于山西省的经营环境指数和法治环境指数靠后。从构成经营环境的四级指标来看，山西省在办公楼和住房的销售价格在中部六省中是最高的，在高校毕业生人数、中等职业毕业生人数和每万人技术市场成交额方面位于中部六省末尾。办公楼和住房的销售价格较高则加重了企业的经营成本，在高、中等毕业生人数和技术市场成交额方面的劣势则增加了企业的人力资本和技术开发和获取的成本。山西的优势在于硬环境方面人均耕地面积广阔。

硬、软环境中排名居中的湖南和河南在子环境方面也存在各自的优、劣势。湖南在硬环境指数方面更具优势，排名第二，河南在软环境指数方面较具优势，排名也位居第二。湖南硬环境较强的原因在于，资源环境指数和基础设施都居于第二。湖南的弱项在于生态环境、经营环境和政策环境，这三方面都居于倒数第二，有待改善。河南在基础设施和法制环境这两个子环境中居于首位。从四级指标来看，法制环境排名居于首位的具体原因在于法院受理案件数和检察机关提起公诉人数方面河南位于首位，以及火灾发生数与人口之比最低。良好的法制环境能保障和促进市场经济的发展。基础设施子环境居于首位的原因在于，铁路营运里程和铁路货物周转量方面排在前列。河南的弱项在于资源环境、经济基础和市场环境这三大子环境中居于中部六省的倒数第二位，有待提高。

从中部六省内部的比较分析中可以看出，中部六省在发展环境及其子环境方面各具优势，也各有不足。同时，从发展环境指数的相对差距来看，各省的数值差距不大，中部六省发展环境整体上表现出一定的同质性特征。

3.2 中部六省发展环境及子环境纵向比较分析

将中部六省 2005 年和 2010 年的发展环境指数、发展硬环境指数和发展软环境指数作纵向对比来分析中部六省在"十五"和"十一五"规划期内发展环境的动态变化趋势，见表3。

表3 　　　　　中部六省发展环境、硬环境指数、软环境指数纵向比较

	发展环境		硬环境指数		软环境指数	
	2005 年	2010 年	2005 年	2010 年	2005 年	2010 年
湖北	1	1	4	3	1	1
湖南	3	2	2	2	3	4
江西	2	3	1	1	4	6
河南	4	4	5	4	2	5
山西	5	5	3	5	6	2
安徽	6	6	6	6	5	3

从总体发展环境指数的动态变化来看（见图4），除了江西和湖南的位置有交换、湖南上升了一位、江西下降了一位之外，其他省份均保持不变。这说明发展环境的整体变化相对稳定，一定区域的发展环境形成后表现出一定程度的路径依赖特征。

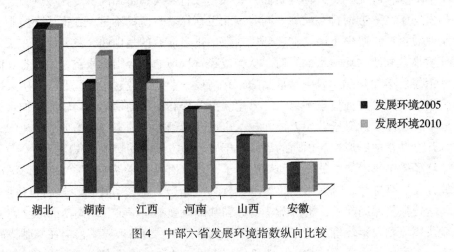

图4 中部六省发展环境指数纵向比较

中部六省发展硬环境的动态变化特征见图5。从图5可以看出，江西、湖南和安徽的发展硬环境指数排名没有波动，湖北和河南上升，山西下降。从子环境方面来看，工业废气排放量降低，工业废气排放达标率提升引起生态环境的改善是湖北省硬环境指数进步的主要原因。这说明湖北省在"十一五"期间加强了对工业污染的控制，注重发展经济的环境效益，在生态环境方面取得了进步，这与湖北省同期内开展的武汉都市圈"两型社会"试验区建设不无关系。河南硬环境指数提升的原因在于经济基础的提升，其中实际利用外资额从第四提升到了第一，说明河南考察期内外资利用水平的快速提高。经济基础环境的下降是山西硬环境指数排名下降的主要原因，初级指标中人均 GDP 和实际利用外资额下降又是硬环境指数下降的主要原因。这表明在第"十一五"期间，山西经济发展在中部六省内相对不足。

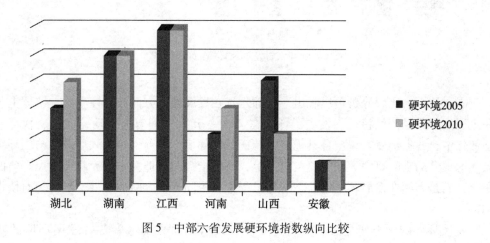

图5　中部六省发展硬环境指数纵向比较

中部六省发展软环境的纵向比较见图6。相较于总体发展环境指数和硬环境指数来说，中部六省的软环境指数的波动幅度更大。从图中可以看出，除了湖北在软环境方面没有波动，而且居于首位之外，其他省份在"十一五"期间均发生了变动。其中上升最大的是山西，其次是安徽，下降最大的是河南，其次是江西和湖南。从构成子环境的四级指标来看，山西发展软环境大幅上升的原因在于法制环境和政务环境有大幅度提升。法院受理案件数增加，检察机关提起公诉的数量增加是法制环境改善的主要原因。行政管理费用占 GDP 比重相对份额的降低，是政务环境改善的主要原因。这表明山西在法治和行政效率方面取得了重大进步。河南软环境指数下降的原因在于法制环境和政策环境指数的下降，法制环境指数下降的原因在于法院受理案件数量的降低，政策环境指数下降的原因在于 CPI 的增加，城镇与农村消费支出比的扩大和城镇登记失业率的相对提高。江西软环境下降的原因在于经营环境指数的下降，行政事业性收费收入、罚没收入之和占 GDP 比重的增加，大中型工业企业研究与发展经费支出占 GDP 比重的减少，是两项主要的原因。安徽软环境改善的原因在于经营环境的改善，主要表现在规模以上工业企业税收总额占工业总产值比重的增加。湖南发展软环境下降的原因在于经营环境指数和政策环境指数的下降。每万人技术市场成交额的下降，行政事业性收费收入与财政收入之比和城镇登记失业率的增加分别是经营环境和政策环境降低的主要原因。

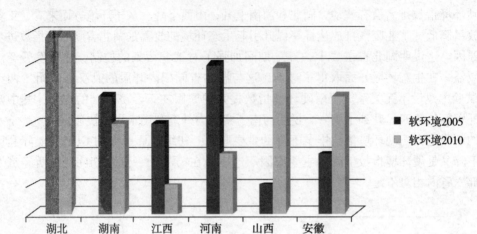

图6　中部六省发展软环境的纵向比较

　　总之，从纵向比较分析可以看出，中部六省在发展环境方面波动性不大，整体上表现出一定程度的路径依赖特征。发展子环境在"十一五"期间有所波动，在硬、软环境的动态变化中，各省仍然表现出各具优势的特征。硬环境的波动性小于软环境，与硬环境相比软环境提升的空间更大。同时要指出的是，环境指数的降低并不代表相应发展环境的绝对恶化，而是表明在发展环境的动态变化过程中，不同省份之间的发展速度有相对快慢的区别。

　　在发展环境的动态变化过程中，进一步采用协调系数来考察各省发展环境的协调性。协调系数 C 用来衡量一个省域发展子环境的协调状态，协调系数越大，说明这个省份的各个子环境的发展水平较为一致，协调状况越好，越有利于该省生产力的发展，人居环境也更加和谐。对比2005年与2010年子环境协调系数（见表4和图7），可以看出中部六省的协调系数在这两年间是增大的，说明这五年期间十大子环境的协调性在逐步增强。

　　协调系数 C 在（0，1）范围内可以划分为三类，按协调系数数值由小到大依次命名为不协调发展、弱协调发展和协调发展。若 $0.8 \leqslant C \leqslant 1$，表示协调发展；若 $0.5 \leqslant C < 0.8$，表示弱协调发展；若 $0 \leqslant C < 0.5$，表明不协调发展。结合中部六省的结果来看，尽管协调系数不断在改善，但整体上仍处于弱协调发展状态，还有进一步提升的空间。

表4　　　　　　　　　　　　　中部六省协调系数的变化

	湖南	安徽	山西	河南	江西	湖北
2005 年	0.66	0.72	0.59	0.60	0.71	0.71
2010 年	0.66	0.74	0.63	0.69	0.73	0.73

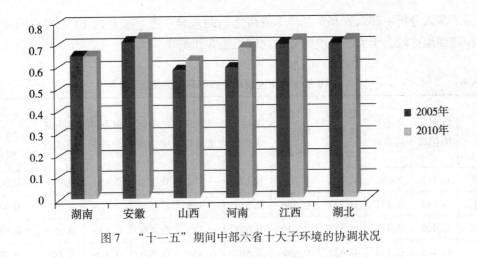

图7 "十一五"期间中部六省十大子环境的协调状况

3.3 中部六省与东部样本省市发展环境横向比较分析

2010年是最近一个"五年规划"的收官之年,在这个"五年规划"中,受国际金融危机的影响,国内外经济形势发生了较大变化,区际产业转移加快,中部六省的发展环境也相应发生了变化。为了全面分析中部六省的发展环境的状况,选取北京、广东、山东和浙江为东部省市的样本,将中部六省的发展环境和东部样本省市的发展环境进行横向比较分析,见表5。

表5   **2010年中部六省与东部样本省市发展环境比较**

	硬环境指数	排 名	软环境指数	排 名	发展环境指数	排 名
北京	0.56597	1	0.70803	1	0.6327	1
广东	0.53204	2	0.58291	2	0.556	2
浙江	0.50535	3	0.51378	3	0.5093	3
山东	0.46017	5	0.40982	4	0.4365	4
湖北	0.41858	7	0.3593	5	0.3907	5
湖南	0.42961	6	0.30317	8	0.3702	6
江西	0.46323	4	0.26494	10	0.37	7
河南	0.41189	8	0.29932	9	0.359	8
山西	0.40025	9	0.31105	6	0.3583	9
安徽	0.38765	10	0.30489	7	0.3487	10

从表中可以看出所选东部样本省市在发展环境指数、发展软环境指数上整体都优于中部六省的相应指标,其中发展硬环境方面中部六省与东部样本省市的差距相对较小,江西的发展硬环境指数还超过山东。尽管总体上与东部存在差距,但中部六省在个别子环境及具体指标方面的优势,丰富的资源禀赋和具有竞争力的人力成本,是产业由东向中转移的主要原因。

为了深入分析中部六省和东部样本省市之间的差异，进一步对这 10 个省市的发展子环境作详细地比较，十大子环境的评估比较见表 6 和图 8。

表 6   2010 年十省市发展环境各子环境评估值

	资源环境指数	生态环境指数	基础设施环境指数	经济基础环境指数	市场环境指数	经营环境指数	法治环境指数	政务环境指数	政策环境指数	人文社会环境指数
北京	0.115	0.789	0.498	0.631	0.778	0.778	0.723	0.857	0.991	0.623
山东	0.182	0.271	0.727	0.586	0.533	0.325	0.296	0.733	0.467	0.432
浙江	0.469	0.411	0.525	0.629	0.611	0.335	0.400	0.636	0.854	0.560
广东	0.475	0.356	0.622	0.698	0.597	0.368	0.329	0.586	0.495	0.732
湖北	0.443	0.301	0.487	0.481	0.506	0.277	0.637	0.532	0.438	0.326
湖南	0.641	0.279	0.482	0.436	0.578	0.230	0.369	0.601	0.403	0.270
安徽	0.354	0.271	0.539	0.394	0.473	0.216	0.389	0.502	0.445	0.291
山西	0.361	0.390	0.477	0.353	0.415	0.195	0.696	0.642	0.618	0.254
河南	0.251	0.285	0.639	0.426	0.526	0.288	0.209	0.621	0.443	0.259
江西	0.801	0.420	0.422	0.354	0.456	0.218	0.421	0.528	0.436	0.211

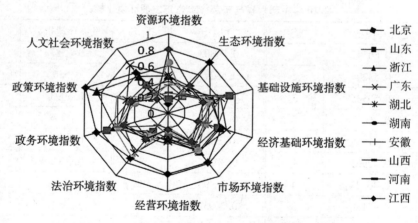

图 8   2010 年中部六省发展环境各子环境的雷达图

从发展硬环境来看，与东部样本省市相比，中部六省在经济基础环境和生态环境方面相对落后，在资源环境方面具有优势。中部六省的 GDP 总量与增长速度在全国属于中上水平，但是经济结构合理程度和经济外向程度方面表现不佳。经济基础环境方面，中部六省为了追赶沿海省市，在经济发展中偏向于追求 GDP 的增长，注重投资，而在人居环境方面跟不上经济发展的速度。生态环境方面，中部六省在污染控制和治理方面取得一定成效，但是城市绿化覆盖率偏低。在资源环境方面，由于中部六省地处我国腹地，水资源、耕地资源和森林资源相对东部先进省市较为丰富，中部六省在资源禀赋方面具有的优势是吸引沿海产业向中部转移的重要因素。同时，东部样本省市在经济基础和生态环境方面的优良表现为中部六省改善硬环境提供了努力方向。此外，经济结构的不足也是中部六省引进产业转移的内在动力，沿海产业转移对于东部沿海省市"腾笼换鸟"、产业结构升级和提升中部的产业布局是一种双赢。

从发展软环境来看，中部六省与东部样本省市之间存在差距，主要体现在市场环境和政务环境方面。市场环境、政务环境是吸引企业投资集聚最为关键的软环境。从四级指标来看，中部六省在市场环境方面的主要问题在于经济多元化程度和企业信用水平不高，且存在地方保护主义倾向。中部六省的民营经济存在数量少、规模小、产业层次低等问题，严重制约了中部六省经济的多元化发展。政务环境中行政管理效率不高，部门办事潜规则等问题尤其严重。分析结果显示，中部六省的行政管理费用占 GDP 的比重明显大于东部先进省区。市场环境和政务环境的缺陷反映出中部六省的发展环境中政府和市场调节机制的欠协调。

从横向比较可以看出，发展环境方面中部六省与东部样本省市相比存在不足，但某些子环境及具体的指标方面存在优势，尤其是在资源禀赋和劳动力成本方面中部六省的优势明显。这些优势是中部地区吸引沿海产业迁入的重要因素。硬环境方面，东部样本省市在经济结构合理程度和生态环境保护方面为中部六省提供了努力的方向。软环境方面，尤其是市场环境和政务环境方面，中部六省急需打破地方保护主义壁垒，提高行政效率，协调市场和政府在经济活动中的调节机制。

4. 结论与政策建议

通过综合评价、比较分析，本文得出以下结论和建议：

中部六省在具体子环境方面存在差异性同时在整体发展环境方面具有同质性；各省应该正确处理竞争和合作关系，依据各省发展环境优势合理布局各地产业。一方面，中部六省要加强和完善区内合作机制，打破地方保护主义，促进要素流动，提升中部整体竞争力。中部六省需创新区域合作思路，加强城市之间的合作和城市群的发展，抢抓机遇，将中部打造成中国经济的第四增长极。在引进产业区际转移过程中，中部六省要避免利用政策优惠进行恶性竞争而导致"逐底竞次"（race to the bottom），而应保持良性竞争，提高经济活力和动力，促进中部整体崛起。另一方面，中部六省要按照各省发展环境的比较优势来进行区域总体规划，合理引导产业布局，避免同质化竞争。硬环境具有优势的省份，比如江西，应该着重考虑引进对硬环境依赖强的产业。软环境具有优势的省份，比如湖北，应该着重发展对软环境有高度依存的产业，比如高新技术产业和高端服务业。

中部六省发展环境的动态变化呈现出一定的路径依赖特征，但软环境较硬环境波动大，发展环境协调性不断增强，但仍有待提高；中部六省在"软硬兼施"的同时应格外注重软环境的建设。当前以中部六省各省会城市为核心的交通基础设施兴建正在如火如荼展开，这将极大改善中部六省发展的硬环境。但同时也应看到，硬环境建设必须和软环境营造同步进行，硬环境效能的发挥程度与软环境水平息息相关。相对于硬环境而言软环境是可能随人为干预而迅速改变的外部环境。实证结果也表明，改善发展的软环境对中部六省来说更为迫切，提升空间更大，因此，优化发展环境的过程中应"软硬兼施"且格外注重发展软环境。

中部六省发展环境与东部省市之间存在差距，但某些子环境和具体指标存在优势，这些优势是吸引东部产业向中部迁移的动因；在优化发展环境时应该以东部样本城市为借鉴，扬长避短，促进产业平稳转移。资源环境和劳动力成本方面的优势是中部六省吸引沿海产业转移的重要因素，在优化发展环境时应该扬长避短，整体推进，以东部为样本，构建相似发展环境，促进企业或者产业的平稳转移与过渡。在硬环境方面，要借着产业转移的机遇，合理布局产业结构，优化经济基础环境；注重经济发展质量，完善生态环境。软环境方面要注意处理好政府和市场的关系，既要防止政府"缺位"、在有些公共服务领域不作为，同时也要防止政府"越位"、过度干预。从中长期来看，中部六省应着眼于理顺政府与市场关系，明确政府定位，以弥补市场失灵为限，尽快实现由"全能"政府向"有限"政府、"管理政府"向"服务政府"的转变。

◎参考文献

[1] 陈乔之. 试析新加坡的投资气候——兼论改善我国经济特区投资环境问题 [J]. 东南亚研究, 1982, 3：43-53.

[2] 朱庆伟. 改善投资环境吸引更多投资 [J]. 国际贸易, 1985, 6：51-52.

[3] 刘龙, 彭天祥. 试论我国的投资环境 [J]. 财贸经济, 1985, 11：58-61.

[4] 朱翔, 彭鹏. 湖南经济发展环境评价 [J]. 地理科学, 1998, 2：46-48.

[5] 冯学钢, 赖坤. 中国旅游业发展环境国际竞争力比较研究 [J]. 世界经济研究, 2003, 7：40-45.

[6] 刘国华, 吴宗杰, 张红霞, 毕雪峰. 民营经济发展环境及策略研究 [J]. 经济体制改革, 2003, 3：24-29.

[7] 付宜强. 威海市经济发展环境评价研究 [J]. 城市问题, 2007, 4：36-46.

[8] 郭亚军. 综合评估理论、方法及应用 [M]. 北京：科学出版社, 2007.

[9] 陈鲁. 承接产业转移是加快广西民营经济发展的重要途径 [J]. 改革与战略, 2008, 8：97-100.

[10] 王守伦, 丁子信等. 投资软环境建设与评价研究 [M]. 北京：中国社会科学出版社, 2009.

[11] 牛盼强, 谢富纪, 曹洪军. 基于要素流动成本的区域经济发展环境与经济发展关系 [J]. 经济地理, 2009, 2：204-208.

[12] 陈正. 我国各地区经济发展环境的统计评价 [J]. 西安交通大学学报（社会科学版）, 2011, 5：12-17.

[13] 王宇华. 湖北省承接产业转移的形势研判与对策思考 [J]. 统计与决策, 2008, 9：110-113.

[14] 朱凯, 万华林, 陈信元. 控股权性质IPO与银行信贷资源配置——基于金融发展环境的分析 [J]. 金融研究, 2010, 5：179-190.

[15] 王钦敏. 深入贯彻落实党的十八大精神为民营经济健康发展营造良好环境——在2012—2013年中国民营经济发展形势分析会上的演讲 [J]. 中央社会主义学院学报, 2013, 2：8-11.

附录

省域发展环境综合评价指标体系

指 标 名 称	衡 量 方 法	数据来源
(一)硬环境		
Z1 资源环境		
Z1.1 森林资源丰富程度		
Z1.1.1 森林蓄积状况	森林蓄积量(万立方米)	中国统计年鉴
Z1.1.2 森林覆盖状况	森林覆盖率(%)	中国统计年鉴
Z1.2 耕地资源丰富程度		
Z1.2.1 人均耕地资源状况	人均耕地面积(公顷/万人)	中国统计年鉴
Z1.3 水资源丰富程度		
Z1.3.1 人均水资源状况	人均水资源量(立方米/人)	中国统计年鉴
Z2 生态环境		
Z2.1 污染排放情况		
Z2.1.1 废气排放状况	工业废气排放量(亿标立方米)	中国统计年鉴
Z2.1.2 废水排放状况	工业废水排放量(万吨)	中国统计年鉴
Z2.1.3 固体废弃物排放状况	工业固体废弃物排放量(万吨)	中国统计年鉴
Z2.1.4 生活垃圾排放状况	生活垃圾清运量(万吨)	中国统计年鉴
Z2.2 污染治理效率		
Z2.2.1 废水排放达标状况	工业废水排放达标率(%)	中国统计年鉴
Z2.2.2 固体废弃物处置状况	工业固体废弃物处置率(%)	中国统计年鉴
Z2.2.3 生活垃圾处置状况	生活垃圾无毒化处理率(%)	中国统计年鉴
Z2.2.4 废水治理设施状况	每万人拥有废水治理设施数(套)	中国统计年鉴
Z2.2.5 废气治理设施状况	每万人拥有废气治理设施数(套)	中国统计年鉴
Z2.3 绿化及空气情况		
Z2.3.1 建成区绿化状况	建成区绿化覆盖率(%)	中国环境统计年鉴
Z2.3.2 空气质量状况	各省会城市空气质量达到二级以上天数占全年比重(%)	中国统计年鉴
Z3 基础设施环境		
Z3.1 道路交通条件		
Z3.1.1 公共交通状况	每万人拥有公共交通车辆(标台)	中国统计年鉴
Z3.1.2 城市道路状况	人均城市道路面积(平方米)	中国统计年鉴
Z3.2 市政设施完善程度		
Z3.2.1 公共厕所状况	每万人拥有公共厕所(座)	中国统计年鉴
Z3.2.2 城市污水处理状况	城市污水日处理能力(万立方米)	中国统计年鉴
Z3.3 交通运输便利程度		
Z3.3.1 铁路交通状况	铁路营业里程(公里)	中国统计年鉴
Z3.3.2 公路交通状况	公路通车里程(公里)	中国统计年鉴
Z3.4 物流处理能力		
Z3.4.1 铁路货物周转状况	铁路货物周转量(亿吨公里)	中国统计年鉴
Z3.4.2 公路货物周转状况	公路货物周转量(亿吨公里)	中国统计年鉴

指 标 名 称	衡 量 方 法	数据来源
Z3.5 通信条件		
Z3.5.1 电话普及状况	电话普及率(部/百人)	各省统计年鉴
Z3.5.2 邮电业务状况	人均邮电业务总量(元)	各省统计年鉴
Z3.6 用水及燃气普及程度		
Z3.6.1 城市用水普及状况	城市用水普及率(%)	中国统计年鉴
Z3.6.2 城市燃气普及状况	城市燃气普及率(%)	中国统计年鉴
Z4 经济基础环境		
Z4.1 经济发展规模		
Z4.1.1 经济发展总量水平	GDP(亿元)	中国统计年鉴
Z4.1.2 经济发展人均水平	人均 GDP(元)	各省统计年鉴
Z4.2 经济增长速度		
Z4.2.1 国内生产总值增长速度	GDP 增长率(%)	中国统计年鉴
Z4.3 经济结构合理化程度		
Z4.3.1 产业结构优化度	第一产业占 GDP 比重(%)	各省统计年鉴
Z4.3.2 所有制经济结构优化度	除国有及国有控股工业企业之外的工业企业产值占工业总产值比重(%)	中国统计年鉴
Z4.3.3 城乡经济结构优化度	城镇居民人均可支配收入与农村居民纯收入之比	各省统计年鉴
Z4.3.4 就业结构优化度	二、三产业从业人员占总就业人员比重(%)	中国统计年鉴
Z4.5 经济繁荣程度		
Z4.5.1 消费水平	人均全社会消费品零售总额(元)	中国统计年鉴
Z4.5.2 财政收入	人均地方财政收入(元)	中国统计年鉴
Z4.6 经济外向程度		
Z4.6.1 利用外资状况	实际外商直接投资额(万美元)	各省统计年鉴
(二)软环境		
Z5 市场环境		
Z5.1 经济多元化程度		
Z5.1.1 非国有经济单位在岗人员	城镇非国有经济单位在岗职工比重(%)	各省统计年鉴
Z5.2 企业信用水平		
Z5.2.1 企业短期偿债能力	大中型工业企业流动资产与流动负债之比	中国统计年鉴
Z5.2.2 企业长期偿债能力	大中型工业企业资产负债率(%)	中国统计年鉴
Z5.2.3 企业盈利能力	大中型工业企业总资产贡献率(%)	中国统计年鉴
Z5.3 个人信用水平		
Z5.3.1 居民个人储蓄状况	城乡居民人均储蓄存款额(元)	中国统计年鉴
Z5.4 市场秩序的规范程度		
Z5.4.1 市场秩序的整顿效率	制假售假、集资诈骗、非法传销、非法吸收公共存款、侵犯知识产权等犯罪提起公诉人数(人)	中国法律年鉴

续表

指 标 名 称	衡 量 方 法	数据来源
Z5.5 地方保护主义程度		
Z5.5.1 地区贸易壁垒	企业所得税占地方政府财政收入比重(%)	中国统计年鉴
Z6 经营环境		
Z6.1 生产经营成本		
Z6.1.1 用工成本	城镇单位在岗职工平均工资(元)	中国劳动统计年鉴
Z6.1.2 办公成本	办公楼商品房平均销售价格(元/平方米)	中国统计年鉴
Z6.1.3 原材料、燃料和动力成本	原材料、燃料和动力购进价格指数	各省统计年鉴
Z6.2 税费负担程度		
Z6.2.1 税收负担	规模以上工业企业税收总额占工业总产值比重(%)	各省统计年鉴
Z6.2.2 非税收负担	行政事业性收费收入和罚没收入之和占 GDP 比重(%)	中国统计年鉴
Z6.3 融资条件		
Z6.3.1 金融机构贷款情况	年末金融机构各项贷款余额(万元)	中国金融年鉴
Z6.4 人力资源丰富程度		
Z6.4.1 大学毕业生数	高等学校毕业学生数(人)	中国统计年鉴
Z6.4.2 职业学校毕业生数	中等职业学校毕业学生数(人)	中国统计年鉴
Z6.5 企业创新条件		
Z6.5.1 技术市场成交状况	每万人技术市场成交额(万元)	中国统计年鉴
Z6.5.2 企业研发投入	大中型工业企业研究与发展经费支出占 GDP 比重(%)	中国统计年鉴
Z7 法治环境		
Z7.1 司法完善程度		
Z7.1.1 法院工作效率	法院受理案件数(件)	中国法律年鉴
Z7.1.2 检察院工作效率	检察机关提起公诉人数(人)	中国法律年鉴
Z7.2 社会治安完善程度		
Z7.2.1 火灾发生频率	火灾发生数与人口数之比	中国法律年鉴
Z7.2.2 交通事故发生频率	交通事故发生数与人口数之比	中国法律年鉴
Z8 政务环境		
Z8.1 政府服务水平		
Z8.1.1 公务员数量	公共管理和社会组织城镇就业人员占总人口比重(%)	中国统计年鉴
Z8.1.2 行政管理效率	广义行政管理支出占 GDP 比重(%)	中国统计年鉴
Z9 政策环境		
Z9.1 政府调控经济能力		
Z9.1.1 调控物价能力	居民消费价格指数(上一年为100)	中国统计年鉴
Z9.1.2 调控城乡消费差距能力	城镇与农村居民家庭人均消费支出之比	中国统计年鉴
Z9.1.3 规范税收能力	行政事业性收费收入与财政收入之比	中国统计年鉴

指 标 名 称	衡 量 方 法	数据来源
Z9.1.4 解决失业问题能力	城镇登记失业率(%)	中国统计年鉴
Z9.1.5 人口控制情况	人口出生率(%)	中国统计年鉴
Z10 人文社会环境		
Z10.1 文体事业发展程度		
Z10.1.1 历史文化底蕴	博物馆数量(个)	中国统计年鉴
Z10.1.2 公共图书馆普及度	公共图书馆数量(个)	中国统计年鉴
Z10.1.3 艺术活动氛围	艺术表演团体数量(个)	中国统计年鉴
Z10.1.4 体育活动氛围	等级运动员数量(人)	中国统计年鉴
Z10.2 区域景观吸引力		
Z10.2.1 旅游外汇收入	国际旅游(外汇)收入(百万美元)	中国统计年鉴
Z10.2.2 入境旅游人数	接待入境旅游人数(万人次)	中国统计年鉴
Z10.3 创新意识		
Z10.3.1 区域整体创新氛围	每万人三种专利授权数(项)	中国统计年鉴
Z10.4 社会保障效率		
Z10.4.1 基本养老保险状况	参加基本养老保险人数比重(%)	中国统计年鉴
Z10.4.2 失业保险状况	参加失业保险人数比重(%)	中国统计年鉴
Z10.4.3 基本医疗保险状况	参加基本医疗保险人数比重(%)	中国统计年鉴
Z10.4.4 工伤保险状况	参加工伤保险人数比重(%)	中国统计年鉴
Z10.4.5 生育保险状况	参加生育保险人数比重(%)	中国统计年鉴
Z10.5 医疗卫生条件		
Z10.5.1 卫生机构数	每千人口卫生机构数(个)	中国统计年鉴
Z10.5.2 卫生技术人员数	每千人口卫生技术人员数(人)	中国统计年鉴
Z10.5.3 医疗卫生机构床位数	每千人口医疗卫生机构床位数(张)	中国统计年鉴
Z10.6 居住条件		
Z10.6.1 住房面积	城镇居民人均建筑面积(平方米)	各省统计年鉴
Z10.6.2 住房价格水平	住宅平均销售价格(元/平方米)	中国统计年鉴
Z10.6.3 社区服务设施水平	社区服务设施数(个)	中国统计年鉴
Z10.7 教育条件		
Z10.7.1 小学师资水平	普通小学生师比	中国统计年鉴
Z10.7.2 中学师资水平	普通中学生师比	中国统计年鉴
Z10.7.3 大学师资水平	普通高等学校专任教师数(人)	中国统计年鉴
Z10.7.4 教育经费水平	人均教育经费(元/人)	中国统计年鉴
Z10.7.5 地区大学数量	普通高等学校数量(所)	中国统计年鉴
Z10.8 餐饮娱乐条件		
Z10.8.1 餐饮企业营业状况	限额以上餐饮业企业营业额(万元)	中国统计年鉴
Z10.8.2 文化娱乐消费支出水平	文化娱乐用品与服务人均支出(元)	中国统计年鉴

煤炭资源投资开发收益共享：理论依据与现实对策

杨 军[1] 张 波[2]

（1，2 山西大学经济与管理学院 太原 030006）

1. 引 言

自 21 世纪初以来，中国煤炭行业的集中度不断提高。特别是 2006 年以后，国家以建设 14 个大型煤炭生产基地为契机，积极推动煤炭企业战略重组，鼓励现有大型煤炭企业跨区域兼并中小煤矿。目前，位居煤炭企业首位的神华集团，其矿区分布在内蒙古、宁夏、河北、陕西、山西、新疆 6 个省（自治区）的 11 个县市，中煤集团矿区则覆盖了包括山西、江苏、内蒙古、陕西、黑龙江、新疆在内的 10 个县市，其他诸如山西大同煤矿集团、潞安集团等也陆续在本省范围外的区域设有矿区（见附录）。从趋势来看，随着国家煤炭资源整合的力度不断加强，煤炭企业之间因兼并重组而发生的跨地区投资现象会越来越多。

煤炭企业的跨地区兼并和开发，有效提升了我国煤炭产业的集约化程度和整体实力，但同时也带来了一些新的矛盾和问题，突出表现在因开发投资主体变更而导致的利益冲突上。在国家推行煤炭资源整合战略之前，煤炭资源基本由矿区所在地政府支配和使用，地方政府为了确保当地就业和增加财政收入，通常都会将矿区交由本地的中小煤炭企业经营，煤炭开发收益偏重向地方倾斜。而在煤炭资源整合之后，中央或地方大型国有企业入驻矿区，煤炭资源又回到类似煤炭部存在时的垂直管理状态，煤矿经营所需的设备、技术和人力基本都由集团公司下派，向地方上缴的赋税也因下设公司的性质不同而有所差异。① 这样一来，煤炭投资开发收益就主要由煤炭集团支配，对矿区所在地的贡献变得十分有限。

煤炭企业与投资所在地方之间的这种利益纠葛不同于一般意义上的"企地"矛盾，后者只涉及存量的分配，前者则关乎增量的变动。Corden 和 Neary 的理论早已说明，资源丰裕地区如果出现庞大的资源部门，会通过转移效应和支出效应使该地区陷入"资源诅咒"，从而危及长期的经济增长和财富积累。因此，煤炭企业的跨地区投资关乎资源所在地的长远发展，只有对其取得的收益进行必要管理，才能实现产业和地区的共同繁荣。基于上述考虑，本文将从煤炭资源开发投资收益的特殊性入手，从理论上阐明建立收益共享机制的必要性和合理性，并结合我国当前煤炭资源投资收益分配现状，提出建立和完善收

---

① 企业在本地注册子公司，地方政府可按照相应的比例享受税收利益；但如果是集团在当地设立分公司，公司则只向总部所在地纳税，地方政府享受不到税收利益。目前神华集团 11 家经营煤炭的公司中有 4 家是分公司，中煤集团 10 家公司中有 6 家分公司（见附录），均不对当地政府缴纳税赋。

益共享机制的方法与措施。

2. 煤炭资源投资开发收益共享的三大依据

煤炭等资源型企业的投资开发活动从表面形式和效果来看，和一般制造业并无二致，都是将收入进行再投入并取得资本报酬。但事实上，由于其经营的产品是不可再生的自然资源，投资活动在性质和结果上会与制造业有重大不同，这构成了煤炭资源收益必须实行共享的理论依据。

2.1 煤炭投资开发牵涉代际间资源配置，需进行代际补偿

从经济学的角度看，厂商的收益主要是用来弥补各类投入要素的机会成本。这对于一般制造企业而言，就是支付劳动、资本、土地及管理者的报酬。但是对于煤炭企业来说，由于其经营的产品是一种自然资源，其生产并不是从"无"到"有"的制造过程，而是从地下转到地上的采掘过程，因而煤炭对其而言与其说是产品，不如说是搬运的要素。在此情况下，采掘煤炭所获取的收益不仅要弥补上述几类常规的生产要素，还需要弥补煤炭这种自然资源因使用而产生的机会成本。这是因为，当代人在开采时虽然无需为天然形成的煤炭支付价格，但是作为一种存续于整个人类期的不可再生资源，煤炭在不同时期的使用会存在不同的边际生产价值，当代对煤炭的使用是以牺牲未来煤炭边际生产价值为代价的，因而有必要对其代际意义上的机会成本进行补偿。基于此，国外学者普遍认为煤炭收益在扣除各项现时付出的成本后应该留有余额，并将其定义为"资源租"（Gary Stoneham et al., 2005；Jim Sinner and Jörn Scherzer, 2007；Silvia Banfi and Massimo Filippini, 2010；C. Boungnong and D. Phonekeo, 2012；Paul Segal, 2012）。

2.2 煤炭投资开发对环境破坏具有刚性，需进行外部性补偿

煤炭生产和一般制造业产品生产的第二个区别是存在大量不可消除的负外部性。制造业的投资和生产，虽然在发展初期也会产生环境污染、生态破坏等外部性问题，但是随着市场竞争机制不断发挥作用，制造业会随着资本积累的不断进行而逐步升级，终将自动实现与环境的和谐共处。但是对于煤炭产业来说，由于在工业化发展初期社会对其需求较为单一，只是作为贡献热值的能源使用，在产品创新方面的动力较为不足。特别在当前中国，煤炭作为能源的收益要高于煤炭加工，长期形成的简单挖煤卖煤的经营思路致使煤炭产业的资本积累进展缓慢①，导致煤炭开采与生态环境保护的对立关系会长期存在。

2.3 煤炭开发投资易引发"荷兰病"，需进行地区性补偿

煤炭生产不同于制造业的第三个特点是会对地方经济发展产生破坏作用。一般来说，制造业的跨地区投资通常都会对所在地区经济产生良性推动作用。煤炭产业则不然，在由大集团进驻并经营的情况下，会造成两大不利影响：第一是制造过剩人口。煤炭产业集团化经营通常会走资本密集型的发展道路，随着设备和技术的不断更新，煤炭企业对劳动力

---

① 煤炭产业的资本积累是通过将煤炭经营收益再投入煤炭生产，用于设备更新和产业链延伸而实现的。近年来，我国大型煤炭企业集团虽然在设备更新方面投入不少，但多数是出于煤炭生产安全的考虑，而不是开采效率，至于向下游产业延伸就更加少见（除非是兼并重组）。

的需求会越来越少，对劳动者素质的要求则越来越高，对当地人口的吸纳能力就会越来越小。与此同时，煤炭企业由于占据着地区大部分的优势资源，对其他产业形成了较强的挤出效应，弱小的制造及服务业不足以为当地人口提供足够的就业机会，必然会造成大量的失业。第二是制造收入差距。煤炭集团内部的高工资会在当地形成一个庞大的高收入群体，较强的购买力一方面会拉升资源所在地的物价水平，另一方面会使消费结构向高档品转移，这不仅使资源部门外的当地劳动者的实际工资下降，而且也使得基本生活所需的消费品在供给上变得有限，高物价、低收入的矛盾势必导致当地人口生活质量长期停滞甚至下滑。

从上述分析可以看出，煤炭投资开发所形成的投资收益不能和制造企业一样全部归投资主体支配，它至少应该在三个方面做出补偿：一是对后代的补偿，二是对资源所在地环境的补偿，三是对资源所在地居民的补偿。因此，煤炭企业的跨地区投资不能简单视为是资本在更大市场空间进行自由配置的活动，必须通过建立相应的补偿机制，从其收益中扣除应负担的隐性成本，实现企业、后代、资源地区三方收益共享，才能确保资本获取合理报酬，煤炭资源得到有效利用。

3. 资源开发投资收益共享的现状考察：国外与国内

不可再生的矿产资源对地区造成的不利影响在全球具有普适性，世界上很多资源丰富的国家和地区针对此问题，都不约而同在矿产资源开发上建立了各种类型的收益共享制度。例如，挪威、俄罗斯、加纳等国将本国的石油净利润按一定比例收缴上来，一部分用在了弥补国家财政赤字、偿还外债、稳定本币汇率等宏观经济管理方面，另一部分用在全体国民的养老和健康支出上。阿拉斯加作为美国的一个州，将石油行业上缴税费的25%存入永久基金，将其利息收入每年以现金形式直接发放给当地居民。非洲首富博茨瓦纳则是将本国丰厚的钻石收入用在了本国公共事业的发展上，诸如建设学校及医院、完善社会基础设施、实施免费初等及中等教育等。现实结果表明，上述对资源收益进行管理并有效使用的国家，不仅没有陷入所谓的"资源诅咒"，反而利用资源带来的巨额收益实现了国民财富的迅速增长和人民生活水平的大幅提高。

相比而言，我国在矿产资源收益共享方面的制度建设尚处在起步阶段。目前只有石油行业存在略微类似国外的特别收益金制度，而煤炭这种作为全国消耗量最大的矿产资源，在这方面几乎处于空白状态。多年以来，国家更多地关注煤炭的国有资产属性和其能源地位，虽然通过一税（资源税）、二款（探矿权价款和采矿权价款）、三费（矿产资源补偿费、探矿权使用费和采矿权使用费）的税费制度对其收益有所影响，但主要目的是维护国家作为资源所有者的权益以及确保煤炭资源的可持续开发。例如，资源税无论从量征收还是从价征收，都是为了使煤炭能够和土地一样将其租金部分全部上缴国家。探矿权价款和采矿权价款就是向国家出资勘查的矿权付费，探矿权使用费和采矿权使用费是向国家这一资源所有者支付使用租金。至于矿产资源补偿费，也主要是用于国家地质勘查。

由此可见，目前我国煤炭资源只是被作为一项普通的国有资产来经营，其开发投资的收益除了用以弥补企业生产经营成本和留作利润留成外，还以税费形式向资源的所有者——中央及各级地方政府支付报酬。这种收益分配格局忽视了煤炭不可再生的特质，也未考虑该产业发展对相关主体造成的影响，不可避免会引起经营企业与所在地政府之间的矛盾。当前，山西、内蒙古等煤炭大省在权限范围内已经开始对投资开矿的煤炭企业征收带有地方补偿性质的各种费用。例如，山西省加征了可持续发展基金、矿山环境治理恢复保证金和煤矿转产发展资金，用于全省的生态修复和产业转型。内蒙古则要求企业开采煤炭后就地转化50%以上。至于对当地的生态补偿，大部分资源省份和地区很早就要求企业按照销售收入的一定比例上缴。①

强烈的地方诉求表明，煤炭资源在集团投资开发经营的背景下，已经对地方经济发展和转型造成了越来越大的负面影响。企地关系的不和谐不仅给资源型地区的转型发展带来种种障碍，拉大了与制造业地区的差距，同时也给煤炭企业带来了各类不必要的成本和负担，拖累了其转型升级的步伐。为了实现产业和地区的和谐均衡发展，国家必须通过顶层制度设计，对煤炭资源开发投资收益进行分配改革，形成一套完整的收益共享体制和政策体系。

4. 煤炭资源开发投资收益共享的制度构建与政策安排

煤炭投资开发收益共享，不是对企业投入要素报酬的随意侵占，也不是出于公平所进行的二次分配。从理论上讲，收益共享的部分仅限于资源因不可再生性所产生的资源租以及其开发所产生的负外部性补偿（见图1）。因此，要实现煤炭资源开发投资收益的共享，必须通过制度建设和相关政策安排，将煤炭开采形成的资源租和负外部性成本从要素报酬和政府税费中分离出来，并对其进行有效的管理和使用。

4.1 完善煤炭行业税费体系，尽快开征独立环境税

煤炭开采所造成的大气污染、生态破坏及地表塌陷等环境方面的负外部性问题，从理论上来说，可以通过征收庇古税予以解决。② 然而目前，我国尚未形成专门的、系统的以环境保护为目的的税收制度，在煤炭行业只有资源税、资源补偿费等部分涉及环境补偿，且比例甚小、缺乏强制约束。因此，为了能够使煤炭企业对其造成的环境污染支付费用，

---

① 地方征收生态补偿费的实践最早始于1983年，云南省以昆阳磷矿为试点，对每吨矿石收0.3元，用于矿区植被和周边破坏的生态环境修复。90年代中期矿山环境生态补偿费实践在更大范围内铺开，广西、福建、江苏等14个省145个县相继开始试点。1989年，江苏省人民政府制定并实施了《江苏省集体矿山企业和个体采矿收费实行办法》，规定对集体矿山和个体采矿业开始征收矿产资源费和环境整治资金，征收标准为销售收入的4%～5%，由环保部门管理和征收。福建省从1990年1月开始，对煤矿征收生态环境保护费，标准为0.5元/吨。1992年，广西壮族自治区政府发布了《广西壮族自治区集体矿山企业和个体采矿、选矿环境管理办法》，对采选矿产和煤炭征收排污费，标准为销售收入的5%～7%。1993年，国务院对内蒙包头和晋陕蒙接壤地区的能源基地实行生态补偿政策，规定每吨煤提取0.45元作为生态恢复资金计入生产成本，用于矿区周边生态环境的修复。陕西省也于1997年颁布《陕西榆林、铜川地区征收生态环境补偿费管理办法》，对本地区从事矿产资源开发、利用矿产品加工和运输的单位和个人按月缴纳生态环境补偿费，并制定具体征收标准。但是，由于生态环境补偿费征收缺乏明确的法律依据和理论支撑，国家在1998年税费清理整顿对上述费用已予以取消。

② 科斯提出的产权解决手段，目前在现实中只用在了碳排放上，不能解决煤炭开采造成的其他生态环境问题。

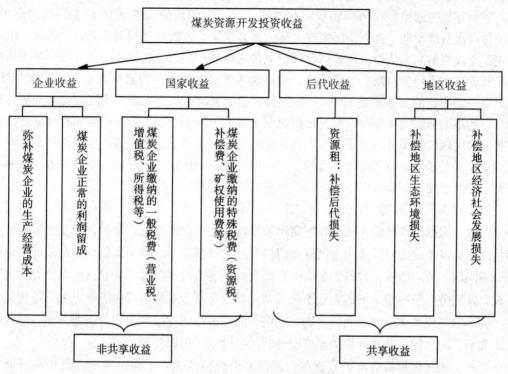

图1 煤炭资源开发投资收益分配图

有必要在煤炭行业征收包括碳税、水污染税、固体废物税、生态破坏税在内的各类环境税。除碳税外，上述税种均由地方税务部门征收，并按一定比例在中央和地方政府间进行分配，具体分成比例的确定以偏向矿区所在地为原则。地方政府应将环境税纳入专项税收，专门用于资源型地区的生态修复与环境治理。考虑到新增税负会增加企业成本，进而会提升煤炭价格，因而出于宏观经济稳定需要，建议在增设环境税的同时，适度降低资源税率和资源补偿费率，确保煤炭企业税收负担不出现明显上升。

4.2 建立煤炭投资开发收益共享制度，从煤炭企业净利润中提取煤炭收益共享基金

作为国际通行的做法，通过设立基金实现煤炭收益共享的依据有二：一从资源租的角度看，共享收益是对永续存在的后代人的补偿，不可能在某一代被花光用尽，因而只能以本金的形式存在于基金当中。二从"荷兰病"的角度看，资源价格过度上涨所带来的部门暴利扭曲了当地要素价格，拉大了收入差距，所以有必要将这部分不合理的收益收缴上来。可见，该基金完全由煤炭开采收益中的共享部分构成，故名"煤炭收益共享基金"。

鉴于我国现有资源税费制度目前尚在调整完善之中，政府可效仿挪威和俄罗斯等国，避开现有税费体制的影响，在煤炭企业收入扣除各项经营成本以及税费（包括环境税）

之后的净利润部分，按照一定的比例单独提取共享收益金。① 提取的具体方法有两种选择：一种是效仿挪威，在净利润基础上直接设置一定的比例（挪威是 50%）提取即可。另一种可借鉴俄罗斯，首先由国家有关部门测算煤炭企业的合理利润率和正常成本，以此确定一个煤炭的基准价格，该价格在理论上接近煤炭产品当前真实的边际价值。其次用煤炭产品的现实市场价格减去基准价格，乘以销售煤炭的数量，得到煤炭企业的超额利润。最后以一定的比例（通常是 100%）将这部分超额利润征收上来。上述两种提取方法各有优劣。挪威的做法简单易行，但是比例设定主观人为因素较强，容易产生利益冲突。俄罗斯的做法比较精确地分离出了煤炭企业因价格波动产生的不合理收益，但是操作起来有两大难点：一是基准价格如何确保合理，二是市场价格如何监测。当前，中国在解决这两个问题上都有难度，需要从以下两方面入手进行相关改革：

第一，实现竞争性矿权出让，最大限度减少企业和政府在基准价格水平确定方面的不必要博弈。根据以往经验，国家在制定出基准价格并征收共享收益金后，企业通常都会利用信息优势以企业经营亏损为由倒逼政府提高基准价格水平。为了避免双方在基准价格是否合理问题上长期争执，政府需全面推行煤炭开采有偿取得制度，通过招标竞价方式出售矿权。在充分竞争的情况下，企业不仅将其可以接受基准价格的事实展现出来，还使其失去了利用隐瞒成本而获取暴利的可能。最终，激烈的市场竞争使中标的企业只能获取行业平均利润，通过制定基准价格消除行业暴利的目的也就得以实现。

第二，深化煤炭价格市场化改革，增强煤炭价格的统一度和透明度。煤炭和石油相比，既无国际价格可供参考，又无代表型企业提供指引性价格信息，要把握每家企业每笔煤炭的真实交易价格难度很大。因此，为了使政府在征收煤炭收益金时有可靠的价格信息作参考，必须深化煤炭价格市场化改革：一是尽快解决电煤价格的双轨制问题；二要在流通领域推行资源整合，构建以大型煤炭流通企业集团为主体的有序流通秩序；三要尽快建立以煤炭主产地为依托的全国性的中心交易市场，以港口为依托的集散地交易市场，以区域自给为目的的区域交易市场，以期货合约为标的的期货市场以及以出口为目的的外贸市场。②

4.3 建立煤炭收益共享基金管理体制，由财政部牵头实行中央统一管理

我国建立煤炭收益共享基金以补偿后代与煤炭矿区所在地为目的，具有较强的公益性，比较适合由政府的财政部门征收与管理。因此，国家财政部应牵头制定《煤炭收益

---

① 当前，我国很多省份对煤炭行业征收了各种"特殊金"，如山西省设有可持续发展基金和煤矿转产基金，陕西、内蒙古、贵州等省有煤炭价格调节基金。这些基金虽然从名称和指定用途来看具有共享收益金的性质，但是在实际操作中却视同普通税费，根据单位吨数应付的特殊金乘以煤炭产量来征收。这种提取方法有违共享收益金的本质，致使其发挥的作用和影响力都十分有限，也给煤炭企业带了不必要的额外负担。而在净利润基础上提取共享收益金，提取的是煤炭企业的不合理收益，符合共享收益的本质，而且不增加企业经营成本，不会引起资源价格上涨，进而也不会给宏观经济带来不利影响。

② 详见国务院发展研究中心资源与环境政策研究所李维明的文章《关于健全我国煤炭市场体系的建议》（国研网，国研专稿，2013 年 3 月 26 日）。

共享基金管理办法》，搭建共享收益金管理的体制框架。

（1）关于基金的征收。对此笔者的初步构想是：①基金征收主体由各级国税部门担任；②基金征收时间，应视基金的具体提取方式而定：如果基金提取是从净利润中按一定比例提取，每年征缴一次即可，征缴时间可与国资委对央企上报国有资本收益的时间保持一致。如果基金采用价差方式征收，则需企业按月上报，分季度、半年度或年度上缴。

（2）关于基金的分配。煤炭收益共享基金要对两大主体进行补偿——后代与地区。后代补偿牵涉全民利益，而地区补偿则只关乎区域发展。为此，基金需在两大补偿主体之间进行分配。可以考虑将分配到后代补偿的基金部分命名为"储备基金"，意指为后代发展积蓄财富，而对于分配到地区补偿的基金则命名为"煤炭地区发展基金"，意指为煤炭产地经济社会的转型发展提供支持。

基金分配比例的确定有两种方法供选择：第一种，遵循先满足现时所需、后维护后代利益的次序，将当年所收缴的资源收益先归入煤炭地区发展基金账户，由地方政府以项目名义申请使用，财政部批准审核并下拨资金。该基金账户年末不留余额，未使用部分全部划转到储备资金。此方法给予矿区所在地政府较大权力，只要地区申请理由符合基金使用的相关规定，财政部就优先将基金交由其使用。第二种，在每年年初由国家财政部编制煤炭地区发展基金预算支出，根据预算额从基金中提取资金归入煤炭地区发展基金账户，余者归入储备基金，年末如发展基金账户仍有余额，也一并转入储备基金。该方法将分配的权力集中在中央，财政部需协同国家发改委地区司等有关部门，在细致了解全国主要煤炭产区发展实际的情况下做出合理决策。

（3）关于基金的管理。对于划入煤炭地区发展基金的部分，只纳入财政专门账户进行管理。而对于划入储备基金的部分，为了实现保值增值，财政部应与中国人民银行签订合同，开设专门账户，由中国人民银行对基金做投资管理，投资的领域原则上仅限于政府国债，但在确保风险可控的情况下也可考虑投资低风险的国外政府债券、外国央行和金融局发行的公债，国际金融组织的债券，以及在外国银行和信贷组织存款等。基金投资的利息收入在扣除各项必要费用后，全部留存在储备基金。财政部对储备基金的资金业务核算应按照国家预算资金业务核算的程序进行，并将基金投资情况作为财政预算执行情况的一部分向国务院提交季度报告和年度报告。

4.4 建立煤炭收益共享基金有效使用机制，以补偿后代和地区为目标实行中央与地方政府多级使用

国家财政部将煤炭收益共享基金分配至储备基金与煤炭地区发展基金后，要根据其不同的补偿对象有针对性地使用。

（1）储备基金由中央政府支配，主要用于能源利用率提高和替代能源开发。

储备基金主要用作对后代的补偿，本应由后代根据具体损失状况进行索要，但是由于受损主体在现实尚未存在，只有委托中央政府这一唯一有资格代表全民利益的主体代为支

配。其中，国家财政部是具体使用基金的执行人。就具体使用方式而言，储备资金由于只来自于煤炭行业，不宜纳入公共财政体系用作一般性的财政支出，而应遵循国际公认的代际公平三原则，① 重点确保不断减少的煤炭资源存量在后代仍可以保持相同的功效，即实现煤炭向每代人贡献的能量值大致相当。为此，储备基金应首要用在可提高煤炭利用率方面的技术研发、设备生产以及产业发展上。其次可用在风能、太阳能等可再生替代能源的开发。最后也可考虑用于提高煤炭勘探、开采效率方面的研发投入。财政部应联合国家能源局等相关部门，以国家立项或企业申请的方式对资金投向做出具体安排。

（2）煤炭地区发展基金由地方各级政府支配，主要用于地区就业和居民生活保障。

煤炭地区发展基金是对矿区所在地的补偿，理应由地方各级地方政府支配使用。对此，作为基金管理者的财政部必须制定一套科学的民主决策和审批程序，以确保资金顺利下放。借鉴欧盟结构基金的做法，建议财政部发起成立中央基金管理委员会，委员会成员由主要矿区所在地的省级政府构成。同时，矿区所在省应成立地方地方基金管理委员会，成员由主要矿区所在的县市政府构成。具体决策程序是：对于拟获取基金支持的矿区所在地政府，需首先向地方基金管理委员会提出申请，委员会在审核完毕后组织成员投票，得票居于前列者上报中央基金管理委员会，委员会按照同样的程序，根据投票情况最终确定资助项目。鉴于发展基金数额有限，财政部下拨的资金应主要作为政府资本金使用，地方政府需按比例提供相应配套资金。

地方政府申报基金资助的项目，必须是为了弥补由煤炭开采所造成社会经济发展损失②，原则上应仅限于在如下几方面进行投入：①扶植当地中小企业发展。资源型地区缺乏制造业生存和发展的有利市场空间，过剩人口只有通过市场准入门槛低、经营灵活、数量众多的中小企业予以吸纳。当前，中小企业经营面临的最大问题就是融资难，基金有必要在这方面给予支持。②促进本地商贸流通业发展。资源型地区采用的是以资源换产品的贸易方式，商贸流通业的发展程度直接影响到当地居民的生活水平。因而，基金可在优化招商环境、推动本事商业市场建设等方面进行投入。③推动当地民生事业发展。主要用于为失业群体提供就业培训机会，对低收入贫困人群进行补贴。除上述三个基本方面外，地方有关在基础设施建设、产业转型等方面的项目，基金也可根据具体情况酌情投入。

---

① 代际公平三项基本原则是："保存选择原则"，就是说每一代人应该为后代人保存自然和文化资源的多样性，避免限制后代人的权利，使后代人有和前代人相似的可供选择的多样性；"保存质量原则"，就是说每一代人都应该保证地球的质量，在交给下一代时，不比自己从前一代人手里接过来时更差，也就是说，地球没有在这一代人手里受到破坏；"保存接触和使用原则"，即每代人应该对其成员提供平行接触和使用前代人的遗产的权利，并且为后代人保存这项接触和使用权，也就是说，对于前代人留下的东西，应该使当代人都有权来了解和受益，也应该继续保存，使下一代人也能接触到隔代遗留下来的东西。作为可持续发展原则的一个重要部分，代际公平在国际法领域已经被广泛接受，并在很多国际条约中得到了直接或间接的认可。

② 生态环境破坏方面损失已经在环境税中得到补偿，故此处不予考虑。

◎参考文献

［1］Gary Stoneham, Nicola Lansdell, Anne Cole, Loris Strappazzon. Reforming resource rent policy: An information economics perspective［J］. Marine Policy, 2005, 29: 331-338.

［2］Jim Sinner and Jörn Scherzer. The public interest in resource rent［R］. NZJ Envtl. L. , 2007.

［3］Silvia Banfi, Massimo Filippini. Resource rent taxation and benchmarking—A new perspective for the Swiss hydropower sector［J］. Energy Policy, 2010, 38: 2302-2308.

［4］Chansaveng Boungnong and Daovong Phonekeo. Economic rent from hydropower development in the case of Lao PDR［J］. GMSARN International Journal, 2012, 6: 35-44 .

［5］Paul Segal. How to spend it: Resource wealth and the distribution of resource rents［J］. Energy Policy, 2012, 51: 340-348.

［6］Frederick van der Ploeg, Anthony J. Venables. Harnessing windfall revenues: Optimal policies for resource-rich developing economies［D］. OxCarre Research Paper No. 2008-09.

［7］Anthony J. Venables. Resource rents: When to spend and how to save［J］. Int Tax Public Finance, 2010, 17: 340-356.

附录

主要煤炭集团矿区分布及所属公司情况

	矿　区	公司名称	地　点	公司性质
神华集团有限责任公司总部北京	柳塔煤矿	华神集团神东分公司	内蒙古鄂尔多斯市伊金霍洛旗乌兰木伦镇境内	分公司
	宁东鸳鸯湖矿	神华宁煤集团公司	宁夏灵武市灵新矿	分公司
	宁东鸳鸯湖矿	大石头煤业有限公司	宁夏平罗县汝箕沟镇大石头村	子公司
	宁东鸳鸯湖矿	金贺兰煤业公司	宁夏灵武市石炭井	子公司
	河北矿区	神华集团黄骅港务公司	河北沧州黄骅市	子公司
	锦界煤矿	神华集团海湾矿业有限责任公司	陕西榆林市神木县	子公司
	保德煤矿	神华神东煤炭集团公司	山西保德县境内	分公司
	龙玉煤矿	陕西集华柴家沟矿业有限公司	陕西宜君县太安镇	子公司
	铁厂沟煤矿	神华新疆能源有限责任公司	新疆乌鲁木齐东郊	子公司
	屯宝煤矿	神华新疆能源有限责任公司	新疆昌吉市硫磺沟	子公司
	神山露天煤	华神集团神东分公司	内蒙古鄂尔多斯市准格尔旗西部准格尔召镇境内	分公司

	矿　区	公司名称	地　点	公司性质
中煤能源集团有限公司 总部北京	平朔矿区	中煤平朔煤业有限责任公司	山西朔州市安太堡、安家岭	子公司
	离柳矿区	华晋焦煤有限责任公司	山西吕梁市的离石、柳林的炭窑沟断层至朱家店断层	分公司
	乡宁矿区	华晋焦煤有限责任公司	纵贯山西临汾市尧都区乡宁县，横跨西坡、枣岭、西交口、张马、蔚庄、吉家垣、城关、管头、下善、台头、河底等乡镇	分公司
	江苏大屯矿区	大屯煤电集团公司	江苏微山湖西岸	子公司
	内蒙古鄂尔多斯矿区	内蒙古矿业投资有限公司	内蒙古鄂尔多斯市准格尔旗境内	子公司
	陕西榆林矿区	榆林市神府煤田经营服务公司	陕西榆林市中鸡镇李家畔村	子公司
	黑龙江依兰矿区	中煤能源黑龙江煤化工有限公司	松花江与牡丹江汇合处的西南	分公司
	新疆哈密矿区	国中煤能源股份有限公司新疆分公司	新疆东部哈密县	分公司
	准东矿区	国中煤能源股份有限公司新疆分公司	新疆昌吉回族自治州阜康市	分公司
	伊犁矿区	国中煤能源股份有限公司新疆分公司	新疆西部边陲	分公司
大同煤矿集团有限责任公司 总部山西大同	煤峪口矿	大同煤业股份有限公司	山西大同煤田东南翼的东北端	子公司
	同家梁矿	梵王寺煤矿公司	山西大同西南口泉沟内	子公司
	四老沟矿	内蒙古同煤鄂尔多斯矿业投资有限公司	山西大同市西南七峰山脚下	子公司
	金庄矿	同煤集团金庄煤业有限责任公司	山西晋中地区灵石县段纯镇牛郎岭	子公司
	青磁窑煤矿	大同地方煤炭有限责任公司	山西大同市以西十里河北岸	子公司
	姜家湾煤矿	大同地方煤炭有限责任公司	山西大同市西部云冈镇姜家湾村北	子公司
	马口煤矿	大同地方煤炭有限责任公司	山西左云县店湾镇	子公司
	东周窑煤矿	大同地方煤炭有限责任公司	山西左云县店湾镇东周窑村	子公司
	小峪煤矿	朔州煤电有限责任公司	山西大同煤田中部的东南边缘，怀仁县境内	子公司
	色连矿	同煤鄂尔多斯矿业投资有限公司	内蒙古鄂尔多斯市东胜区罕台庙镇	子公司

续表

矿 区	公司名称	地 点	公司性质
常村煤矿	潞安集团常村矿业公司	山西长治市屯留县鱼泽镇	子公司
三道岭矿区	潞安新疆煤化工（集团）有限公司	新疆天山南麓，西距乌鲁木齐市 520 公里，东距哈密市 74 公里	分公司
夏店煤矿	潞安慈林山煤业有限公司	新疆襄垣县城西 10 公里的夏店镇范家岭村北	子公司
慈林山煤矿	潞安慈林山煤业有限公司	山西长治市长子县慈林镇庄头村北	子公司
石圪节煤矿	山西潞安石圪节煤业有限责任公司	山西长治市襄垣县西白兔乡黄沙岭村	子公司
司马矿	潞安集团司马煤业公司	山西长治市长治县	子公司
高河矿井	潞安集团高河能源有限公司	山西长治市长治县	子公司

山西潞安矿业集团有限责任公司 总部山西长治

河南省产业集聚区发展现状、问题及对策研究

牛树海

（郑州大学商学院，郑州大学中国中部发展研究院　郑州　450001）

河南省委、省政府 2008 年提出了建设产业集聚区的重大战略决策，并重点规划建设 180 个省级产业集聚区。四年多来，产业集聚区发展令人鼓舞，产业集聚区已经成为"加快中原经济区建设"的重要组成部分，已成为河南省经济特别是县域经济的增长极，招商引资的主平台，农民转移就业的主阵地，改革创新的示范区。

1. 河南产业集聚区发展现状

截至 2012 年，河南省共有省级产业集聚区 180 个，其中省辖市域内的产业集聚区 58 个，县域产业集聚区 115 个，7 个为国家级高新技术开发区和经济技术开发区。产业集聚区建成面积已超过 1100 平方公里，集聚各类产业企业两万多家，产业集聚区规模以上工业企业数量已占河南省规模以上工业企业总数的 25% 以上。2012 年，河南省主营业务收入超百亿元的产业集聚区达到 100 家，其中，超 500 亿元的达到 10 家，郑州航空港区超过 1000 亿元；主营业务收入超百亿元的特色产业集群达到 55 个，比 2011 年增加 21 个。

1.1　对经济增长的支撑拉动作用在增强

根据省产业集聚区办公室发布的数据显示，2012 年河南省 180 个产业集聚区完成投资突破万亿元，占河南省的投资比重达 49%，对投资增长的贡献率达 68%；主营业务收入占河南省的比重达 47%，对工业增长的贡献率超过 70%；规模以上工业从业人员达 280 万人，比上年增加 32 万人。产业集聚区主要经济指标比重均占河南省的 40% 以上，已成为拉动经济增长的主导力量。2013 年预计全年完成固定资产投资 1.3 万亿元、规模以上工业主营业务收入达到 3.3 万亿元、从业人员达到 310 万人，形成 3 个主营业务收入超 1000 亿元、20 个超 500 亿元、120 个超 100 亿元的产业集聚区。

1.2　承接产业转移规模和水平在提高

各地围绕发展主导产业，大力开展针对性招商引资，推动同类和关联项目集中布局，加快培育壮大特色产业集群，引进项目主要分布在汽车及零部件、纺织服装、新能源、电子信息、食品深加工、现代物流业等领域。根据河南省工业信息化厅资料显示，2012 年河南省产业集聚区引进并施工项目 8654 个，其中亿元及以上项目 4627 个；新开工项目 5300 个，其中开工亿元及以上项目 2585 个。其中，2012 年 1—11 月，实际到位省外资金 2651.2 亿元，同比增长 28.5%，占河南省的 57.6%。

世界 500 强企业如日产、东芝、杜邦、可口可乐、百事可乐、飞利浦、LG 等，中国 500 强企业如宝钢集团、中国铝业、东风汽车、万向集团等相继落户产业集聚区，如法国电力落户三门峡产业集聚区、美国信达落户郑州经济技术开发区、可口可乐落户漯河产业

集聚区、中粮集团落户新乡产业集聚区。

1.3 产业结构调整、转变的力度在增加

各地围绕产业产品结构调整的方向和重点，积极承接龙头型、基地型项目和集群类项目，一大批竞争力强、关联度高、成长性好的产业结构转型升级项目开工建设。六大高成长性产业和高技术产业保持强劲增长。2012 年 1—11 月，河南省产业集聚区六大高成长性产业增加值同比增长 28.1%，高技术产业增加值同比增长 87.1%，对产业集聚区规模以上工业增加值增长的贡献率分别达到 70.3% 和 18.5%，不仅有力拉动了产业集聚区工业经济增长，而且对河南省结构调整的主导作用日益突出。

1.4 产城互动、"四化"协调发展成果在显现

河南是个传统的农业大省，经济基础薄弱，2012 年，河南 31 个县列入国家级贫困县，26 个县列入河南省级贫困县，占河南省的近 50%，这些贫困县主要靠财政转移支付维持运转，属于"吃饭"财政，这些市县想实现"四化"协调发展，必须发展工业，走工业现代化之路，产业集聚区是工业现代化的载体。因此，大部分县的产业集聚区都选定在离县城较近的地方或紧邻县城的周边，以图在发展园区的同时，实现产城融合，带动周边农村的发展，带动老县城向新区转移，拉大城市框架，解决农民进城问题。

一些设在城镇的产业集聚区更是把区内的建设纳入新型城镇化建设的总体规划与新农村改造一并考虑，因而推动了城镇化建设的步伐。例如，巩义市回郭镇的乡村企业发展得较早，经过几次转型升级，逐步形成了一个以铝加工为主导产业的产业集聚区。镇党委、政府因势利导，把产业集聚区建设纳入新型城镇化总体建设规划，打造新型小城镇。经过上级有关部门论证批复后，产业集聚区和小城镇的发展进入了快车道，一个新型的城乡一体化新型城镇在逐渐形成，成为全国小城镇改革试点镇。

配套服务功能持续完善。截至 2012 年底，河南省产业集聚区累计完成基础设施投资超过 3500 亿元，建成区面积达到 1589 平方公里，道路总长 1.5 万公里、标准厂房 1.3 亿平方米。建立博士后科研工作站、流动站 50 个，博士后研发基地 44 个。建成研发设计、职工培训、检验检测、仓储物流、产品展示等各类公共服务平台 340 个，其中，综合服务中心 85 家，省级及以上质检中心 73 家、省级及以上企业技术中心 119 家。多数县城的公交、邮政等市政服务实现对产业集聚区全覆盖，产业配套服务和公共服务能力显著提高。

吸纳就业能力持续扩大。2012 年 1—11 月，河南省产业集聚区规模以上工业从业人员达到 284.8 万人，同比增长 16.3%，高于河南省增速 9.2 个百分点，占河南省规模以上工业从业人员的比重达到 50%，对河南省规模以上工业从业人员增长的贡献率高达104.9%，已经成为加快新型城镇化的重要推动力和扩大转移就业的主要支撑点。

2. 河南省产业集聚区发展中存在的主要问题

2.1 产业集群规模较小

河南省产业集群萌芽于 20 世纪 80 年代，但真正发展在 90 年代后期。由于起步晚和发展速度相对较慢，河南省产业集聚区的多数产业集群尚处于发展的成长期，缺乏成熟期的集群。理论及产业集群发展的实证表明，处于成长期的产业集群仍处在聚集过程中，特

别是在集群形成的初期，聚集经济主要表现为销售市场的扩大速度快，在这个阶段，集群内的企业发展目标往往更多关注的是如何抢占市场，而不是关注提升技术。

理论和实践表明，产业集群的外部经济与聚集规模呈现正相关。集群本身的市场规模制约着集群内的产业企业分工，对于中间投入品企业、设备制造企业、支持性和服务性企业能否进入集群，主要取决于服务对象的规模。

即使是由政府主导的公共基础设施建设，其完善程度也往往依赖于产业集群规模。较小规模的集群难以支撑起支持性产业的发展和充分发挥聚集经济的优势，反过来又影响集群的发展，特别是影响着集群的创新活动。

河南省产业集群形成主要有"文化导向型"产业集群、"能人引发型"产业集群、"营销创业型"产业集群、"技术扩散型"产业集群、"产业迁移型"产业集群、"资源导向型"产业集群。

在这六种产业集群中，除了以国有大型企业为主体的资源型产业集群外，其他自发形成的产业集群规模一般较小、分布零散。到 2012 年，河南实现规模超百亿元的产业集群也仅仅只有 30 个，产业集群内企业数量较少，即使重点产业集群中，规模也不大，而且产品相近，如河南有 9 个生产企业零配件和铸造件的集群，都没有形成大规模的聚集基地。

2.2　主导产业不够突出

国内外产业集群发展经验表明，产业集聚区内往往存在着一个或两个明显的主导产业，其产业关联紧密，带动能力强，并有较高的市场竞争力。在河南省确定的 180 个省级产业集聚区中，具有明确定位的产业集聚区有 23 个，其余的均为综合型的集聚区，占总数的 82% 以上，它们多是在各个县市的工业园区基础上形成的，发展还处于起步阶段，仅仅是确立一两个龙头企业。还有一些产业集聚区尚未形成明显的主导产业，布局分散。由于缺乏科学规划与合理引导，有的产业集聚区为了迅速扩大规模，没有围绕特色、围绕定位有针对性地选择项目和企业，企业间的产业关联不强，往往是以"堆"代"群"。企业仅仅是空间的集聚，而缺乏关联、配套与协同效应，缺乏从产业链角度出发的整体设计，因而无法发挥产业集群外部规模经济和范围经济的优势。总的来说，集聚区内主导产业带动能力不强，产业链条过短，上下游和外围服务企业配套不紧密，产业集中度较低，整体市场竞争优势不突出。

2.3　集聚区功能作用发挥有限

产业集聚区的功能作用主要体现在三个方面：一是"企业向园区集中，园区向城市集中"产生的集聚效应；二是经济发展要素由园区向周围地区扩散带来的扩散效应；三是由于产业集聚区内形成的产业集群而带来的链式和网络效应。目前，河南省产业集聚区主要的功能作用还仅体现在由于"企业向园区集中，园区向城市集中"产生的集聚效应上。由于多数产业集聚区规模较小，因此，向周围地区辐射的扩散效应尚不明显。产业集群的链式和网络效应来源于群内企业良好的分工协作关系和网络关系，但我省产业集群规模较大的主要集中在煤炭、金属采选冶炼等资源开发类产业，但这类集群内产业结构单一，存在简单的供应链形式。此时，集群内成员的网络活动关系很差，不能突出反映集群所应具有的互补性、网络性特点。加工类产业集群多以同类企业聚集为主。企业在组织规模、生产环节、市场定位、行为方式等方面具有高度的相似性，横向分工发育程度低，没有形成有效的创新网络系统。纵向分工程度更低，"小而全"和"单打独斗"的现象比较普遍，从原材料到最终产品的相关加工活动多在企业内部完成，没有形成专业化优势。产业集群内缺少中间产品、设备制造供应商，更缺乏上游研发、设计企业。

2.4 集聚区持续发展能力受到制约

河南省产业集聚区的企业规模普遍比较小、利润低，在目前信用体系尚不健全的情况下，难以在市场上融资。产业集聚区内缺少金融机构，很少有创业基金或风险投资机构进入，企业融资只能依靠银行抵押贷款，利用资本市场的能力有限，致使企业融资难题始终没能得到有效解决。产业集聚区投融资体制不完善，基础设施和配套体系建设只能依靠政府投入，无法吸引和促进民间资金进入产业集聚区建设领域。现有的政府搭建的融资平台，多是在县财政投资公司的基础上注入财政补助专项资金而成立的，不是专门为产业集聚区建设开展融资服务。

2.5 管理机制及效率较低

关于产业集聚区管理机构的建立与职权，河南各地政府做法不一。有的集聚区成立了管理委员会，职责与分工比较明确，对入区落户的项目与企业全面推行"全程服务责任制"；有的集聚区基本上是当地政府代管，缺乏职能明晰的管理委员会来独立行使园区经营管理和公共事务管理的功能；有的集聚区尽管也组建了类似于管理委员会或办公室的部门，但无专职工作人员，而由其他政府部门的干部或工作人员兼任或由其他部门借调而来，工作人员不够稳定，不能为企业提供长期有效的服务；有的集聚区虽建立了管理委员会，也有若干工作人员，但当地政府没有赋予管委会相应的职权，一些具体的事务需要与当地政府有关部门，如财政、税务、规划等协调，如果协调不顺利，就难以提供企业需要的"一站式服务"。总体来说，缺乏管理人才，存在职能交叉、协调不力、效能不高等问题，产业集聚区的管理体制有待进一步理顺。

3. 河南省产业集聚区发展的对策建议

3.1 突出主导产业

当一个主导产品形成的时候，它的上下都有几十家或者上百家的配套企业形成一个整体。随着工业生产分工越来越专业化、精细化，其配套、合作、集聚的作用就非常明显地呈现出来。积极引进和培育关联度大、带动性强的大型企业，发挥其具有的辐射、示范、信息扩散和具有销售网络的产业龙头带动作用。引导社会资源向龙头企业集聚，推动龙头企业建立产品标准、质量检测、财务结算等中心，提高龙头企业的核心竞争力。鼓励龙头企业采用多种方式，剥离专业化强的零部件和生产工艺，发展专业化配套企业，对其上下游配套企业进行重组、改造。发挥龙头企业的集聚带动效应，逐步衍生、吸引更多相关企业集聚，通过企业间的集聚效应降低交易成本，扩大产业集群规模，增强产业集群整体市场竞争力。

龙头企业在企业核心能力和集群网络中的地位与集群中的其他企业有着本质区别。龙头企业通过投资、创新、知识转移、品牌扩展等各种行为带动着集群中其他企业的发展，促进了集群整体的演进和升级。龙头企业是分工协作生产体系的中心，往往在研发和最终产品生产上具有控制能力，其他企业作为中间产品供应商和服务企业围绕在其周围。培育和支持大企业发展，发挥其示范和带动作用是地方政府的普遍发展战略。

3.2 做强做大一批产业集聚区

目前，河南省处于由工业化中期向工业化后期过渡的关键时期。河南省将进入产业结构深度调整期，在新一轮产业结构调整中，通过产业发展的集聚化、融合化和高端化三大路径，完成三次产业由低端向高端转变的过程；通过产业结构的深度调整，建立以战略支撑产业为支柱、以高新技术产业为先导、以现代农业为基础、以基础产业为支撑、服务业全面发展的现代产业体系。

一是发展和提升高新技术产业，选择具有一定产业基础、具有较好市场潜力的电子信息、生物医药、新材料三个行业扶持发展，支持具有较大潜力的新能源行业发展，以基地化、特色化、产业化为主线，大力推进郑州生物、南阳新能源、洛阳新材料三个国家基地和新乡、周口等省级生物产业基地发展，以国家高新技术产业基地和省级产业基地建设为重点，推动自主研发和创新支撑平台建设，积极承接产业和技术转移，推动河南四大重点高新技术产业向高端发展。

二是构筑和提升食品、纺织、铝、汽车、煤化工五大产业链。构建和延伸食品原料种植(养殖)—食品原料加工—食品精深加工、纺织原料生产—纺织—服装、煤炭—电力—氧化铝—电解铝—铝精深加工、汽车零部件—汽车整车生产(专用车生产)、煤炭采选(煤焦化)—煤化工(精细化工)等产业链条；以大型企业和品牌为依托，加快技术自主研发，提升技术含量，以中间环节向产业链两端扩展，提高高附加值的研发、设计、营销、流通等环节比重，努力形成"研发—设计—生产—营销"完整的产业链条，实现由价值链的低端向高端发展。

三是推动河南装备制造业向洛阳动力谷、中原电气谷、洛阳重型装备产业基地、郑州汽车产业基地集聚，化工工业向4个河南现代煤化工产业基地、平顶山漯河现代煤盐化工基地、洛阳石油化工基地集聚；有色工业向洛阳有色金属新材料基地、济源铅锌产业基地、鹤壁镁加工产业基地集聚；纺织服装工业向南阳、许昌、周口等棉纺工业基地、洛阳新乡化纤工业基地、郑州纺织服装工业基地集聚。以产业基地为依托、以传统制造环节为基础，由产业集聚发展带动产业链向上下游延伸，把产业结构调整的重点由制造领域转向服务领域；深入开展自主研发和技术创新，突破研发、产品设计、技术标准、品牌打造、营销服务等关键环节；推动所有行业由低端向高端发展，形成制造业与服务业高度融合的现代产业体系。

3.3 加大政策引导

河南省应继续完善相关优惠政策与措施，营造良好软环境。要逐步建立相关支撑机构和服务网络，如金融服务、物业管理、人才培训、物流配送、会展机构等中介组织，努力提升现有的中介组织的服务水平。构建全社会的公共研发平台和特色产业集群技术创新平台。提高政府对通用技术开发的投入，鼓励产业集聚区同大学、科研院所联姻。围绕特色产业集群的发展选择技术攻关课题，组织行业关键技术、工艺的研究开发，为众多中小企业提供技术服务。通过建立重点产业技术创新基金，运用财政贴息、税收返还等政策手段，引导群内核心企业逐步增加研究开发投入，加大技术改造力度，加快产品的升级换代。

地方政府应根据产业集聚区发展阶段和产业特点，对产业集群区的布局规划、入驻条件、土地使用、税费减免、信贷支持、资金引导等方面进行倾斜，为本地企业家的创业和外地企业家的投资创造良好的环境，以积极引导资金、技术、劳动力、管理等要素向产业集群化方向集聚。地方政府要完善考核评价体系，调整完善年度发展考核指标体系，增加反映集群发展程度的相关指标；对产业集聚区发展水平按年度统计指标排序，统筹确定产业集聚区年度考核结果。将产业集聚区建设情况纳入各级政府目标考核体系，强化激励机制。

3.4 创新投融资体制

鼓励和引导民间投资参与建设。支持产业集聚区降低民间投资准入门槛。积极探索和运用建设—移交（BT）、建设—经营—移交（BOT）、转让—经营—移交（TOT）等投融资模式，引导民间投资以独资、合资、合作、联营、项目融资等方式，参与区内公共事业、基础设施等项目建设。

积极采用市场化选聘、加强专业培训等方式，提高产业集聚区投融资平台人员业务素质，建设熟悉资本运作的专业人才队伍。

强化产业集聚区投融资平台、省级平台和金融机构三方合作的运作模式，积极为产业集聚区基础设施融资提供担保服务。开展投融资平台培育示范工程，选择一批县域集聚区投融资平台，进行有针对性的培训和业务指导，提高市场化融资能力。

支持产业集聚区规范开展小额贷款公司试点，为产业集聚区中小企业提供便捷的融资支持。对投融资平台在银行间债券市场发行企业债券、短期融资券、中期票据、集合短期融资券、集合中期票据等债务融资工具的发行费用给予支持。

3.5 提高管理效能

健全管理机构。各集聚区大多建立了管委会，有些是县（市）主要领导兼任管委会的书记或主任，使得产业园区的工作推进得快一些。但有相当一部分产业集聚区的管委会还是临时抽调的相关部门负责人组成一个松散型的协调班子，使得园区的工作进展起来非常吃力。针对部分产业集聚区功能区与行政区不协调、管理机构与乡镇机构职能交叉等问题，应该通过建立县级党政主要领导负总责，有关职能部门和乡镇政府（街道办事处）参加的产业集聚区联席办公会议制度。管委会作为政府派出机构，对产业集聚区实行统一领导、统一规划、统一管理。加强管委会领导班子，鼓励县级党政主要领导担任管委会主要负责人。完善考核晋级、动态调整机制，进一步细化管理机构升降级标准。

理顺管理体制。根据各地发展实际，因地制宜，加强分类指导，明确规定产业集聚区管委会不再重复设置，理顺产业集聚区与所在乡镇的管理体制，实现管理机构的精简高效。对省辖市政府派驻管委会的产业集聚区，支持将规划范围内的村庄全部委托管委会统一管理相关事务。对县（市、区）政府派驻管委会的产业集聚区，积极推进区划调整，将产业集聚区内涉及多个乡镇的村庄调整到一个乡镇，实现产业集聚区与行政区域在空间范围上的套合；支持采取统一领导、分线负责的管理模式，管委会与所在乡镇实行一套班子两套人马，管委会集中力量进行开发建设，行政管理系统履行社会管理职能，实现产业集聚区管理机构对区域内资源配置的有效控制和统一管理。

提高管理效能。采取"人员派驻制、流程内部化"的模式，推动规划、国土、建设、环保、统计等职能部门向集聚区派驻人员，实现集聚区与市级职能部门的"直通车"制度等。产业集聚区的建设牵扯到财政、国土、通信、商贸、环保、公安等各个方面，有的园区还管辖有乡镇和村组，工作比较繁杂、具体，仅靠管委会的协调是比较困难的，各级政府应当明确这个管理机构的职能和定位，确定管理委员会的人员编制和职务待遇。

中部地区乡村旅游开发居民补偿办法研究
——以湖南宁乡县为例

方世敏[1]　黄　江[2]

（1，2　湘潭大学旅游管理学院　旅游管理　湘潭　411105）

1. 中部地区乡村旅游开发及其移民补偿现状

随着中国"中部崛起"战略的实施，山西、河南、安徽、湖北、湖南、江西等中部六省快速发展，其旅游产业成为"中部崛起"的重要引擎。近年来，我国旅游投资每年在2000亿元左右，其中中部地区投资增幅最快，投资领域最广，近三年旅游项目建设数量更居东、中、西部之首。东部地区的资本受要素条件制约开始向外投资扩张，中部地区是最先享受东部资本溢出效应的地区，中部各地未开发的旅游资源开始吸引大批旅游投资商。根据国家旅游局旅游项目管理系统数据显示，从投资主要流向来看，各类景区、度假区、旅游城市改造等项目建设占全部投资总额比重的66%。虽然旅游投资力度不断增大，但是仍存在旅游规划粗放、旅游用地明显不足、旅游投资总量难以适应旅游项目建设发展需求等问题，因此国家旅游局将大力推进旅游投资与城镇化相结合，建设一批特色旅游村镇，促进乡村旅游、生态旅游、红色旅游等新产品新业态开发，引导中部地区加大投资开发力度。

发展乡村旅游有利于中部地区社会主义新农村建设，有利于解决中部地区"三农"问题。在我国乡村旅游大发展的进程中，示范单位的带头作用显得非常重要。2004年，为了推动全国乡村旅游的发展，国家旅游局开展了首批全国乡村旅游示范点的评选工作，共选出203个乡村旅游示范点。随后三年进行的三次评选，又分别选出乡村旅游示范点156个、215个和179个。① 在发展乡村旅游过程中，因为旅游开发建设引起的征地补偿是在所难免的，但是就中部地区而言，乡村旅游开发过程中开发建设面积过大，旅游用地不足，其中就会将一些农用地改为建设用地，土地用途的转变会对土地所有者的利益产生影响，但最终居民得到的旅游补偿远远低于他们对乡村旅游开发的贡献率，他们没有享受到土地的增值收益。东部地区和中部地区在经济发展水平、人口结构、农用地规模等方面存在差异，两者在乡村旅游发展规模以及旅游移民补偿标准存在差异是正常现象，但是两者的差距该与他们自身的情况相适应。在2007年，东部和中部的农用地面积分别为7071.5万公顷和8035.2万公顷，两者的农用地面积与他们的乡村旅游开发面积不协调，而且在补偿标准方面，东部地区高于中部地区，基于经济基础而言，这无可厚非，但是中部地区的补偿标准与其经济发展水平及其长远可持续发展不适应。

---

① 博思数据. 中国乡村旅游产业发展现状分析，http：//www.bosidata.com，2012-09-11.

中部地区乡村旅游开发中移民补偿主要以货币补偿和产权房屋调换（即价值标准房屋调换）补偿为主，其补偿标准主要依据《中华人民共和国土地管理法》以及各地区的《征地补偿安置条例》、《征地补偿实施办法》等，目前我国对大中型水利、水电工程建设征地的补偿标准和移民办法由国务院另行规定，但是没有专门针对旅游开发居民补偿标准的法律条款，在这种情况下，结合中部地区发展的现状，"安置近视症"特别严重，在通常情况下，补偿标准远远低于市场中土地价格，由此造成一系列的问题。当村集体和用地方直接谈判，政府仅仅作为管理机构时，村集体得到的补偿款一般较高；当政府以土地储备的形式将土地征收，政府定价给予村集体的补偿较低。① 目前中部地区发布了新的征地补偿标准，补偿标准由土地补偿费和安置补助费两部分构成，不包含青苗补偿费、地上附着物补偿费和社会保障费用。各地在制定具体征地补偿安置方案时，青苗补偿费、地上附着物补偿费和社会保障费用要单独列支，不得纳入新征地补偿标准内而挤占土地补偿费和安置补助费，变相降低征地补偿标准。虽然有新的标准，但是就大多数的旅游开发移民补偿还是实施一次性的货币补偿，居民的后续生活水平得不到保障。征用土地补偿费、安置补助费都是按照被征用土地前3年的平均年产值计算的，将农地的年产值作为补偿标准计算的基准，年产值作为农作物产量与价格的综合指数，其高低受自然条件和经济条件如农产品价格、产业结构调整等因素的影响，与被征地的区位等因素无关，因为有一定的不合理性；居民的社会保障费用不足额不到位的情况下就已经开始征地，使得被征地农民的利益无保障，生活受影响，引发一系列社会矛盾甚至是群体性事件；中部地区是我国重要的粮棉基地，农用地的大面积减少，会对中部粮食的输出产生影响，进而威胁全国的粮食安全，所以中部的旅游开发补偿也需将此点加以考虑。希望即将出台的《农村集体土地征收补偿条例》会对居民补偿有所改善。

2. 中部地区乡村旅游开发移民补偿存在的问题

中部地区发展乡村旅游有其自身优势，但是在开发过程中，对于乡村移民的补偿安置也存在一些问题：

2.1 补偿标准不合理，补偿范围不全面

乡村旅游开发居民补偿标准与当地的自然、社会以及经济等因素息息相关。中部地区经济发展水平较次于东部和东北地区，优于西部地区，可是如表1所示，在财产性收入和转移性收入中，中部地区在这四个地区中是最低的，中部地区的财产性收入和转移性收入分别为东部地区的27.2%和59.1%。这说明虽然随着农村产权制度改革的不断深入，新型农村社会养老保险试点范围继续扩大，新型农村合作医疗财政补助标准提高等，都带动了中部农民的财产性收入以及转移性收入稳步增长，但是相比其他三个地区而言，中部还有很大的提升空间。中部需要发展经济的同时，还需要国家政策的支持与保障，这样才能使旅游开发移民补偿标准合理化。现行的补偿标准所体现的只有与居民原有物质财产相对应的价值，补偿范围较狭窄，居民的无形损失却没有得到相应的补偿。现行的补偿机制总

---

① 张安录，匡爱民，王一兵等. 征地补偿费分配制度研究[M]. 北京：科学出版社 2010：61.

是导致移民的各种资产损失(有形资本、人力资本、社会资本等)通常被低估,移民的成本只有一小部分得到补偿,旅游开发主体有相当一部分成本被转嫁到居民头上。① 而且补偿标准没有体现乡村旅游发展的外部性。征地标准低危害甚大,但也并非越高越好,过高的标准会导致:农民集体和个人"卖地"积极性高涨,用途管制难度加大;工业化与城镇化成本增加,最终使社会整体利益受损。② 所以要促进中部地区旅游移民补偿标准与中部的发展水平相适应。

表1	东、中、西部及东北地区农村居民收入情况(2011年)			单位:元
	东部地区	中部地区	西部地区	东北地区
现金收入	11678.84669	7599.099637	6535.929025	11810.42623
平均每人纯收入	9585.044193	6529.928815	5246.746045	7790.640553
工资性收入	5104.768449	2809.462624	1811.410802	2020.896748
家庭经营纯收入	3444.646598	3184.391058	2780.816157	4669.714237
财产性收入	407.2351343	111.0257278	137.2863173	407.1434498
转移性收入	718.3940117	425.0494041	517.2327689	692.8861188

2.2 补偿方式单一,补偿后容易产生纠纷

中部地区现有的景区开发移民补偿方式中,主要是以实行货币补偿和价值标准房屋调换为主,这样的补偿方式虽然简单明了,但是方式过于单一,不利于居民生活正常持续性的发展。与中部相比,东部地区实施留地安置和股份制模式,这样更加有利于居民移民后可持续生产生活。东部地区较早实施的"区片综合定价"补偿优于中部地区的"年产值倍数法"补偿。虽然"区片综合定价"也存在一些问题,但是它实现了同地同价的原则,补偿标准也相应有所提高。居民得到一笔巨大的补偿金之后,由于心理发生了较大的变化,有些居民会选择无限制地挥霍,不再脚踏实地地生活,甚至会去赌博,等到补偿金用尽,他们一无所有,又会以各种方式向补偿者索要更多的补偿,这样会影响旅游开发的进展,不利于景区的可持续发展。

2.3 移民补偿后社会福利保障不稳定,旅游参与程度比较低

中部地区大多是实施一次性现金补偿,补偿之后居民的后续生活保障不稳定,经济福利降低。从表2可以看出,中部地区人口数量仅次于东部地区,城乡结构不合理,农业人

---

① Cernea, M.. Risks safeguards and reconstruction: A model for population displacement and resettlement[M]. Washington: The World Bank, 2000: 11-55.

② 臧俊梅,李景刚,张效军等. 基于农地发展权的征地补偿机制构建[J]. 资源行政管理与法制建设, 2008, 29(4): 30.

口比重大，远远超过了全国农村人口所占的比重48.73%，且从表1中转移性收入中部地区最低，可知中部地区的社会福利状况还有待改进。乡村旅游开发是发生在农村地区，如果乡村旅游开发过程中居民的社会福利得不到保障，会产生一系列的社会问题，也不利中部地区三农问题的解决。虽然实施移民补偿之后，当地居民可以参与到旅游发展中，但是只有少部分的居民从事与旅游有关的行业，而这些行业当中大多以个体户的形式从事餐饮和旅游纪念品经营，他们的参与程度和收入都是极其有限的，所以在促进当地居民生活方面所起到的作用也是极其微弱的。旅游业的不断发展以及区域旅游竞争的加剧，迫使旅游业"提质增效"。这样景区提供给当地居民的就业职位就会偏低，只能提供一些低层次的工作，而大量的高层次工作则会被旅游区外的文化素质较高者所占据。虽然有补偿金为其提供资金，然而当地居民在文化、技能等方面的劣势伴随着旅游业的发展而不断凸显出来，使他们无法分享旅游业带来的诸多好处。

表2 各地区人口城乡构成（2011年）

地区	总人口（万人）	城镇人口		乡村人口	
		人口数	比重（%）	人口数	比重（%）
全国	134735	69079	51.27	65656	48.73
东部地区	51063	31022	60.75	20041	39.25
中部地区	35790	16277	45.47	19513	54.53
西部地区	36916	15339	42.65	21577	58.44
东北地区	10966	6441	58.73	4525	41.27

2.4 机会成本大，威胁国家粮食安全

我国中部地区农业特别是粮食生产优势明显，2006年我国粮食总产量比2005年增加了1345.7万吨，其中中部地区贡献的份额占了69.59%，随着西部地区生态建设的进一步推进、东部地区三化（工业化、城镇化、现代化）的不断深入，中部地区粮食生产对我国粮食安全具有更加举足轻重的作用。中部6省输往省外的粮食占全国各省粮食纯输出量的50%以上，相当于全国近5亿人的口粮由中部提供，除了保障中部自身的口粮之外，中部还能为全国其他地区提供口粮供给。乡村旅游开发过程中不可避免地要把农用地转为建设用地，若不规范国家土地流转、征收制度，使旅游移民的补偿标准合理化，则会影响粮食耕种的耕地面积以及农民的粮食生产积极性，所付出的代价极高。作为我国重要的商品粮生产基地，中部农业的兴衰直接决定和影响着我国的粮食安危，所以要处理好旅游开发与农用地之间的关系，尽量减少其中的机会成本。

3. 中部地区乡村旅游开发移民补偿策略

3.1 间接提高补偿标准，扩大补偿范围

（1）经济收益补偿。土地是农业最基本的生产资料和生产要素，是农业生产活动所必

需的物质条件和自然基础。这就从根本上决定着土地自身有产出。① 乡村旅游开发征用农用地就必须对农民进行经济收益补偿。中部地区乡村旅游开发移民经济收益补偿一般采用《中华人民共和国土地管理法》以及各地区征地补偿安置实施办法中土地补偿费的标准，即按照土地的原用途和年产值倍数进行补偿，其土地补偿费标准取决于人均耕地面积、土地种类、土地年产值三个方面。虽然这种方法存在弊端，不适用于非公益性项目的补偿，没有体现土地的市场价值，但是乡村旅游开发不同于一般的非公益性项目，它具有半公益性，它会给农民带来一些旅游开发的正外部性效应，比如基础设施的改善、生活环境的提高，就业机会多样化以及产业结构的调整等，如果再加上国家政策的支持还能起到脱贫致富的作用，即旅游扶贫。这些从侧面可以弥补土地原用途补偿额度不足的缺陷，即从乡村旅游开发的正外部性来间接提高补偿。对旅游开发的负外部性必须给予补偿，如果正外部性没有受到间接的鼓励，这样会打击旅游开发的积极性，不利于乡村旅游的蓬勃发展。这样通过扩大补偿范围，就可以提高补偿标准。

至于地上附着物及青苗补助费的补偿，采用实物和货币相结合的补偿方式。青苗补助按照各地区《征地补偿安置实施细》则中青苗补助费标准来补偿；地上附着物最重要的属于房屋的补偿了，乡村旅游开发补偿的主体是农民，考虑到他们的生产方式以及受教育程度，不主张采用一次性货币补偿，而是采用房屋产权置换的方式，然后再补足其中的差价。这样至少会让农民有一个安身立命的地方，不至于流离失所，间接的也会减少一些社会问题。

（2）旅游负外部性补偿。乡村旅游开发作为一种经济活动，具有明显的外部性。萨缪尔森认为，当在生产和消费过程中一个人使他人遭受额外成本或额外收益，而且这些强加在他人身上的成本或收益并没有通过当事人以货币的形式得以补偿时，外部性或溢出效应就产生了，即"外部性是一个经济机构对他人福利施加的一种未在市场交易中反映出来的影响"。② 为了提高中部地区乡村旅游发展的质量、提高农用地使用的效率以及保障农民的利益，设立乡村旅游开发质量保障金，以对乡村旅游开发的负外部性进行预防和补偿。

乡村旅游开发质量保障金是指由乡村旅游开发商交纳、旅游行政管理部门管理，用于保障乡村旅游开发地农民的利益以及当地环境的专用款项。当乡村旅游发展过程中，对当地环境造成严重污染，而且没有履行对当地农民的有关协议条款时，就由旅游行政管理部门划拨其乡村旅游开发质量保障金予以补偿；当乡村旅游发展到一定年限，各方面表现良好，可以将此质量保障金减半，若最后旅游开发商决定退出乡村旅游市场，只要通过评估各方面都表现好，则可取回乡村旅游开发质量保障金，它的性质和实施办法与旅行社质量保障金类似。乡村旅游开发质量保障金可以作为乡村旅游开发的进入门槛和退出壁垒，这样不至于乡村旅游违法无序、低效开发，也可以预防乡村旅游开发随意出入。乡村旅游开发质量保障金不宜过高也不宜过低。过高会打消乡村旅游开发的积极性，限制乡村旅游的

---

① 王小英. 论以土地换保障——一个解决农村养老保险资金来源问题的新思路[J]. 中南财经政法大学研究生学报，2007，18（3）：3.

② 保罗·萨缪尔森，威廉·诺德豪斯. 微观经济学（第16版）[M]. 北京：华夏出版社，1999：267.

发展，过低不能使乡村旅游高质发展，形成恶性竞争，甚至使有些乡村旅游开发企业陷入困境，形同虚设，而且使得乡村旅游退出壁垒不高，造成旅游开发商不负责任的乡村旅游开发，最终受损的是当地的农民并导致资源浪费。乡村旅游开发质量保障金主要取决于两个方面，即生态系统生态价值和利民价值。它最低的标准不得低于被征土地所具有的生态价值。

农用地的生态价值可以借鉴谢高地等（2003）提出的《中国不同陆地生态系统单位面积生态服务价值表》中的数据，并在此基础上根据各待估地区的实际情况进行适当修正，从而可得到各地区各类型农用地的生态价值单价。耕地的生态服务单价表示为：

$$M_i = (b_i / B) M_0$$

其中，M_i 为 i 地区单位面积耕地的生态价格，M_0 为《中国不同陆地生态系统单位面积生态服务价值表》中耕地生态系统的生态价值单价，b_i 为征地地区耕地单位面积潜在的经济产量，B 为全国大陆耕地单位面积潜在的经济产量。利民价值是指乡村旅游开发提供给居民的就业机会，假设宁乡乡村旅游开发协议约定至少给征地搬迁农民一户一人提供一个就业机会，则依据农民的一年就业工资来计算。所以，乡村旅游开发外部不经济性补偿＝乡村旅游开发质量保障金＝生态系统生态价值＋利民价值。

3.2 采取多种手段，施行补偿方式多样化

中部地区乡村旅游开发移民补偿大多依据各地区征地补偿安置办法来实施，以货币补偿为主，房屋安置补偿为辅。很多征地办法中强调只有实行货币安置的被征地农民，其社会保障和就业培训才能得到保障。为了促进乡村旅游可持续发展以及农民利益得到长远的补偿，不主张完全货币安置，货币补偿和实物补偿、直接补偿和间接补偿相结合，才能促进乡村旅游开发移民补偿可持续发展。

3.3 完善社会保障补偿，政策性提高旅游参与程度

土地对于农民的社会保障功能主要体现在就业、养老等方面。当农民有耕作能力时，土地产出可以维持农民的生活，农民在丧失劳动能力后可以将土地交给家庭其他成员经营，也可以通过土地流转来获得一定的租金收入用于养老。① 当前，我国农村社会保障体系不完善，所以在征收土地时不仅要给予农民安置补助费，从补助资金中划拨一部分强制给农民购买养老保险和医疗保险，同时在此基础上还要予以农民实物补偿，以保障他们的后续生产生活。在社会保障中实物补偿主要是留地安置补偿。留地安置指在征收农民土地时，留给农民一定比例的土地，可以供他们用于自己生产，也可以集体集约使用，然后按股分成，获得收益。

农用地社会保障价格量化根据《中华人民共和国农用地估价规程》中确定的方法，采用保险费率法计算单位面积土地的社会保障价格。其公式为：

$$Y = (Y_m b + Y_w c) m_1 / m_2$$

其中，Y 为人均社会保障价格，Y_m 为男性公民保险费趸缴金额基数，Y_w 为女性公民保

---

① 张会，吴群等. 基于农地经济价值功能的征地补偿价格研究[J]. 华中农业大学学报，2007，6：58-62.

险费趸缴金额基数，b 为男性人口占总人口比例，c 为女性人口占总人口比例，m_1 为农民基本生活费，m_2 为月保险费基数(通常取 100)。①

乡村旅游发展过程中，由于农民自身条件与乡村旅游发展人才要求不大适应，使得乡村旅游发展中，农民参与程度不是很高，享受到的乡村旅游发展福利减少。为了使农民的旅游就业得到一定保障，就要从政策上提高农民的旅游参与程度，即从政策上予以倾斜。如从政策上明文规定必须实现乡村旅游开发的利民价值，以此作为乡村旅游开发的门槛；在安置方式上实行留地安置也是使得农民有参与乡村旅游发展的生产资料。

3.4 设立粮食发展基金，维护社会稳定

粮食安全补偿以留地安置为基础，以保障基本的粮食自给率，提高粮食的质量，基于耕地的有限性，运用先进的农业技术，给予农民技术培训，提高粮食的质量。留地面积＝耕地面积−征地面积。若已有的耕地面积不足，则可进行土地复垦、加强对闲置土地的利用率，应当综合考虑复垦后土地利用的社会效益、经济效益和生态效益，能够复垦为耕地的，应当优先复垦为耕地。对于提高粮食质量所需要的农业技术成本由旅游开发商投入，设立粮食发展基金，由政府管理，村民监督。总之要确保粮食安全补偿率小于等于粮食自给率和粮食储备率之和，大于等于粮食自给率。

4. 宁乡乡村旅游开发居民补偿办法

4.1 宁乡简介

宁乡县地处湘中东北部，隶属湖南省会长沙，是已故国家主席刘少奇同志的故乡，总面积 2906 平方公里，辖区 19 个镇、14 个乡和国家级宁乡经济技术开发区及省级经济开发区金洲新区。2012 年，被评为全国百强县第 61 位，中部第 3 位。宁乡县也是全国 17 个"中国旅游强县"之一。宁乡县属于丘陵地貌，以林地和耕地为主，其中林地占总面积的 40.4%，耕地占 32%。全县耕地总面积为 92510.5 公顷，占全市耕地面积的 32.46%，人均耕地 0.071 公顷，基本农田保护面积为 81450 公顷，占全市基本农田总量的 32.84%。宁乡地理位置优越，资源丰富，是典型的农业大县，全县 130 万人，其中 70 多万农业人口，因而发展乡村旅游适合其自身条件的发展，也是解决宁乡三农问题的一个很好的出路。

之所以选择宁乡，是因为其乡村旅游发展势头好，而且在乡村旅游开发的过程中，其移民补偿特点以及存在的问题在中部地区具有典型性，其问题也亟待解决，如若处理不好土地保护、乡村旅游开发居民利益补偿以及经济发展三者之间的关系，会对宁乡整体发展产生巨大的影响。

4.2 居民利益补偿

宁乡林地面积广阔，耕地人均占有量低于我国人均耕地 0.092 公顷，所以在乡村旅游开发的时候，要注意高效率使用耕地，并且给予耕地拥有者充分补偿以及保障他们的生活水平不下降。

---

① 中华人民共和国农用地估价规程 GB/T 28406-2012[S].

（1）经济收益补偿。宁乡乡村旅游开发移民经济收益补偿采用《中华人民共和国土地管理法》以及《宁乡县征地补偿安置实施细则》中土地补偿费的标准，即按照土地的原用途和年产值倍数进行补偿，至于地上附着物及青苗补助费的补偿，采用实物和货币相结合的补偿方式。青苗补助按照《宁乡县征地补偿安置实施细则》中青苗补助费标准来补偿；地上附着物最重要的属于房屋的补偿了，依据宁乡农村人口结构以及农民受教育程度，而是采用房屋产权置换的方式，然后再补足其中的差价。

（2）旅游负外部性补偿。宁乡乡村旅游不断壮大成熟，其自然环境、地理位置、旅游资源等方面的条件都比较优越，农林牧渔业在整个长沙处于遥遥领先的位置，2011年，宁乡农林牧渔业总产值和农业产值居长沙第一位。依据上文中部地区乡村旅游开发质量保障金的计算方式，可计算宁乡耕地的生态价格，查表可知，$M_0 = 611413$ 元/（年·hm^2），宁乡属于江南丘陵区，所以 $b_i = 14.2$ 元/hm^2，$B = 10.69$ 元/hm^2，得出宁乡每公顷耕地生态价值为 8121.9 元，转为建设用地则还要乘以 30 年，最后得出其耕地的生态价值为 24.3 万元/hm^2，所以宁乡乡村旅游开发质量保障金至少不得低于 24.3 万元。

（3）社会保障补偿。依据宁乡目前生活水平和人口结构状况可知，其人均基本生活费为 350 元/月，男女比例为 51.6% 和 48.4%，平均年龄为 30 岁，根据中国人民保险公司现行社会保险费率标准，可计算人均保障价格为 81842.24 元。但是依据《中华人民共和国土地管理法》以及 2008 年《宁乡县征地补偿安置实施细则》可知，宁乡安置补偿费最高的为人均 63750 元，低于上述人均保障补偿，这说明宁乡安置补偿标准偏低，还可以适当提高补偿标准。《宁乡县被征地农民社会保障和就业培训实施细则》只针对实行货币安置的被征地农民，其社会保障和就业培训才能适用此办法。

宁乡乡村旅游开发农民补偿除了依据《宁乡县征地补偿安置实施细则》中安置补助补偿之外，还实施留地安置。宁乡经济比较发达，且距离市区比较近，适宜采用留地安置，这样对解决失地农民的长远生计发挥了重要作用。从表 3 可以看出，2007—2012 年，宁乡的 GDP、农村居民人均消费性支出、人均可支配收入都是逐年增加的，农村人口随着城镇化的发展也逐年减少，可是宁乡农村居民家庭恩格尔系数却没有下降很多，尤其是2009—2011 年反而上升，其恩格尔系数比全国农村居民家庭恩格尔系数 39.3% 还要高。一般说来，食品价格越高，食品与其他商品比价越高，恩格尔系数就越高，当农村居民有足够的土地可以供他们自给食物，他们就不需要像城市居民那样从市场上买进，但是当农村居民遭遇乡村旅游开发征地，他们丧失了赖以生存的土地，则自给性食物所占比重变小，食物支出比重增大，恩格尔系数也就提高了。另外，城镇化进程加快，特别是当家庭由农村迁入城市时，家庭收入一般增长，但食物支出增长更快，甚至有可能在收入不增加的情况下，食物支出会显著增加。宁乡恩格尔系数升高与其征地带来的影响息息相关，而留地安置可以为农村居民提供食物生产所需要的土地。留地安置中政府的主要投入是政策支持，而不需要投入更多的资金，同时也有利于失地农民的就业和社会稳定；而且安置留用地的开发和经营，可以为集体经济发展提供必要的场所和发展基础，有利于发展壮大集体经济实力，进而有效地弥补法定安置费不足的缺陷，间接提高了对被征地农民的补偿。

表3 **2007—2012 年宁乡经济和社会发展部分指标**

指标名称	单位	2007 年	2008 年	2009 年	2010 年	2011 年	2012 年
GDP	亿元	224.80	323.30	2367.30	489.60	637.90	732.50
农村人口	万人	87.00	84.20	79.90	77.90	76.40	75.30
村民人均消费性支出	元	4944	5281	5640	6408	8054	9875
村民人均可支配收入	元	5497	6594	7818	9227	11003	13166
村民家庭恩格尔系数	%	42.10	41.50	40.40	44.70	43.00	

（4）农地粮食安全补偿。宁乡农业产值水平较高，现代农业快速发展，2008 年实现农林牧渔业总产值 83.1 亿元，居全省第一位，全县粮食总产量达 84.29 万吨，居全省第二位，2011 年其农林牧渔业总产值高达 117.08 亿元，位居长沙市第一位。宁乡乡旅游开发造成的征地会使得农用地减少，进而会影响其粮食产量，最终对湖南省的粮食供给产生影响。所以对宁乡乡村旅游开发农民的补偿也必须把农地粮食安全补偿计算在内。

◎参考文献

[1]博思数据.中国乡村旅游产业发展现状分析，http://www.bosidata.com，2012-9-11.

[2]张安录，匡爱民，王一兵等.征地补偿费分配制度研究[M].北京：科学出版社2010：61.

[3]Cernea，M..Risks safeguards and reconstruction：a model for population displacement and resettlement[M].Washington：The World Bank，2000：11-55.

[4]臧俊梅，李景刚，张效军等.基于农地发展权的征地补偿机制构建[J].资源行政管理与法制建设，2008，29(4)：30.

[5]王小英.论以土地换保障——一个解决农村养老保险资金来源问题的新思路[J].中南财经政法大学研究生学报，2007，18(3)：3.

[6]张会，吴群等.基于农地经济价值功能的征地补偿价格研究[J].华中农业大学学报，2007，6：58-62.

[7]中华人民共和国农用地估价规程 GB/T 28406-2012[S].

[8]保罗·萨缪尔森，威廉·诺德豪斯.微观经济学(第16版)[M].北京：华夏出版社，1999：267.

[9]谢高地，鲁春霞，冷允法等.青藏高原生态资产的价值评估[J].自然资源学报，2003，18(2)：189-195.

中部地区资源性产品输出和输入地与重要农产品产区和销区的利益补偿机制

新型城镇化背景下中部地区的资源利用方式研究

洪水峰[1]　邓宏兵[2]

（1，2　中国地质大学　武汉　430074）

1. 引　言

2012 年我国 GDP 首次突破 50 万亿元，经济总量继续领跑世界第二。连续 13 年经济增长都在 7.8% 以上的高位运行，夯实了党的十八大确定的"2020 年实现全面小康社会"的经济基础。然而，经济总量的第一不代表着人均第一，或者说是质量第一。长期以来，支撑我国经济高速增长的动力主要依靠资源的大量投入，对资源特别是不可再生的矿产资源的巨大消耗成为我国经济增长模式的重要特征。而对矿产资源粗放式的开发与利用，又不可避免导致了我国生态环境的急剧恶化。根据 2012 年世界权威"年度全球环境绩效指数"（EPI）评价，中国排名位列第 116 位，不仅远远落后于发达国家，而且还位于许多极不发达国家之后。在此背景下，党的十八大提出了"大力推进生态文明建设"，要求在今后的经济发展中要着力推进绿色发展、循环发展、低碳发展，形成节约资源和保护环境的产业结构和生存方式，推进资源利用方式的根本转变。

中部地区地处中国内陆腹地，起着承东启西、接南进北、吸引四面、辐射八方的作用。从中国整体发展的角度考虑，中部就是中国的"腰"，只有"腰板"直了，中国这个巨人才能走得正、走得稳，中国经济才能协调健康发展。加快中部地区发展是提高中国国家竞争力的重大战略举措，是促进东西融合、南北对接，推动区域经济发展的客观需要。

2. 新型城镇化的区域差异

改革开放以来，中国城镇化进程快速推进。《国务院关于大力实施促进中部地区崛起战略的若干意见》提出，到 2020 年，中部地区经济发展方式转变取得明显成效，年均经济增长速度继续快于全国平均水平。截至 2012 年底，中国城镇人口达到了 7.12 亿，人口城镇化率提高到 52.57，达到世界平均水平。

根据《中国城镇化质量报告》，我国东部、东北、中部和西部地区城镇化质量指数①的平均值分别为 0.5419、0.4860、0.4632、0.4643，见图 1，该数值与我国各地区经济发展水平基本相符。

---

① 城镇化质量指数是用来衡量新型城镇化发展的监测评价数据，包括人口就业、经济发展、城市建设、社会发展、居民生活、生态环境六个方面。

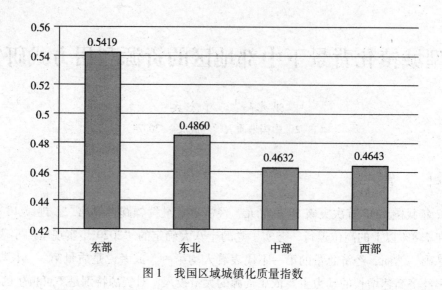

图1　我国区域城镇化质量指数

城镇化质量指数在后二十位的城市主要是一些中西部地区的中小城市，这些城市在城市发展质量、城镇化效率和城乡协调程度三个城镇化指标上均相对薄弱。中国社科院发布的《2013中国中小城市绿皮书》指出，中小城市划分新标准出炉，全国共有中小城市2816个，占全国经济总量的84.5%。但我国中小城市及其直接影响和辐射区域城镇化率仅为35.1%。

先天不良和后力不足使得中部城市目前的城镇化局面困难重重。然而，这却也预示着巨大的发展空间。目前，中西部多个省市均通过"城市群"概念，传递新型城镇化政策需求。

3. 中部地区新型城镇化模式

随着城镇化进程的不断加快，区域间的竞争将主要体现为城市的竞争，尤其是中心城市的竞争，从全国经济格局来看，长江三角洲经济区、珠江三角洲经济区以及环渤海湾经济区，都是以中心城市为代表，彰显区域中心城市的强大力量，带动地区经济快速的发展，而中部地区、东北老工业区以及西部地区，区域中心城市的核心作用却没有完全发挥出来。在区域经济快速发展的今天，中部地区要实现中部崛起，就必须着力区域性中心城市建设，提升中心城市的创新力、辐射力、影响力，构建地区经济与社会发展的战略支点，打造带动区域经济发展的核心增长极，形成经济隆起带，带动区域经济发展。

在全国先后出现过各种新型城镇化的改革尝试，例如天津模式、成都模式、广东模式等，见表1。

表1 　　　　　　　　　　　　　　　成都模式、天津模式和广东模式对比

	基本模式	主 要 做 法
成都模式	以大城市带大郊区发展	对土地确权颁证，建立农村土地产权交易市场，设立建设用地增减指标挂钩机制。以发展较好的区域作为起步点，确立优势产业，形成以市场为导向的产业集群
天津模式	以宅基地换房集中居住	为乡镇政府主导的"以宅基地换房"，先解决搬迁农民的安置问题，然后通过土地集约增值的收益发展地区产业，解决农村居民的就业问题。将农民的集中居住与城镇化、产业化有机结合整体推进型、都市扩散型、开发拓展型和"三集中"型
广东模式	产业集聚带动人口集聚	通过产业集聚带动人口集聚，进而实现城市周边地区的快速崛起一是珠三角模式，即以乡镇企业和民营企业集中的中心镇为发展依托；二是山区模式，即围绕着县城，发展专业镇

中部地区在新型城镇化方面进行了一些富有成效的实践和探索，探索以绿色、低碳为特征的新型城镇化发展道路，见表2。

表2 　　　　　　　　　　　　　　中部省份新型城镇化模式对比

	城 市 群	典型城镇化模式	新型城镇化模式内容
安徽	沿长江发展，构筑皖江城市带	合肥模式	城乡的基础设施一体化、基本公共服务均等化
江西	以南昌、九江为支点，力推昌九工业走廊	抚州模式	发展特色县域经济
河南	以郑州为龙头，着力建设中原城市群		
湖北	围绕武汉市，着力武汉大都市经济圈	十堰模式	依山就市，为生态"留白"
湖南	以"长株潭"为中心，打造长株潭城市群	张家界模式	依靠生态旅游的"飞地"型城镇化

中部不同省份，结合各自的省情，提出了不同的新型城镇化模式。

（1）新型城镇化之合肥模式——城乡的基础设施一体化、基本公共服务均等化。安徽省通过实施城乡基础设施一体化和基本公共服务均等化方式，探索出来在新型城镇化过程中的一条新路。当众多农村人口涌入城市导致各种"城市病"发生的同时，通过平衡城乡间生活条件和社会资源，不仅能够真正意义上推动中国的新型城镇化进程，同时还可

以化解一线城市房价高、拥堵等一系列难题。合肥模式中所强调的"均等"和"并轨"，正是突出村镇吸引力，缩小二元差异的有效途径。

（2）新型城镇化之十堰模式——依山就市，为生态"留白"。湖北省十堰市是一座典型的移民城市，在十堰过去的城镇化过程中，"愚公移山，向山要地"、"愚公移山，人造平原"的巨型条幅并不少见。然而，对于拥有喀斯特地貌的十堰来说，自然条件既是制约，也是特色。如何充分利用各种独特的自然地理优势，因势而建、因势利导、因地制宜、因势借景，努力使山地城镇与自然共存共荣共雅，或许才算是一条真正可持续的城镇化之路。

（3）新型城镇化之抚州模式——发展特色县域经济。新型城镇化从本质来说，就是人对生活方式的现代化。抚州在新型城镇化进程中，将工作的重点放在了县城，以发展县域经济来实现人的城镇化。城镇化已经成为经济社会发展的必然趋势，但是，当城镇化发展遭遇到"成长的烦恼"时，县域经济的跨越式发展或许正是新型城镇化的有益突破口。

（4）新型城镇化之路之张家界模式——依靠生态旅游的"飞地"型城镇化。从美国的拉斯维加斯、非洲的摩洛哥到巴西的玛瑙斯，由于某些地区丰富而独特的资源得到有效开发利用后所形成的推进型产业，并带动了地区发展的独特城镇类型，被称为"飞地型城镇"。湖南张家界，凭借其独特的旅游资源，以"一己之力"，吸引着人流、物流、资金流，极大地推动了本地城镇化的发展。

4. 资源利用模式的资源约束

目前中国城镇化面临四大挑战：城镇化推进的资源环境代价大，发展模式不可持续；土地依赖严重；城镇化的不完全性特征十分明显。因此中部地区新型城镇化发展模式，必须加快推进城镇发展模式转型，在土地资源、水资源和生态资源的约束下，构建资源节约、环境友好的新型城镇。

（1）土地资源的约束。中国过去十多年的城镇化更多地体现为"土地城镇化"过程，这加剧了城乡利益矛盾，是一种不可持续的城镇化模式。我国新型城镇化面临的一个重要问题是高房价，而政府过分依赖卖地收入，在一定程度上推高了房价，严重阻碍了城镇化的进一步推进。同时，现有土地管理体制下，土地使用效率下降，土地供应不足，不但难以保障城镇化的土地需求，而且可能影响到粮食安全。

中部地区6个省份（其中河南、安徽和江西是净调出省区）的粮食总产量约占全国的1/3，远远超过了东北地区和东部沿海地区，在保障国家粮食安全中发挥着重要的作用。在推进中部新型城镇化进程中，面临的一个现实的问题就是建设用地资源匮乏，在严格保护耕地的前提下，处理好"新型城镇化加快"和"粮食安全"的关系，满足中部地区新型城镇化快速发展对土地的需求，是摆在我们面前亟待解决的难题。

（2）水资源的瓶颈。水资源作为环境承载力的一个关键要素，其承载力决定了一个地区所能承受的人口、工业规模上限。一旦超出承载力范围，缺水、水污染以及由此引发的地下水超采、地质沉降、饮水安全等问题将逐一爆发。水资源的瓶颈可能对未来的城镇化形成"卡脖子"式的障碍。

水资源的使用也渐趋紧张，国家不仅划定了用水总量的红线，还上调了水资源费的收取标准。中国大多数城镇发展模式仍比较粗放。目前全国有 420 多座城市供水不足，其中 110 座严重缺水，缺水总量达 105 亿立方米。同时，中国水资源浪费严重，有的城市不顾水资源条件，盲目上马高耗水项目，进一步加剧水资源紧张的状况。随着城镇化的推进，城镇供水压力加大，各个流域内上中下游对水资源的争夺将更加激烈。如今，任何一条稍大一点的河流，从上到下无不布满各种水利工程，而各个地方为了争夺水资源，纷纷兴修水库截断河流，造成很多河流丧失生态功能，甚至扰乱了整个生态系统。

与东部地区相比，中部地区的耕地面积比重较大，大部分地区仍然是以农业型经济为主，农业用水比重很大，中部地区万元 GDP 耗水量为 536.33m³，而东部地区仅为 276.11m³。中部地区今后的新型城镇化，面临着"农业用水"和"城镇化用水"的矛盾。

（3）生态资源的过度开发。近年来一些中小城市的快速发展，带来了空气质量等环境指标明显下滑，生态优势在下降。这种城镇化的发展方式显然已不能适应科学发展的要求。

生态城镇化既是城镇化发展进程的必由之路，也是探索破解城镇化盲目发展造成的资源浪费、环境污染、生态失衡、社会和谐等难题的一个创新之路。

作为主要的生态资源——旅游业，及其在内的第三产业是推进城镇化进程的重要动力。旅游资源是与生态环境息息相关。旅游业作为资源依附性很强的产业，比任何其他行业都更依赖自然生态环境和人文环境的质量。

在旅游业促进城镇发展的同时也存在着侵占山林与良田，使得生态环境绝对面积不断减少；城镇旅游生活服务设施及与旅游相关工业企业所产生的环境污染，也都会在一定程度上影响城镇化的发展。于是，当发展旅游经济和保护生态环境出现矛盾时，如何探索出一种兼顾二者的发展模式就成为了城镇化转型的关键。

5. 实施路径

5.1 创新土地管理制度

为了适应新型城镇化发展的要求，当前土地管理制度必须进行创新性的改革。主要包括提高存量用地占建设用地供应总量的比重；扭转城镇建设对新增土地出让收益的过多依赖；建立起有利于存量建设用地盘活利用的制度政策体系等。

在保留现有征地制度的前提下，缩小征地范围，改产值补偿为市场价值补偿；在保持用途管制的前提下，规范农村经营性集体建设用地的流转；依托现有土地交易机构，建立城乡统一的建设用地市场；推进集约节约用地，对增量建设用地和存量建设用地出让方式等领域，进行差别化管理等。

当前，一些城市已经开始在农地的市场化道路上，尝试一些打破"二元制"的探索。例如重庆市基于"计划+市场"的双轨制试点阶段的"地票模式"，浙江省嘉兴市是全国第一个制订出台城乡一体化发展规划纲要的地级市，创新性提出节约用地的"两分两换"模式，"基本农田置换新机制"、"农村土地综合整治节余指标市场化交易"等农村土地使用制度，也在《嘉兴市土地整治规划（2011—2015 年)》中提出。

5.2 实行严格水资源管理制度

中部地区是全国农业与重工业的集聚地，由于其自身发展的这一特点，应将治水重点放在农业节水及防治工业污染等项目和城市提升水资源环境利用效率上。

一个必要前提就是节水，要科学地使用水资源，提高水资源的利用效率和效益，并将之作为一项长期战略推行。

城镇化过程中应"量水而城"。城镇建设要因地制宜，绝不能盲目攀比城镇化率和城镇规模，应根据可采集的最大水资源量，确定城镇规模的界限。减少对水资源的需求量，降低生活污水的排放量，减轻对水体的污染。尽量减轻农业用水消耗，在今后一段时间的发展中，将面对快速发展的工业化进程，要利用好相对充裕的水资源大力发展其工业经济。

优化城镇布局结构。以大城市为城镇体系的核心和龙头，以中小城镇为城镇体系的扩展延伸方向，以各市县确定的若干个中心镇为重点培育对象，作为城镇体系规划的重要补充，抓紧编制定位科学、布局合理、切合实际的城镇体系规划。

加强水资源的综合管理。实行以流域或区域为单元的水资源综合管理体制；强化对地表水和地下水资源数量和质量的综合管理；要大力推广节水技术，更新节水器具，要调整产业结构，减少耗水型工农业生产项目，引导和鼓励节水型产业的发展；在水资源利用方面，要引入市场机制，运用价格杠杆更好地配置水资源，以利于水资源的节约与保护；提高公众保护水资源的意识，鼓励公众参与水资源规划管理、节水以及水资源评价活动；要加大节水工作的宣传力度，提高公众觉悟，使其正确选择水资源消费模式，积极参与保护水资源的活动和树立节约用水的观念。

5.3 构建生态环境与城镇化协调发展

城镇生态系统是整个生态系统的重要组成部分，建设生态协调的城镇是生态城镇建设的特别要求。随着我国城镇化进程的加快，城镇数量猛增、城市规模扩大、人口增加、生态环境压力加大。如何建设能够实现可持续发展的新型城镇生态系统，实现城镇化与生态环境的协调，是我国生态城镇化进程中必然解决的重大问题。

不断提高生态城镇的生态效益和生态化水平，改变生产环节和消费环节的不适应发展的旧模式。逐步从以往的传统粗放式"单向型"、"经济型"城镇发展模式过渡到可持续的"闭环型"、"效益型"发展模式，引导绿色食品的消费观念，培育环境友好的商品与服务业体系。完善三大功能，首先，改善生态环境，为城镇居民提供生态服务的功能进一步改进；其次，保护自然资源和生态系统，促使对城镇经济社会发展的支撑功能进一步强化；最后，加大循环经济和清洁生产的建设，确保生态城镇经济社会的可持续发展。

坚持绿色低碳发展，打造宜居优势。中小城镇在规模上更加人性化，环境也更亲近自然，相对大城市而言，宜居优势开始凸显。应积极规划绿色低碳发展道路，发挥中小城市风能、水能、农村沼气等清洁资源相对丰富的优势，开发利用清洁能源，发展低碳产业。进一步拓展宜居优势，吸引人才和投资。

◎ 参考文献

[1] 喻新安. 中国中部地区发展报告（2013）：新型城镇化与中部崛起 [R]. 北京：社会科学文献出版社，2013.

［2］倪鹏飞.新型城镇化的基本模式、具体路径与推进对策［J］.江海学刊，2013，1.

［3］刘立峰.对新型城镇化进程中若干问题的思考［J］.宏观经济研究，2013，5.

［4］张占仓.河南省新型城镇化战略研究［J］.经济地理，2010，9.

［5］孙晓冰.山东省低碳生态新型城镇化问题研究［J］.中国人口·资源与环境，2011，S2.

［6］蒋晓岚，程必定.我国新型城镇化发展阶段性特征与发展趋势研究［J］.区域经济评论，2013，2.

［7］冯广京，蒋仁开等.新型城镇化建设需要进一步完善土地调控政策——"我国城镇化中土地宏观调控方向研讨会"综述［J］.中国土地科学，2013，7.

［8］宋伟.传统城镇化路径反思与河南新型城镇化路径选择［J］.区域经济评论，2013，3.

中部地区重要农产品产区和销区的利益补偿机制研究

杨刚强

（武汉大学中国中部发展研究院　武汉　430072）

农产品在受益的非排他性上具有明显的公共产品属性。农产品在其供给和消费过程中会产生外部性，但所产生的价值流量并没有完全反映在市场交易中。为实现农产品供给的公平性和提高农产品利用效率，需通过制度设计实现农产品供给外部性的内部化，让农产品消费的受益区域支付相应的费用，即进行利益相关者补偿。

农产品的供给问题，特别是粮食安全问题是安邦治国的头等大事，也是我国推进"四化"协调发展战略的重大问题。进行重要农产品产区和销区的利益补偿是缓解我国工业化、城镇化发展与农业资源保护矛盾，农业资源输出区域与受益区域利益分配失衡，区域经济差异与区域主体功能约束冲突等问题的必然要求，也是我国促进惠农增粮、"三化"协调发展的客观需要，具有重要的战略意义。

中部地区是我国重要的优势农产品生产区域，2011 年生产了全国 30.2% 的粮食、26.1% 的棉花、42.3% 的油料，除棉花产量低于西部地区外，产量均居全国之首，为保障国家农产品供给安全做出了巨大贡献。中部地区承担了更多的农产品供给功能，但并没有得到农产品主销区的相应利益补偿。加之，现行的农业补贴政策、粮食风险基金制度等的不完善，导致中部地区一些粮食主产区成了"粮食大省，工业弱省，财政穷省"（蒋和平，2009），使中部地区陷入"产粮越多财政负担越重"，"贡献越大义务越多"的不利境地，出现了"穷省"补贴"富省"、粮食主产区政府债台高筑等问题。因此，建立科学合理的农产品产区和销区的利益补偿机制，是确保我国重要农产品的供给安全、促进中部地区崛起、实现区域协调发展的重要举措和必由之路，具有重要的现实意义。

1. 中部地区农产品产区发展面临的现实困境

中部地区是我国重要的粮食生产基地，也承载着全国生态环境保护、自然资源开发、承接产业转移等多重功能，但区际关于重要农产品、资源、环境等关键要素的利益补偿机制尚未形成。中部地区农产品产区的发展面临着诸多困境，农产品的有效供给面临着诸多挑战。这些困境和挑战，一方面是源于我国粮食主产区自身的要素投入、制度保障等机制不完善，更深层次的原因在于国家粮食安全的区域功能定位没有将粮食的提供者和受益者的范围界定清楚，在粮食主产区建设的责任主体与粮食主产区建设的受益者之间没有建立起匹配的利益互动关系（赵波，2011）。当前，构建农产品产区和销区的利益补偿，主要源于以下三对现实矛盾的存在和日益突出。

1.1　工业化、城镇化发展与农业资源保护矛盾

随着中部地区工业化、城镇化进程不断加快，一方面有效带动了农产品需求的迅速增

长，为中部地区农业发展提供了广阔的空间；另一方面，使农业发展所受到的资源环境约束日益增强。工农业比较收益的差异，导致资源配置在城乡及三次产业间严重扭曲，土地、水、资金、劳动力等资源要素大量被城镇和工业发展所挤占（柯福艳、顾益康，2013），中部地区农业发展面临着耕地减少、水资源短缺、环境污染、农村空心化等诸多挑战。公共财政收入的城市依赖和公共服务的城市偏向，也导致了农业农村基础设施建设滞后、农业现代化进程缓慢。中部地区只有形成工业化、城镇化和农业现代化"三化"协调的补偿机制，才能有效保护能源资源，提高粮食的综合生产能力，确保国家粮食安全，为经济社会发展、建设和谐社会，奠定坚实的基础。

1.2 农业资源输出区域与受益区域利益分配矛盾

资源禀赋差异往往与相对独立的区域利益相对应，但随着人类生产能力的提高，对自然资源转移的能力越来越强，资源禀赋差异与区域利益相对独立间出现了矛盾（黄寰，2012）。中部地区是我国重要的农产品主产区，也是重要农产品的输出区、初加工区，而沿海地区是我国重要农产品，特别是粮食的主销区。主产区有效的粮食供给，保障了主销区经济社会的发展，在一定程度上强化了东部沿海地区先发展的比较优势，进一步扩大了区域发展差距。但东部地区粮食主销区并没有对粮食主产区进行必要的利益补偿，区域之间的利益分配呈现出固化的态势。虽然国家不断加大对粮食主产区的扶持和补贴力度，但由于农业生产的比较收益低，使粮食主产区种粮的面积越大，粮食产量越多，种粮农民的收入越来越少，地方财政补贴的金额越来越多，严重影响了种粮主产省的生产积极性。虽然粮食主产区的粮食年年在增产，但产粮大省的经济总量上不去，人均 GDP 与工业发达的省份差距越来大（蒋和平、吴桢培，2009）。同时，由于我国当前的粮食风险基金制度的不完善，出现了"穷省补富省"等逆向调节的现象。因此，只有理顺农产品输出区和受益区的利益关系，加大对农产品输出区的补偿，才能有效推进区域协调发展。

1.3 区域经济差异与区域主体功能约束矛盾

区域经济差异往往与区域主体功能定位差异相对应，二者具有相互重叠和交织的特征。近年来，我国区域经济差距扩大的趋势得到了遏制，各地区经济增速呈现趋稳态势，西部地区继续保持领先，中西部和东北地区发展速度延续了快于东部地区的良好势头。但中西部地区经济持续增长的基础比较脆弱，在经济总量、人均收入、结构提升等方面都明显滞后于东部地区。按照国家主体功能区规划，我国大部分东部沿海地区都是属于优化开发区域，中部地区除一些重要城市和经济带属于重点开发地区外，农产品产区和边远地区大多属于限制开发区或禁止开发区，使得一些投资政策、产业政策、财税政策、生态政策等在不同地区存在较大的差异（薄文广、安虎森等，2011）。任何一个地区特别是落后地区都有发展的权利和愿望，中部地区的农业资源富集区和边远地区自身经济发展水平就相对落后，远远低于东部发达地区，恰恰又被划入限制开发区和禁止开发区，承担着以提供农产品为主体功能，以提供生态产品、服务产品和工业品为其他功能，在国土空间开发中限制进行大规模高强度工业化城镇化开发，使得其丧失了发展机会或提高了发展门槛，造成了区域发展福利的损失。因此，只有健全不同区域和利益主体之间的利益协调和补偿机制、完善不同主体功能区间价值补偿的标准和实施、促进公共财政政策的转型和地方政府考评体系的改革等，才能有效缓解中部农产品产区发展面临的一系列问题。

2. 中部地区重要农产品产区和销区利益补偿机制的构建

农产品产销区的利益补偿是一项系统性的、复杂的制度安排。它不仅涉及区域内工业化、城镇化与农业现代化之间的利益补偿与协调发展，也涉及跨行政区农产品产区与销区的利益补偿。不仅要对补偿的重点和领域进行界定，还要对补偿的主体、补偿的机理与路径、补偿的标准等做出具体的制度安排。

2.1 农产品产销区利益补偿的对象、主体及依据

农产品主产区的利益补偿是一个包含多方面内容的综合体，其本质内涵是农产品消费受益者对农产品提供者付费的行为。补偿的对象主要是指那些承担农产品供给、粮食安全、生态环境保护等功能，并被相应实施限制开发或禁止开发，从而导致减少或失去发展机会而影响其经济和社会发展水平提高的农产品主产区。按照"谁受益谁补偿"的原则，补偿的主体主要是指农产品销区、农业资源承载区开发利用者或相关各方，既包括政府，也包括个体、企业或者区域。对于利益补偿的依据，理论上可以按照机会成本法、市场价值法等来衡量。但是从实际情况看，中部地区的农产品主产区大多属于经济欠发达地区，可以将区域发展水平作为利益补偿的重要依据，按照区域发展水平以及与其他区域、全国发展水平的差距来估算更加可行，依据的主要指标包括人均 GDP、人均财力、人均公共产品和公共服务拥有量等。

2.2 农产品产销区利益补偿的重点领域

目前，中部地区农产品产区的各种资源要素和支撑条件已经绷得很紧，农产品持续供给面临着耕地减少、农业基础设施落后、种粮农民积极性不高等问题。因此，中部地区农产品产销区的利益补偿，应着重突出以下几个方面的重点领域：

（1）粮食综合生产能力的提升。粮食综合生产能力是指一定时期的一定地区，在一定的经济技术条件下，由各生产要素综合投入所形成，可以稳定地达到一定产量的粮食产出能力，主要包括耕地保护能力、政策支撑能力、科技服务能力和基础装备能力（冯久先、夏龙生、林德容，2012）。提高粮食综合生产能力是确保国家粮食安全的根本举措和必由之路。当前，中部地区粮食主产区农业固定资产投资不足、农业基础设施建设滞后、防范自然灾害的能力不强，粮食主产区粮食生产能力不断下降，粮食调出能力减弱，中部地区部分粮食主产区已显现出向粮食平衡区或主销区转变的迹象，与中部地区粮食主产区在国家粮食安全战略中的重要地位不相符合。因此，为确保国家粮食安全，应在明确界定粮食的提供者和受益者范围的基础上，建立粮食主销区与粮食主产区匹配的利益互动关系，加大粮食主销区与粮食主产区农业基础设施建设、农业科技等的补偿力度，有效提高中部地区粮食综合生产能力，确保国家粮食安全。

（2）农村基本公共服务体系的健全。建立健全农村基本公共服务体系，既是工业反哺农业、城市支持农村的重要内容，也是也是农产品主产区现代农业发展的客观需要。当前，由于公共服务资源空间分配不公和公共服务体制改革相对滞后等因素的影响，中部地区基本公共服务"供给不足"和"享受不均"的问题依然存在，出现了区域经济发展与

基本公共服务供给失衡为特征的发展失衡，特别是中部地区农产品主产区的公共服务供给不足与配置不均问题共存。公共服务均等化的推进主要依赖于政府的财政支出。由于中部地区农产品主产区将农产品的供给放到首位，造成当地发展机会及财政收益的减少。转移支付制度是实现基本公共服务均等化、调节收入再分配和实现政府政策目标的重要手段。中部农产品主产区基本公共服务的均等化，迫切需要有组织地安排转移支付来给予合理的补偿。

（3）农民种粮积极性的提高。农民是中部地区粮食生产的主体，农民种粮积极性的高低对中部地区粮食供给能力的提高起着决定性的作用。农民从事粮食生产为国家的粮食安全作出了贡献，但由于粮食产业生产周期与劳动机会的不一致限制了农户技术进步与收入增加的机会，形成了机会损失。理性的粮农会将其生产愿望置于机会损失与职业转移成本的比较之中，一旦机会损失突破其职业转移的成本，他们将放弃种粮（陈波、王雅鹏，2007）。尽管国家取消了农业税，对种粮农民实行粮食直补、良种补贴、农机具购置补贴和农资综合直补，但是目前的各项补贴数量有限，使用分散，种粮比较收益低下的困境并未因粮价提高和种粮补贴增加而发生根本性改变。随着工业化、城镇化的快速发展，农村外出务工人员增多，农业劳动力呈现出结构性紧缺，将来谁来种粮？这就需要加大对粮食主产区粮农的利益补偿，补贴的下限是粮农职业转移成本与机会成本的差额，是他们因种粮而放弃耕地进行其他经济作物耕种的损失，以维护粮农的种粮热情，保障粮食安全（陈波、王雅鹏，2007）。

（4）农业多种功能供给的激励。农业生产是在特定的农业技术水平和资源环境条件下进行的，是自然再生产和经济再生产相结合的过程，其在提供粮食和纤维等具有市场价值的经济品的同时，也提供大量具有多种用途和功能的非经济品产出，如保障粮食安全、就业增收、农业景观生物多样性、生态保护、观光休闲、文化传承和社会福利等，具有经济、生态、文化和社会等方面的功能。农业多种功能性与经济发展、社会进步相辅相成，互为促进。实现农业的多种功能，既是巩固农业基础地位、适应经济社会发展的客观需要，也是我国发展现代农业、提高农业综合生产能力、抗风险能力和市场竞争能力的必然要求。当前，中部地区正处于转变经济推进农业现代化与工业化、城镇化协同发展的关键时期，农业发展正面临着深刻的变化。农业基础仍然薄弱、农村剩余劳动力转移和农民增收、农业生态环境保护、农耕文化的传承等都面临着新的挑战。

农业非经济品产出具有明显的公共物品特征和外部性属性，其价值和成本无法通过市场交易和产品价格来体现，如果没有财政支农政策对市场失灵的弥补和外部性的激励，农业多种功能供给将严重不足。目前，我国财政政策在鼓励农业生态、社会和文化等功能供给方面，存在明显的低效率和社会福利损失现象，农业多种功能供给缺乏有效的财政制度保障和支持。因此，农产品销区对产区的利益补偿，还应着眼于对农业经济功能、社会功能、环境功能的补贴。

2.3 农产品产销区利益补偿的方式

根据外部性理论，公共产品在其供给和消费过程中会产生正外部性。对中部地区农产品产区进行利益补偿的核心问题，就是要使农产品的正外部性内部化。其公共政策主要有两个：一是政府干预，征收"庇古税"，即政府应采取适当征税和补贴的经济政策来矫正外部效应。二是市场机制，通过利益双方的博弈与协商，即市场化交易方式来实现。市场化补偿坚持利益补偿的经济利益性，以实现资源最优化为导向，通过市场机制的作用规避利益补偿带来资源扭曲。相应的其利益补偿方式主要有直接补偿和间接补偿。直接补偿是通过财政转移支付或价格补贴方式直接补偿受损方，是一种现实的、确定性的补偿方式，但受地方财政支付能力以及补偿金额大小、标准难以确定等的约束，在实践中利益补偿效果受到一定影响。间接补偿是通过技术资金支持、项目合作、人才交流、信息共享和政策扶持等方式平衡地区发展差距，协助利益受损方或其他合作方创造合作平台，是一种潜在的、弹性的、灵活的补偿方式，它通过提高合作各方自我发展能力，实现"非零和博弈"效果（李帧、刘名远，2012）。

中部地区建立重要农产品产区和销区的利益补偿机制，需要把握政府干预和市场化利益补偿的特点和机理，并根据不同的补偿内容灵活运用两种补偿方式，有效实现区域资源的优化配置和整体社会福利的提高。

（1）政府的财政转移支付。通过中央纵向和地方横向两级财政转移支付手段，理顺农产品产销区利益分配关系，建立农产品产销区利益补偿、共享与风险共担、分流的运行机制。

①完善国家粮食风险基金制度。粮食风险基金是中央和地方政府用于平抑粮食市场价格，维护粮食正常流通秩序，实施经济调控的专项基金。我国现行政策规定，粮食风险基金实行分级负担，中央负担60%，地方负担40%。随着国家财力的增强，应逐步取消粮食主产区的地方财政粮食风险基金的配套部分，使这些省的粮食风险基金全额由中央财政负担。特别是要加大对中部地区的粮食净调出区的财政转移支付力度，解决"产量越多，包袱越重"的反差（蒋和平、吴桢培，2009）。

②重要农产品专项补偿基金。依据重要农产品主销区调入粮食量及其农业生产用地用于非农业用途的土地数量，分别按照采购每公斤粮食价格的10%～12%，土地出让资金总额的6%～8%，提取相应的补偿资金，通过横向财政转移支付给农产品主产销区。主要用于农产品主产区农业基础设施建设，农村基本公共服务的建设，增加农民收入，调动农民从事农业生产的积极性。

③定点项目补偿。东部地区的农产品主销区政府，通过项目的形式对中部地区农产品主产区进行补偿投入。主要是东部农产品主销区政府运用财政资金，支持中部农产品主产区的学校、医疗卫生等公共服务项目建设，以此改善和提高区域内农民的生活质量，调动农产品主产区农民从事农业生产的积极性，提高农产品主产区的农业综合生产能力。

（2）市场化方式补偿：

①农产品产区基地建设。积极利用税收、信贷等手段，引导农产品主销区政府和农产品加工龙头企业按照"优势互补、互利互惠、利益共享、风险共担"的原则，加强与农产品主产区的合作，与农产品主产区农民建立稳定的合同关系和利益联结机制。一是共建农产品生产基地。按照"龙头企业+基地+农户"等多种形式，农产品主销区政府或企业在农产品主产区投资建设农产品生产基地、外向型农产品出口基地。二是促进农产品加工业的发展。以龙头企业为依托，建立大型农产品生产、加工、销售基地，逐步形成专业化、标准化、规模化的农业产业带。鼓励和引导龙头企业按行业进行联合，形成具有较强

竞争力的企业集群。一方面，有利于加强农产品主销区企业和农产品主产区农户的利益联系，使农户最大限度地分享农产品加工、流通等环节的利益，促进农产品主产区劳动力就业增收。另一方面，有利于缓解农产品主产区农业基础设施建设的资金压力、形成多元化投入机制，突破农产品主产区发展现代农业的资金瓶颈。

②"飞地"开发补偿。"飞地"开发补偿就是按照国家主体功能区的要求来调整生产力布局，即农产品主产区继续推进农产品的生产，农产品主产区政府或企业到农产品主销区的优先开发区、重点开发区划出特定园区进行定向异地开发，将所得的利税返回农产品主产区，作为支持农产品主产区经济社会事业建设的启动资金。

③智力与技术补偿。农产品主销区的各级政府，可以利用当地农业科技、人力资本的优势，大力加强农业科技的研发与推广，采用"传帮带"的方式，以技术扶持的形式对农产品主产区的农户给予支持，实现农产品主产区采用先进的农业机械和良种，进行适度规模经营，提高劳动生产率和农业综合效益。同时，通过提供无偿或低价的技术咨询和指导，培养一批农业大户和创业型农民，提高他们的农业生产技能、技术含量和组织管理水平，进而增强其农产品生产能力，为农产品主销区提供安全可靠的农产品。

3. 完善农产品产销区利益补偿机制的制度保障与政策安排

3.1 设立多层次的农产品产销区利益补偿机构

按照"平等、协商、互利、创新、共赢"为原则，以推进农产品产销区利益补偿、实现参与合作各方利益为目标，构建包括东中部地区农产品主产区和主销区的各级政府部门、企业部门、社会中介等共同参与的沟通和协调机构，通过定期召开协调会议，研究农产品产销区利益补偿政策措施，统筹农产品主销区补偿农产品主产区的重大项目区域布局和要素配置，协调农产品产销区利益补偿等重大问题。最大化实现治理权力的非中心性和非层级性，参与行为主体地位的平等性和非隶属性，并针对不同层次、不同类型的农产品产销区利益补偿问题，实现各区域主体参与决策互动的最优化，以提高解决问题的针对性，全面推进东部地区农产品主销区对中部地区农产品主产区的利益补偿。

3.2 发挥政府在农产品产销区利益补偿中的主体作用

政府是农产品有效供给的责任主体，政府也是补偿农产品产区的重要付费主体之一。如何发挥好政府尤其是与农产品产销联系较为密切的地方政府在利益补偿中的作用，将是关系区域农产品产销区利益补偿的关键问题之一。当前，农产品销区各级地方政府应充分认识到对农产品产区利益补偿的价值所在，形成合作的共识，协商区域农产品的联合供给模式和途径，并形成完善的集体决策和成本分摊机制、利益分享和补偿机制、监督机制和裁决机制，才能在区域利益补偿和资源配置中，实现区域优势互补和农产品的有效供给。同时，农产品产销区地方政府合作机制形成以后，应带动其他主体参与农产品产区各项经济社会事业建设的积极性。为地方企业间的合作以及本地企业的向外拓展，提供良好的政策环境，引领和推动广大民间组织，特别是行业管理类的组织开展广泛合作，加强彼此间信息交流、人员往来、物资流通，形成统一的市场，降低各方的交易成本，进而实现合作共赢。

3.3 构建农产品产区利益补偿的多元融资体系

农产品产销区利益补偿的实现，有赖于充足的资金投入和合理分配。应积极建立政府引导、市场推进、社会参与的多元区际农产品补偿投融资机制，形成多元化的融资格局。一是要增加国家财政投入。增加对农业补贴力度，继续实施对产粮大县的奖励和重点粮食品种最低收购价格制度。科学调整预算内基本建设支出结构，增加各级财政对农产品主产区农业基础设施建设和农业科技投入。全面推进横向财政转移支付，有效补充中央财政投入，改变地区间利益分配格局，协调地区间农产品的供给。二是在明晰产权的基础上，通过 BOT、TOT、PFI 等投资基金，利用市场手段获取农产品主产区发展所需资金。三是对农产品主产区农产品加工企业实施更多的税收减免政策，其中最重要的就是减免农产品加工企业的企业所得税和产品增值税，并对中部地区农产品出口实行与法定退税率一致的退税政策，出口退税率尚未达到法定税率的农产品，应优先考虑适当提高出口退税率，以鼓励农产品主销区的企业到农产品主产区从事生产经营活动。

3.4 完善农产品产销区利益补偿的法律法规

农产品产销区利益补偿的顺利实施，最重要的就是制定一种对各成员具有真实约束力的制度安排，即要建立区域间农产品利益补偿的立法工作，形成系统的农产品产销区利益补偿体制和长效保障机制。当前，应认真借鉴国外农业补偿立法方面的成功经验，积极开展我国区域农产品利益补偿立法的研究工作，着重对立法依据、立法目标、立法步骤、法律框架、保障体系等基础性问题进行深入研究，对立法进程中的关键性问题实施率先突破。同时，要有效实现与现有法律、规划、政策的对接，构建全面系统的农产品产销区利益补偿法律体系。

◎参考文献

[1] 贺军伟，杨春华，李冠佑. 粮食主产区深层矛盾待重视 [N]. 农民日报，2013-9-17.

[2] 蒋和平，吴桢培. 建立粮食主销区对主产区转移支付的政策建议 [J]. 中国发展观察，2009，12.

[3] 黄寰. 区际生态补偿论 [M]. 北京：中国人民大学出版社，2012.

[4] 赵波. 中国粮食主产区利益补偿机制的构建与完善 [J]. 中国人口·资源与环境，2011，1.

[5] 柯福艳，顾益康. 工业化、城镇化、农业现代化同步发展：障碍因素、长效机制与改革举措 [J]. 农村经济，2013，1.

[6] 龚霄侠. 推进区域主体功能区形成的区域补偿政策研究 [J]. 兰州大学学报，2009，4.

[7] 薄文广，安虎森，李杰. 主体功能区建设与区域协调发展：促进抑或冒进 [J]. 中国人口·资源与环境，2011，10.

[8] 国家发展改革委国土开发与地区经济研究所课题组. 我国限制开发和禁止开发区域利益补偿研究 [J]. 宏观经济研究，2008，5.

［9］杨刚强. 我国农业多种功能供给的财政激励政策研究［J］. 武汉大学学报（哲学社会科学版），2012，6.

［10］冯久先，夏龙生，林德容. 提高粮食综合生产能力的建议［J］. 经济要参，2012，51.

［11］陈波，王雅鹏. 粮食机会损失形成与补偿研究［J］. 华中科技大学学报（社会科学版），2007，2.

［12］李桢，刘名远. 区域经济合作利益补偿机制及其制度体系的构建［J］. 南京社会科学，2012，8.

［13］范恒山. 中部地区深化对外开放与区域合作的战略与策略［M］. 武汉：武汉大学出版社，2013.

粮食主产区利益补偿的经济分析[*]

沈 琼

（郑州大学商学院 郑州 450001）

1. 引 言

粮食主产区是指土壤、地理、气候等自然条件适合种植粮食作物，同时在粮食生产上具有比较优势的区域。我国粮食主产区一般以省为单位，粮食产量年均达到 1000 万吨，人均粮食占有量达到 300 公斤即可划分为粮食主产区，分为小麦、玉米和稻谷三个优势产区，包括黑龙江、吉林、辽宁、内蒙古、河北、山东、河南、安徽、江苏、湖北、湖南、江西和四川等 13 个省份。粮食主产区的农业结构以粮食种植为主，承担着保障国家粮食安全的重任，在我国农业和农村经济发展全局中具有举足轻重的地位。统计数据显示：2012 年，13 个粮食主产区以 40% 的国土面积和 65% 的耕地面积，提供了 76% 的粮食和80% 以上的商品粮。然而，粮食主产区在为粮食安全做出重大贡献的同时，自身陷入了"粮食多，收入低，财政穷"的发展怪圈，这在一定程度上挫伤了粮农和主产区政府主动发展粮食产业的积极性。为了改变国家粮食安全完全由粮食主产区承担这种不合理状况，需要对粮食主产区承担的粮食安全义务进行利益补偿，以调动主产区提供商品粮食的积极性，促进主产区粮食产业可持续发展。因此，本文选择粮食主产区利益补偿为研究对象，试图回答以下三个问题：为什么要对粮食主产区进行利益补偿，补偿的标准是什么，如何来进行补偿。

由于人口大国粮食安全的重要性，国内学者对我国粮食安全及粮食主产区利益补偿机制研究成果颇丰。曾福生、匡远配（2009）测算出粮食主产区对国家粮食安全的贡献率达到 71.7%。王雅鹏（2005）认为，农户生产经营规模小，粮食商品量少，粮食收入在农民家庭现金收入中的份额低，政府的价格补贴对农民增收所起的作用并不大，粮食生产者积极性的高低直接影响到粮食生产能否发展，而建立对种粮农民的利益补偿长效机制则是保护和调动农民种粮积极性的关键。赵波（2011）认为：我国粮食主产区建设随着国内外市场环境变化、各种矛盾约束加剧，依然面临诸多困境。如：二元结构矛盾突出、收入差距较大、农业基础设施建设滞后、粮食生产能力差异明显和发展粮食生产的包袱沉重。张忠明（2012）通过对粮食主产区和主销区人均财政收入进行多元线性回归，发现人均财政收入与人均粮食产量呈显著的负相关，得出发展粮食生产会导致地方政府财政收入减少。吴泽斌、刘卫东（2009）提出从机会成本出发计算粮食产区利益补偿，认为补

* 河南省哲学社会科学项目《粮食主产区家庭农场经营的要素配置与政策设计研究》（2013BJJ017）的阶段成果。

偿金额至少能够弥补耕地种植粮食的机会成本。曲福田（2007）认为对粮食补贴应从粮食安全的外部性出发，通过增长提成、税收和市场调节等多种方式的组合，补偿粮食生产带来的外部性。刘先才（2005）提出，要通过破除体制和机制障碍、稳定粮食购销关系、支持主销区到主产区建设粮食基地等多种方式，促进产销区域对接。韩俊（2008）认为，要保障国家粮食安全，应以粮食净调出省为重点区域，加快探索建立粮食主产区和粮食生产者利益补偿机制。上述研究结论具有重要理论与实践价值，推动国家粮食产业政策的不断完善，同时为本文提供了方向和观点上的启发。

2. 为什么要利益补偿——粮食安全的公共产品属性与耕地用途管制分析

学界普遍支持粮食生产需要利益补偿的观点，然而，对其原因进行分析的时候，出发点较为庞杂，大致分为理论分析和实证分析两类：理论分析的学者有从粮食是准公共产品出发，有从粮食生产具有正外部性出发，有从粮食需求缺乏弹性出发，还有从粮食生产的机会成本出发等；实证分析的学者有从粮食生产与粮农收入的负相关性出发，有从粮食生产与非粮生产的平均利润率比较，还有从粮食生产与地方政府财政收入之间的相关性出发等。本部分从基本经济学原理出发，对粮食生产利益补偿依据进行系统的归纳，提出较为客观的粮食生产补偿对象。

与一些学者认为粮食是公共产品或准公共产品持不同的观点，作者认为粮食实际上是一种私人物品，具有私人物品的排他性和竞用性，它的供给与需求完全可以依靠市场来进行有效率的调节。但与粮食供给有关的国家粮食安全，却是一个纯粹的公共产品，既无排他性又无竞用性，国家粮食安全不能通过收费的方式排除某些人使用，一些人享受国家粮食安全也不影响其他人享受，此外，粮食安全还具有不可分割性，即效用不可分割地提供给所有社会成员。按照世界粮农组织的标准，国家粮食的自给率达到95%以上、年人均粮食达400公斤以上、粮食储备达到本年度粮食消费的18%，即可称之为粮食安全。国家粮食安全作为一种纯粹公共产品，存在着使用上的搭便车现象，由于无法将未支付成本的消费者排除在外，导致追求利润最大化的私人部门无法提供国家粮食安全保障，这就产生了市场失灵。因此，对国家粮食安全而言，由政府提供既可以避免市场失灵，又兼顾了公平和效率。当然，政府提供并不意味着政府直接生产，政府可以向私人部门购买产品然后把它提供给消费者，也可对私人部门进行补贴，使之愿意提供足额的供给。显然，无论政府的高价购买还是对私人部门的补贴，都属于对私人部门的利益补偿。

从图1中可以看出，依据我国土地劳动等生产要素配置，粮食供给曲线为 S_1，粮食需求曲线为 D_1，粮食市场的均衡点为 M，对应价格为 P_1，数量为 Q_1，但是，Q_1 数量低于粮食安全线 SS 对应的数量 Q_2，完全依靠市场，国家粮食安全供给目标不能实现，要想达到国家粮食安全目标，政府必须进入市场，使得市场提供数量为 Q_2 的粮食，理论上政府可以通过移动供给曲线和需求曲线两种方式来进行，移动需求曲线 D_1 使其到达 D_2 位置，粮食均衡价格上升为 P_3，粮食是所有商品中最为初级的商品，粮食价格的上涨必然导致工业成本上升，进而推动 CPI 不断上涨，这与维持物价稳定的宏观调控目标相冲突，不是一项最优政策选择。政府只能移动粮食的供给曲线，使得粮食供给曲线从 S_1 移动到 S_2 位置，与粮食需求曲线 D_1 相交于 N 点，才能保证国家粮食安全目标的实现。市场均衡的结果是较低的粮食价格 P_2，粮食供给量 Q_2，粮食生产者的收入从 OQ_1MP_1 下降到 OQ_2NP_2，其利益受损，这也从理论上解释了"粮食大区，收入低区"现象。

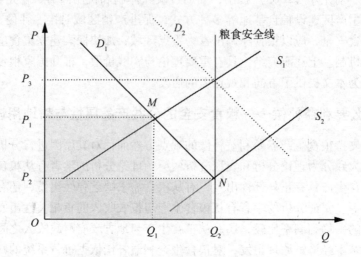

图 1　粮食生产利益补偿的经济分析

　　中央政府在保障国家粮食安全的实际操作过程中，往往通过行政任务下达的方式，以省为单位，实施粮食省长负责制，由于粮食安全的公共产品属性，该项制度设计并不能剔除搭便车行为，一些省份粮食产量逐渐下降，由粮食产区变为粮食销区。另外，中央政府按照粮食生产的比较优势原则，选择了适合粮食生产的区域，即 13 个粮食主产区为国家提供粮食安全保障。为了督促粮食主产区完成任务，对转变耕地用途实施严格的限制，粮食主产区由于粮食种植面积大，基本农田比例高，因此限制耕地转变用途的政策对主产区的影响要大于非主产区，而粮食主产区绝大部分属于工业化城镇化落后的区域，必然导致粮食主产区在工业化和城镇化进程中面临着最大的土地瓶颈。以中原经济区为例，2012年 11 月，国务院正式批复《中原经济区规划》，使得总面积约 28.9 万平方公里、总人口约 1.5 亿人，城镇化率仅 40.6% 的区域上升为国家战略，当然，中原经济区在现代化建设中有一个重要的前提条件，即"两不牺牲"——不以牺牲粮食生产和生态环境为代价，中原经济区由于大量耕地用于粮食生产，这实际上对二三产业用地产生了一定的挤出，从而在一定程度上限制了该区域二三产业规模的扩大。自农业税取消以后，政府无法从农业中获得税收，地方政府的主要财政收入来源于二三产业，二三产业发展滞后必然又会限制地方政府财政收入的增加，造成了粮食主产区"产粮大省、财政穷省"的局面。通过限制某些地区和人群的发展来换取另一些地区和人群的发展实际上是一种严重的社会不公平，这显然与和谐社会的要求是不相符的。

　　因此，粮食主产区利益补偿要以区域公平为出发点，以保障国家粮食安全为目的，调整粮食安全保障的作为主体与不作为主体之间经济利益分配关系的、具有经济激励作用的制度安排，该制度要求未尽或未完全尽粮食安全保障责任而享受粮食安全保障的利益主体对超额尽到粮食安全保障责任并付出额外代价的商品粮生产者和主产区政府提供利益补偿或进行利益转移，调动其保护耕地和生产粮食的积极性。

3. 补偿多少——基于成本收益的比较分析

从理论上探讨得出，基于粮食安全的公共产品属性出发，利益受损对象有商品粮生产者和粮食主产区政府，基于公平性和激励性原则，需要对受损利益进行补偿。计算粮食主产区的补偿标准，需要测算不同地区在国家粮食安全战略中的贡献。以粮食自给率为指标，图2显示了2012年我国各省区粮食自给率情况。从数据中可以看出，2011年我国31省市中16个粮食自给率达到100%以上，其中，宁夏、新疆和甘肃人口少，粮食自给率虽高，但粮食总产量较低，不能提供更多的商品粮，未列入粮食主产区。粮食自给率前三位分别是黑龙江（376%）、吉林（304%）和内蒙古（255%）。粮食生产不足的区域中，最严重的三位分别是上海（13%）、北京（14%）和天津（30%）。粮食主产区的粮食产量高于必要的粮食产量，对粮食安全做出了额外贡献，这个额外贡献就是补偿的对象。一般来讲，补偿的数量等于需要补偿的耕地的面积与单位耕地面积补偿金额的乘积。各区域首先应在国家统一规定的粮食自给率要求下，根据各自耕地生产力条件和人口数量，确定其在一定时期内应该确保的耕地数量，即必要粮食播种面积，然后，计算各区域实际播种面积与必要播种面积的差额，这个耕地差额就是需要补偿的耕地的面积。以2011年数据为例，计算出粮食主产区耕地补偿面积如图3所示，其中，黑龙江省需要补偿的耕地面积最大，为56.36万亩。在确定了补偿的耕地面积以后，需要确定单位面积耕地补偿的金额。单位面积耕地补偿金额是耕地用作其他用途所能产生的收益与种植粮食收益之间的差额，粮食生产占用的耕地从理论上讲可以转为两大类用途，一是种植其他作物；二是转作非农用地。按照机会成本理论，粮食生产的机会成本对于粮农而言是第一类用途带来的收益，对于主产区政府而言是第二类用途带来的收益。因此，测算出单位面积耕地种植粮食的机会成本，即得出粮农和粮食主产区的补偿标准。

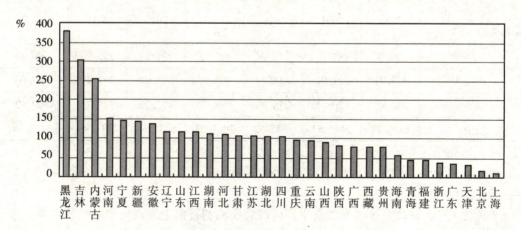

注：粮食自给率计算按照粮食总产量/人口数×400。

图2　2012年我国各省区粮食自给率情况（%）

资料来源：根据《中国统计年鉴》数据计算得到。

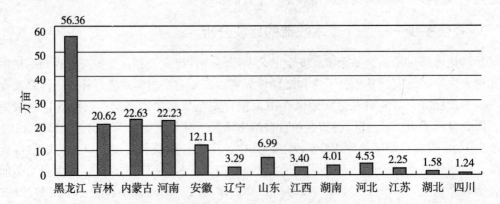

注：需要补偿的耕地面积=（粮食总产量-常住人口×400）/粮食单产

图3　以2011年数据为基准计算的粮食主产区需要补偿的耕地面积（万亩）

资料来源：根据《中国统计年鉴》数据计算得到。

在种植业内部，粮食生产不具备竞争优势，表1选择了粮食作物与纤维作物（棉花）、油料作物（花生）、园艺作物（苹果）的单位土地净利润进行比较，2006—2011年的六年平均净利润中，三种粮食每亩土地净利润为199.46元，仅为棉花的54%，花生的40%，苹果的6%，剔除苹果产出需要一定的生产周期因素，其单位净利润仍远高于粮食。对于粮食生产者而言，在收入上不仅低于社会平均利润率，而且低于农业利润率。对主产区粮食生产者的补贴即为需要补偿的耕地面积×（单位面积非粮作物平均净利润-单位面积粮食作物净利润）。

表1　　　　　　　　　粮食作物与其他作物单位土地净利润比较（元/亩）

年份 作物类别	2006	2007	2008	2009	2010	2011	六年平均
三种粮食	154.9	185.18	186.39	192.35	227.17	250.76	199.46
棉花	335.72	387.92	−16.71	308.59	983.97	202.49	367.00
花生	372.90	620.01	256.39	546.38	497.26	722.79	502.62
苹果	1636.79	2442.57	1945.52	2941.28	5031.68	4611.99	3101.64

注：三种粮食指小麦、水稻和玉米。

资料来源：全国农产品成本收益资料汇编（2007—2012）。

"粮食大区，财政穷区"是粮食主产区政府面临利益损失表现出来的经济现象。粮食主产区政府在保障国家粮食安全的过程中，损失了稀缺的土地非农化带来的土地出让收入和发展第二第三产业带来的税收收入。图4显示了2011年粮食主产区每亩土地出让价格情况。土地出让价格最高的是江苏省，均价为91.24万元/亩，按照人均400公斤粮食计算，江苏省粮食自给率仅为107%，基本处于产销平衡状态。土地出让价格最低的是内蒙古，均价为 23.71 万元/亩。发展第二、第三产业带来的税收收入可以用该地区平均亩产税收指标来衡量。亩产税收是一个税务管理概念，指以纳税人占用单位土地面积在一年内所产生的税收收入情况来分析其占用资源与税收贡献之间的关系，如今在经济发达地区被广泛用在政府对工业园区土地资源使用效率的评估和招商引资指标设置。由于不同区域不同产业的亩产税收差距较大，因此，选择粮食主产区的亩产税收平均值作为政府提供"超额"粮食的机会成本。由于亩产税收还是一个比较崭新的概念，具体的数据信息并没有公开发布，因此，本文只是提供了一种计算粮食主产区政府利益补偿的一种思路。对主产区政府的补贴即为需要补偿的耕地面积×（单位土地出让收入+单位土地税收收入）。

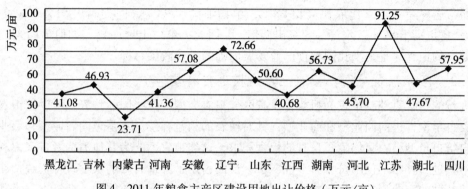

图 4　2011 年粮食主产区建设用地出让价格（万元/亩）
资料来源：中国国土资源统计年鉴（2012）.

4. 如何补偿——目标、对象和模式的再设计

我国现有的对粮农和主产区的利益补偿政策主要是各类粮食补贴政策和产粮大县财政奖励政策，包括最低收购价支持政策、产粮大县财政奖励政策和良种推广补贴、农机购置补贴、粮食直接补贴、农资综合补贴四种粮食补贴政策。从政策设计目标看，既要保证粮食产量增加又增加农民收入，但从经济学角度来讲，这两个目标存在冲突性；从政策的主体看，作为国家粮食安全受益者的粮食主销区政府、粮食消费者没有为此支付相应的费用，这就造成了收益与成本的不平衡；从资金来源看，除中央财政支出外，需要地方政府配套投入，而粮食主产区多数为经济不发达地区，政府财政收入不多，粮食补贴配套资金加剧了地方政府的财政困难；从政策的客体来看，承担福利损失的粮农和地方政府是补贴资金的获得者，但存在有限补贴资金的分散使用，导致补贴效率低；从补偿标准来看，金额偏低，对增加农民收入和政府作用不大。因此，现有的粮食利益补偿政策其政治影响远大于其经济影响，而真正能支撑粮食主产区发展的利益补偿机制尚未建立，本研究为如何构建粮食主产区利益补偿机制提出以下观点。

4.1　由数量向质量转变，明确粮食安全利益补偿的目标

2012 年，我国粮食播种面积为 111267 千公顷，粮食总产量为 58957 万吨，进口 1398万吨，表明我国粮食自给率已达 98%。我国的粮食支持政策一直以提高粮食产量为目标，

该目标的设立对于人口大国的粮食保障有着极其重要的意义，但是，需要注意的是，对于一个耕地资源稀缺、人口众多的国家或地区来说，目前我国粮食主产区普遍处于工业化、城镇化率较低的局面，粮食生产并不具有经济上的比较优势，大量稀缺的土地资源用到粮食种植上也同时意味着我国蔬菜瓜果等作物供给的不足，意味着工业化城镇化发展面临土地瓶颈。因此，粮食安全的数量目标实质上是有限度的，只要能保障95%的粮食自给率就足够，如2012年，我国人口13.54亿，按人均粮食占有量400公斤的标准进行计算，需要粮食5.4亿吨，按照联合国粮农组织95%的自给率，国内粮食生产达到5.1亿吨，粮食安全是有保障的。对于中央政府而言，当前粮食安全更值得关注的目标是粮食质量安全，随着人口城镇化进程加快，居民将从谷物消费转向更多的肉、蛋、奶等高蛋白食物消费，城市居民蔬菜需求比农民高出28%，植物油高出24%，肉类高出51%，家禽高出136%，禽蛋高出87%，水产品要高出两倍。① 因此，单位土地面积上如何为国人提供更营养健康的粮食才是未来我国粮食产业发展面临的重要政策目标。

4.2 区分粮农对象，按照生产规模进行补偿

现行的粮食直补政策较为粗放，没有区分粮农类型，按照国际趋势，可以把粮农区分为自给自足型，迈向商业型和商业型，针对粮农的利益补偿对象是迈向商业型和商业型粮农，自给自足型粮农只保障了自身的粮食需求，这类粮农不能为其他消费者带来福利的转移，对其进行补贴不仅不符合公平性要求，反而占用了大量有限的粮食直补资金，使得真正需要补贴的商业型粮农享受补贴力度不足，而且增加了耕地流转的机会成本，不利于粮食生产规模扩大，也不利于家庭农场经营等现代农业模式的推广。譬如，作者调研的河南省扶沟县某村，人均粮食播种面积不足1亩的农户数量占整个村农户数量的87.5%，这些农户明显的特征是兼业经营，粮食生产为家庭副业，老人和妇女是劳动主体，经营粗放，效率低下，种植粮食仅为了占有耕地和满足家庭粮食消费，按照当前的粮食直补政策，这类农户享受的粮食补贴占据了该村粮食补贴的78.5%。改善粮食直接补贴方式，应在以承包土地面积为标准的基础上，增加按粮农出售商品粮数量进行累进式补贴的方式，使种粮直接补贴资金真正补给生产大户和规模化生产，而不是那些不种田的土地承包者和自给自足的粮农。

4.3 组建粮食安全补偿基金，鼓励政府与市场混合化运作

粮食安全补偿基金是指：由中央政府、粮食主销区政府、粮食消费者和社会等粮食安全受益主体，依据各自受益程度，强制缴纳一定数量的资金或者以财政拨款或者以其他方式向社会筹措资金后形成的用于补偿粮食主产区因粮食生产导致的损失的资金集合。粮食主产区利益补偿基金可以采用粮食安全税、GDP增长提成、粮食主销区土地出让金提成、社会募集等方式筹集。用于弥补粮食主产区地方财政困难和加强粮食主产区公共服务、农田水利基础设施建设、扶持产业发展和增加粮农收入。粮食安全补偿基金的运作可以借鉴发达国家采取政府与市场相结合的方式，有利于充分发挥政府和市场两方面的作用，提高补偿的效果和效率。发挥政府在利益补偿中的主导作用，通过各类制度设计方式引导资源

---

① 根据2012年《中国统计年鉴》数据计算得到。

向粮食主产区流动，又要积极探索直接支付模式和中介支付模式等市场化手段，引导不同市场主体达成交易。

4.4 以产业链延伸为契机，设计粮食主产区的内在激励机制

自2004年实施粮食利益补偿政策后，我国粮食产量连续九年增长，剔除技术因素外，粮食生产的积极性主要来自于外部激励，粮农和主产区政府粮食生产内在激励不足，内在激励属于经济有效性激励，通过一系列的制度设计和政策支持，降低粮食生产成本，提高粮食生产的劳动生产率，国际上农业实现现代化的国家中，农业劳动生产率都达到或超过第二、第三产业的劳动生产率，我国的农业劳动生产率仅为第二和第三产业劳动生产率的28%。① 为了扭转这种局面，可以在产粮大县推行家庭农场、农业合作社、农业公司等新型粮食生产经营主体，来代替大量的小粮生产者；推进专业化粮食生产，变粮食生产为粮食产业，构建全产业链模式；引进优质品种，大力发展粮食精深加工，做大粮食物流仓储业，做强优质粮食品牌与营销；支持粮食生产基础设施建设，加大对中低产田改造、高标准农田建设、农业水利设施建设的投入力度；搭建产粮大县与农业高校、农业科研机构的产学研合作平台，重点鼓励良种培育、科学栽培与安全储运的发明以及农业生产设备和农机具上的自主创新。

◎参考文献

[1] 蒋和平，吴桢培. 建立粮食主销区对主产区转移支付的政策建议 [J]. 中国发展观察，2009，12：24-25.

[2] 朱新华，曲福田. 不同粮食分区间的耕地保护外部性补偿机制研究 [J]. 中国人口·资源与环境，2008，5：148-153.

[3] 陈明星. 粮食主产区利益补偿效应评价体系研究 [J]. 调研世界，2012，7：57-61.

[4] 张红玉. 我国粮食补贴政策研究 [M]. 上海：立信会计出版社，2010.

[5] 王雅鹏. 对我国粮食安全路径选择的思考——基于农民增收的分析 [J]. 中国农村经济，2005，3：4-12.

[6] 国家粮食课题组. 粮食支持政策与促进国家粮食安全研究 [M]. 北京：经济管理出版社，2009.

[7] 曾福生，匡远配. 粮食大省对粮食安全的贡献度分析 [J]. 农业经济问题，2009，6：14-19.

[8] 张忠明，粮食主产区利益补偿机制研究 [D]. 中国农业科学院，2012.

[9] 赵波. 中国粮食主产区利益补偿机制的构建和完善 [J]. 中国人口·资源与环境，2011，1：85-91.

---

① 郑新立. 中国经济如何实现稳增长 [M]. 上海：译林出版社，2013：80.

中部粮食主产区的贫困及补偿机制的完善

王 锋

（江苏师范大学商学院 徐州 221116）

根据比较优势原理，一国在两种商品生产上较之另一国均处于绝对劣势，但只要处于劣势的国家在两种商品生产上劣势的程度不同，处于优势的国家在两种商品生产上优势的程度不同，则处于劣势的国家在劣势较轻的商品生产方面具有比较优势，处于优势的国家则在优势较大的商品生产方面具有比较优势。按照比较优势原理，两国交易的最终结果是各自产品价格市场化，两个国家分工专业化生产和出口其具有比较优势的商品，则两国都能从贸易中得到利益。由此可见，不论是两国还是一个国家内不同地区，如我国的东部和中部地区，按照比较优势生产，都可以提高自身福利水平。其中最关键的因素，就是产品价格的市场化。

1. 中部地区的贫困

中部地区包括山西、安徽、江西、河南、湖北和湖南六个省，河南、湖北、湖南、江西、安徽五个省都是国家粮食主产区，由于其地理、土壤、气候和技术等条件适合种植粮食作物，农业资源丰富，机械化水平较高，并具有一定比较优势的地区，其商品粮数量占全国商品粮数量的80%。中、东、西部地区经济结构比较，第一、二、三产业占国内生产总值的比重大约为20%、50%和30%。其中，东部沿海地区非农业产值已占到农村社会总值的80%左右，农业产值仅占20%。而中、西部地区非农业产值则仅占20%，农业产值却占了80%。这种经济结构的差距，导致东部发达地区农民收入主要来源于效益较高、风险较小的第二、三产业，而中西部地区农民收入70%～80%则来源于效益较低、风险较大的第一产业。①

就粮食生产而言，有较强的外部性。粮食本身不是公共产品，其价格应该由市场形成。国家粮食安全政策的制定，使中部粮食主产区不仅要满足自身需要，同时承担了保障全国消费者粮食安全的义务。但是，相比而下，东部地区从事粮食生产不具有比较优势，保障自身供给能力不足，由此导致了中部发展农业、东部推进工业的产业分工，这种分工虽有其合理性，但不具有公平性。由于粮食产品的国家收购及其限价政策，粮食的供给价格弹性大于需求价格弹性，粮食价格信息存在一定滞后性，导致蛛网现象存在，对粮食生产产生不良影响，从事粮食生产比其他行业生产要承担更大的市场风险。粮食生产投资回报率明显低于工业品生产。粮食生产所需固定资产较多，但是利用率偏低，生产资金周转缓慢，投资回收期较长、技术进步滞后，对粮食生产投入资本缺乏足够吸引力。按照国家

---

① 长子中. 关注粮食主产区面临的问题［J］. 发展研究，2009，2.

政策要求，一个地区生产的粮食越多，中央补贴基金越多，地方政府配套的粮食生产资金就越多。由于工农业本身价格"剪刀差"形成了东部地区对中部产粮区的第一次"剥夺"，同时，国家配套资金的要求加剧了中部地区的贫困，形成了对中部产粮区的第二次剥夺。按照现行的政策，粮食风险基金分担比例为中央60%、地方配套40%，地方仍然要拿出很大一笔钱来，使由于粮食主产区粮食风险基金收支矛盾较为突出，陷入"产粮越多财政负担越重"的困境。同时，为了保障粮食安全，主产区各项硬性配套设施如农业机械化等投入日趋增多，由于农业投入收益的低下及滞后性，又无形加大了与东部工业主产区的差距。从河南省的数据来看，人均纯收入全省排名后30名的县中有25个县属于平原农区粮食主产县。近几年，河南贫困人口出现了向粮食主产区集中的趋势。按照《国家粮食战略工程河南核心区建设规划》确定的93个粮食主产区县，有52个县农民人均纯收入低于全省平均水平，其耕地面积占全省耕地面积的48%，粮食产量占全省粮食产量的57%。从城镇化的角度考量，粮食生产与城镇化发展的目标并未相互协调，商丘、周口、驻马店、信阳是河南的4个产粮大区，城镇化率平均只有25%。①

由此，形成了东部与中部不均等的现代化路径选择，中部以农业现代化带动工业化、城镇化，东部以工业化带动农业现代化、城镇化，这两种现代化的结果截然不同。东部地区可以选择以牺牲农业尤其是粮食为代价的推进路径，中部地区选择依靠农业和农业自身积累推进现代化，显然无法顺利完成剩余劳动力由农村到城市的转移，发展工业所需的土地、资金等要素很难从自身获取，必然加大东部及中部地区的经济差距。

2. 中部粮食主产区农户补偿机制的完善

当前，我国的农业补贴主要由国家财政和地方财政共同承担，直接拨付到种粮农户手中或账户。尽管，我国自从2004年就推行了粮食补贴，这种政策对于保障粮食安全和提高种粮农户积极性有一定积极意义，但是这种政策的激励效果还需进一步考虑。其主要原因如下：一是种粮大户和普通农户按种植面积平均受益。而大多数普通农户都从事第二产业，有的在外打工搞建筑，有的经商搞运输，有的在家搞养殖等，而种粮大户则多是专业户，收入比较单一，而对于他们的种粮补贴优惠体现得并不是很明显，没能起到真正鼓励种粮大户的作用。二是现行的粮食补贴给了种植主要粮食作物的农户，其中自家种的自用自销粮也划归到粮食补贴政策体系中，同样享受补贴等。

对粮食生产者的利益补偿将长期持续，补偿机制是不断被完善的。完善对农户粮食补偿机制需要合理的依据和方法。

2.1 理性经济人研究农户补偿机制的理论前提

苏联的社会农学研究者查亚诺夫，在其著名的《农民经济组织》一书中，以革命前的俄国小农为研究对象，指出资本主义的计算利润方法不适用于小农的家庭农场，因其生产目的主要是为了满足其家庭的消费需要，而非追求最大利润，小农的经济活动和经济组织均以此作为基本的前提。舒尔茨《改造传统农业》一书中，认为农民的经济行为并非

---

① 张冬平，邓蒙芝．制约粮食主产区农民增收因素分析［J］．农业经济问题，2006，3.

没有理性，农民作为"经济人"比起任何资本主义企业家来一点都不逊色，因而传统农业的改造完全可以寄希望于农民为追求利润而创新的行为。科特认为生存取向的农民家庭的特殊经济行为来源于这样一个事实，即其与资本主义企业不同，它既是一个消费单位又是一个生产单位，以可靠和稳定的方式满足家庭生存的最低需求。波普金认为，小农的农场完全可以用资本主义的公司来描述，而小农无论在市场活动还是在政治活动中，都更是理性的投资者。

2.2 土地经营制度研究农户补偿机制的理论基础

农户家庭经营制度是现行制度。我国由于人多地少的国情，再加上耕地不断减少的情况，人地矛盾十分突出。目前我国人均耕地不足 0.1 公顷，户均耕地不足 0.5 公顷，不仅大大低于美国（户均规模 40 公顷），而且也不足世界户均耕地的 1/3，由此构筑于农业生产和经营的微观组织农户家庭分散经营，是一种兼顾公平和效率的选择。①

2.3 农户分类对现行补偿机制的完善

针对农户家庭经营制度和理性经济人假设前提，按照农户分类完善现行种粮补偿机制，补偿即可以为资金直接补偿，如受教育程度对补偿影响。一般来说，受教育程度比较低、年龄较大的农户，不容易学习和吸收新的技术，更希望得到直接补偿。也可以是如就业培训、技术服务、劳动力转移等间接补偿。如在农业收入水平比较低的现状下，农户家庭收入水平越高，农户家庭收入可能更多元化；农户家庭收入水平越高，越是希望可以得到长远的、持续的、稳定的收入增长源。因此，农户家庭收入水平越高，农户更希望得到间接性的补偿；农户家庭所拥有的土地面积对农户选择直接补偿有负影响。理论上讲，农户家庭所拥有的土地面积在一定程度上决定了农户的家庭财产，拥有土地面积比较大的农户，可能更希望得到间接的补偿，期望从经济的发展中获得长远的经济利益，尤其是从土地开发中获益。因此，农户家庭所拥有土地面积越大，可能越期望得到间接补偿；农户兼业情况有两类：一类是以非农业为主，包括打工、做生意等；另一类是仍以农业为主。兼业以非农业为主的农户，更期望得到间接性补偿；农户的种植依据对于农户的补偿期望有显著影响。农户选择种植何种农产品，可以反映出农户市场意识的强弱。一般而言，以市场导向为依据的农户，市场意识比较强，也更希望可以通过提高自己市场信息收集能力，来取得更好的收益，同时这部分农户可能希望政府提高技术培训，可以种植出更适应市场需求的农产品品种，从而获得更多的收益；农户种植的品种对农户的补偿期望有显著影响。目前农户种植的品种概括起来主要有两类：一类是以经济类作物为主，包括蔬菜、瓜果之类；另一类是以粮食作物为主，主要是水稻。一般而言，经济类作物的收入较高，但是成本也比较高；而粮食类作物收入比较低。以粮食作物为主的农户，农业生产对于他们可能更多的是一种保障性的作用，或者其人力资本并不适合种植经济类作物，因此，可能更希望得到直接的补偿，可以对他们起到保障性的作用；农户种植目的对于农户的补偿期望有显著影响。农户种植目的归结起来主要有两类：一类是以自我消费为主，包括满足家

---

① 刘力，谭向勇. 粮食主产区县乡政府及农户对小型农田水利设施建设的投资意愿分析 [J]. 中国农村经济，2006，12.

庭的消费以及饲养家禽等，另一类是以市场销售为主，包括上门收购与到市场上销售。一般而言，以市场销售为主的农户，可能希望通过更好的市场销售来提高自己的收益，所以更倾向于选择政府可以提高智力补偿，选择间接的补偿方式。

3. 中部粮食主产区政府补偿机制的完善

政府的利益补偿机制具有长期性、广泛性和外部性。粮食从生产到销售有固定的周期，属于长期性活动，而补偿机制的实施也是持续性的。粮食安全长期受到国家的重视，因此，完善促进粮食主产区的补偿政策，在很大程度上可提高国家的粮食储备能力和降低粮食风险。政策制定应充分发挥其导向作用：

3.1 促进粮食价格市场机制的形成

减少粮食生产销售的行政干预。粮食主产区为完成储备粮任务，除了生产者承受粮食成本增加的负担外，地方政府及粮食企业还承受了巨额的仓储、损耗、利息等费用，而沿海发达地区获得商品粮并非完全由市场调节，很大程度上是通过行政手段完成；加大对产粮区工业化和城镇化的支持。加大对中部产粮区粮食精、深加工的支持，提高粮食行业的利润。建立粮食主产区农业产业化专项资金，将粮食产业的有关税收全部留给地方等。通过优惠政策，推进粮食主产区工业化、城镇化进程；加快建立产、销区共同承担的粮食安全责任机制，积极发挥市场的引导作用，建立和完善产销区之间相对稳定的购销衔接和利益补偿机制。鼓励销区与产区通过远期合约方式建立稳定的长期购销关系。同时，择机开征粮食消费税，用于增加粮食调出省的农业投入。

3.2 促进农业集约化经营体制的形成

"集约化经营"一词最早是由前苏联学者提出，集约是相对粗放经营而言，集约化经营是以效益（社会效益和经济效益）为根本目的，对经营诸要素进行重组，以最小的成本投入获得最大的投资回报。对农业而言，集约化是在一定面积的土地上，集中地投入较多的生产资料和活劳动，运用先进的技术和管理方法，以求在较小面积的土地上获得高额产量和收入的一种农业经营方式。出台农业政策，促进土地流转，促进农业规模化。

3.3 促进农民专业化经营体制的形成

在我国，既从事农业生产，又从事非农业生产的，家庭收入中既有农业收入又有非农业收入的农户被称为兼业农户。其中，农业收入占家庭总收入的比重超过90%的农户称为纯农户。关于农户兼业的原因，一方面，农业内部的推力和非农产业的拉力促进了农户离开农业；另一方面，农业的拉力使农户继续保持经营农业。但从长远来看，农户的兼业行为不利于农村经济发展，出台政策，扶持家庭农场和种粮大户，使农户兼业化为主走向专业化为主。

3.4 促进农业组织化机制的形成

根据中部地区农业经营主体已经呈现出多样化的特征，要推进农业规模经营，就要发展现代农业经营主体，建立"政府+农民合作组织或私营企业"的农业组织体系，形成以政府公益服务为辅，农民合作组织和营利组织为主的协同服务模式。

◎参考文献

[1] 长子中. 关注粮食主产区面临的问题 [J]. 发展研究, 2009, 2.

[2] 张冬平, 邓蒙芝. 制约粮食主产区农民增收因素分析 [J]. 农业经济问题, 2006, 3.

[3] 刘力, 谭向勇. 粮食主产区县乡政府及农户对小型农田水利设施建设的投资意愿分析 [J]. 中国农村经济, 2006, 12.

[4] 郭淑敏, 马帅, 陈印军. 我国粮食主产区粮食生产影响因素研究 [J]. 农业现代化研究, 2007, 1.

[5] 吴照云, 蔡文著. 粮食主产区农业发展与国家粮食安全问题研究 [J]. 安徽农业科学, 2007, 11.

[6] 吴照云, 朱丽萌. 粮食主产区农民增收国家支持体系构想 [J]. 农业经济问题, 2007, 7.

中部地区资源性产品输出和输入地利益补偿机制研究

孙元元

（武汉大学中国中部发展研究院　武汉　430072）

1. 利益补偿机制存在的问题

1.1　资源开发对中部地区的环境破坏严重

资源开发给中部地区带来了较为严重的环境破坏，以山西的煤炭开采为例，在山西煤炭的开采过程中，不仅排水、排气，煤矸石自燃、堆放和煤炭运输扬尘等引起的环境污染问题；地表河流径流减少甚至断流，地下水破坏与漏失，造成地表植被枯萎退化；矿区塌陷灾害造成地表变形，引起民房墙体开裂以及土壤沙化、肥力下降、导致农作物减产等问题；破坏严重地区甚至发生地质灾害，民居大量倒塌，人畜吃水困难，严重影响当地居民生活（张红和郭芷琳，2009）。可见，中部地区的资源开发同时伴随着生态破坏、环境污染、资源枯竭等问题，这种情况下急需找到资源品输出和输入地间合适的利益补偿机制，才能更好地促进资源开发地区生态环境的修复与保护，进而形成环境和经济的良性协调发展。

1.2　中央与地方政府间的资源开发利益冲突依然存在

中央与地方政府间的资源开发利益冲突首先体现在自然资源开发收益权分配方面，由于在我国当前的自然资源开发中，拥有投资开采权的主体可以获得相应的资源收益权，故而各地方政府都希望能争取到矿产资源的开采权，以便从中分享更多的资源开发收益，利益的驱动使地方政府不惜牺牲生态环境及居民利益来获取暂时的经济利益。其次体现在资源税对中央与地方财政收入影响，由于我国现行的资源税收入相当一部分归地方政府所有，这样既削弱了中央对于地方资源开发的宏观调控力度，也很容易导致部分地方政府只顾眼前利益，过度开发资源，以期获得更多的收益。

1.3　资源开发地群众利益难以得到保障

资源开发往往忽视当地居民的利益诉求，在补偿方式、标准及仲裁机制等方面缺乏比较规范的补偿政策，双方之间在补偿标准、方式等方面存在较大的分歧，包含土地征用补偿、拆迁补偿、健康伤害补偿以及财产损失补偿等补偿往往难以落实，从而导致当地居民与资源开发企业之间的矛盾和冲突。资源开发地居民在争取恰当利益时一般处于弱势地位，使得其所得利益常常难以弥补其所受到的损失。

1.4　资源有偿使用制度并不完善

自然资源利用制度应该反映出所有者及使用者经济利益的实现、资源的高效配置及资源开发的约束，并保障资源地的生态环境。然而现有的资源有偿使用制度并不完善，资源所有权与使用权高度统一在国家手中，导致资源的所有权及使用权，都无法通过市场进行交换，资源配置效率很低，资源价值无法真实反映出来（晁坤，2004）。而且资源的无价或低价使得资源开发进入壁垒过低，资源开发者无法意识到资源产权的价值。而国内资源的低价，实际上也是在补贴世界其他国家。外商投资企业利用中国资源价格的扭曲，通过全球性的资源配置，将高能耗的生产制造环节转移到中国，中国承担高能耗、高污染的环境成本，而利润却被跨国公司转移到国外（汪红驹，2006）。

1.5 资源开发补偿制度主体目标不明确

虽然现行的政策有许多与有偿使用与补偿关系密切的政策，但在资金的征收和使用渠道上并没有体现"有偿使用"和"补偿"的概念和含义。就矿产资源补偿费而言，其设立的初衷是补充国家地勘投资资金来源的不足，但《矿产资源法》将其作为使用矿产资源的费用。两者收费都是国家凭借对自然资源的所有权向开发经营者收取占用费和补偿性质的收费。一方面是国家所有权取得的收入，另一方面是促进自然资源的合理开发和利用，但目前看来，两种目标都没有实现，不仅如此，资源的补偿制度仅实现欠量补偿而非等量补偿或者带有惩罚性的超量补偿，达不到补偿的真正目的（洪恩华，2008）。

2. 构建利益补偿机制的理论基础

2.1 自然资源价值论

传统的价值理论认为，自然资源是没有价值的。资源的无价造成自然资源的无偿占有、掠夺性开发和浪费使用，以致自然资源损毁、生态环境恶化和经济发展受阻。关于自然资源是否有价值及价值由什么来决定的争论已久，从自然资源的天然性、有用性、归属性、开发利用难易度等方面进行研究，比较重要的有用价值论，即天然存在的自然资源在人类活动较少时，它更多地具有使用价值，而随着人类经济活动的增多，自然资源的形成及开采过程中逐步有劳动的参与，也同时具有使用价值和价值。自然力和劳动力都是使用价值的源泉（汪安佑等，2005）；效用价值论，即自然资源具有效用，进而就决定它具有效用价值。但无效用的自然资源是无价值的；稀缺价值论，自然资源因为稀缺性而具有稀缺价值，资源价值量的大小与稀缺性成正比；地租理论，为了有效地利用资源，并在市场经济条件下，使资源所有权在经济上得以实现，有必要对资源使用者收取一定费用，即收取资源的绝对地租。

2.2 自然资源配置论

资源配置的社会规则包括自由配置、争夺配置、统筹配置和交换配置，对充裕资源可实行自由配置，在统筹配置中以整体利益为出发点，对可开发利用的自然资源，实行计划管理，实现区域整体利益最大化（陈石，2006），对中部地区稀缺资源应该提倡统筹配置与交换配置，在自然资源配置中应利用市场的基础性作用，使资源配置成本最低化，资源利用效率最大化。

2.3 外部性理论

自然资源的开发利用是一种外部性活动，会产生外部效应，外部效应的存在会导致社会成本和私人成本的分离，进而损害周围居民的福利（高敏雪等，2004）。当外部效应为正时会产生生产的外部经济性、消费的外部经济性及代际外部经济性。当外部效应为负时，生产的外部不经济性、消费的外部不经济性及代际外部不经济性。如对矿产资源的利用，资源开发地区以及资源产品输入地为了追求最大经济利益而过度开发资源，将生态环境遭受破坏的成本转移给资源开发地的居民，形成负的外部性，如此资源品输入地可以采取"补偿"的方式，换取生态环境状况的优化。由于单纯的市场机制不能保证追求个人福利最大化时实现社会福利，即如果市场不能将外部成本内部化于商品和劳务的价格中，就会产生"市场失灵"，导致商品和劳务不能反映它们的外部成本。当出现市场失灵时，政府可以通过制定税收与补贴等经济手段使外部性内部化，实现私人最优与社会最优的一致（李小云等，2007）。

2.4 可持续发展理论

随着社会不断地发展，人类不断地开发利用自然资源，其对资源需求的无限与地球资源的有限之间的矛盾逐渐凸显，以至于经济发展开始受到自然资源有限性的制约。可持续发展的核心是使经济、人口、资源、环境、科技、社会协调地、持续不断地发展，把发展的负面效应和代价减到最低程度，使地球的资源和经济不致遭到严重破坏，既达到发展经济的目的，又保持人类赖以生存的自然资源和环境，从而实现整个经济社会体系的持续健康发展（何建坤，2006）。

3. 利益补偿机制的构建

3.1 利益补偿的主体

资源开发利益的主体包括受偿主体和补偿主体。受偿主体是因资源开发对其切身利益产生重大影响的人，包括自然人、法人和其他组织。具体包括：第一为资源所在地的居民，资源开发给他们带来的直接的影响，居住环境被破坏、生产发展受影响等；第二为资源所在地的基层政府和组织，他们直接承担着当地生态恢复、经济社会发展、资源开发矛盾化解的责任，理应成为受偿主体；第三为市区政府，在某种意义上说，它既是受偿主体，也是补偿主体（庞英姿，2009）。补偿主体是资源开发的受益者。第一为资源开发企业，资源开发企业在生产经营过程中。给当地自然环境带来破坏污染，或影响当地居民经济发展，是资源开发的最大受益者，必须成为补偿主体。第二为国家，中部地区如山西为国家输出了大量的煤炭资源，由此产生的环境破坏十分严重，国家应当为此进行补偿。第三为资源输入地政府，国内自然资源价格的长期扭曲，是造成中部地区向东部地区价值转移的直接原因，由此决定了其他受益区域，特别是东部沿海地区。应该对中部地区生态环境建设予以利益补偿。

3.2 利益补偿的范围

首先是生态环境损失补偿。由资源开发企业和资源输入地对其资源开发过程中造成生态环境的损失给予经济上的补偿。这种补偿应当带有普遍性，只要其开发行为对生态环境造成负面影响，就可以进行补偿。其次是对资源开发地区发展机会受损的补偿，由资源输入地区对由于资源开发而被限制使用资源、丧失部分发展权的当地居民进行补偿。

3.3 利益补偿的方式

对于资源开发的利益补偿，主要是应该建立起以资金补偿为主的补偿体系。首是设立资源开发补偿基金。基金的来源可以是财政预算内资金、排污收费、植被恢复费及资源产品收费。也可以是来自国内外的各种组织及个人的捐赠等。基金的使用主要用于生态环境改善、污染治理、失地农民的补偿和后期扶持，资源所在地的社会事业发展等。其次是开征资源开发补偿费。通过地方立法，开征资源开发补偿费。资源开发补偿费是针对资源开发企业收取的，根据企业开发资源的种类、数量设立不同的征收标准。专项用于生态环境改善、污染治理、失地农民的补偿和后期扶持，资源所在地的社会事业发展等。最后是建立健全资源开发权有偿出让制度，资源开发权有偿出让，既可以体现资源的有效价值，也可以弥补资源开发补偿基金及资源开发补偿费用的不足。

4. 实现利益补偿机制的政策工具

4.1 财政政策

我国现行的税费制度框架，在对国家的所有者权益补偿和资源型城市政府及当地居民的价值补偿方面是远远不够的（路卓铭等，2007），而公共财政政策对中部地区建立资源利益补偿机制发挥着重要的作用，将自然资源有偿使用的税费纳入到财政转移支付制度之中，建立资源开发补偿专项基金，制定资源、生态环境补偿任务，补偿资源开发地区由自然资源开发造成的资源损耗和生态环境破坏。资源补偿基金的资金来源主要有：企业或个人缴纳的资源有偿使用税费全部纳入基金中；将国家对林业、水利农业、扶贫等专项补助金和相关收费收入的一定比例放入基金中，有效利用这类资金中可以发挥补偿功能的部分；根据资源有偿使用的思路和矿产资源开发造成严重的生态环境问题的现实，在现有资源补偿费的基础上有所提高，其收入全部划入补偿基金（任勇等，2006）。对于资源输出地和资源输入地而言，财政横向转移支付对于利益补偿非常重要，一是资源输入地的政府和居民为保护生态环境而付出的额外建设与保护的投资成本；二是因保护而丧失发展机会成本，对于发展机会成本的损失，可以用同类地区在产业结构水平、政府财政收入水平和居民生活水平等指标上的差距来考虑。

4.2 金融政策

深层次的自然资源开发与保护需要强大资本作后盾，社会化投入和多元化融资是资本来源的重要途径，也是市场经济条件下地区经济发展的必由之路，利用资本市场直接融资的方式有：股票上市，债券发行，项目融资，股权置换，设立生态环境基金等。信贷和债券是自然资源环保融资的一种主要方式，现阶段商业银行信贷成为资源环境保护项目融资的重要手段。针对中部地区自然资源可持续发展目标，可以充分利用商业融资手段，鼓励资源输入地加大对资源输出地的融资力度，进而实现对中部地区资源开发地区生态环境保护与经济发展的支持。

5. 促进中部地区资源开发利益补偿的政策建议

5.1 加快建立合理的资源价格形成机制

抓紧推进资源价格改革步伐，切实建立起反映市场供求、资源稀缺程度以及污染损失成本、代内与代际公平成本的价格形成机制。首先是加快培育、完善基础市场，促进资源产权、资源产品自由流动，其次是采取有效措施，积极培育矿业权评估机构、专业经纪公司等市场中介组织，以促进资源市场交易效率和交易深度的提高，最后要完善价格构成要素，在资源产品价格构成中要体现完全成本，即应将资源的开发成本、资源开采后为保证持续开发的补偿成本、资源消耗过程中环境污染的治理成本、代内与代际公平成本等，都考虑到利益协调补偿中去，并用于资源环境的可持续发展。

5.2 加快完善利益补偿机制的法律制度

通过立法强化中部地区资源开发管理，确立资源开发的利益补偿机制，明确资源开发补偿基金、资源开发补偿费的设立和征收，保证资源开发权的有偿出让，使资源输出地区也可以享有资源开发的成果，保证资源开发地的经济社会发展。

5.3 加大利益补偿的资金投入

首先是加大财政转移支付力度，国家和中部地区资源的主要输入地区应该对中部地区贫困资源开发区域加大财政转移支付力度；其次是积极鼓励资源开发企业反哺资源所在地，从其收益中拿出部分资金用于当地建设或直接补偿给当地居民；最后是积极争取各类资金对资源开发地的社会事业及补偿投入，以促使补偿主体和补偿资金多元化。

◎参考文献

[1] 晁坤. 构建我国新的矿产资源有偿使用制度 [J]. 经济体制改革，2004，1.

[2] 孟昌. 对自然资源产权制度改革的思考 [J]. 改革，2003，5.

[3] 张红，郭芷琳. 实施"煤炭开采生态补偿机制"的 SWOT 分析 [J]. 经济问题，2009，11.

[4] 汪安佑，雷涯邻，沙景华. 资源环境经济学 [M]. 北京：地质出版社，2005.

[5] 陈石. 资源配置论 [M]. 北京：经济科学出版社，2006.

[6] 高敏雪，许健，周景博. 资源环境统计 [M]. 北京：中国统计出版社，2004.

[7] 李小云，靳乐山，左停，伊凡·邦德. 生态补偿机制：市场与政府的作用 [M]. 北京：社会科学文献出版社，2007.

[8] 何建坤. 自然资源可持续利用战略与机制 [M]. 北京：中国环境科学出版社，2006.

[9] 汪红驹. 资源价格扭曲使效率与公平皆损 [N]. 经济参考报，2006-1-5.

[10] 庞英姿. 昆明资源开发利益补偿机制研究 [J]. 经济问题探索，2009，4.

[11] 任勇，俞海，冯东方. 建立生态补偿机制的战略与政策框架 [J]. 环境保护，2006，10.

[12] 路卓铭，沈桂龙，于蕾. 短缺与可持续双重视角下资源开发补偿机制研究 [J]. 财经研究，2007，9.

中部地区"三化"协调发展的补偿机制

三化协调发展的补偿机制研究

——以中国中部地区为例

王 磊[1] 沈 丹[2]

（1，2 武汉大学中国中部发展研究院 武汉 430072）

新型工业化、新型城镇化和农业现代化是我国现代化建设的三大方略，三者的均衡发展是区域经济发展的前提条件。在当前的经济历史发展时期，新型工业化、新型城镇化和农业现代化"三化"协调发展作为一项社会经济战略任务，有其新的内涵。① 新型工业化，是指摒弃通过大量土地和自然资源投入，以高投入、低效率的经济增长模式为指引的工业化道路，转而通过提高经济效率实现工业增长，其"新"体现在充分发挥人力资源优势，依靠科技进步，减少资源消耗和环境污染的高效发展模式。新型城镇化是指在新型工业化的推动下，城镇内部和城市体系的功能、结构和质量的提升，包括人口与经济要素的聚集、城市多样性与和谐度的改善，以及城市空间结构的优化。② 农业现代化是以规模经济为基本特征，依靠土地制度的完善和科学化的生产技术，建立生产效率高、生态效益可持续的现代农业生产体系。"三化"协调发展是指三者之间相互促进、良性循环的经济社会系统。

工业化、城镇化和农业现代化构成一项"三位一体"的社会系统工程，③ 三者在协调发展时会彼此支撑、相互促进。农业现代化为城镇化和工业化提供充足的剩余农产品和剩余劳动力；工业化为农业现代化提供技术、生产力资源和农产品加工支撑，为城镇化提供产业链动力、城镇建设资金和就业容量；城镇化为农业现代化、工业化提供充足的载体和环境支撑。同时，三者在共同需要的发展资源上，如土地，也会产生矛盾和竞争，而且在"三化"发展出现严重不均衡时，发展较慢的一方则构成掣肘。"三化"的协调发展，就是三者之间相互促进、共同发展、实现良性循环。

1. "三化"协调发展的内在机理

新型工业化、新型城镇化和农业现代化三者协调互动的机理④，如图1所示。

工业化是"三化"协调发展的重要驱动力。工业化提升农业技术水平，为大规模的机械化生产提供硬件支持。在发展中国家，工业增长作为国民经济增长的主要动力和政府

---

① 王发曾. 中原经济区的新型城镇化之路［J］. 经济地理，2010，30（12）：1972-1977.

② 陆大道，姚士谋，李国平，等. 基于我国国情的城镇化过程综合分析［J］. 经济地理，2007，27（6）：883-887.

③ 王发曾. 中原经济区的三化协调发展之路［J］. 人文地理，2012，3：55-59.

④ 吴旭晓. 我国中部地区城镇化、工业化和农业现代化"三化"协调发展研究——以赣湘鄂豫四省为例［J］. 农业现代化研究，2012，33（1）：1-7.

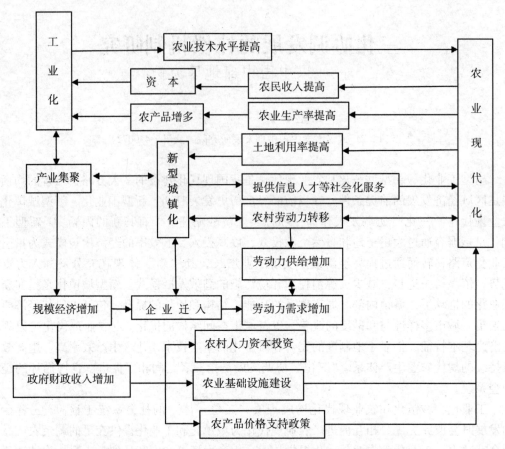

图1　新型工业化、新型城镇化和农业现代化协调发展机理图

财政收入的重要来源，工业化的加速推进为农业现代化提供物质基础和政策支持。工业化进程中，产业园区数量和规模扩大，产业逐步集聚，产业规模经济形成，加速技术创新和创新成果的扩散，进而吸引更多企业入驻，为城市带来多样化的生产部门，完善产业链，推动城镇化发展。

城镇化为工业化和农业现代化发展提供环境支撑。城市中基础设施的完善和公共服务水平的提高以及城市文化创新氛围的提升，加速生产要素的聚集，为工业化发展提供载体。城市建设吸纳大批农村隐性失业劳动力再就业，农民人均收入增加，农村土地趋于集中，为农业机械化创造条件。同时，城市中第三产业的发展，为农业现代化提供技术、信息、人才以及丰富多样的社会化服务，以软件支撑农业现代化。

农业现代化是"三化"协调发展的基础。农业现代化演进过程中，农民收入增加、农业生产率提高带来剩余劳动力、农产品和资本累积，市场机制驱动下，要素会自发流向边际收益更高的工业部门，为工业化增长和城市建设提供充足的资源供给。以规模经济为特征的农业现代化，将极大地提高地均产出水平和土地利用率，在确保粮食安全的前提下，可为城市规模的扩张提供宝贵的土地资源。

2. 美国和日本的"三化"协调发展的路径与经验

世界上的发达国家已基本完成工业化、城镇化和农业现代化进程，实现了三次产业稳步增长，乡村和城市经济生活的高度融合，进入后工业化和再城镇化阶段，本文期望通过探究美国和日本在"三化"协调发展中的宝贵经验，为我国的"三化"协调发展提供有力的借鉴。

2.1 美国

工业是美国"三化"发展的原动力，美国工业化最重要的表现形式是工业革命。[①] 美国第一次工业革命始于19世纪初，工业革命带来工厂制生产的盛行，农村人口涌向城市，大批农民转变为城市工人，同时外国移民涌向城市，也带来丰富的人力资源，城市规模迅猛扩大，城市等级体系初现雏形。城镇化水平伴随着工业化水平的不断提高同步发展。同时，以《宅地法》为代表的土地制度的变迁和农业技术的进步极大地推动了农业的发展，为城镇化提供了大量的劳动力累积。北美第一次工业革命于19世纪70年代完成，19世纪后期以电力、汽车、化学和飞机制造为标志的第二次工业革命开始，第二次工业革命促使美国基本实现工业化。在第二次工业革命后期，城镇化再次进入快速发展阶段，截至20世纪20年代第二次工业革命完成时，城市人口首次超过农村人口。工业化和城镇化的推进带来农业技术水平的提升，农用机械和农药得到广泛应用，农场的数量增加，规模扩大，并呈现地区集中化趋势。美国的工业化、城镇化和农业现代化基本是同步进行的。

第二次工业革命后，美国进入工业化后期，工业对GDP的贡献呈减弱趋势，与此同时，服务业占比逐步攀升，人口和工商业进一步向城市聚集。随着集聚达到顶峰，城市出现拥堵加剧、房价飙升、生活成本上升和生活环境恶化等问题以及交通技术和信息技术的不断革新，美国进入逆城镇化阶段，工业也由集中走向相对分散，由此区域城市格局发生重大变化，乡村和城市的生活方式逐渐融合，步入城乡一体化阶段。

2.2 日本

日本的工业化于20世纪20年代起步，此前是一个典型的农业经济国家。[②] 自明治维新起，日本通过推行一系列农业政策以推动农业发展，为工业化积累了充足的人力资源；通过对农业征收高额税的方式，为日后的工业发展累积原始资本；通过农村耕地整合，为工业化和城镇化提供了大量的土地。明治维新前期的农业发展为工业化的快速推进打下了重要的物质基础。第一次世界大战结束后，日本工业腾飞，带动农村人口向城市的大量转移，城镇化进程快速推进。1940年日本的城镇化率已经达到37.7%，但此后日本陷入第二次世界大战，战后日本又推行将大量劳动力安排在农村的政策，导致城镇化进程的

---

① 王家庭，张换兆. 工业化、城镇化与土地制度的互动关系：美国的经验 [J]. 亚太经济，2009，4：52-56.

② 何平均. 日本工业化、城镇化与农业现代化的互动发展与启示 [J]. 农业经济，2012，6：9-11.

停滞。

1950—1977 年，日本工业化、城镇化再次进入飞速发展阶段，同时加大对农业现代化的投入力度，尤其是对农机化的支持力度，至 20 世纪 70 年代，已基本实现国内农作生产过程的全面机械化。农业人口的减少，生产规模的扩大为实现农业的规模经济创造了条件，极大地提高了人均资本劳动比率，为人多地少的日本工业经济发展提供了有力的效率支持。20 世纪 70 年代后期，日本经济进入后工业化时代，农业业已实现高度机械化，工业产值占 GDP 比重逐渐下降，而第三产业占比提高，吸纳的劳动力数量同步增加，城镇化水平进一步提高，截至 2005 年，日本城市人口比重超过 86%。① 近几年，由于城市拥挤，环境污染等问题的出现，日本也出现了人口向郊区迁移的逆城镇化过程。

2.3 美国和日本"三化"协调发展的典型经验

（1）工业化是原动力，推动城镇化和农业现代化的发展。美国和日本的城镇化都是在工业化的推动下起步，同时二者实现互动发展。城市的聚集效应为工业发展提供充足的载体和社会环境支撑，反之工业化是城市规模扩张和空间结构演化的主要动力。工业化直接为农业发展提供技术支持，城镇化吸纳农村人口进入城市成为非农业劳动力，土地趋于集中，农业土地规模扩大，为农业机械化奠定基础。但是"三化"并非自然协调发展，由于工业相较于农业，城市经济活动相较于农村生产活动有更高的投资回报率，更有利于其吸引资源，容易导致农业发展阶段性滞后。此时，美国和日本充分发挥政府对"三化"的调控职能，对市场竞争和社会保障进行必要的国家干预，对农业发展实施倾斜性的公共政策，积极调整土地制度，引导农业规模经济的形成。② 通过运用法律手段，政府在土地规划、耕地保护等方面作出严格规定，为农业和农村的协调有序发展提供法律保障。

（2）在"三化"推进过程中，美日积极引导产业集聚，调整产业结构，使人口的城镇化进程和产业结构调整速度和方向大体一致。在工业化和城镇化初期，美日首先通过发展就业门槛较低，容量大的劳动密集型产业以实现农村剩余劳动力的同步转移，为工业化和城镇化发展积累下充足的人力资源。随着工业化和城镇化水平的提高，城市的就业、交通和环境压力逐步增大，国家加快城市等级的构建，扶植中小企业的发展，吸纳劳动力落户次级城市和中小城镇。

（3）进入工业化中期后，美日城乡收入差异日益扩大，社会矛盾突出。美日通过高投入高补贴实现资本对劳动的替代，推进以规模经济为特征的现代农业发展，提高低收入人群收入。20 世纪 80 年代，美国政府对农业财政投资为对工业投资的 1.2 倍，日本农户年收入的 60% 来自政府补贴。美日在通过转移支付缩小收入差距的同时，加大农村教育、农业科研以及基础设施建设的投入，缩小城乡差距，城镇化的数量和质量同步提升。

3. 我国的"三化"发展现状

新型工业化、新型城镇化和农业现代化三者之间相互影响，相互制约，是一项社会系

---

① 郝寿义等. 日本工业化、城镇化与农地制度演进的历史考察［J］. 日本学刊，2007，1：80-90.

② 何平均. 国外"三化"同步发展的道路设计、典型经验及借鉴——以美日韩为例［J］. 当代经济管理，2012，34（2）：21-24.

统工程。工业化是"三化"推进的原动力。目前而言，我国的工业化道路面临的最核心的难题是效率低下，主要体现在以下三个方面：① 第一，我国依靠土地、自然资源投入和生态破坏实现资本积累的工业增长方式亟待转型。早期的工业发展往往依靠投入大量资本，发展资本密集型的机器大工业，不断提高资本对劳动的比例来支撑，随着资本替代效率以及平均利润率的降低，这种工业增长模式到达"瓶颈"期，通过提高投资率拉动经济增长的发展模式难以为继。现行工业化国家在第二次工业革命后的经济实践表明，进一步的经济增长需要由物质资本积累转向依靠效率提高推动。第二，资源配置的效率低。资源配置的基本原则是根据具体的资源禀赋，扬长避短，充分发挥比较优势。我国资源禀赋的基本特点是：人力资源丰富，自然资源和资本资源短缺，生态环境脆弱。近些年，许多地方的工业发展却不顾地方资源特点，一味追随某些发达国家工业化发展的历史脚步，集中物力财力发展资源密集和资本密集型的重化工业，导致了成本收益效率低下和生态环境恶化等消极后果。第三，我国的工业发展尤其是制造业发展主要停留在加工、组装和生产制造这些低附加值和低盈利率的环节，向价值链上下游两端延伸不足。凭借廉价劳动力优势，我国成为世界上规模最大的制造业大国，但是仅仅作为生产车间型的世界工厂，大部分的产品附加值被跨国公司带回本国，工业化呈现增长快，发展慢的尴尬局面。

改革开放以来，我国的城镇化加速发展，据统计，1978 年城镇化率为 17.9%，2012 年城镇化率达到 52.6%，34 年间，提高了 34.7 个百分点，而且依然在以超过 1% 的速度推进，但是城镇化的高速发展背后也有低效率的问题。② 一方面，我国人多地少，人均土地资源稀缺，随着"造城运动"在全国范围内大面积铺开，城市通过低价挤占周边农业用地的城镇化模式造成了土地资源的极大浪费。由于土地数量有限，同时利用率低，土地日益成为城镇化发展中的制约因素。另一方面，政府以低价从农村集体征用土地，农民失去土地得到的补偿远不足以使其在城镇中立足，大批"被城镇化"农民工进入城镇的就业市场，但是却并不能享受到城市居民所拥有的教育、医疗等基本公共服务，并未成为真正的城市居民，为经济社会发展埋下隐患。

农业现代化以工业化和城镇化为主要动力和环境支持。农业现代化需要工业化为其提供先进的农业生产技术，生产力资源和农产品加工支撑，需要城镇化吸纳农村的劳动力转移，节约土地等提供环境支撑。相较于工业化和城镇化，我国的农业现代化起步较晚，发展相对滞后。一方面，现阶段农业生产的比较利益低，生产要素多流向比较利益高的非农产业，导致农业发展的投入严重不足。另一方面，工业化效率低下，城镇化挤占农业用地等带来农业生产技术水平不高、耕地面积减少和农业环境恶化等负面效应，阻碍规模经济的实现，使得农业现代化发展缺乏基础。

总体而言，"三化"内部协调发展的动力不足，其中，工业化和城镇化发展的主要问题是效率比较低，农业现代化则由于工业化的低效和城镇化土地浪费严重尚得不到有效支撑，发展滞后。对不同区域而言，不同区域经济基础差异较大，区域发展的定位不同，因此促进"三化"协调发展的补偿机制也就需要因地制宜。下文将以我国中部地区为例，

---

① 吴敬琏. 思考与回应：中国工业化道路的抉择（上）[J]. 学术月刊，2005，12：38-45.
② 吴敬琏. 城镇化效率问题探因 [J]. 聚焦，2013，6：10-12.

重点研究促进中部地区"三化"协调发展的补偿机制。

4. "三化"协调发展补偿机制——以我国中部为例

我国珠三角、长三角地区已经进入工业化后期,城镇化率也高达80%左右,但是长期受到重城轻乡、重工轻农的认识水平和政策导向的影响,其工业和城市的快速发展很大程度上是以牺牲农业和粮食生产,生态和环境保护为代价的。截至目前,我国的粮食主产省已经由原来的20个减少为13个,其中中部河南、山西、湖北、安徽、湖南和江西六省中,除山西外其余五省皆为全国粮食主产省,这表明沿海地区的"三化"发展模式并不适用于中部。中部必须走出一条不以牺牲农业和粮食,生态和环境为代价,实现新型城镇化、新型工业化和农业现代化"三化"协调发展的新路子。

中部地区人口密度大,人均土地占有率低,但是工业化和城镇化的推进必然要增加土地占用,尤其是在目前我国城镇化效率较低的现状下,城镇发展严重依赖于土地供给。然而,农业现代化以规模经济为基础,国家的粮食安全亦决不允许突破18亿亩的耕地红线。由此,解决土地供给矛盾成为中部地区实现"三化"协调发展的重点战略任务。

4.1 推进劳动者就业地和家庭永久居住地的一致性

在我国的城镇化和工业化进程中,由于户籍及相关制度的限制,大多数农村劳动力在城市中的非农产业就业时,就业地和家庭永久居住地距离甚远,据统计,2.5亿外出农民工中举家外出农民工所占比重达1/5,家庭内所有成员长期居住工作在城市,所属房屋则被闲置在农村,出现"空巢现象"①。就业地和家庭永久居住地的不一致造成农民工在城镇和农村"双重占地"(在农村主要以宅基地的形式占地)。解决农村建设用地的闲置和城市建设用地的紧张共存的根本办法在于,通过改革农村土地所有制,确立农民对于土地的所有权,借助市场力量推动农村土地的流转,最终实现社会可利用的土地总量增加。随着农地确权的推进以及户籍等相关配套制度法规的完善,社会以直接的现金支付,一定数量的城市建设用地或者其他社会保障的形式,交换农村人口手中的农村建设用地,使其在城市中定居,以此提高土地的整体利用率。另一种常见情况是,部分农村家庭中的男性青壮年劳动力在城市非农产业就业,家庭中女性劳动力则赋闲在家。通过将家庭居住地迁入城市,除上述增加土地总量之外,一方面女性劳动力得以进入城市就业市场缓解城市"用工荒",提高家庭收入水平;另一方面农村人口相应减少,人均耕地占有量提高,有利于农业现代化的推进。

4.2 建设新型农村社区

河南省最早提出"三化"协调发展的思路,并以建设新型农村社区为实践的突破口,在省内试点的实践中取得初步成果,获得国务院"先行先试"的政策支持,为"三化"在中部地区的协调发展做出了有益探索。新型农村社区是指,破除传统村庄原有的行政界限,经过统一规划,将多个村庄聚合,建设新的居民区以及配套的基础服务设施,统筹区

---

① 宋伟. 中部地区县域经济"三化"协调发展问题研究 [J]. 区域经济, 2011, 5: 58-62.

域产业发展和居民就业，形成高效的居住模式、管理模式和发展模式。① 不同于"增减挂钩"改革之下，农民被"逼上楼房"的"侵权式"土地流转模式，新型农村社区的顺利推进应以农地产权的确立为前提，以土地收益的增加为动力，通过将产业集聚、工业发展和农业农村发展结合起来，实现土地资源的集约利用。河南省新型农村社区建设的初步实践已经证明：在平原地区可以节约农村居民点占地约1/3，而在丘陵地区可以节约农村居民点占地1/2。② 这对于人口密度大、粮食生产任务重的中部地区实现"三化"协调发展有重要的参考和借鉴意义。

4.3　跨地域平衡土地占补

耕地占补平衡，即建设占用耕地与土地整理新增耕地之间的平衡，由于补充的耕地不可能在原址产生，因此，只能是易地补充耕地。但在实践中，易地补充耕地的空间范围通常都局限在本县内或者本市内，跨地域占补平衡开展较少。不同地区经济发展水平高低不同，对发展道路的偏向也不同，一般而言，经济相对发达的地方，建设项目多，种类繁复，会自发集聚，对工业和城市建设用地的需求量更大，因此耕地保护可转移到经济欠发达、建设需求弱的地区。在交易中，买入占补平衡指标的一方，损失耕地，增加建设用地，由此带来就业、税收等收益。卖出占补平衡指标的一方，政府耕地增加，地区人均农地占有量增加，获得粮食增产与耕地保护补贴以及附加的交易补偿等。通过跨地区的土地占补一体化机制的建立，为政府间联络和市场平台的构建提供基础，土地的利用方式实现流转，在此基础上各地发挥比较优势，达到互利双赢。如东北地区可以提供占补平衡指标的卖方较多，部分地方甚至将占补平衡指标作为投资项目发展，而东部沿海则情况相反，卖方少，买方需求旺盛。若跨地域占补长效机制建立起来，全国的工业化和城镇化效率会随土地利用效率同步提升。

5.　结　　论

本文回顾了美国和日本"三化"协调发展路径，总结其经验，分析了我国"三化"发展中的主要问题并以中部地区为例提出建言。"三化"协调发展是一项极为复杂的社会系统工程，三者都对系统整体具有独特的作用方式和运行机制，同时互相影响、互相制约。"三化"协调发展的关键在于，我国的工业化和城镇化发展需要提高效率、节约土地，才能为农业现代化提供有力支撑。解决土地供给矛盾的重点是，统筹政府、市场和社会"三只手"的协作，政府积极改革完善土地等相关制度，为土地流转提供制度保障，积极引导公众参与新型城乡建设的实践；市场充分发挥其在资源配置中的基础性作用，是提高土地利用效率的动力所在；在作为"看得见的手"的政府和作为"看不见的手"的市场在解决上述社会和经济问题时，社会主体间的通力合作、互助自治将提升社会治理水平，为矛盾的化解提供环境支撑。

---

① 胡琳. 河南省以新型城镇化引领三化协调发展的实践经验及思考［J］. 区域经济，2013，6：82-83.

② 张占仓，孟繁华，杨迅周，李明. 河南省新型城镇化实践与对策研究综述［J］. 管理学刊，2012，25（4）：102-106.

◎参考文献

[1] 王发曾. 中原经济区的新型城镇化之路 [J]. 经济地理, 2010, 30 (12): 1972-1977.

[2] 陆大道, 姚士谋, 李国平, 等. 基于我国国情的城镇化过程综合分析 [J]. 经济地理, 2007, 27 (6): 883-887.

[3] 王发曾. 中原经济区的三化协调发展之路 [J]. 人文地理, 2012, 3: 55-59.

[4] 吴旭晓. 我国中部地区城镇化、工业化和农业现代化"三化"协调发展研究——以赣湘鄂豫四省为例 [J]. 农业现代化研究, 2012, 33 (1): 1-7.

[5] 王家庭, 张换兆. 工业化、城镇化与土地制度的互动关系: 美国的经验 [J]. 亚太经济, 2009, 4: 52-56.

[6] 何平均. 日本工业化、城镇化与农业现代化的互动发展与启示 [J]. 农业经济, 2012, 6: 9-11.

[7] 郝寿义, 等. 日本工业化、城镇化与农地制度演进的历史考察 [J]. 日本学刊, 2007, 1: 80-90.

[8] 何平均. 国外"三化"同步发展的道路设计、典型经验及借鉴——以美日韩为例 [J]. 当代经济管理, 2012, 34 (2): 21-24.

[9] 吴敬琏. 思考与回应: 中国工业化道路的抉择（上）[J]. 学术月刊, 2005, 12: 38-45.

[10] 吴敬琏. 城镇化效率问题探因 [J]. 聚焦, 2013, 6: 10-12.

[11] 宋伟. 中部地区县域经济"三化"协调发展问题研究 [J]. 区域经济, 2011, 5: 58-62.

[12] 胡琳. 河南省以新型城镇化引领三化协调发展的实践经验及思考 [J]. 区域经济, 2013, 6: 82-83.

[13] 张占仓, 孟繁华, 杨迅周, 李明. 河南省新型城镇化实践与对策研究综述 [J]. 管理学刊, 2012, 25 (4): 102-106.

"三化"协调发展的经验、机制与路径

付建荣

（武汉大学中国中部发展研究院　武汉　430072）

1. 发达国家三化之间的关系

从国际视角看，大多数发达国家已经完成了工业化、城镇化、农业现代化，美国在1950年进入工业化后期，二三产业的产值占社会总产值的95%左右，非农劳动力占87%左右，城镇化水平达到64%，1950年以后出现了逆城镇化；处于东亚经济圈的国家日本在1977年城镇化水平就达到了76%，1996年城镇化进程基本完成，开始出现逆城镇化，20世纪70年代中期基本实现了农业的全面机械化，2004年日本第三产业产值占国内总产值的71.8%，2005年城镇化率超过86%。发达国家的发展经验告诉我们：（1）工业化必须与城镇化同步发展，日本和美国的城镇化进程都是伴随工业经济的不断发展而逐步前进的；（2）农业现代化是工业化和城镇化发展的重要保障和基础，在城镇化与工业化的推进过程中，农业也一直发展很快，为工业化和城镇化提供粮食、原料以及资金支持；（3）在三化发展过程中，政府政策的指导作用不可忽视，政府职能应与市场作用相结合，以便更快促进三化协调发展，如日本在明治维新时期，农业发展较快，政府也加大了对农业的政策支持，使得农业的良好发展能够为工业发展提供更多的资金和要素支持；（4）技术的进步，工业的发展对于三化协调发展及其实现具有巨大的推动作用，如对美国而言，其中交通运输技术的发展加速了美国城镇化工业化的发展；（5）城镇化和工业化达到成熟阶段后，因为城市人口的不断增加，而环境承载能力有限以及科技、信息、通信技术的发展，人口逐渐从中心向郊区迁移，出现逆城镇化现象。

2. 目前我国三化发展中存在的问题

优先发展重工业，使得工业化超前于城镇化。纵观我国经济发展，在计划经济时期，由于选择优先发展重工业的国家发展战略，一方面由于重工业是资金密集型产业，在当时我国采取了通过牺牲农业，压低农产品价格等机制以降低工业的成本与增加其利润，进而激励重工业的发展，这一发展战略整体上打击了农民的积极性，阻碍了农业的发展；另一方面重工业优先发展的战略直接导致工业化程度的提高，但重工业不像轻工业和服务业那样能够创造大量的就业岗位，因此为了防止城市人口失业，我国实施了城乡隔绝的户籍制度，这严重抑制了农村人口向城镇的转移。这一体制导致我国工业化水平较高，但城镇化水平严重滞后，我国的城镇化长期来一直滞后于工业化。

城镇化更注重土地城镇化，忽视了人的城镇化，城镇化滞后于工业化。改革开放以来，通过农村改革和城市改革我国的工业化和城镇化都有了大幅的提高，在农村改革中为了增加农民收入，解决三农问题也提出让农村人口向城镇转移，总体来说城镇化水平有了很大的提高，但近些年来，虽然很多农民进城务工，然而由于户籍、土地等制度的原因，他们只是在城市工作，却不能享受到与市民同等的社会保障、教育、住房，他们往返于城市与农村，他们的根始终在农村，这一部分人被称为农民工，他们依旧保持着原有的生活习惯、消费习惯，并没有真正地融入城市，这样的城镇化并不能达到国家力图通过推进城镇化来促进国内消费，提高人民生活水平，缩小收入差距的意图；有数据显示2000—2010年，全国城镇建成区面积扩张了64.45%，而城镇人口增长速度只有45.9%，土地的城镇化速度，要远快于人的城镇化速度，而土地的城镇化也影响了农村、农业的发展；还有很多城市不断地扩大城市建设，蔓延式地扩张城市规模，城市缺少相应的产业支撑，这些都是我国城镇化中存在的问题，致使我国城镇化滞后于工业化，也阻碍了农业现代化的进程。

3. 三化协调发展的作用机理

相比于发达国家三化发展的历程与经验，从整体上看我国三化发展还存在上述基本问题，而三化之间的内在协调机制如何，将深化我们对三化协调问题的认识，依此形成正确的理念、采取正确的措施促进三化的协调发展。

从一定角度来看，工业化、城镇化、农业现代化三种发展战略具有过程和目标上的一致性，三种战略协调互动发展与实现是推动社会经济发展的理想形式。

从工业化、城镇化、农业现代化发展过程来看，必须坚持城市（镇）化与工业化、农业产业化互动，三者之间是互相促进、互相作用的，没有工业化，农业产业化就缺少龙头企业，城镇的产业结构难以升级，经济辐射效应缺乏能量，社会生产的比较效益不会显著提高；没有农业产业化，作为联系城市与农村的农副产品加工业和支农工业、服务业就缺乏原料和市场，难以形成规模效益，城镇化发展相应缺乏内在动力。具体来看：

工业化是城镇化、农业现代化的第一推动力。在工业化的进程中轻重工业逐渐的协调发展，创造了大量的就业岗位，这样就会吸收大量农村剩余劳动力，对城镇化的发展起到了很重要的作用；工业化的发展为农业现代化的实现提供了可能，工业化的发展可以为农业发展积累资金，对农业发展给予更大的支持，工业化的发展伴随着技术的不断进步，促进了农产品的深度加工、有助于增加农产品的附加值，农业组织生产方式发生新的变化，农业发展机械化、产业化成为可能，机械化的发展和农业生产效率的提高，农村剩余劳动力进城，农村人口减少，土地规模化经营成为可能，促进了农业现代化、产业化的加快实现。

农业现代化是工业化、城镇化顺利推进的基础和保障。农业现代化的实现进一步促进了农业生产效率的提高，出现了剩余劳动力，从而为城市提供充足的劳动力资源；同时农业的发展为工业化和城镇化的不断推进提供基础的粮食、原料，成为工业化、城镇化推进的基础保障；随着农业生产效率的提高，人民生活水平的提高，农村成为具有很大潜力的工业品的消费市场，促进了工业化和城镇化的实现。

从目标来看，新型工业化、新型城镇化、农业现代化的完成都是为了经济的可持续发展。所以我们必须坚持工业化、城镇化、农业现代化协调同步发展，否则，如果我们单单注重一方面的发展，在今后城市、区域发展过程中还会出现各种各样的问题，从而阻碍城市区域前进的步伐。

4. 在中部背景下如何实现三化协调

不同地区因为地理位置、资源要素不同，选择的发展路径不同，所以三化发展面临着不同的问题。不同地方的政府需要因地制宜从多方面进行努力适应市场机制的作用促进地方的三化协调发展。

中部地区地处中国内陆腹地，起着承东启西，接南进北的作用，中部地区的发展直接影响着国家整体竞争力的提升，是推动区域经济发展的客观需要，中部地区是中国最重要的粮食基地，能源原材料基地，中部地区粮食产量约占中国粮食总产量的40%，这个地区的山西、河南、安徽、江西等省拥有中国最丰富的煤炭资源，该地区的发展影响着中国的粮食安全和能源安全保障能力，对中部地区三化的研究不仅对于区域本身对于全国都具有极其重要的意义。而现阶段工业化、城镇化的推进必然会占用大量土地资源，使得与农业现代化发展之间存在某种矛盾。中部作为重要的能源原材料基地，还处于工业化中期的前半阶段，在工业化的发展中必然需要利用大量能源资源，而由于技术发展水平还较低会造成环境的污染、资源浪费，因而影响工业化的进程，新型工业化难以实现，农业产业化与城镇化就缺乏足够的推动力，所以对中部地区三化发展问题的研究已迫在眉睫。

4.1 中部地区三化发展进程中存在的问题

中部地区拥有丰富的自然资源，是重要的能源原材料基地，工业是中部地区的主导产业，但工业的发展主要集中在能源、原材料加工的重工业，如钢铁、煤矿、电力等，轻工业比重较低；同时在重工业的发展中资源型产业也面临着主要靠资源投入，资源利用效率低下，资源加工程度低，高消耗高污染的问题，这种工业发展模式最终会遇到资源瓶颈，同时也会对生态环境造成严重的破坏，影响城市环境与城市经济的可持续发展。

城镇化过程中由于户籍、土地等各项制度的不完善，农村转移劳动力与城市居民之间的资源分配不公，部分农业转移劳动力虽然从事非农业产业工作，居住在城市，但因为在城市里得不到与城市居民在教育、社会保障公共资源等方面同等的待遇、生活水平远远低于城市居民，所以这部分人仍然将农村的土地作为最低最基础的依靠与生活保障，但由于常年在外务工，大量的农业土地中出现了荒地，这严重造成了土地资源的浪费，同时有些农民工虽举家迁出，但其宅基地仍然存留，这些现象都导致了中部地区人多地少造成的土地这种稀缺资源的低效利用与浪费；有一些城市在推进城镇化建设中，出现了大规模的造城运动，大规模地拆旧建新，占用大量土地，却造成重复建设，导致了土地资源的浪费，有的城市定位太高、速度太快，过快地建造也对生态环境造成了一定的破坏。

中部地区是我国重要的粮食生产基地，承担着支撑我国粮食安全的重要责任，农业现代化的实现要求极为迫切。从现在农业发展状况看，根据有关对安徽省阜南县的调查显示：中部地区农业综合生产能力有所提高，农业的机械化、规模化程度都有显著提升，但规模经营还存在"小、散、短"的问题。所谓"小"，是指规模偏小。所谓"散"，是指田块分散，不利于机械操作和田间管理。所谓"短"，是指承包期短、口头协议流转多、规范合同签订少，且多数是季节性承包（承包旱季），致使承包者存在着短期行为，舍不得投入，不利于耕地保护和开展经营，同时，已经实行规模经营的主体在土地利用方面也受到种种限制。规模化经营是实现农业现代化的重要形式，规模化经营有助于产生规模效益，提高农业生产效率，而合理的土地流转利用机制对于农业规模化经营具有极强的促进作用。

综上所述，中部地区工业化中主要的问题是：中部作为能源资源产业基地，重工业发展中，能源资源消耗高、污染大、利用率低；新型城镇化过程中：城镇化建设中出现的重复建设，资源浪费、生态环境受损坏；各项制度不完善，资源分配不公，造成不彻底的城镇化以及农村土地资源闲置、土地资源利用效率低的问题；农业现代化的发展在不断推进，但依然存在着规模经营"小，散，短"的问题，这种现象与土地制度的不完善有很大的关系。

4.2 有关促进中部地区三化协调发展的措施

针对以上问题，本文主要从资源角度出发：以资源分配公平与提高资源利用效率为突破口，提出了促进中部地区三化协调发展的建议。

对于中部地区的工业发展，尤其是重工业的发展，针对其产业的能源资源过度开采问题，明确界定资源的产权，对于破坏生态环境、自然资源的过度开采的工业生产行为予以一定的税收处罚等；对于工业生产环节，为了可持续发展，发展资源节约型的新型工业化，政府应该在技术研发上给予企业资金支持，以期通过先进的生产设备提高资源的利用效率，提高产品附加值，在政策上鼓励企业使用环保节能排污设备，减少环境污染，这样的新型工业化才更有助于创造良好的城市生态环境，实现重工业生产技术上的改造，打下坚实的重工业基础，以此吸引更多的产业在城市集聚，产业的集聚又形成巨大的集聚效应，继而树立了良好的城市形象，进一步吸引更多产业和人口集聚，以此形成良性循环，促进了城镇化的进一步加快，工业化和城镇化的发展又反过来推进了农村剩余劳动力向城镇的加速转移，促进农业现代化的实现。

中部地区城镇化过程中，应力求实现城乡统筹发展，实现资源共享，均衡教育资源，破除户籍制度的阻碍，实现发展公平，完善社会保障制度，实现社会福利公平，从而避免因资源分配不公而造成的不愿与农村割离的不彻底的城镇化，使进城农村剩余转移劳动力较快地真正融入城市，在城市实现真正的有所依，有基础的生活保障，这样的城镇化才会吸纳更多的农村剩余劳动力，才可能真正地使农业转移劳动力在城市安定下来；建立合理的土地流转机制，打破家庭按户分散经营的小农经济格局，有助于实现土地规模经营，产生规模效益，还有利于保护耕地，以此实现土地转让、交易等，例如进城务工人员可以将土地交给有丰富农业经验的大农户进行规模生产，自己从中获得收益，也避免了土地资源闲置，这种以土地的流转机制引导了土地高效利用、合理配置所形成的规模生产也加快了农业现代化的步伐；关于宅基地，地方政府应推进新型农村社区建设，或者在推进城镇化建设中建立经济适用房、廉租房，实现宅基地与社区居住空间、与城市住房交换，促进居民的集中居住，使进城农民有所住、有一个较稳定的安家之处，集中居住也可以节省出更多的土地资源，通过统一规划节约出来的宅基地，使其由农业用地转换为建设用地，农户可以从中获取土地收益，也满足了工业化和城镇化发展之需，推进了工业化城镇化的进程。

　　农业现代化中最重要的问题也是土地资源的利用与配置问题，要试图完善土地制度，以期促进农业规模化的快速形成进而实现机械化、现代化的农业产业。（1）加强土地承包经营权流转管理和服务，发展适度规模经营，建立规模经营主体的专项补贴制度。采取"以奖代补"的方法，积极发展和培育种粮大户，让其感到多种粮、多收益、多荣誉、有甜头、有劲头、有奔头；对流入户的农田基础设施，要通过项目进行改造，提高其综合生产能力；鼓励流通企业出面与农户对接，对其建设基地给予资金扶持；（2）加大对合作社或农业股份制合作社的财政支持力度，鼓励多种模式的有利于土地集中管理，高效利用、农业集中生产的规模化经营，以此提高农业生产效率，加快农业产业链的形成，对土地进行统一管理，统一生产，农产品进行统一加工，统一销售，农业产业化的形成与生产效率提高可为城镇化和工业化更好地提供基本保障和原材料；（3）加快实现农村集体土地确权登记，有效解决农村集体土地权属纠纷，以避免城镇化、工业化与农业现代化之间出现的矛盾，在城镇化、工业化和农业现代化进程中切实维护农民权益，实现利益共享。

◎参考文献

[1] 汪冬梅. 中国城镇化问题研究 [D]. 山东农业大学, 2003.

[2] 林毅夫. 解读中国经济 [M]. 北京：北京大学出版社, 2012.

[3] 刘明华. 中部经济欠发达地区城镇化阻力因素及对策研究 [J]. 信阳师范学院学报（自然科学版）, 2004, 17 (4): 451-454.

[4] 何平均. 日本工业化、城镇化与农业现代化的互动发展与启示 [J]. 农业经济, 2012, 6.

[5] 闵继胜, 程士国等. 中部地区农业、农村发展的现状及问题研究——基于安徽阜南县农村居民的调查 [J]. 特区经济, 2008, 1.

[6] 元成斌, 张野田. 促进中部地区崛起的农业政策研究——以河南和湖南省为例 [J]. 安徽农业科学, 2012, 40 (11).

[7] 程昭. 农村土地高效利用推动三化协调发展 [J]. 改革与开放, 2012, 1.

[8] 胡琳. 河南省以新型城镇化引领三化协调发展的实践经验及思考 [J]. 区域经济, 2013, 6.

"三化"协调发展与中部崛起战略

水瑶君

（武汉大学中国中部发展研究院　武汉　430072）

1. 西方发达国家的工业化、城镇化以及农业现代化之间的关系

西方的发达国家通过产业革命带来了大规模化生产，生产的聚集带来了人口集聚，因而导致了城镇化的发生。城镇化的发展又促进了农业与工业的分离和对农产品的需求，进而推动了农业的产业升级。生产力的不断提高，带来农产品和农业劳动力的剩余，剩余劳动力就会不断地向吸纳劳动力的第二、第三产业集中，从而带来城镇化的发展；同时生产力的提高会导致产业开始分工，而产业分工又会带动产业在城市中的布局调整，城市功能的多样化又推动了城市之间的分工与协作，推动了大、中、小城市体系的完善。①

西方发达国家城镇化与工业化是相伴而行，工业化的进程也就是城镇化的历程，而城镇化的进程又反过来促进了进一步工业化。城镇化的前提条件大都是在工业化中孕育成熟的。产业结构的变化和市场体系的健全是城镇化的基础。例如，18 世纪的工业革命开启了英国城镇化进程，使英国成为最早进行真正城镇化的国家。在工业革命的推动下，农业生产技术一直在不断改进，导致农产品产量的不断提高，满足了日益增加的城市人口的生活需要。农业现代化水平的提高和大农场的建立，使英国能以较少的农业人口养活日益增多的城市人口，越来越多的劳动力从第一产业转移出来，到城市中从事第二、三产业，第二、三产业的比重迅速增加，城镇化程度不断提高。② 同样，美国的城镇化主要是 19 世纪工业革命的产物，工业发展所形成的聚集效应直接推动了美国城镇化率的提高，工业化进入中期阶段之后，产业结构也不断转变和升级，新兴服务业逐渐成为美国城镇化发展的重要推动力量。

不难发现，以英美为代表的西方发达国家在城镇化的进程中渗透着经济结构的变迁和伴随着产业结构的演进。西方发达国家的城镇化的进程就是以农业等第一产业的发达为前提，以工业等第二产业的兴起为动力以及以服务业等第三产业为牵引的社会变迁过程；同时，西方发达国家的工业化的进程也需要城镇化的支撑。③

2. 工业化、城镇化和农业现代化之间为什么要同步

在推动传统农业向现代农业转变，统筹城乡经济社会协调发展，加快农业和农村现代

---

① 宗传宏. 城市化的中外机理比较与我国的实践反思 [J]. 上海城市管理，2012，6.
② 董永在，冯尚春. 英、法城市化进程的特点及其对我国的借鉴 [J]. 当代经济（下半月），2007，12.
③ 王伟波，向明，范红忠. 德国的城市化模式 [J]. 城市问题，2012，6.

化进程中，必须使农业现代化、工业化和城镇化协调带动，整体推进，同步发展。

"三化"同步协调发展中工业化是主导。没有工业化，城镇化就缺乏产业支撑；没有工业化，农业现代化就缺乏先进的物质技术和现代管理手段，工业化与城镇化可以带动和装备农业现代化；而没有城镇化和农业现代化，工业化就缺乏有效载体和厚实的基础，农业现代化为工业化、城镇化提供支撑和保障，农业现代化如果跟不上工业化和城镇化发展步伐，将会导致工业化与城镇化发展受阻，影响整个现代化建设进程。

工业化是城镇化发展的基本动力。工业化能加速城镇化的发展，对城镇化具有巨大的推动作用。工业化必然导致城镇化，并加速了城镇化。产业革命使生产走向集中，扩大了生产规模，使人口再生产发生根本变化，人口迅速增加，为城镇化提供了主体；小城镇迅速发展为大城镇或城市，提高小城镇的产业聚集能力，可以带动小城镇基础设施的发展，改善居民生活环境，并可以创造较多的就业岗位，在提高小城镇集聚能力的同时，缓解大中城市过度拥挤的状况，避免逆城镇化的发生。同样，城镇的集聚效应为工业化进程提供了必要的发展条件。伴随着城镇规模的扩大，城镇化进程给工业发展提供了更多的市场机会，城镇集聚起来的大量人口，本身构成了工业与非农产业的巨大消费市场；城镇也促进了产业的集中发展，为工业化提供了更高管理水平和发展水平的平台和载体。一个地区的农村居民，当他们的生产方式由传统农业转向社会化、市场化的大生产时，就会逐渐放弃原先的生活方式，完成从农民向城镇市民的转变。①

工业化进程的推进，提高了效率，可以把农村转移出来的农村剩余劳动力转化为第二、三产业的劳动者，合理引导他们进入乡镇企业、进入城镇发展，从而为城镇的发展和壮大提供了充足的人力保障。同时，工业经济需要集中于一定的地域，工业生产的集中性和规模化是生产力发展的客观要求。而工业生产主要是在城镇及城市的集中。

当前我们国家的工业化和城镇化是在农业没有取得突破性进展的情况下进行的，结果出现了城镇繁荣与乡村贫困并存、城乡差距悬殊、地区发展极不平衡的现象，使得工业化难以为继。目前我国在还没有完成工业化的时候，城镇化和农业现代化的诉求已经相当迫切。"三化"同步是不可违背的客观规律，是推进现代化建设必须遵循的普遍准则。

3. 我国现阶段的工业化、城镇化以及农业现代化之间的关系

由于优先发展重工业，我们国家处于严重的城镇化滞后于工业化。计划经济条件下，生产的商品实行统购包销，也就没有健全的消费市场，更不需要国家的城镇化的推进。改革开放以来，我国经济社会发展迅速，综合国力持续提高，我国城镇化进程虽然自改革开放以来也在持续推进，但仍然滞后于工业化。虽然这种滞后是新中国成立以来的常态，而且和我国城镇化背景以及相关政策的实施有着很大关系，但我们也应该看到，城镇化滞后于工业化的现状正在对各产业协调发展、扩大内需、生态环境、城乡统筹以及社会稳定产生破坏性影响。

当前，我国的工业化水平正在加速发展，城镇化水平也在快速提高，但是农业现代化

---

① 陈志峰，刘荣章，郑百龙，曾玉荣. 工业化、城镇化和农业现代化"三化同步"发展的内在机制和相互关系研究［J］. 农业现代化研究，2012，2.

的程度还是比较低。目前,我国的农业还是处于粗放型的增长方式,粗放型的农业增长方式,已经成为农业在新的发展阶段持续、健康、稳定增长的主要障碍,所以转变农业经济增长方式已势在必行。从我国的国情来看,我国农业增长方式已初步具备从粗放经营向集约经营转变的条件,走上一条速度较快、效益较好的集约型发展路子是完全可能的。工业进步能促进农业的发展。工业的进步不仅对农业部门的发展产生需求,也以凝聚着技术进步成果的新要素供给农业部门,工业的发展为农业从粗放经营向集约经营发展提供了可能。此时提出"三化"同步发展具有较高的战略意义。我们应该看到,目前我国的"三化"还没同步,从改革开放30多年来看,我国工业化、城镇化进程较快,农业现代化进程则相对缓慢,三者之间已经显示出明显的不协调。

当前,"三化"同步的条件在中部地区乃至全国已经具备。改革开放以来,我国的工业化得到良好的发展,已经具备了比较好的现代化基础,已经进入了"以工促农、以城带乡"发展新阶段,基本具备了工业反哺农业的条件。加大统筹力度,更好的推进"三化"同步发展具有非常重要的现实意义。①

4. 新型工业化、新型城镇化和农业现代化三者如何实现协调

西方发达国家如美国的城镇化的动力内生于市场机制。在市场力量推动下城市空间形态的转变、城市规模体系的升级得以形成。但是在美国城镇化进程中,也曾出现过一些城乡与区域发展的不协调问题,例如城镇化侵蚀大量农村土地、中心城区与郊区恶性竞争等。② 因此,我国的城镇化并不能盲目地完全强调市场的力量,应结合我国的区域经济现实,根据城镇化的不同阶段,形成以市场机制为主导,政府的规划和引导为辅的方式,科学的调控城市及其体系的空间组织,缩小城乡差距。

在推进城镇化的过程中,中部地区一些地方热衷于动员农民以土地换社保,实际上并没有彻底解决农民的后顾之忧。目前来看,这种做法让农民得到的只是一部分的保障或者低水平的保障,并非完全保障。农民用土地购买到的社保,大多数是单一的养老保险,而且保障水平不高。换社保后,失去土地的农民不仅往往无所事事,找不到出路,而且也失去了原有的退路。还有一些地方说起城镇化,动的脑子就是如何赶农民上楼进城,组织农民集资建设新社区,以此加重了农民负担,剥夺农民的宅基地,完全不考虑农民的传统习惯,这样的做法只会失去社会基础。所以我们应该在中部地区大力推进农村土地制度改革,进一步巩固农民的土地承包经营权,可以允许进城农民在一定期限内保留土地使用权,解除农民后顾之忧。完善农村土地征收制度,大幅提高现有农村土地征收补偿标准,让失地农民有更多的利益保障。

中部地区大多是农业大省,要尤其重视农业现代化的建设。农业现代化程度的提高能带来农业劳动生产率的提高,可以解放大量的农村劳动力,大批的农村剩余劳动力走向城市,为城市的巩固、建设和发展提供了充足的人力资源。所以中部地区在中部崛起的政策引导下更应该扎实稳妥推进农民市民化,充分考虑城市承载能力,有步骤有计划地放活户

---

① 顾朝林. 城镇体系规划——理论·方法·实例 [M]. 北京:中国建筑工业出版社,2005.
② 魏海涛,张利红. 美国城市化过程及其经验借鉴 [J]. 商场现代化,2010,18.

籍制度，逐步把符合条件的农民工转为居民，有序放开城镇的落户限制。积极推进各类社会保障制度的改革，加快公共服务均等化的步伐，让进城的农民尽快融入城市居民的行列，让进城农民工享受到和城市居民一样的公平待遇。

工业化作为城镇化的重要推动力量，在国家提出中部崛起的号召下，中部地区应该在工业化中通过规模经济效应和产业聚集效应吸引人口、资本等生产要素向城市集聚，从而使城市的规模不断扩大、数量逐渐增加。工业化的过程中可能要将农用地转变为工业用地，同样城镇化也需要建设用地，我们可以通过土地发展权的转移和交易，使那些因为农地需要保护而受到限制的地区的土地所有者或使用者获得一定的经济补偿。土地发展权转移和交易不仅可以保护经济欠发达地区，保护粮食主产区耕地和自然环境，更能为发达地区提供更多的用地空间，促使资本和劳动力在整个中部地区乃至全国范围内实现有效的配置。中国现有的建设用地计划管理体制没有考虑到各区域间发展不平衡所导致的用地需求量的差异问题，所以应该建立中部地区乃至全国范围的区域耕地占补平衡体系。

5. 结　　语

新型工业化、新型城镇化与农业现代化之间的矛盾冲突的核心在于土地空间的冲突，由于现阶段的工业用地效率不高，农业现代化水平不高，城镇化的推进需要占用耕地等，三者之间由于共有的土地要素的不协调制约了经济社会的发展。要实现三者在中部地区乃至我国的协调发展，我们应该在尊重市场力量的基础上，发挥好政府的引导作用，用市场和政府两只手来充分实现"三化"的协调发展。

◎参考文献

[1] 宗传宏. 城市化的中外机理比较与我国的实践反思 [J]. 上海城市管理，2012，6.

[2] 董永在，冯尚春. 英、法城市化进程的特点及其对我国的借鉴 [J]. 当代经济（下半月），2007，12.

[3] 王伟波，向明，范红忠. 德国的城市化模式 [J]. 城市问题，2012，6.

[4] 陈志峰，刘荣章，郑百龙，曾玉荣. 工业化、城镇化和农业现代化"三化同步"发展的内在机制和相互关系研究 [J]. 农业现代化研究，2012，2.

[5] 顾朝林. 城镇体系规划——理论·方法·实例 [M]. 北京：中国建筑工业出版社，2005.

[6] 魏海涛，张利红. 美国城市化过程及其经验借鉴 [J]. 商场现代化，2010，18.

[7] 刘晓艳，李作威. 发达国家农村剩余劳动力转移及其启示——以湖南省为例 [J]. 调研世界，2008，12.

[8] 翟雪玲，赵长保. 巴西工业化、城市化与农业现代化的关系及对中国的启示 [J]. 经济要参，2007，12.

[9] 刘明国. "三农"视角下的新型城镇化战略 [N]. 经济日报，2013-4-17.

中部地区转变城市发展方式研究

马 骏

（湖南省社会科学院城市发展研究所 长沙 410003）

1. 中部地区城市发展的问题与原因

1.1 现状问题

（1）城市粗放式发展特征明显。长期以来，中部地区的城市发展大体上走的是一条外延扩张的道路，属于比较典型的粗放式发展方式。以高增速、高扩张、高消耗、高排放为主要特征。虽然，城市在数量和容量上表现为持续扩大，但其发展和建设处于一种无序的状态。由于城市自身承载和服务能力的限制，导致虽然城市化率、城市面积等指标快速增加，实际则表现出"伪城镇化"的特点。伴随中部地区城镇化进程持续加快，资源环境、生态安全问题逐步暴露显现出来，这种粗放的发展方式，造成了包括土地资源、水资源、能源的供需矛盾，城市面临可持续健康发展的约束与压力，城市发展方式亟待转型。例如山西省，人口城镇化慢于土地城镇化，社会城镇化慢于经济城镇化。政府往往更倾向于征用周边农村土地，对提升现有城市土地利用效率的力度不够，最终造成了城镇发展粗放、社会运行效率低的格局。又如河南省，20多年来，其城镇化进程以外延扩张为主，城市发展的质量还未得到根本的改善。城市功能还有待增强，城市基础设施和人民生活水平与先进省份相比依然落后，城市现代化水平较低。

（2）城市病日益明显化、复杂化。近年来，伴随着中部地区城镇化率的快速提升和城市规模的急剧扩张，一些大、特大型城市普遍表现出：交通拥堵，住房紧张，房价居高，资源短缺，环境恶化，贫富悬殊加剧，公共安全危机凸现等明显的城市病态。比如湖南省，随着城镇化进程加快，城市环保压力增大，淡水、能源等资源约束趋紧，生态环境污染加重，面临生产生活污染叠加，水、气、土污染相互影响的生态环境破坏问题。2011年，全省市级城区工业废水排放量、工业二氧化硫排放量分别为99498万吨、73.7万吨，比上年分别增长6.2%、22.1%，这说明城市发展与环境保护之间矛盾日显突出。又如湖北省武汉市，2011年初，机动车拥有量达到了106万辆，并以每月1万多辆的速度高速增长，城市交通拥堵问题日益严重。再如江西省，作为三四线中小城市的一些边远县城，房价已经达到每平方米2000～3000元，完全脱离了当地居民的收入。还比如安徽省，2010年城镇内部10%高收入户的收入是10%低收入户的6.8倍；不同地区之间、不同行业之间以及行业内部管理人员与普通职工之间收入都存在很大的差距。

（3）城市公共服务供需矛盾增大。伴随中部城市人口数量的增加，城市公共服务供求矛盾持续增大，表现出供给日益不足，主要体现在：教育、医疗、住房价格偏高、分布不均、覆盖有限等方面，对城市居民的生活质量和生存环境带来直接影响。例如湖南省，随着城镇化进程的加快，城市人口数量剧增，一方面，导致学生人数剧增，以致出现上学难的问题。2011 年，全省市级城区小学学生数为 96. 37 万人，比 2005 年增加 20. 74 万人。另一方面，2011 年，全省市级城区医疗卫生支出 62. 6 亿元，比上年增长 41. 5%，远高于城镇居民收入增长速度。全社会医疗费用的总水平有一种不断增长且增速居高不下的趋势，看病贵问题凸显。与此同时，中部地区六省市政设施水平落后于全国平均水平。比如江西省，除城市用水普及率这一指标高于全国平均水平之外，人均城市道路面积、每万人拥有公共交通车辆、人均公园绿地面积等城市设施水平和城市燃气普及率均低于全国平均水平。又如河南省，全省主要基础设施中用水普及率为 91. 3%，建成区绿化覆盖率为 36. 56%，生活垃圾处理率为 88. 75%，人均城市道路面积为 10. 25 平方米和人均公园绿地面积为 8. 65 平方米，分别居全国第 26 位、第 20 位、第 24 位、第 26 位和第 24 位，城市市政设施水平总体较低。

（4）城市（群）辐射带动能力不强。中部地区城镇数量虽然较多，但城镇发展质量不高。一方面，大城市发育不足，集聚能力不强，中心城市的辐射带动能力有待提高，而另一方面，在众多规模的中小城镇当中，资源型中小城市与小城镇占主体。普遍存在基础设施建设滞后，产业发展基础薄弱，人口集聚能力不强，城镇综合承载能力有限等问题。例如湖北省，全省现有城镇 816 个，其中省辖市 12 个，县级市 24 个（含 3 个直管市），县城 40 个，建制镇 740 个，城镇人口 2762 万，城镇数量在全国位居前列。除武汉市以外，其他市城镇人口均未达到 100 万。县城规模一般在 10 万人左右，建制镇城镇人口平均不到 1 万人。规模效益较差的小城市和小城镇比重超过 40%，城镇规模过小难以发挥其在城镇化过程中的集聚效益和拉动作用。与此同时，中部地区虽然已经初步形成了长株潭城市群、武汉城市圈、皖江城市带、环鄱阳湖城市群、中原城市群和太原城市圈六大城市群为主的发展格局，在中部地区经济社会发展中具有举足轻重的地位。但中部地区城市群发展中也面临着中心城市辐射带动作用不强、资源要素整合有限、产业集聚度不高、创新能力较弱、城市间分工协作程度较低等突出问题。

（5）城市对农村反哺能力亟待提升。长期以来，受自然条件、经济发展、宏观政策的影响，城市与乡村之间发展的不平衡、不协调一直成为中部地区城市发展的现实矛盾。农民市民化、农业现代化和农村城镇化，均存在政策性、制度性障碍，城市对农村的辐射能力、带动能力和反哺能力不足。主要表现在城乡居民收入水平差距继续扩大，消费水平、生活水平、发展速度、居民的生存和发展环境的差距非常明显。例如，中部地区普遍建立的社会保障体系包括医疗、失业、养老、工伤、生育等社会保险制度；低保、灾害救助、社会互助等社会救济制度；住房公积金、经济适用房、廉价住房社会保障制度以及优抚安置制度以及老年人、儿童、残疾人等社会救济制度等基本涵盖了社会保障的全部项目。与之相对应的农村社会保障，仅仅包括合作医疗、养老等社会保险制度以及特困户基本生活救助、五保供养、低保等社会救济制度。而工伤保险、失业保险、生育保险、住房保障及其他社会福利项目基本缺失。例如湖南省，在推进城镇化进程中，城镇居民收入与农民收入差距由 2005 年的 6406 元上升到 2011 年的 12277 元，扩大了 91. 6%。而安徽省，城乡居民的收入比由 2006 年的 3. 3：1 缩小到 2010 年的 3：1。但是两者的绝对差呈持续扩大状态，2010 年差距绝对额增加到 10503 元，是 2006 年的 1. 5 倍。

1.2 主要原因

（1）城市发展重增长速度、轻发展质量。首先，在城市发展理念上，在追求城市建设速度的过程中，忽略了城市发展质量，一味强调城市建设和城市规模，忽略了城市管理与服务功能，并且对资源节约集约利用不够，特别是土地资源和城市水资源问题日益突出，导致城市环境污染加大，大城市交通日益拥堵，外来人口管理与服务缺失，而这种高速度主要是依靠能源资源的高消耗、生态环境的高污染和土地资源的高扩张等种种粗放式发展实现的。其次，在城市发展形式上，当前的城镇化更多是一种土地城镇化。在很多城市，政府往往不是去提升城市土地利用效率，而是采取直接向城市周边农村征地拆迁的方法获取城市发展空间，致使城镇发展呈现粗放、低效的格局。再次，在城市产业支撑上，科技对经济增长的带动能力不强。特别是中小城镇农业产业比重偏高，服务业类产业比重则明显偏低，工业产业中普遍为科技含量不高、高耗能、高污染型产业，产业竞争力不强，没有具有重大影响力的主导产业。最后，在对城市的社会管理上，目前城乡二元户籍管理制度，造成一个既脱离农村区域，又没有完全融入城市的农民工群体。许多进城务工的农民工逐渐被城市边缘化，不能和谐地融入城市社会，造成一系列社会不稳定因素。

（2）城市发展重经济增长、轻社会管理。首先，在推进城市发展过程中，片面追求经济发展指标，而对社会管理、社会保障、公共安全、农民工等问题重视不够。没有切实把加强社会建设、创新社会管理作为城市发展过程中的战略任务统筹推进，导致城市突发事件频繁，涉及面广、领域多、社会影响范围大，对经济发展、社会安全、公共秩序、公民生命和财产安全造成了不同程度的损害，形成城市经济建设"一手硬"、社会管理"一手软"的问题和局面。其次，是在城市本身的建设过程中，更多地偏重于交通、通信配套等经济基础设施建设，而忽视对医疗、教育、城市服务等领域的社会性基础设施的完善。导致城市经济职能与社会服务支持功能不匹配，阻碍了城市经济发展的活力和水平。最后，对于城市社会发展过程中的问题，伴随中部地区城市在经济高速发展的同时出现一系列社会问题，不能在短期内有效解决，通常是采取被动式解决。比如解决交通问题就是修路，越修越堵，解决住房问题就是盖楼，楼越盖越多，房价越来越高，而刚性需求越来越买不起；如教育、医疗、食品安全等由供应量不足向供应质量不高转化，从而引发更多的社会问题。

（3）城市发展重经济效益、轻环境效益。首先，由于受传统 GDP 政绩考核、原材料资源和产业分工及产业结构等多种因素的局限，中部地区多数城市依然没有改变以土地高扩张、资源高消耗、污染高排放为特征的传统发展方式，城市发展遇到越来越多来自生态、环境、空间等方面的制约及瓶颈，当前的城市发展方式难以支撑和保持城市实现可持续发展。其次，由于缺乏深刻理解和全面把握对环境效益的全面认识，没有将自然环境、社会环境、人文环境、投资环境等作为城市发展的"大背景"和"大环境"对待，导致城市个性和特色不够鲜明，品位不高、内涵缺乏。不少城镇在规划设计上，盲目贪大求洋，种种相似的大马路、大广场、大高楼一应俱全，但体现城市历史文化内涵、城市发展定位的特征却基本感知不到。尤其是在某些城市，为了片面追求经济效益、商业效益，往往不惜拆毁大量的代表城市历史和个性的建筑和街区，造成不可逆转的破坏。另外，一些城市发展城市污水处理、城市绿化建设、城市废气排放等系统还不够完善，造成对人居环境、生态安全的现实威胁。

（4）城市发展重建设更新、轻规划管理。首先，是城市规划问题突出。有些城市规划水平不高，不尊重专家和公众的意见，缺乏科学性、前瞻性，"拆了建，建了拆"的现象比较普遍，造成城市规划的科学性、严肃性、权威性大打折扣；有些城市盲目拉大城市框架，不重视城市功能的完善和品位的提高，造成城市土地利用集约化程度低，土地资源浪费严重；有些城市在规划的具体实施过程中，存在"领导意志"随意变更规划、规划不能严格执行实施的情况。比如，规划中已明确为绿地、公用设施用地的土地，被擅自变更为商业、住宅用地；还有的在开发依法获取的土地过程中，随意改变规划设计，提高土地开发强度，增加容积率和建筑密度。其次，在城市管理方面，存在各种体制机制障碍。不少城市管理职能交叉，各管理部门之间，市、区政府之间责权不清，存在多头管理和管理空洞的现象，没有形成管理合力和有效管理。最后，管理手段单一，效率不高。当前，城市管理主要采取行政管理，相对于法律、经济、教育、技术等手段的综合管理，方法和手段单一粗放，逐步表现出不适应现代城市社会管理的弊端，且经常是头痛医头，脚痛医脚，治标不治本，导致行政管理资源浪费与低效。

（5）城市发展重大型城市、轻中小城市。首先，由于资源垄断和优势基础，人流、物流、资金、技术等各种优势资源都趋于向大城市和中心城市高度集中，而中、小城市由于天然的地理、区位和体量等原因，要素集聚能力远不如大城市，结果形成城镇体系发展中的"马太效应"，中小城市的发展机会和资源被大城市日益剥夺，导致城市发展营养不良，而大城市的营养过剩。其次，相对于大城市较为完善的基础设施和公共服务以及优良的发展机会，中小城市存在基础设施落后、承载能力不强、人口和产业集聚能力不强等问题和瓶颈，中小城市发展的硬实力和软环境都不能与大城市同日而语，且差距越拉越大，中小城镇发育严重不足，有些小城镇甚至出现经济萎缩和功能衰退。最后，多数中部省份的城市群的城镇等级结构不合理，存在中心城市"一城独大"的现象，大、中、小城市和小城镇没有形成结构合理、功能互补、有机联系、错位发展的协调发展格局，导致区域整体资源利用效率较低，优势发挥水平不高。

2. 中部地区转变城市发展方式的总体思路

2.1 指导思想

立足中部地区人口密集、城镇数量多、资源环境约束大的现实，坚持以人为本、集约高效、科学有序的发展理念，通过进一步提升城市规划、建设和管理水平，进一步提升城市基础设施和公共服务水平，进一步提升城市品位和特色，推动城市发展方式由速度型向质量型转变、由外延式向内涵式转变，由粗放不平衡向全面协调可持续转变，走出一条资源节约、环境友好、经济繁荣、社会和谐、个性鲜明、产城融合、城乡一体、大中小城市和小城镇协调发展的城市发展道路，从根本上改变以高扩张、高消耗、高排放、低效率、不协调为特征的传统粗放型城市发展方式，加快向和谐有序、集约高效、生态宜居的新型城市发展方式转变，全面提高城市发展的水平和质量。

2.2 基本原则

（1）坚持以人为本，促进民本和谐发展。坚持注重保障和改善城市民生，有效推进城市各项民生建设工程。加快城市棚户区、危旧房、城中村和城市边缘区的改造与更新，努力推进保障性住房建设，不断完善和创新社区服务体系，优化居民生活环境。研究制定解决城市贫困居民和低收入群体"生活难、住房难、看病难、入学难、就业难"等现实问题，切实化解和消除农民工实现城市生活和工作的各种障碍。加快提高城市公共服务功能，努力提升城市品位和素质，促进城市民本和谐发展。

（2）坚持资源节约，促进集约高效发展。要把坚持节约资源作为城市发展基本策略，不断构建和完善促进资源节约的各项政策和体制机制。在城市建设和发展过程中，大力推行城市节地、节水、节才、节能理念和技术，倡导节能环保型建筑和住宅，形成节约型的生产方式、生活和消费模式。积极引导人口和产业向城镇地区有机集中，促进城市集约发展。加快形成城市资源利用循环体系，加快清洁生产，全面推进资源节约型、紧凑集约型城市建设，有效提高资源利用效率，促进城市集约、高效发展。

（3）坚持环境友好，促进绿色低碳发展。坚持以环境承载能力为基础、以环境容量为依据确定城市经济发展目标，促进经济增长的速度、质量、效益应同资源环境的承载能力相统一。主动选择低消耗、低污染、高效益的城市生产体系，以总量减排为立足点，把主要污染物总量控制作为经济调控、环境准入、结构调整的杠杆和前置条件，全面推进水污染防治和水资源保护工作。以削减二氧化硫、氮氧化物排放量为重点，防治大气污染，努力改善城市和区域空气环境质量。以减量化、资源化、无害化为原则，努力控制固体废物污染，推进其减量化、资源化和无害化，努力营造良好的绿色生态环境，促进城市绿色、低碳发展。

（4）坚持城市个性，促进特色传承发展。坚持以彰显城市的特色和个性，作为提升城市品位和吸引力的重要媒介。注重把握城市特色和个性与自然地理环境的关系，城市特色和个性与城市形态的关系，城市特色和个性与城市文化、历史的关系，要充分挖掘城市的文化和历史内涵。在城市建设和经营过程中，要努力传承历史文化，弘扬现代文明，发挥地域特色，大力加强以城市特色、个性建设为主要内容的软实力建设，全面提高城市品质，塑造城市灵魂，彰显城镇的个性和特色，从根本上改变目前城市建设"千城一面"、缺乏特色的局面，以此增强城市核心竞争力，促进城市特色、传承发展。

（5）坚持城乡统筹，促进协调一体发展。要把城乡经济社会作为一个整体统一筹划，以完善城乡规划为先导，以深化城乡配套改革为动力，坚定不移地推进工业化、城镇化和市场化，加快农业农村现代化，进一步优化生产力和人口空间布局，努力打破城乡二元体制结构，推动城乡资源要素合理流动，形成以城带乡、以乡促城的发展新格局，努力缩小城乡差别、工农差别和地区差别。充分发挥城市对农村的辐射带动作用和农村对城市的支持促进作用，建立城乡一体的基础设施建设体系和管理体系，加快城乡交通、通信、供水、供电、供暖等基础设施和公共服务联网对接，实现城乡互补、协调发展和共同繁荣，促进城乡协调一体发展。

（6）坚持功能互补，促进合理有序发展。要按照统筹规划、合理布局、完善功能、以大带小的原则，遵循城市发展客观规律，以大城市为依托，以中小城市为重点，逐步形成辐射作用大的城市群，促进大中小城市和小城镇协调发展。科学规划城市群内各城市功能定位和产业布局，缓解特大城市中心城区压力，强化中小城市产业功能，增强小城镇公共服务和居住功能，推进大中小城市交通、通信、供电、供排水等基础设施一体化建设和网络化发展。

2.3　发展目标

通过 5 ~ 10 年时间的努力，基本改革和理顺转变中部地区城市发展方式的体制机制，有效推动城市发展方式朝集约、高效、和谐、特色、智能、绿色、创新与可持续方向发展，力争逐步遏制并缓解中部地区城市高增长、高扩张、高消耗、高污染的发展态势，使中部地区城市发展面貌总体呈现：以人为本、繁荣和谐、资源节约、环境友好、个性鲜明、舒适宜居、承载力强、功能互补的健康特征，并努力实现：在城市经济和产业上，由工业经济主导向服务型经济转型；在城市管理和服务上，由城乡二元结构管理向城乡一体化管理转变；在政府职能和定位上，由生产型政府、管理型政府向服务型政府转型；在城市决策模式上，由精英决策模式转向公众参与决策模式；在城市社会管理上，从处理突发事件向实行常态化管理转变，促进城市产业结构、社会治安、生态环境、人的生活质量等各要素的协调发展。

3. 中部地区转变城市发展方式的对策建议

近年来，城市作为区域经济社会发展和竞争的主战场，在中部崛起中发挥了重要的作用，但是，随着经济社会发展进入转型时期，中部地区目前的城市发展方式已经难以适应时代的新要求，城市发展面临巨大的困境，如城市质量提升缓慢、资源消耗难以为继、生态环境日益恶化、城乡差距不断扩大、社会问题层出不穷等等，这些都严重制约了中部地区的城市发展，如果不能破解这些难题，必将进一步影响中部地区的经济发展和社会稳定和谐。因此，转变城市发展方式迫在眉睫。在新形势下，中部地区必须通过转变城市发展方式，提高城市竞争力，进而提高中部地区的区域竞争力，促进中部地区经济社会健康快速发展。

3.1　城市发展由重速度向重质量转变

2011 年，中国城镇化率达到 51.27%，城市常住人口超过农村常住人口，这标志着中国告别了以乡村型社会为主体的时代，开始进入以城市型社会为主体的新的城市时代，城市无论是对区域经济发展，还是对人们生活质量的提高都将发挥更加重要的作用。然而，多年来中部地区城市发展一直追求高速、加速，而忽视质量的提升，给城市未来发展留下了许多隐患。中部地区的城市发展应该在注重速度的同时，更加注重质量的提升，同时关注城市发展的可持续。首先，转变城市发展理念。传统的城市发展方式推崇"速度至上"，把发展速度作为衡量城市发展水平的主要指标。在传统的城市发展观念的指导下，中部地区城市发展创造了表面的繁荣，但一系列问题随之浮出水面，成为城市发展的绊脚石。目前，中部城市涌现出了如"宜居城市"、"低碳城市"、"紧凑城市"、"智慧城市"等各具特色的城市发展理念，其实质就是提高城市发展质量，促进城市健康、可持续发展。城市发展既要追求速度，更要追求质量，要把质量摆在比速度更重要的位置。其次，建立科学的评估城市发展水平和质量的指标体系，将指标体系的评估结果定期公布。城市的发展不仅仅是各项经济社会指标的增长，还应该包括城市的建设质量、管理质量等等。

中部地区可以联合起来建立一个科学全面的评估城市发展的指标体系，定期对中部地区乃至全国城市进行评估，并将评估结果进行公布。这样，可以对中部地区的城市发展起到良好的促进作用。最后，政府从治理城市向经营城市转变，由管理型向服务型转变。政府部门应该改变传统的治理城市、管理城市的理念，着重于经营城市、服务大众。城市发展应该由政府主导向政府、市场、社会共同合作转变，政府应该加强体制机制创新，为城市发展提供保障，在提供公共服务的过程中鼓励公众参与。

3.2　城市发展由粗放型向集约型转变

转变城市发展方式，实现从以外延扩张为主的粗放型发展向以内涵增长为主的集约型发展的转变，是中部地区城市发展的必然选择。首先，做好城市规划工作。根据中部地区城市的经济社会发展水平、区位特点、资源禀赋和环境基础，制定科学的城市规划，引导城市合理布局和协调发展。城市规划不能仅仅局限于发展现状，而应该考虑今后较长时间的城市发展趋势。城市规划必须具有可操作性，而且一旦制定好，要严格执行。其次，加强城市基础设施建设。加大对城市基础设施建设的投入，在进行基础设施和公共资源的配备时，应参考城市常住人口而不是城市户籍人口的数量，同时要考虑城镇化的速度。建设科学、安全的交通、水、电、天然气、通信等网络体系，完善教育、卫生、体育、休闲等设施，创造良好的生活环境。最后，提高城市的综合承载能力。随着城镇化的加速发展，未来将会有大量的人口来到城市工作和生活，这对城市的资源消耗提出了更高的要求。因此，必须优化城市产业结构，集约利用资源，加强生态建设，提高城市的综合承载力，走集约型城市发展道路。合理控制城市建设规模，集约利用土地资源，建设"紧凑城市"。

3.3　城市发展由高碳型向低碳型转变

传统的城市经济增长方式是以高能耗、高污染、高排放为主要特征的，这虽然能带来经济的高速增长，但是严重消耗资源和破坏环境，因此，要转变城市发展方式，必须转变城市经济增长方式，其基本途径是发展低碳经济，建设"美丽城市"，促进中部地区城市可持续发展。第一，创建低碳城市和低碳城市群。遵循城市发展规律，坚持低碳经济发展理念，以武汉城市圈和长株潭城市群"两型社会"建设综合配套改革试验区为重点建设区域，推进中部地区低碳城市群的创建，把城市群建设成为中部地区的生态增长极，带动中部地区低碳城市的发展。第二，大力发展低碳产业和低碳技术，倡导低碳消费。低碳城市的发展需要产业的支撑，中部城市应大力发展新能源、高技术产业、金融业、现代物流业等战略性低碳产业，建立低碳产业体系。加强清洁技术的研发利用，提倡清洁能源的使用，大力发展公共交通体系，推行低碳建筑的设计和建设，倡导低碳消费。第三，建立健全低碳城市发展的市场机制和法律法规。制定相关政策吸引资源消耗低、环境污染小、经济效益好、就业岗位多、附加值高的产业和企业向城市集聚，对违规的高碳企业处以重罚。建立健全碳交易和排污权交易市场，制定相关制度和法律法规，用政策、制度和法律对低碳城市发展进行引导和约束。

3.4　城市发展由二元分割向融合转变

城市和乡村是国民经济系统的两个组成部分，它们相互影响、相互制约，因此，必须从城乡关系的角度去研究城市发展问题。具体从以下几个方面考虑：第一，在城乡之间均衡分配教育资源，有效解决城乡教育失衡问题。第二，重视农村基础设施建设，如水利水电、道路建设、通信网络等。第三，提高对征地农民的补偿金额，妥善解决征地农民的住房、就业、社保、子女入学等问题。第四，加强农村生态环境的治理。对农村企业的排污行为进行监管，建立健全农村生活垃圾处理系统。中部地区应该在推动农民工市民化过程中进行大胆的改革创新，逐步消除对农民工的歧视性政策和体制性障碍，让农民工与城市居民享受同等的权利与义务，享受城市经济发展的成果，消除"城市二元化"。一是进行户籍制度改革，剥离附着在户籍上的福利功能。制定农民工在城市落户的政策和标准，逐渐让更多的农民工成为具有城市户籍的居民，增加他们对城市的归属感。同时，逐步剥离附着在户籍上的各种身份、福利功能，在加强社会福利和社会保障制度建设的基础上逐步缩小直至消除农民工与城市居民的各项差距，提高农民工在城市的社会融合指数，促进社会和谐。二是推行城市公共服务的均等化，为农民工创造公平的生存环境。农民工作为城市的重要建设者，应该与城市户籍居民平等地享受公共服务。地方政府应该把农民工纳入住房保障体系，妥善解决他们的医保、社保、子女入学等问题，让农民工在城市安居乐业，平等享受现代城市文明。

3.5 城市发展由注重大城市向城市组团发展转变

长期以来，大城市一直都是中部地区优惠政策、优势产业、优秀人才等集聚的区域，尽管近年来各省的城市群发展如火如荼，但也往往是中心城市"一枝独秀"，城市群对区域经济发展的拉动力还没有充分发挥出来。因此，中部地区应该由偏向大城市发展向城市组团发展转变，把城市群打造成区域经济发展的核心增长极，形成以城市群为主体、各城市联动发展的发展框架，带动中部地区快速、健康发展。一是效仿长三角、珠三角城市群，在中部地区形成以大城市为中心，以中小城市和中心城镇为重要组成部分的多中心大城市群落，在中部六省建立分工合作、优势互补的城市网络关系，推动中部地区一体化发展，增强中部地区在全国的竞争力。二是各省城市群的每个城市功能定位应该立足于自身资源、区位优势，实现功能互补、产业互补，避免产业同构、重复建设和资源浪费。三是建立城市新区，有效转移城市中心区的产业和人口，减轻大城市压力。四是强化中小城市和中心城镇的功能，尤其要增强它们的就业、居住和公共服务的功能，引导农村剩余劳动力有序流动和合理分布。五是在政策制定上改变传统的偏重大城市的倾向，使大城市、中小城市和中心城镇形成和谐互动的关系。

3.6 城市发展由重功能向重特色转变

传统的城市发展强调功能齐全，这样的结果就是千城一面，失去了自己的特色，而实际上，城市特色才是城市永恒的生命力。中部地区应该应根据城市的资源优势、区位条件、历史文化等对城市发展进行准确定位，注重体现城市的特色，尤其要重视城市文化的培育和城市品牌的塑造。一是根据城市资源、区位优势，对城市发展进行准确定位。一味强调城市功能大而全，只能导致资源浪费和城市无序扩张，应根据城市的资源、区位优势以及周边城市的发展，对城市的功能进行准确定位。如武汉、郑州、长沙一直都是交通枢纽、历史文化名城、区域经济中心，而有些城市适合发展旅游，有些城市适合发展工业，等等。城市特色是城市的核心竞争力，有特色才有更多的发展空间。二是保护地方特色文化和历史建筑。地方特色文化和历史建筑是祖先留给我们的宝贵财富，切实保护当地的历史文化资源，塑造自己的文化特色，一直是国际大都市建设追求的目标。中部地区城市具有悠久的历史，文化底蕴深厚，在城市建设中，应该尊重历史、立足市情、面向未来，创造具有地方特色、富有人文精神和人文关怀的现代人居环境。三是设计城市 LOGO，塑造城市品牌。城市 LOGO 即城市的标志、徽标，它代表着一个城市的形象，国外大部分城市有自己的 LOGO，而我国城市似乎对此并不热衷，也许有些城市有，但仍然鲜为人知。中部城市应该走在我国城市的前列，对城市 LOGO 进行精心设计，对其内涵进行科学阐释，并加大宣传力度，打造城市品牌，树立城市的美好形象。

3.7　城市发展由本土化向国际化转变

随着全球化的发展，区域之间的经济联系已经超出了地域的限制，世界经济的竞争方式从国家之间的竞争演变为特大城市、大城市以及其所在的城市群之间的竞争，同时，城市也是参与国际合作的基本单位，因此，城市的国际化发展是大势所趋。北京、上海等特大城市早已提出了建设世界城市的战略目标，中部地区虽然还没有特大城市，但是有些城市具有良好的发展基础和优势，也应该有建设世界城市的远大理想。一是构建国际化的现代产业体系，在全球范围内进行产业链延伸和产品销售，发展成为全球产业链、全球供应链和全球价值链的重要战略节点，实现城市发展由本土化向国际化转变。二是加强城市人居环境和基础设施建设，制定吸引优秀人才的优惠政策，让更多的优秀人才来到城市，为建设世界城市贡献智慧。三是建立健全城市的信息化体系。城市是信息流的集聚地，在这个信息时代，没有先进的信息系统，就会错失发展的良机，因此，信息化体系建设是国际化城市建设的基础。四是打造综合竞争力强、国际化水平高的城市群参与国际竞争。尽管中部地区的大部分城市离国际大都市的发展目标还有较大差距，但是城市发展的国际化步伐已经不可阻挡，城市国际化将引领中部地区走向世界，登上世界经济合作和竞争的大舞台。

欠发达地区承接产业转移要以生态文明为本

周 柯

（郑州大学商学院 郑州大学中国中部发展研究院 郑州 450001）

1. 产业转移带来的生态文明问题

产业转移的过程实质上也是工业污染搬迁的过程，是工业文明破坏生态文明的过程。这一过程出现的问题及影响在我国欠发达地区表现得尤为明显。

1.1 环境的污染，打破了人与自然的良性循环

由于产业转移规律的作用，欠发达地区似乎找到了一条利用外来资本和技术促使其地方经济迅速发展的捷径。为了承接更多的产业转移，在招商引资过程中提出许多"优惠"政策，无原则地降低产业进入门槛，致使一些会对当地环境带来较大污染的产业名正言顺地进场，对地区的环境造成了较大的威胁。

众所周知，发达地区在向欠发达地区进行产业转移时主要是把资源消耗型、低端要素消耗型、低端传统产业，比如纺织、土陶加工、农副产品加工、造纸、矿产品加工等劳动—资源密集型产业和高载能产业转移到欠发达地区。如广东省政府在 2008 年就通过产业结构调整指导目录，明确地将影响环保及节能节水的火力发电、纺织、石油化工、造纸等产业列入转出清单。承接低端产业转移不仅没有推动承接地产业结构优化升级，而且造成对资源的疯狂掠夺和对环境的严重破坏。[①] 例如近年来，四川省承接了大量的重化工项目，导致二氧化硫、硫化氢、氮氧化物烟尘及 Pb、Cd 和 Hg 等重金属元素污染较为严重，成都土壤污染区的蔬菜和人发中 Hg 含量明显高于土壤安全区，彭州有 44.4% 的样点处于中度污染状态。[②]

再如 2013 年初各地区普遍出现的雾霾天气，很大程度上是由于工业生产的废气排放造成的。空气质量下降不仅影响人民正常生活，而且会造成大范围的疾病传播，造成严重的社会问题。同时大量的工业废水排入河流，造成水体污染，大量鱼类死亡，居民的正常饮水和农业用水都存在巨大的隐患。环保部门曾公布过十大城市的空气污染状况，这十大污染城市主要分布在河北、河南和陕西等中西部地区，并且这些污染严重的城市主要都是以工业发展为主，而且调查也表明，工业产业转移也多趋向于向这些工业城市转移，见表1。毫无疑问，产业转移同时也转移了污染。

---

① 邓丽. 基于生态文明视角的承接产业转移模式探索 [J]. 吉林大学社会科学学报，2012，5.

② 李富华. 成都平原农用土壤重金属污染现状及防止对策 [J]. 四川环境，2009，8.

表1　　　　　　　　　　　环保部公布的十大污染城市空气状况

城市	空气污染指数	空气质量状况
石家庄	437	重污
邯郸	310	重污
郑州	308	重污
保定	263	中度重污
平顶山	249	中度污染
开封	209	中度污染
西安	183	轻度污染
三门峡	180	轻度污染
荆州	179	轻度污染
哈尔滨	174	轻度污染

1.2　结构失衡，阻碍人与社会的和谐共生

在产业转移中，欠发达地区基本上以承接开发利用本地矿产资源、使用价格低廉的劳动力、能源等要素的工业产业项目居多，而承接具有较强带动能力、具备较强技术溢出效应、科技研发实力雄厚的高端制造业和现代服务业项目则很少。即使承接的产业技术含量有所提高，欠发达地区大多也是承担这些行业中低附加值和低技术含量的生产环节。通过承接产业转移，在三次产业结构中，第一产业没有明显下降，第二产业显著增长，第三产业的比重也没有大幅提升。承接的目的不仅没有达到，反而因指导思想的错误导致结构更加失衡，结构水平仍然低层次：技术水平低、主导产业选择不当作用不明、地区产业结构趋同。就拿河南省来说，无论是从三大产业的经济贡献率还是从三大产业产值占全国三大产业总值的比重都可以看出其结构仍然是非均衡状态，见表2。

表2　　　　　　　　　　　河南省三大产业的经济贡献率

年份 经济贡献率（%）	2005	2007	2009	2010	2011
第一产业	9.8	4.1	5.1	4.5	4.3
第二产业	62.2	67.0	64.8	68.5	63.6
第三产业	28.0	28.9	30.0	27.0	32.1

资料来源：河南省统计年鉴.

从表2可以看出，河南省虽然是以农业为主，但主要的经济增长是依靠第二产业，第二产业的经济贡献率已经超过50%，是中原经济区的主要经济来源，三次产业的发展不平衡也由此可以体现出来，即使河南的农业在全国所占的比重很大，其发展重点仍然是工

业，农业的发展还是处于初级生产模式，没有大规模的农业生产和现代化的配套设施，承接产业转移似乎缺了这块内容。使得农业没有出现明显的升级。近几年，河南省发展的重心仍集中在对现代化的工业产业集群的建设上，通过引进，各地区都相应的出现了规模性的工业产业集群和大型工业园区，这些集群有力地带动了地区的经济发展，相应地发展了当地的第三产业，但整体来看第三产业本身没有形成相应的规模，结构层次也偏低，其实现的增加值低于全国水平。① 承接产业转移并没有使产业结构乃至经济结构快速出现协调、转型升级，影响经济的可持续发展，人民群众从结构调整中并没有得到实惠，没有真正享受到改革带来的一系列成果，反而生存环境进一步恶化，引发一系列社会矛盾。

1.3 低水平恶性竞争，影响人与人的合作共赢

发达地区出于风险控制和扩张市场等目的，将低附加值环节在欠发达地区之间进行分散，由于低附加值环节的进入壁垒比较低，往往会导致过度进入，虽然可能形成承接产业转移集群，但是发展产业链低端环节的产业集群会带来大规模重复建设，这样将使得龙头企业缺乏、主导产业不明确、产业链体系薄弱等。如果欠发达地区在这种高度竞争的市场上专注于低附加值环节，那么同类产品竞争者的过度进入会导致交易条件的恶化，企业之间低水平恶性竞争频现。同时，地方政府为了加速本地区的经济增长，为了吸引更多资本进入本地区，相互之间也形成恶性竞争。合作共赢理念被抛弃，承接的目的和结果之间出现背离。

2. 产业转移中生态文明问题产生的原因

2.1 产业梯度转移的必然结果

我国经济存在着较为明显的梯度发展，东部地区经济发展较快，随着东部发达地区产业结构升级和技术进步，环境保护要求越来越高，高能耗、高污染企业在东部难以生存，但市场对产品的需求并未削弱，高能耗、高污染企业便由东部向欠发达的中西部地区转移，形成了工业污染的"西移"。也就是说在发达地区进行产业结构优化升级时，势必会将一些落后产能的产业和环境污染严重的产业淘汰，但这些产业在经济发展缓慢的中西部地区仍然具有很大的竞争优势，欠发达地区为提升当地的经济发展，需要大量引进这些已经发展成熟的产业，产业梯度转移的过程也就不可避免地是环境污染转移的过程。也势必是人与自然协调关系破坏的过程。

2.2 环境污染外部性的内在化的差异的影响

环境污染的外部性的内在化是指生产者或消费者产生的外部费用进入他们的生产或消费决策，由他们自己承担或内部消化，从而弥补外部成本和社会成本的差额，以解决环境污染问题。外部性的内在化方法由政府规制、企业自愿协商、市场激励、良心发现。假设有一个完全理想的产业转移状态，即只存在环境成本内部化的差异，不考虑生产要素成本的差异，见图 1。

假设有 M 和 N 两个地区，将 M 地区视为发达地区，N 地区视为欠发达地区，N 地区

---

① 高友才. 中原经济区包容性增长路径研究［M］. 北京：经济科学出版社，2013.

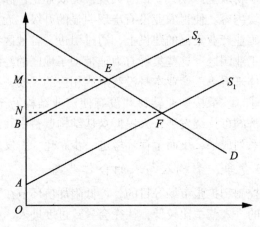

图1　环境成本内部化差异与污染转移

视为完全理想的产业转移状态，也就是环境成本完全内部化，某个将带来环境污染的产业在两个地区的生产相似，需求曲线都为 D，供给曲线在 N 地区为 S_1，在 M 地区为 S_2，对于 N 地区来说，由于此时环境成本完全内部化，所以个人边际成本曲线也等于社会边际成本曲线，也为 S_1，生产者剩余都为 S_{AFN}，而对于 M 地区，由于产业带来的污染会使得存在额外的支出如政府对此产业征收排污费，假设 M 地区的私人边际成本曲线上移到 S_2 的位置，则 M 地生产者剩余为 S_{BEM}，因为很显然 $S_{BEM} < S_{AFN}$，则 M 地区的此产业很可能把生产地点转移到 N 地区，同时也带来了 N 地区污染转移。所以说，地区间环境成本内在化程度的差异是产业转移中污染转移的重要原因。

2.3　社会整体的环境保护意识薄弱

一方面，欠发达地区由于经济不发达，居民环保意识比较淡薄，加上产业转移中的污染转移具有隐蔽性，居民不能详细和准确地了解污染转移对于环境的影响以及给自身健康所带来的危害，从而不能正确地形成对污染企业以及污染产业转移的自觉抵制意识，成为污染转移结果的受害者而无从察觉。另一方面，政府政绩观扭曲，也导致环保意识欠缺，对于转移的污染产业，只看到它一时对于收入提高的作用，对经济增长的作用，而对它可能造成的环境污染视而不见，疏于监督检查，甚至不履行检测义务，直接上马污染项目。

3. 产业承接与生态文明并举的对策建议

既然环境污染和生态文明的破坏是与产业转移相伴而生，那么，对于承接产业转移和维护生态文明是否鱼和熊掌呢？答案应该是否定的，转移是规律，承接有选择，提高意识，制定标准，严格制度，加强管理，定能鱼和熊掌兼得。

3.1　建立承接产业的准入制度并加强政府监管力度

无论是建工业园区还是产业聚集区，各级政府要做通盘考虑，要详细制定引入产业及项目的准入制度及规则，这个准入制度的核心和原则是保护生态文明，一切标准以承接是否会引起生态环境的影响和破坏为准绳，以法律、法规以及政策的形式明确下来，并确定具体监督检查的牵头单位和配合检查单位。有详细的准入制度，如哪些产业项目鼓励承接，哪些产业项目限制承接，哪些项目禁制承接，并同时出台优惠鼓励承接的财政金融政策和严厉的违规承接的处罚措施，做到引进有条件，违禁有处罚，处罚有力度（最好是破产性的处罚），承接产业转移就能发挥它的正能量而摒弃其负效益。

3.2 建立节约资源保护环境的目标责任制和行政问责制

各地政府职能部门要将节约资源和保护环境作为实施国民经济和社会发展规划及各行业发展规划的重要原则。要确定扶持绿色产业和资源节约型、环境友好型企业发展的目标责任制，并分解责任到人。建立起地区资源节约和生态环境保护绩效评价体系，完善相关制度和技术手段，开展绩效考评并实施目标责任管理，对各级政府、职能部门和企业节能减排的目标责任制落实情况进行考核，改变政府、干部政绩观，不以引进多少项目和资金为标准，而以为生态文明做了多少贡献作为评价干部标准，将考评结果纳入各级干部政绩考核体系，起用问责制，干部晋升提拔采取环境污染一票否决制，以体制机制的改革创新加强生态文明建设。

3.3 建立市场化生态补偿机制发挥市场维护生态文明的作用

承接产业转移过程中有两对矛盾，一是发达地区供给转移产业与欠发达或落后地区提供产业需求间的矛盾；一是承接地生态环境要素供给与转出产业对生态环境要素的需求之间的矛盾。这两个矛盾能否解决好，关系到承接产业转移的规模和结构，同时影响环境生态变化。这个问题要在价格机制和补偿机制的作用下进行解决。根据市场经济规则，资源品价格和环境成本的变化会影响产业转移的成本，进而影响企业是否转移以及在何种程度上转移的决策。这也正是生态补偿机制的作用。生态补偿机制本质上就是通过"受益者付费和破坏者也付费"原则对经济效益的受益者和生态环境的破坏者收取费用，使其承担的私人成本与社会成本趋向一致，从而消除承接产业对生态环境的负外部性。按照"谁开发谁保护、谁破坏谁恢复、谁受益谁补偿"的原则，强化资源有偿使用和污染者付费政策，综合运用价格、财税和产业等经济手段，形成科学合理的资源环境的投入和补偿等机制，可以从根本上解决经济与环境、发展与保护之间的矛盾。

3.4 建立环境保护的宣教机制提高公民生态文明意识

欠发达地区在承接产业转移过程中面临的诸多生态环境问题，究其根源都与公众的文化观念、生存环境意识有关，宣传、教育、新闻等有关部门要大力宣传环境保护知识，宣传生态文明意义，组织开展环境保护与生态文明先进模范评比和学习宣传活动，使爱环境、护环境意识深入人心，养成一种自觉维护生态环境安全的习惯，就如日本公民对待生存环境的态度一样，通过常态化、规范化、规模化的宣传教育活动，使公民成为维护生态文明的卫士，承接产业转移中的污染项目就无空可钻。

◎参考文献

[1] 鲍健强，苗阳，陈锋．低碳经济——人类经济发展方式的新变革［J］．中国工业经济，2008（4）．

[2] 李小平，卢现祥．国际贸易、污染产业转移和中国工业 CO_2 排放［J］．经济研究，

2010（1）.

［3］沈可挺，龚健健. 环境污染、技术进步与中国高耗能产业——给予环境全要素生产率的实证分析［J］. 中国工业经济，2011（12）.

［4］黎金凤. 产业转移与中部地区面临的环境风险［J］. 经济与管理，2007（11）.

［5］罗丽敏. 论我国面临的跨国污染转移问题及其对策［D］. 天津财经大学，2005.

［6］靳乐山. 环境污染的国际转移与城乡转移［J］. 中国环境科学，1997（4）.

［7］林麟. 污染产业转移的影响因素分析［D］. 对外经济贸易大学，2006.

［8］朱高英. 产业转移中的污染转移问题研究［D］. 中国海洋大学，2012.

［9］陈敏. 产业梯度转移中的污染转移问题研究［D］. 浙江大学，2009.

［10］邓丽. 基于生态文明视角的承接产业转移模式探索［J］. 吉林大学社会科学学报，2012（10）.

湖南省工业化发展模式的选择

祁顺生[1]　黄　远[2]

（1，2　湖南大学工商管理学院　长沙　410012）

1. 引　言

自改革开放以来，湖南省不断进行工业化探索和实践，开启了快速工业化进程，尤其在国家战略——"中部崛起战略"的支持下，依托于丰富的自然资源、较好的科教基础、便利的交通网络、优势明显的农业、较强的产业承载和集聚能力等因素，取得了巨大成就，建立了相对完整、独立的工业体系。进入 21 世纪后，中国的基本国情已经从农业经济大国发展成为工业经济大国（陈佳贵、黄群慧，2005）。这意味着，湖南进入了以实现由工业经济大省向工业经济强省转变、推进工业现代化进程为核心任务的新阶段。然而，湖南省工业发展仍然面临大量问题，如工业化整体水平不高，还处于工业化中期的后半阶段（陈佳贵等，2012），产业结构偏重，技术创新能力不强，产业竞争力不足，一些行业产能严重过剩，资源环境约束强化，企业生产经营困难等。仅从整体层面分析评价工业化，难以揭示湖南省工业化进程的区域结构特征和反映各地区工业化水平的差异，进而不能够深层次分析工业化进程中存在的问题（陈佳贵等，2006）。而工业化模式主要是对工业化进程的具体描述，体现相关的特点，能够帮助我们认识工业化过程中出现的发展观念、发展模式、发展质量、产业结构等问题。因此，本文将对各种工业化模式进行比较，并对湖南省工业化模式的选择提出了相关建议。

2. 工业化与工业化模式的内涵

工业化是发展经济学的核心之一，也是发展经济学的理论基石，对它的认识将直接影响发展中国家工业化战略的制定与实施。国内外有不少学者探讨了工业化，但是并没有形成统一的定义。钱纳里（1989）将工业化定义为，以各种不同的要素供给组合去满足类似的各种需求增长格局的一种途径。库兹涅茨（1989）认为，工业化是指产品的来源和资源的去处从农业活动转向非农业活动的过程。目前为大多数人接受的是《新帕尔格雷夫经济学大辞典》中的描述，该辞典认为工业化是一种过程，包括两点：一是国民收入（或地区收入）中制造业活动和第三产业所占的比例提高了，二是制造业和第三产业就业的劳动人口的比例一般也具有增加的趋势。在这两种比例增加的同时，除了短暂的中断外，整个人口的人均收入也增加了。

工业化模式主要涉及对工业化过程的具体描述，体现具体的特点。目前，理论界对工业化模式没有形成统一的定义，人们往往是结合对工业化过程中的不同特点进行归纳，以描述工业化模式的内涵。而关于工业化模式的相关理论，主要有：（1）配第一克拉克定理。该定理是研究经济发展过程中产业结构演变规律的一种学说，揭示了经济发展中劳动力在三次产业中分布结构的演变规律，指出劳动力分布结构变化的动因是产业之间相对收入的差异。（2）罗森斯坦·罗丹等人的"大推动"理论。该理论的核心是在发展中国家或地区对国民经济的各个部门同时进行大规模投资，以促使这些部门的平均增长，进而推动整个国民经济的高速增长和全面发展。（3）刘易斯的二元经济结构理论。该理论认为发展中国家存在两种不同的经济体系，即传统的自给自足的农业经济体系和城市现代工业体系。这两种体系构成了刘易斯的"二元经济结构"。（4）霍夫曼定理。1931年，德国经济学家霍夫曼提出了该定理，揭示了工业中消费资料工业与资本资料工业比率的变化规律，并提出了霍夫曼比例。霍夫曼认为，在一国或地区的工业化发展过程中，霍夫曼比例逐渐下降。（5）雁行产业发展形态说。日本经济学家赤松要根据产品生命周期理论，提出了该学说。该学说认为，随着发达国家技术和产业的发展，一国或地区可以通过"国外引进—国内生产—产品出口"的循环，以实现产业结构工业化。

3. 工业化模式的分类与比较

各国或地区在工业化过程中，因不同的时代背景、资源禀赋、政治制度和社会文化等因素会形成不同的工业化模式，且不同发展阶段也会形成不同的工业化模式。一个国家或地区一般不会选择固定不变的一种工业化模式，而是根据自身的特点选择一种或多种工业化模式。因此，从不同的研究视角，基于不同的理论，可以分为多种工业化模式。

3.1 基于工业化影响因素分类

我们分析了国内外相关学者的研究成果，并参考了蒋伏心（2004）的分类方式，从六个方面对工业化模式进行分类，如表1所示。

表1　　　　　　　　　　　　　　基于工业化影响因素分类

分 类 方 式	工业化模式类型
1. 基于工业化形成方式	自发式与自觉式工业化模式
2. 基于工业化动力	市场主导式和行政主导式工业化模式
3. 基于产业间发展关系	倾斜式和均衡式工业化模式
4. 基于工业化主体	以公有制为主体和以非公有制为主体工业化模式
5. 基于贸易方式	进口导向和出口导向工业化模式
6. 基于技术、资金等来源	内生性和外生性工业化模式

3.2 基于国家经验分类

罗来武和雷蔚（2006）认为，在工业化过程中，后起国家可以利用模仿与"学习效应"（包括技术模仿、生产组织方法模仿、管理模仿等）获得"加速成本下降"，而"加速成本下降"可以使后起国家的工业化进程明显快于先行国家，因而在潜质上具有更高的经济增长速度。因此，中国可以利用模仿与"学习效应"，借鉴和吸收国外的工业化经验，如组织方式、管理模式、技术和生产等，快速推动工业又好又快发展。我们在胡军（2003）的基础上归纳了 3 种有代表性的国外传统工业化模式，如图 1 所示。

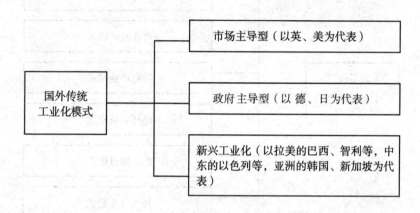

图 1　国外 3 种传统工业化模式

（1）以英国、美国为代表的市场主导型工业化模式。在奉行"自由放任"的市场经济条件下，英国充分利用市场机制的作用推进工业化的发展；美国工业化的发展是在汲取英国市场经济和工业化经验的基础上，通过政策途径发挥政府的指导性作用，形成了更有利于生产力发展的现代企业的组织方式和经营体制。这种工业化模式是基于市场经济基础上的内生型模式，核心是形成了充分的市场机制、完善的现代企业制度、有效的经营方式和科学的管理。

（2）以德国、日本为代表的政府主导型工业化模式。政府主导型工业化模式是建立在市场经济和发挥市场机制的基础上，强调通过政府有力的干预以推进工业化的发展，该模式的典型代表是德国和日本。同时，在政府的引导下，充分利用模仿和"学习效应"，大力引进先进科学技术，注重发展教育科技，实行出口导向型的政策，改革传统的生产体制，以加速本国工业的发展。

（3）新兴工业化模式。新兴工业化模式是在面对新的国际环境下，通过政府主导来实施工业发展战略。这种模式首先是在完善市场机制的基础上，开发国内需求，实施"进口替代战略"，逐步建立自身的工业体系，完善工业基础设施，然后再发展"出口导向型战略"，进一步提升自己的工业化实力。新兴工业化模式丰富了工业化理论，突出了工业化的"特色发展"，对发展中国家的工业化具有广泛的借鉴意义。

3.3　基于发展环境分类

当今世界，经济全球化日益深入，具有不同历史背景、发展水平和制度安排的国家或地区在大致相同的竞争框架中进行竞争，而这种竞争是不对称的。中国在这种非对称格局下进行工业化，面临巨大的挑战。因此，开放条件下的中国需要针对自身的各种条件，选择不同的工业化模式，以快速推进工业化进程。我们研究廖业扬（2008）等学者的相关文献，并总结和归纳了 6 种工业化模式，如图 2 所示。

（1）产业集群模式。经济学家马歇尔是最早研究集群的，他分析了企业外部经济在

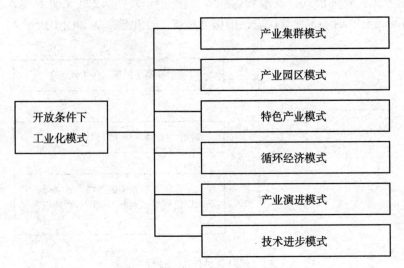

图 2　开放条件下 6 种工业化模式

某一区域内集中的现象。保罗·克鲁格曼在 1997 年首次将产业集群（industrial cluster）与国际贸易因素紧密联系起来研究，认为产业集群中的外部规模经济因素是一种开放经济的状态，是一个国家或地区产业选择和获得优势的决定性因素。迈克·波特（1998）从竞争的角度分析产业集群问题，将其定义为在某一特定领域内相互关联的、在一定区域内集中的企业和机构集合。徐康宁（2001）认为，产业集群是相同的产业高度集中于某个特定地区的一种产业成长现象，是产业发展的一种内在规律，与经济的开放程度有很大的关系。可以看出，在开放条件下，一个国家或地区产业集群的发展，对提升经济尤其是工业实力和国际竞争力具有重要的作用。

产业集群一般以小企业为主，在世界范围内得到了广泛的应用。Knorringa 和 Meyer-Stamer（1998）在分析了发展中国家的产业集群后，将产业集群分为三类：意大利式产业集群（Italianate）、卫星式产业集群（Satelite）和轮轴式产业集群（Hub-and-spoke）。意大利式产业集群主要是以中小企业居多，具有专业化强、地方竞争激烈、合作网络、基于信任关系等的特征；卫星式产业集群也是以中小企业居多，具有依赖外部企业、经常基于廉价的劳动力等特征；轮轴式产业集群主要是大规模地方企业和中小企业，具有明显的等级制度等特征。国内学者张杰和刘东（2006）基于产业链与价值链分工程度及组织架构体系的角度，将中国地方产业集群分为四类：蜂窝型、专业市场领导型、主企业领导型、混合型。

产业集群能提升湖南省工业化过程中的技术创新能力，有利于调整工业结构，促进工业经济实现跨越式发展、协调式发展。

（2）产业园区模式。产业园区（industrial park）又叫开发区、工业园区等，主要是关于那些集聚一定数量的企业，并享受一定政策优惠的特定地理区域（赵延东、张文霞，2008）。自 20 世纪 80 年代开始，产业园区作为中国的一项政策性工具，吸引外资，鼓励或引导相关企业在产业园区内集聚，为中国区域经济发展做出了巨大贡献。而 90 年代以后，决策者与研究者开始关注以产业集群的思路来建设产业园区，各种类型的园区如雨后春笋般涌现，既有一般性的工业园区，也有高科技园、出口加工区、创业园等（赵延东、张文霞，2008）。

湖南省在实现工业化过程中，核心问题是如何提升企业的竞争力，使企业在价值链竞争中不断向"高"移动，而产业园区是解决这一问题的重要途径。产业园区模式能够形成巨大的外部规模效应，有利于中小企业向规模化、专业化发展；园区中的企业能够得到政府政策的支撑，企业间协同效应明显，各种交易成本等大大缩减，提升了各企业的竞争力。因此，全省应该厘清和调整目前工业园区发展思路，合理、科学地制定政策，创新体制，发展科学技术，改善环境，以全面提升工业园区的综合竞争能力，推动工业化的快速发展。

（3）特色产业模式。特色产业（characteristic industry）主要是关于在特定的生产技术和工业水平下，对区域内的特色资源和特色产品进行产业化开发，形成具有区域特色和技术特色的产业部门或行业（彭建文、王忠诚，2001）。林涛等（2009）在分析县域产业时认为，特色产业必须具有根植性、比较竞争优势、可持续发展潜力和产业技术创新空间等特征，在区域的经济结构中居于主导地位，是能够带动当地收入增长和创造更多就业机会，推动城镇化、工业化更深入发展的产业。特色产业模式的理论基础是比较优势和竞争优势。因此，一个国家或地区通过利用自己特色的自然资源禀赋、特殊工艺技术、深厚历史文化底蕴等，发展具有一定规模的、别人难以模仿的特色产业，充分发挥自身的比较优势和竞争优势。在全省区域经济发展极不平衡、工业化进程不同步的情况下，合理利用各地区的特色优势，提升特色产业的比重，是落后地区工业化发展的重要途径。

（4）循环经济模式。20世纪60年代，美国经济学家K.波尔丁首次提出了循环经济（circular economy）的概念，之后，大量的学者开始了这种经济发展方式的研究。而对什么是循环经济，学者们从不用的角度出发有不同的认识。K.波尔丁认为，循环经济是指在人、自然资源和科学技术的大系统内，在资源投入、企业生产、产品消费及其废弃的全过程中，把传统依赖资源消耗的线性增长的经济，转变为依靠生态型资源循环来发展的经济。目前，普遍接受的定义是：一种以资源的高效利用和循环利用为核心，以"减量化、再利用、资源化"为原则，以低消耗、低排放、高效率为基本特征，符合可持续发展理念的经济发展模式，是对"大量生产、大量消费、大量废弃"的传统增长模式的根本变革（朱之鑫，2004）。因此，循环经济的本质是一种"资源—产品—消费—再生资源"的物质闭环流动的生态经济。

（5）产业演进模式。产业演进（industrial evolution）主要是在产业发展的过程中，伴随分工会出现产业协作和产业融合，在此过程中要产生各种关联关系、带来产业横向扩张与纵向延伸，引起产业结构、空间布局、产业组织、增长方式等发生变化（唐浩、蒋永穆，2008）。产业链在现实经济中不是静止的，而随着科技进步、专业分工、市场需求变化等因素动态演进。产业演进能够延伸和拓展产业链，提高资源的配置效率，拓宽市场空间范围，降低企业的生产成本和交易费用，进而形成一种大规模高效益的"链式经济"，增强企业的竞争力。

在经济全球化和区域经济一体化的背景下，传统的产业结构与产业间的分工严重阻碍了工业化的发展,而产业演进模式能够促进产业链向横向和纵向延伸、拓展,解决发展过程中资源和环境的约束问题,具有较高的产业关联度、较强的扩散效应和带动效应,是推动工业化发展的重要战略实现路径。

（6）技术进步模式。技术进步（technological progress）是现代经济增长的来源和内生演化的动力,能够促进产品创新和工艺创新,推动经济快速可持续增长（辛永容等,2009）。技术进步可以通过三种方式推动经济的发展,即技术创新、技术扩散、技术转移与引进。对于后起国家工业化体系的建设,其核心也是靠技术进步推动。通过技术进步既可以减少资源、能源消耗和废弃物排放,也可以提升产品品质和促进新产品的开发,甚至催生新产业,推动产业结构的优化升级。在经济全球化的背景下,国际竞争日趋激烈,一国或地区提升竞争力的关键是加快技术进步、提高技术创新能力。因此,在工业化过程中,技术进步推动模式有利于优化产业升级,加强自主创新能力,改善经济发展与环境恶化之间的矛盾关系。

4. 湖南省工业化面临的问题

（1）工业经济总量不够大,区域发展不平衡。虽然 2012 年全省规模工业完成增加值超过 8500 亿元人民币,是 2007 年的 3.2 倍,但是与东部区域的发达省市相比仍存在很大的差距;与近邻湖北省相比,2012 年湖北省规模以上工业增加值 9552 亿元,比湖南省高 1052 亿元。这说明湖南工业经济总量不够大。就湖南省各地区来看,"长株潭"、"长株潭城市群"的规模经济增加值总量和增速明显高于湘南、湘西等地区,区域间的发展极不平衡。

（2）产业结构不合理,企业效应不够好。湖南省的六大高耗能行业增加值占规模工业的比重仍高于全国平均水平,部分行业产能明显过剩,如钢铁、有色金属、煤化工等行业;产业组织结构不够合理,产业集中度不高,大企业少,千亿企业仍需培育,如 2012 年湖南省制造 50 强企业中只有五矿有色金属控股有限公司一家营业收入超过 1000 亿元;产业配套能力相对较弱,生产性服务业发展仍然滞后。全省规模工业企业主营业务收入利润率、规模工业企业平均利润在全国排名均比较靠后,与发达省市相距甚远。例如,2012 年全省规模以上工业企业的主营业务利润率为 4.80%,相比全国平均水平 6.07%,仍然落后 1.27 个百分点。

（3）自主创新能力总体不强,资源和环境制约作用明显。湖南省的自主创新能力不强,研发经费投入不足,主要依赖物质投入的粗放型发展方式没有得到根本改变。不少关键技术、核心技术受制于人,一些成套设备、关键零部件元器件、关键材料仍依赖进口。如大规模集成电路、高端芯片、高铁机车轮匝轴承、高端数控机床、特殊型号钢材等,还不得不依赖进口。近年来,随着经济的快速增长,湖南资源短缺的危机已初步凸显,并且由于湖南的经济增长方式仍然比较粗放,高耗能行业和企业多,能源消耗大,环境污染严重,这已影响了湖南经济社会可持续发展。资源和环境对工业化发展的制约作用日益突出。

（4）城镇化水平滞后,信息化程度不高。湖南省的"城乡二元"分割明显,城镇化水平滞后,城乡关系不协调,它与湖南工业化发展进程极不相称,对湖南的工业化产生了很大的阻碍作用。世界各国的城镇化经验表明，在现代化建设过程中，城镇化率往往超过工业化率。发展中国家在人均 GNP 超过 300 美元后城镇化发展都很快，一般都超过工业化率。与全国相比，湖南城镇化水平明显偏低，发展严重滞后，2012 年湖南省城镇化率由 2000 年的 29.75% 提高到 46.65%，但是仍比全国平均城镇化率 52.6% 低了 5.95 个百分点。湖南省是传统的农业大省，大量人口集中在农村，这不仅会阻碍社会总需求的扩大，而且会固化和加剧城乡二元结构的矛盾，进而严重制约湖南工业化的发展。

信息化是工业化的"引擎"，主导着新时期工业化的方向，使工业朝着高附加值化发展。从湖南的实际来看，突出地存在企业信息化建设与应用水平不高、全民信息意识薄弱等问题，这将势必影响湖南工业化的高速推进。2012 年，湖南信息产业实现增加值669.44 亿元，占 GDP 的比重为 3.02%，比上年提高 0.49 个百分点，但与东部发达省市相比还存在一定的差距。

5. 湖南省工业化模式的选择

当前，湖南省正在进行的新型工业化道路，是对国内外传统工业化模式的经验和教训予以扬弃，也包含开放条件下的 6 种工业化模式思想。因此，湖南省各地区应该充分考虑自己的地理位置、自然资源禀赋、资本、人力资源、经济发展水平等因素，有差别地选择一种或者多种工业化模式，以应对工业化过程中所面临的种种问题。

5.1 基于地理位置视角

长株潭城市群在湖南省具有地理位置优势，交通便利，能够吸引高学历人才，并且大量的资本聚集在此，但是自然资源相对贫乏，劳动力成本高。基于这些特点，这些地区可以选择产业集聚、产业演进、技术进步、循环经济等模式，调整产业结构、优化产业升级，将劳动密集型产业向欠发达地区转移。而张家界、吉首、怀化、邵阳、永州和郴州等地区经济发展水平相对较低、地理位置优势不明显、交通相对落后、人才资源相对薄弱等，但自然资源比较丰富，劳动力成本比较低，这些地区可以选择产业园区模式、产业集聚模式、特色产业模式等，承接省内外的产业转移，发挥本地特色，以获得更大的竞争优势，带动当地经济的发展。

5.2 基于政府作用视角

湖南省处于中部地区，相对东部发达省市来说市场化程度不高，这在一定程度上制约了工业化的发展。因此，一方面政府需要努力提高市场化程度，相应地可以选择市场主导式工业化模式，充分发挥市场的资源配置作用；另一方面政府也可以选择政府主导式工业化模式，充分利用政府战略指导作用。例如，政府应该制定相应的激励措施，通过产业园区模式、特色产业模式、技术进步模式等，引导大企业通过向省内三线城市辐射，充分利用这些地区的优势，促进当地工业化的发展，进而带动其他方面的发展。全省可以"长株潭"为中心，引导该地区的五矿有色、中联、三一、华菱钢铁、南车等大企业依托高速公路、铁路和高铁等交通运输网络，首先向周边地区辐射，比如在岳阳、益阳、常德、娄底、衡阳建立产业园或分子公司；接着再向距离较远的城市辐射，比如在张家界、吉首、怀化、邵阳、永州和郴州建厂或产业园区。图 3 为大企业辐射图。

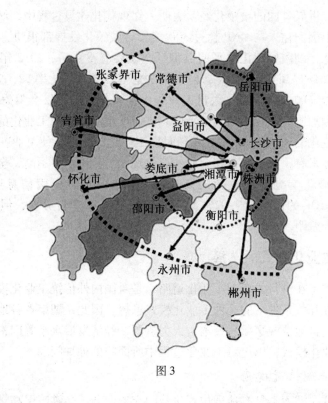

图 3

5.3　基于区域合作视角

　　湖南省地处中部地区，是中部六省之一，同时也紧邻广东省，是粤港澳的重要后花园，加强与这些地区合作能够使全省工业化进程快速推进。就中部地区而言，湖南省应该抓住中部崛起的国家战略所带来的机遇，可以选择产业集群模式、特色产业模式、技术进步模式等，与中部其他省交流合作，资源优势互补，有序推进产业集聚和产业升级，积极化解产能过剩，淘汰落后产业。而与粤港澳地区的合作方面，全省可以选择出口导向工业化模式，向这些地区输出具有竞争优势和比较优势的产品。同时，也可以选择产业园区模式等，积极营造招商环境，把握产业的梯度转移这个机遇，带动经济落后地区工业化和城镇化的发展。

　　总之，湖南省各地区不仅可以选择一种模式，也可以选择多种模式，并且可以依据外界环境和内部环境的变化而动态变化。

◎参考文献

[1] 陈佳贵，黄群慧. 工业发展、国情变化与经济现代化战略——中国成为工业大国的国情分析 [J]. 中国社会科学，2005 (4)：15-26.

[2] 陈佳贵，黄群慧，吕铁，等. 中国工业化进程报告 (1995—2010) 之二——中国工业化进程评价 [J]. 学术动态 (北京)，2012 (32).

[3] 陈佳贵，黄群慧，钟宏武. 中国地区工业化进程的综合评价和特征分析 [J]. 经济

研究，2006（6）.

[4] 钱纳里等. 工业化和经济增长的比较研究［M］. 吴奇等，译. 上海：上海三联书店、上海人民出版社，1989.

[5] 西蒙·库兹涅茨. 现代经济增长：速度，结构和扩展［M］. 戴鍪，易诚，译. 北京：北京经济学院出版社，1989.

[6] 蒋伏心. 中国工业化模式分析与目标选择［J］. 南京社会科学，2004（2）.

[7] 罗来武，雷蔚. 工业化，高速经济增长与协调分工的制度安排［J］. 中国工业经济，2006（12）.

[8] 胡军. 全球工业化模式［N］. 人民日报，2003-3-21.

[9] 廖业扬. 广西工业化模式的选择与创新——广西发展模式创新研究之一［J］. 广西社会科学，2008（5）.

[10] 迈克尔·波特. 集群与新竞争经济学［J］. 哈佛商业评论，1998（6）.

[11] 徐康宁. 开放经济中的产业集群与竞争力［J］. 中国工业经济，2001（11）.

[12] Knorringa, P., Meyer-Stamer, J.. New dimensions in local enterprise cooperation and development: From clusters to industrial districts［R］. New Approaches to Science and Technology Cooperation and Capacity Building, New York, Geneva: United Nations, 1998.

[13] 张杰，刘东. 我国地方产业集群的升级路径：基于组织分工架构的一个初步分析［J］. 中国工业经济，2006（5）.

[14] 赵延东，张文霞. 集群还是堆积——对地方工业园区建设的反思［J］. 中国工业经济，2008（1）.

[15] 彭建文，王忠诚. 特色产业选择初探［J］. 经济体制改革，2001（3）.

[16] 林涛，李子彪，胡宝民，等. 县域特色产业创新过程特征研究——以国家"科技富民强县专项行动计划"试点县（市）为例［J］. 中国软科学，2009（1）.

[17] 朱之鑫. 循环经济为什么要加快发展［N］. 经济日报，2004-12-20.

[18] 敖宏，邓超. 论循环经济模式下我国资源型企业的发展策略［J］. 管理世界，2009（4）.

[19] 唐浩，蒋永穆. 基于转变经济发展方式的产业链动态演进［J］. 中国工业经济，2008（5）.

[20] 辛永容，陈圻，肖俊哲. 要素产出弹性与技术进步贡献率的测算［J］. 管理科学，2009（1）.

后　记

当前，区域利益平衡机制的缺失不但是中部地区加快崛起面临的重要障碍，而且还会带来资源和生态风险，危及中部地区的可持续发展。因此，建立健全区域利益平衡机制，是新时期促进中部地区崛起面临的重大现实问题，也是发挥中部地区比较优势、提升整体实力和竞争力的客观要求，对于加快形成协调互动的区域发展新格局、推动经济持续健康发展具有十分重要的意义。然而，建立中部地区区域利益平衡机制还面临着很多制约因素，为了建立公平而富有效率的利益平衡机制，急需就如何构建促进中部地区崛起利益平衡机制展开深入、广泛的理论研究。

2013 年 11 月 11—12 日，武汉大学中国中部发展研究院、湖南省发展和改革委员会、湖南师范大学在湖南省长沙市共同主办了以"构建促进中部地区崛起利益平衡机制的思路与对策"为主题的"中国中部发展论坛 2013"。来自国家发展和改革委员会、中部六省发展和改革委员会以及山西大学、安徽大学、南昌大学、郑州大学、湖南师范大学、华中科技大学、武汉大学等高校的领导和专家学者共 100 余人参加了论坛，就新形势下构建促进中部地区崛起利益平衡机制的有关问题进行了深入讨论，并提出了一些建设性意见和建议。本次论坛共收到论文 50 余篇，经组织专家评审、原作者修改完善，选出其中优秀论文集结成书。本书重点探讨了构建中部地区利益平衡格局的政策安排和制度保障、中部地区市场化生态补偿机制、跨地区投资利益分享的政策安排和制度设计、中部地区资源性产品输出和输入地与重要农产品产区和销区的利益补偿机制、中部地区"三化"协调发展的补偿机制等问题，以期为构建公平和有效的利益平衡机制、促进中部地区全面崛起探索可行的思路与路径，为国家及中部地区研究制定促进区域协调发展的相关政策提供有益借鉴。

本书的出版得到了国家发展和改革委员会地区经济司、武汉大学中国中部发展研究院各理事单位，以及相关领域专家学者的大力支持和辛勤付出，武汉大学出版社也给予了鼎力帮助，在此一并表示感谢！